全国交通高级技工学校通用教材

Gonglu Gongcheng Jixie Jiashi Yu Guzhang Paichu

公路工程机械驾驶与故障排除

(公路工程机械使用与维修专业用)

高为群　主编
张复万　主审

人民交通出版社

内 容 提 要

本书主要内容包括：机械安全操作规程及交通法规，公路工程机械技术状况的变化，发动机的技术维护与故障排除，电气设备的技术维护与故障排除，公路工程机械在特殊条件下的使用和维护，典型公路工程机械施工技术与故障排除。

本书是全国交通高级技工学校公路工程机械使用与维修专业教学用书，也可作为高级技工、技师、高级技师培训的选用教材。

图书在版编目（CIP）数据

公路工程机械驾驶与故障排除 / 高为群主编. —北京：人民交通出版社，2005.12（2007.7 重印）
ISBN 978-7-114-05869-1

Ⅰ. 公… Ⅱ. 高… Ⅲ. ①道路工程-工程机械-驾驶术 ②道路工程-工程机械-故障修复 Ⅳ. U415.5

中国版本图书馆 CIP 数据核字（2005）第 145441 号

全国交通高级技工学校通用教材

书　　名：公路工程机械驾驶与故障排除（公路工程机械使用与维修专业用）
著 作 者：高为群
责任编辑：赵履榕
出版发行：人民交通出版社
地　　址：(100011)北京市朝阳区安定门外外馆斜街 3 号
网　　址：http://www.ccpress.com.cn
销售电话：(010)59757973
总 经 销：人民交通出版社发行部
经　　销：各地新华书店
印　　刷：北京鑫正大印刷有限公司
开　　本：787×1092　1/16
印　　张：16.5
字　　数：411 千
版　　次：2006 年 12 月　第 1 版
印　　次：2014 年 7 月　第 6 次印刷
书　　号：ISBN 978-7-114-05869-1
印　　数：11001-13000 册
定　　价：29.00 元

交通职业教育教学指导委员会公路类（技工）学科委员会
和交通技工教育研究会公路专业委员会

前言

FOREWORD

为了适应交通新的跨越式发展，积极推进一体化教学改革，进一步加快高级技工学校公路类专业教材建设，交通职业教育教学指导委员会公路类（技工）学科委员会和交通技工教育研究会公路专业委员会组织制定了高级技工学校公路施工与养护和公路工程机械使用与维修两个专业的教学计划与教学大纲，并依此确定了教学改革和教材改革的模式。2004年3月启动教材的编写工作，2005年陆续交稿。

本套教材用于培养公路类专业高级技工和技师，具有以下特点：

1. 教材内容与高级工等级标准、考核标准相衔接，适应现代化施工与养护的基本要求。教材全部采用最新的标准和规范，符合先进性、科学性和实用性的要求。

2. 教材编写满足理实一体化和模块式的教学方式，以操作技能为主，体现职业教育特色，使学生具备较高的实用技能。

3. 教材与作业、题库配套。各课程均编写了"习题集和答案"，汇成题库和题解，供学生做作业和练习，也可供命题参考。

本套教材由柯爱琴担任责任编委。

《公路工程机械驾驶与故障排除》是全国交通高级技工学校公路工程机械使用与维修专业通用教材之一，内容包括：机械安全操作规程及交通法规，公路工程机械技术状况的变化，发动机的技术维护与故障排除，电气设备的维护与故障排除，公路工程机械在特殊条件下的使用和维护，典型公路工程机械施工技术与排保。

参加本书编写工作的有：江苏交通高级技工学校高为群（编写单元一、二、三）、杨雪茹（编写单元四、五，单元六的课题七）、陈飞（编写单元六的课题一、二、三），山东公路高级技工学校单文健（编写单元六的课题四、五、六）。全书由高为群担任主编，四川公路技工学校张复万担任主审。

本套教材在交通技工教育研究会理事长卢荣林的指导下进行，在编写过程中得到了全国16个省市交通技工学校领导的大力支持和帮助，共有60余名公路类专业教师参与教材的编审工作，在此表示感谢。

由于我们的业务水平和教学经验有限，书中有不妥之处，恳切希望使用本书的教师和读者批评指正。

交通职业教育教学指导委员会公路类（技工）学科委员会

交通技工教育研究会公路专业委员会

二〇〇六年八月

CONTENTS

单元一　机械安全操作规程及交通法规

【知识点和能力点】

1. 掌握常用机种的安全操作规程；
2. 了解其他设备的安全操作规程；
3. 理解交通规则的基本概念；
4. 熟知交通规则的各种信号标志的含义；
5. 掌握交通法规的有关规定。

课题一　安全操作规程

随着我国公路建设的发展，特别是近年高等级公路里程的迅速增长，公路工程机械的保有量迅速增加。在大型公路工程的施工中，动用机械设备很多，所以搞好施工机械的安全操作很重要。安全生产是一个综合的系统工程，不仅涉及到施工的组织和技术，还涉及机械本身的安全和操作的安全，施工人员及操作人员必须遵守有关安全制度，落实有关安全生产法规，同时建立安全生产组织和网络。在多机械多工种施工作业中，加强管理，正确操作和使用机械。严格按照机械的操作规程进行施工作业是操作人员必须遵守的准则，也是管理人员及技术人员需要掌握的法规，也是有关管理部门分析事故的依据。

一、典型机种的安全操作规程

各种机械的安全操作规程，由于其作业内容和机械性能的不同，各有特征和要求，但也有相同之处。本节将讲述典型机械的操作规程和要求。

1)基本要求

(1)操作人员必须经过培训，掌握所操作机械的性能构造、操作方法、例保知识以及操作规程，经考试合格获得操作证后，方可独立操作机械。不能操作与操作证不相符合的机械设备。

(2)不能擅离工作岗位，不准将机械设备交给无本机种操作证的人员操作。

(3)在工作中必须穿戴劳动保护用品。

(4)应熟悉有关工作施工规范，服从现场施工管理人员的指挥管理，保质保量地完成工作施工任务。

(5)对违反机械操作规程规定的指挥调度，有权拒绝执行，任何组织和个人不得强迫操作人员违章作业。

(6)严格执行工作前的检查制度、工作中的观察制度和工作后的检查维护制度。

(7)认真准确地填写运转纪录、交接班纪录或工作日志。

(8)多班作业要有交接班制度，并要交代清楚机械设备的运转情况、润滑维护情况及施工技术要求等。

(9)严禁酒后操作机械设备。

(10)驾驶室或操作室内要保持整洁，禁放易燃易爆品和其他杂物。

(11)机械设备夜间作业时，作业区内应有充分的照明。

(12)严禁机械设备带病作业或超负荷运转。

(13)新配备的或大修后的机械设备开始使用时，应按规定执行走合期制度，在走合期内要按规定减载、限速；走合期满后要按规定进行检查维护。

(14)在寒冷地区、寒冷季节工作时，需要保温的机械设备，要及时配备保温用品。

(15)机械设备在施工现场停放时，必须选择好停放地点，关闭好驾驶室，有驻车制动装置的要拉上驻车制动，坡道上要打好掩木或石块，夜间要有专人看管。

(16)机械设备在维护或修理时，要特别注意安全，禁止在机械设备运转中冒险进行维护、修理、调整作业，禁止在工作机构没有保险装置的情况下，到工作机构下面工作。

(17)要妥善保管长期停放或封存的机械设备，定期发动检查，确保机械设备经常处于完好状态。

(18)在公路或城市道路上行驶的机械、车辆，必须严格遵守交通法规和国家其他有关规定。

2)工作前的检查制度

(1)机械设备工作场地周围有无妨碍工作的障碍物。

(2)油、水、电及其他保证机械设备正常运转的条件是否完备。

(3)操纵机构和安全部件及机构是否灵活可靠。

(4)指示仪表、指示灯显示是否正常可靠。

(5)油温、水温是否已达到正常使用温度。

3)工作中的观察制度

(1)指示仪表、指示灯是否异常。

(2)工作机构、操纵机构有无异常。

(3)工作场地有无异常变化。

(4)工作质量是否符合工程技术要求。

4)工作后的检查维护制度

(1)工作机构有无过热、松动或其他故障。

(2)按照保修规范和使用说明书的要求进行例保作业。

(3)做好次日或下一班的准备工作。

二、常用公路工程机械安全操作规程

1. 柴油机的操作规程

1)发动前的准备工作

(1)检查机油油面是否符合规定,不允许油面过高或过低;检查机油质量是否清洁,如不清洁或变质,应更换机油。

(2)检查燃油是否足够,油箱内有无积水。

(3)水冷柴油机要检查冷却水是否足够。

(4)使用蓄电池的要检查电解液是否足够。

(5)检查外部机械是否松动损坏。

2)起动和保温

(1)起动时,离合器应分开。

(2)水冷柴油机禁止不加水起动(有防冻液的除外)。

(3)有预热装置的柴油机,起动前要将预热塞打开先预热 40 ~ 50s,寒冷地区寒冷季节,应重复预热 2 ~ 3 次再起动。

(4)不允许长时间起动电动机,每次起动不得超过 5s,第一次起动未成功应等 30s 到 1min 后再起动,连续一次起动仍不成功,应查找原因,不可硬性起动,以免损坏蓄电池和起动机。

(5)柴油机发动后,应怠速运转,不可猛踩加速踏板,有涡轮增压的柴油机更应注意,以防因润滑不足而损坏增压装置。

(6)柴油机发动后,要检查机油压力是否在 49 ~ 441kPa(0.5 ~ 4.5kgf/cm^2)之间。电流表是否显示已经充电,机器有无异常。

(7)禁止柴油机温度在 40℃以下即带负荷工作,柴油机正常工作温度应保持在 70 ~ 90℃之间。

2. 推土机操作规程

1)作业前的准备

(1)了解作业区的地势和土壤种类,测定危险点及选定最佳的施工方案。

(2)如果作业区有巨块石头或大坑时,应预先清除或填平。

(3)起动前,应将所有的控制杆置于“中间”或“固定”位置。

(4)履带推土机的履带松紧要适度,且左右相同。轮胎推土机的轮胎气压必须符合要求各轮胎气压应保持一致。

(5)检查燃油、润滑油和冷却水及其系统,其量必须符合要求,其系统不得有泄漏。

(6)进行维修或加油时,发动机必须关闭,推土机铲及松土器必须放下,制动锁要在“锁住”状态。

(7)检查电气系统、操作系统及工作装置,各部分必须处于良好的工作状态,必要时进行调整;并检查各仪表工作是否正常。

(8)发动机传动部分带有胶带连接的推土机,不得用其他机械推、拉起动,以免打坏锁轴。

2)作业与行驶要求

(1)除驾驶室外,机上其他地方禁止乘人;行驶中任何人不得上、下推土机。

(2)行驶时,铲刀离地面的距离应为40~50cm。

(3)严禁在运转中、在斜坡上进行紧固、维护润滑和修理推土机。

(4)上下斜坡时,先选择最合适的斜坡运行速度,应直接向上或向下行驶,不得横向或对角线行驶,下坡时,禁止空档滑行或高速行驶;下坡时应放下推土铲与地面接触,倒退下坡;避免在斜坡上转弯掉头,轮胎式推土机不能在坡度较大的场地作业。

(5)在坡地工作时,若发动机熄火,应立即用三角木将推土机履带楔后,将推土机离合器置于脱开位置,变速杆置于空档位置,方能再起动发动机,以防推土机溜坡。

(6)工作中驾驶员需要离开机器时,必须将操纵杆置于空档位置,将推土机铲刀放下并将机器制动和关闭发动机,而后方可离开。

(7)在危险或视线受限的地方,一定要下机检视,确认能安全作业后方可继续工作,严禁推土机在倾斜的状态下爬过障碍物;爬过障碍物时不得分离主离合器。

(8)避免突然起动、加速或停止;避免高速行驶或急转弯。

(9)填沟或回填土时,禁止推土机铲刀超出沟槽边缘,可用后一铲推前一铲土的方法进行填方,并换好倒车档后,才能提升推土机铲进行倒车;在深沟、陡坡的施工现场作业时,应有专人指挥,以确实保证安全。

(10)多台推土机在联合作业时,前后距离应大于8m;左右距离应大于1.5m,若工程需要并铲作业时,必须用机械性能良好,机型相同的推土机,驾驶员必须技术熟练,雾天作业时必须打开车灯。

(11)在垂直边坡的沟槽作业时,对于大型推土机,沟槽深度不得大于2m;小型推土机沟槽深度不得大于1.5m。若超过上述规定时,必须按规定放置安全装置或采取其他安全措施后,方可进行施工。

(12)轮胎式推土机用于除冰、除雪作业时,轮胎要加防滑链;用于清除石料作业时,要加戴轮胎保护链。

(13)清除高过机体的建筑物、树木或电线杆时,应根据电线杆的结构、埋入的深度和土质情况,使其周围保持一定的土堆;电压超过380V的高压线,其保留土堆大小应征得电业部门或电业专业人士的同意。

(14)在爆破现场作业时,爆破前,必须把推土机开到安全的地带。推土机进入现场前,操作人员必须了解现场有无瞎炮等情况,确认安全后,方可将推土机开入现场,若发现有不安全之处,必须待处理后方可再继续施工。

(15)若必须要在推土铲下作业,则首先要将推土铲升到所需位置,先锁好分配器,锁住安全销,并用垫木将推土机和铲刀垫牢固后,方可进行作业。

(16)履带推土机长距离转移时,必须用平板车装运;装运时变速杆应处于空档位置,制动杆、安全锁杆必须置于锁住位置,并用垫木将履带楔紧,用强度足够的铁丝将机体固定,特殊需要作长距离行驶时,应采取防护措施,行走装置要注意加注润滑油。

(17)履带推土机不准在沥青路面上行驶。必须要通过时,应先铺设道木然后垂直通过,禁止转向。通过交叉路口时,应注意来往行人和车辆。

(18)倒车时,应特别注意块石或其他障碍物,防止碰坏油底壳。

3)作业后的要求

(1)推土机应停放在平坦、坚实安全、不妨碍交通的地方,冬季应选择发动机背风朝阳的地方,铲刀着地。

(2)熄火前应将发动机怠速5min,把变速杆置于空档位置,把制动杆,安全锁杆置于锁住位置。

(3)按规定对推土机进行维护。

3. 装载机操作规程

1)作业前的准备

(1)检查轮胎的完好情况及气压是否符合规定标准。

(2)检查作业场地周围有无障碍物和危险品,并将施工场地进行平整,便于装载机和汽车的出入。

(3)起动前,先将变速杆置于空档位置,各操纵杆在固定位置,驻车制动器在停车位置,然后再起动发动机。

(4)起动后做无负荷运转3~5min,确认一切正常后,再开始进行行驶和装载作业。

2)作业和行驶要求

(1) 除驾驶室外,机上其他地方严禁乘人。

(2)装载时铲斗的装料角度不宜过大,以免增加装料阻力。

(3)装料时应中低速进行,不得以高速将铲斗插入料堆的方式进行。

(4)装载时驱动轮如有打滑现象,应微升铲斗再装料;如某些料场打滑现象严重,应使用防滑链条。

(5)在土质坚硬的情况下,不宜强行装料,应先使用其他机械将硬土松动后,再用装载机装料。

(6)向车上卸料时,必须将铲斗提升到不会触及车箱挡板的高度,严禁铲斗碰撞车箱。

(7)向车内卸料时,严禁将铲斗从驾驶室顶上越过。

(8)装载机不能在坡度较大的场地上作业。

(9)在装载作业中,应经常注意液力变矩器油温情况,当油温超过正常油温时,应停机降温后再继续作业。

(10)装载机一般应采用中速行驶,在平坦的路面上行驶时,可以短时间采用高速档,在上坡及不平坦的道路上,应采用低速档。

(11)下坡时,应采用制动减速,防止切断动力减速而发生溜车事故。

(12)行驶中,在不妨碍通过性能的前提下,铲斗应尽可能降低高度。

(13)通过桥涵时,应先注意交通标志所限定的载重吨位及行驶速度,确认可以通过时再匀速通过,在桥上应避免变速、制动和停车。

(14)涉水时,应在发动机正常有力、转向机构灵活可靠的情况下进行,并应先对河流的水深、流速及河床情况了解后再通过,涉水深度不得超过发动机油底壳。

(15)涉水后应立即停机检查,如发现因涉水造成制动失灵,则应进行连续制动,利用发热蒸发掉制动器内的水分,以尽快使制动器恢复正常。

(16)操作人员离开驾驶室时,必须将铲斗落地,拉紧驻车制动器。

3)作业后要求

(1)装载机应放在平坦、安全、不妨碍交通的地方,并将铲斗落在地面。

(2)停机前,发动机应怠速运转5min,切忌突然停车熄火。

(3)按规定对装载机进行例行维护。

4. 挖掘机操作规程

1)作业前准备

(1)仔细阅读挖掘机使用说明书等有关技术资料,详细了解施工现场的任务情况,并采取相应的安全措施。

(2)检查挖掘机停机处土壤的坚实情况和平稳性,轮胎式挖掘机应加支撑并保持平稳、可靠。

(3)挖掘基坑、沟槽时,应检查路堑和沟槽边坡的稳定情况,以防止挖掘机坍塌。

(4)严禁任何人员在挖掘机作业区内停留,挖掘机操作室内禁止无关人员进入,并不准搁置妨碍操作的任何物品。

(5)挖掘机工作场地,应便于自卸车的出入。

(6)检查液压系统有无渗漏。

(7)轮胎式挖掘机应检查轮胎是否完好,气压是否符合规定。

(8)对挖掘机的发动机、传动装置、制动装置、回转装置以及仪器、仪表等进行检查,并经试运转确认正常后,方可开始工作。

2)作业与行驶要求

(1)发动机起动或操作开始前应发出信号。

(2)装载作业时,应待汽车停稳后,再进行装料。

(3)卸料时,在不碰及汽车任何部位的情况下,铲斗应尽量放低,并禁止铲斗从驾驶室上越过。

(4)作业时,禁止任何人上下机械和传递物品,不准边工作边维修。

(5)作业时,不要随便调节发动机、调速器以及液压系统、电器系统。

(6)作业时,要注意选择和创造合理的工作面,严禁掏洞挖掘。

(7)禁止用铲斗击碎坚固物体,也不准用回转机械方式使铲斗破碎坚固物体。

(8)禁止将挖掘机布置在上下两个挖掘面内同时作业。在工作面内移动时,应先平整地面,并排除通道内的障碍物,如在松软地面上移动时,须在行走装置下垫方木。

(9)作业时,如遇较大石块或坚硬物体时,应先清除再继续作业;禁止挖掘未经爆破的五级以上岩石。

(10)禁止用铲斗杆或铲斗油缸顶起挖掘机。铲斗没有离开地面时,挖掘机不能作横向行驶或回转运动。

(11)禁止在电线等空中架设物下作业,不准将满载铲斗长时间滞留在空中。

(12)禁止用挖掘机动臂拖拉位于侧面的重物;禁止用液压挖掘机工作装置突然下降的方式进行挖掘。

(13)回转平台上部在做回转运动时,回转手柄不能做与回转方向相反的操作。

(14)操作人员必须随时注意各部件的运转情况,发现异常应立即停机,及时抢修。

(15)下铲装置处于履带行走装置对角线位置时，不得在停机面以下作业。

(16)液压挖掘机正常工作时，油温应在50~80℃之间，机械使用前，液压油温低于20℃时，要进行预热运转；油温达到或超过80℃时，应停机散热。

3)作业后的要求

(1)挖掘机行走时，遇电线、交叉道、管道和桥梁时，须有专人指挥；挖掘机与高压线距离不得少于5m；应尽可能避免倒退行走。

(2)行走时动臂应和履带平行，回转台应止住，铲斗离地面应1m左右；下坡应用低速行驶，禁止变速和滑行。

(3)挖掘机停放位置和行走路线应与路面、沟渠、基坑等保持足够的安全距离，以免滑翻。

(4)挖掘机需在斜坡停车时，铲斗必须降落到地面，所有操纵杆置于中位，停机制动时，应在履带后面垫置楔块。

(5)工作结束后，应将机身转正，将铲斗放落到地面，并将所有操纵杆放到空档位置，各部位制动器制动，关好机械门窗后，方可离开。

5.平地机操作规程

1)作业前的准备

(1)详细了解使用内容和施工技术要求，并详细检查作业区内各种桩号的所在位置。

(2)检查平地机四周有无障碍物及其他危及安全的因素，并让无关人员离开作业区。

(3)检查各连接部件的紧固情况，应特别注意车轮轮毂、传动轴等处的连接螺栓有无松动。

(4)操纵手柄、变速器操纵杆必须置于空档位置，其他各手柄均置于中间位置。

(5)检查转向装置和制动装置是否灵活可靠。

(6)检查各仪表、灯光、喇叭等信号装置是否正常。

(7)检查液压系统是否完好。

(8)将刮刀、齿耙等作业装置，置于运输状态，并检查其是否完好。

(9)铰接式平地机，检查其铰接转向装置是否完好，并在运输前将前后轮调整在一条直线上。

(10)检查轮胎是否完好，气压是否符合规定标准。

2)作业与行驶要求

(1)平地机发动后，先挂低速档轻踩加速踏板缓驶，待确认各部一切正常后方可升档行驶。

(2)行驶在平坦道路上可用高速档；行驶在条件较差的道路或坡道时，宜用低速档；作业时均采用低速档。

(3)平地机掉头或转弯时，应使用最低速度。

(4)平地机在低速行驶或改变行驶方向时，一般应停车换档，高速行驶可在行进中换档。

(5)下坡时必须挂档，禁止空档滑行。

(6)行驶时，必须将刮刀与齿耙升到最高处，并将刮刀斜置，刮刀两端不得超出后轮外侧。

(7)行驶时，一般只用前轮转向，在场地特别狭窄的地方可同时采用后轮转向，但小于平地机最小转弯半径的地段，不得勉强转弯。

(8)制动时要先踩下离合器踏板,在变矩器处于刚性闭锁状态时,不能用制动器。

(9)不论作业或行驶,都应随时注意各仪表的读数是否正常,变矩器油温超过120℃时,应及时停车,待油温下降后再继续运行。

(10)以推土作业为主时,应用较小的铲土角。

(11)当摊铺及平整作业时,应用较大的铲土角。

(12)操纵刮刀引出杆,可以将刮刀引出,对机器侧边较远的地方加以平整。

(13)在曲折的工线上,可以利用全轮转向,机动灵活地进行工作。

(14)将刮刀斜置,用刮刀前端着地即可进行挖沟作业。

(15)修边坡时,应根据边坡坡度调整刮刀倾斜度。

(16)用齿耙破碎旧路基、摊铺石子等作业,遇到较大阻力时,可以减少齿数。

3)作业后的要求

(1)应将平地机停放在平坦安全的地方,不得停放在坑洼有水的地方或斜坡上。

(2)停放时,应将所有作业装置落地或刚性固定。

(3)停机后,如需升起作业装置进行维修作业,该装置必须被牢固固定。

(4)停机后,必须将铰接式平地机的铰接转向机构锁定。

(5)每天完成作业后,清除附留在机身上的泥土、杂物,并进行例行维护工作。

6. 压路机操作规程

1)作业前的准备

(1)检查各工作机构及紧固部件是否完好。

(2)起动发动机经试运转确认正常,且制动、转向等工作机构性能完好,压路机方可进行作业。

(3)轮胎式压路机轮胎气压调整到规定作业压力范围,全机各个轮胎气压应一致。

(4)用增加或者减少配重的方法,将压路机的作业线压力调整到规定数值。

(5)对松软的路基及傍山地段的初压,作业前须勘查施工现场,确认安全后压路机方可驶入作业。

2)作业中要求

(1)作业时,操作人员应始终注意压路机的行驶方向,并遵照施工人员规定的压实工艺进行碾压。

(2)应注意各个仪表的读数,发现异常,必须查明原因并及时排除,严禁设备带病作业。

(3)应将振动压路机的振幅及频率控制在规定的范围内。

(4)振动压路机在改变行驶方向、减速或停驶前,应先停止振动作业。

(5)多台压路机联合作业时,应保持规定的队形及间隔距离,并应建立相应的联络信号。

(6)当改变方向时必须在规定的碾压段外转向,平稳地改变运行方向,不允许压路机在惯性滚动的状态下变换方向。

(7)必须遵照规定的碾压速度进行碾压作业,在碾压过程中,不得随意改变碾压速度及方向,不得中途停机。

(8)三轮压路机在正常情况下禁止使用差速锁止装置,特别在转弯时严禁使用。

(9)压路机在坡道上行驶时禁止换档,禁止脱档滑行。

(10)严禁用牵引法拖动压路机,不允许用压路机牵引其他机械。

(11)不允许压路机长距离自行转移。

3)作业后的要求

(1)作业后压路机应停放在安全、平坦、坚实的场地。

(2)每班作业后,应清洗全机污物。沥青路面作业后,应用煤油擦洗碾压轮表面。

(3)按规定进行例行维护作业。

7. 摊铺机的安全操作规程

1)作业前的准备

(1)了解有关施工技术、质量要求,并根据要求安装、调整摊铺机的工作装置。

(2)发动机应工作均衡、运转平稳,动力性能良好,调速器动作正确。

(3)离合器、传动链条、三角皮带等调整适当。

(4)刮板送料器、料斗闸门、螺旋摊铺器处于良好工作状态。

(5)履带松紧适当,轮胎气压正常且左右均匀。

(6)熨平板、振捣器安装正确,加热器工作良好。

(7)自动找平装置安装正确,纵向、横向控制器工作正常。

(8)传动系统工作正常,无冲击、振动、异响等异常现象。

(9)电器系统工作正常。

(10)操纵系统灵活可靠。

(11)将各操纵杆、主传动开关置于中间位置,液压系统各调节阀门调到零位,各电器开关处于断开位置,液压传动系统处于不供油状态。

(12)摊铺机上的所有安全防护设施配备齐全,熨平板接长后,应有相应的安全防护措施,脚踏板宽度须与摊铺机相等。

(13)驾驶台与熨平板脚踏板应保持整洁,无油污及拌和料,不得堆放杂物、工具。

(14)驾驶台与作业现场要视野开阔,应清除有碍工作的一切设施。

(15)作业前,应用喷油器向摊铺机料斗、推滚、刮板送料器、螺旋摊铺器、行走传动链以及熨平板各部喷洒柴油。

(16)按照作业要求,合理选择摊铺机工作速度、螺旋摊铺器转速、料斗闸门开度等参数。

2)作业与行驶要求

(1)按发动机说明书规定起动和停止发动机。

(2)换档必须在摊铺机完全停止时进行,严禁强力挂档。

(3)摊铺机接受运料车卸料时,应使摊铺机推滚贴紧运料车轮胎,顶推自卸车卸料,两者协调动作,同步行进,同时须防止运料车冲撞摊铺机。

(4)作业时严格控制各机构协调工作,并进行必要的修正。作业速度一经选定,要保持稳定,并尽可能减少停车起动次数,以保持摊铺机连续均衡地作业。

(5)严禁驾驶员在摊铺机工作时离开驾驶台,无关人员不得在作业中,上下摊铺机或在驾驶台上停留。

(6)轮式摊铺机的差速装置,应在地面附着力不足时使用,接合或断开差速装置时应停机,在接合差速装置时,只允许直行,不得转向。

(7)禁止在坡道上换档或以空档滑行。

(8)熨平板的预热和保温:

①作业前20~30min,应对熨平板进行预热,使其接近混合料的温度。

②因故暂停作业时,须使用预热系统进行保温以防止熨平板冷却。

③用电预热时,应先起动发动机并调到额定转速,然后接通预热开关进行预热。

④用燃烧轻油或燃气进行预热熨平板时,应注意控制热量,防止局部过热而使熨平板变形。加热时,应采用间歇燃烧多次加热操作法,使其靠自身热传导均匀预热,有热风循环系统的,可采用点火燃烧和熄火热风循环交替进行加热。无论采用何种方式,每次点燃时间不得大于10min。

⑤使用压缩空气压力喷射燃油的燃烧系统,其压力必须达到规定值,必须在燃烧点燃以后,才允许点燃鼓风机,并调节风门,使之完全燃烧。

⑥对设有多点燃烧加热装置的,应逐个分别点燃。

⑦预热时,要加强对燃烧情况的观察,若火焰熄灭,应立即关闭燃油或燃气开关,找出原因,排除故障,并清除溢出的燃油或待燃气排尽后方可重新点燃。

⑧严禁在加热过程中,熨平板处于无人看管状态和向摊铺机各部喷油清洗。

(9)自动找平装置的使用:

①在已压实的底层上摊铺时,其不平度应不大于5mm,不平度波长小于所选用的拖梁长度,可采用拖式浮动梁做基准。

②用摊铺层邻近的车道、路缘石、边沟和新摊铺层等构筑物作基准时,传感器必须使用滑靴做跟踪件,采用拖式平稳梁时,不允许以未经压实的摊铺层做基准。用作基准的车道或摊铺层,其横坡值必须与新铺层的横坡值相等。

③当自动找平系统和控制系统使用高度控制装置和横坡控制装置联合工作时,在摊铺层的一侧(一般在左侧设张紧线)做基准。如一次摊铺宽度大于6m,则应采用双侧高度控制装置。

④停止作业时,应先断开找平系统开关,使调整油缸处于静止位置。

⑤自动找平装置各元件应小心使用,须防止碰撞和雨水、尘土的损害。

(10)振捣器频率应由低渐高,逐步增加。摊铺面层时,每前进5mm,捣固次数不小于1次,并随时检测摊铺层的密实度。

(11)在弯道区段作业,要及时操作找平装置,控制摊铺层的厚度增量,要注意:

①使用高度传感器和横坡传感器配合的自动找平系统工作时,要设专人掌握横坡给定器,连续而平稳地转动横坡给定器上调节旋钮。

②操作人员应注意纵向走向,操作力求平稳,避免急剧转向(履带式摊铺机尤其应当注意)。

③弯道作业时,熨平装置的端头与路缘石的间距不得小于10cm,以免转向时碰撞。

(12)摊铺机的坡道作业:

①摊铺机在较大的坡道(纵横坡度为15%~20%)上工作时,要采用特殊安全措施,确保正常工作,防止事故发生。

②在大坡道上作业时,要减少料斗中的混合料量,按额定摊铺能力的60%进行作业,同时控制行驶速度和转向半径。

③在横坡道上摊铺时,由于混合料自动流向下坡的一侧,应将下坡侧熨平板接长,为防止混合料自动流向下坡的一侧,可在左右两侧使用相同方向的螺旋叶片。

④为防止摊铺机倾翻,必要时可使用一台重型拖拉机或推土机用钢丝与摊铺机连接,在坡顶平行与摊铺机等速行驶。

⑤在正常纵坡上作业时,应由低处向高处摊铺,如必须下坡作业时,要与汽车驾驶员紧密配合,力求速度稳定。

(13)作业中的检查与调整:

①在摊铺过程中,要经常对摊铺机的行驶速度、供料能力、闸门开度、螺旋摊铺器的匹配情况进行检查。

②检查摊铺层的平整度、厚度是否符合设计要求。

(14)履带式摊铺机不得长途行驶,其行驶距离不应超过1km,特殊需要作长距离行驶时,行走装置应注意加油。

(15)行驶时,熨平板应恢复标准宽度,升起并用挂钩挂牢。

(16)摊铺机用其他车辆牵引时,只允许用刚性拖杆,不得使用钢丝绳,其变速手柄应处于空档,并解除自动装置的工作。

(17)禁止用摊铺机牵引其他机械。

3)作业后的要求

(1)对摊铺机各工作装置、运行机构进行清洁工作,清除残留沥青,使之运转自如,转动灵活。

(2)擦拭液压伸缩熨平板的导向柱表面和油缸活塞杆表面。

(3)清洁并检查高度传感器支座各部元件,并对转动零件加注机油润滑。

(4)清洁工作应在作业场地以外进行,用柴油清洁时,禁止明火接近。

(5)驾驶员在离开驾驶台前,要将摊铺机停稳,驻车制动必须可靠,料斗两侧壁完全放下,熨平板放到地面或用挂钩挂牢。

(6)摊铺机停放在交通车道附近时,须在周围设置明显的安全标志,夜间设灯光信号并设专人守护。

8.滑模式水泥混凝土混合料摊铺机操作规程(适用于GOMACO、GP1500型)

1)作业前的准备

(1)根据有关施工技术和质量要求,按摊铺机操作说明书的规定,安装调整摊铺机的各个装置系统。

(2)进行各项安装调整时,发动机必须关闭,制动装置必须处于制动状态。

(3)安装或调整机架时,摊铺机必须停放在平坦结实的地面上,并用结实的支垫工具可靠地垫住机体,将履带垫离地面,方可进行调整、安装工作。

(4)安装模板时,必须检查液压油管的悬架是否牢固后,方可慢慢地移动机体对位结合。

(5)安装、调整振捣器、振捣棒时,要注意其端部在行程最低位置时,不能碰到路基;若有预制钢筋,则振捣器、振捣棒安装调整时,其端部必须高于所摊铺的混凝土路面厚度中心,并且周围不得有任何障碍物。

(6)连接液压接头时,必须保持清洁,严禁任何杂质进入油路;暂时不用的接头,必须按

“进油”和“回油”配对接好，防止杂质渗入或液压油外溢。

(7)检查行走系统、传动系统，电器系统和操作机构是否符合要求，必要时进行调整，确保其处于完好的工作状态。各仪表必须工作正常。

(8)按要求设置引导线。引导线的设置必须保证准确，要有一定的张紧度。引导线的支承杆要密度适当、垂直、均匀和牢固。

(9)感应系统的灵敏度必须适当，安装调试时要小心谨慎，禁止强行调整。感应器安装必须正确，其插头、插座必须保持洁净干燥，暂时不用的插头、插座应罩上防尘帽。传感器安装臂总成必须稳固。

(10)模板及抹平底部必须平整干净，不得有附着物，作业前应向其底部、顶部、边部等与水泥混凝土有接触的地方喷洒柴油。

(11)发动机要工作均衡，运转平稳，调速灵敏准确。

(12)操作台和作业现场要视野开阔，应清除有碍工作的一切设施。

(13)水泥混凝土的坍落度应控制在该机种规定的范围内。

(14)摆正摊铺机，使边板与引导线平行，调整感应器，使方向感应器轴与引导线平行，使纵坡感应器轴与引导线垂直，使模板的4个角符合标高要求。

(15)将各操纵杆、主传动开关置于中间位置，液压系统各调节阀门置于中间或断开位置，各电器开关置于断开位置，各自动控制开关必须置于断开或非自动控制位置。

2)作业与行驶的要求

(1)调整时，用手动控制系统；进行摊铺作业时，用自动控制系统，举升锁要处于非锁紧状态，要保证各边履带都着地行驶。

(2)调整机器的高度时，工作踏板、扶梯等处禁止站人。

(3)各控制开关的位置必须正确。

(4)根据水泥混凝土的塌落度及摊铺厚度，选择合适的工作速度、振捣器和振捣棒的频率及螺旋布料器的转速；严格控制各机构的协调工作，并做进一步的修正；作业速度一经选定，要保持稳定并尽量减少停机起动次数，以确保路面的平整度。

(5)经常检查所摊铺的路面，若不符合要求，应及时调整。

(6)作业期间，严禁碰撞引导线。

(7)操作人员要随时注意纵向走向，方向感应器的偏位指针要对位。

(8)严禁驾驶员在摊铺作业时离开驾驶台；作业时，无关人员不得上下或停留在驾驶台及工作踏板上。

(9)下坡时，禁止快速行驶和空档滑行，牵引制动装置必须置于制动状态。

(10)摊铺机应避免急剧转向，防止工作机与预置钢筋、邻边路面、路缘石等物相碰撞。

(11)严防碰撞及水、尘土等杂质损害传感器；作业中要注意观察传感器触杆是否会被引导线支杆卡住，如有可能被卡住，应立即将其小心地移过线段，以免损坏传感器。

(12)摊铺机在较大坡道作业时，为防止水泥混凝土向下或向一边倾流，可在允许的范围内适当的减少水泥混凝土的含水量或适当减少振捣器、振捣棒的频率。

(13)摊铺过程中确需要停机时，要保证振捣器、振捣棒的动作与机器的行走同步停止，并将发动机的转速降至怠速；当需要继续摊铺时，要保证振捣棒、振捣器的动作与机器的行走同

时起步，再把发动机提高到额定转速，以确保路面的连续平整。

(14)作业中，若需要变换控制方法时，扳动“横坡/双纵坡”开关之前，必须使举升锁处于锁住位置，并使其放大器上的偏位指针对位后，再解除举升锁。

(15)当与原有水泥混凝土路面相邻连接摊铺时，要用滑橇做跟踪件，以确保相邻两边的平整过渡；与原有水泥混凝土路面对接时，要防止边坡、振捣器、振捣棒等工作装置与之相碰撞。

(16)一般情况下，摊铺机不能用其他机械牵引；非牵引不可时，只允许用刚性拖杆，并解除自动装置的工作及卸去液压油路的液压油。

(17)禁止用摊铺机牵引其他机械。

3)作业后的要求

(1)工作完毕后，先解除自动控制系统，把机器升高离开作业点，停放于平坦、结实的地面上，并将举升锁锁住。

(2)清洗前应将传感器拆下，并立即用防尘帽罩住插头插座，防止水及尘土进入。

(3)尽快清洗机件上附着的水泥混凝土及其他杂物，以防水泥混凝土凝结，清洗后机械应保持清洁，运转自如，转动灵活，模板底部光滑。

(4)擦拭液压缸伸缩杆及升降道轨表面，并在升降道轨上搽上润滑脂(黄油)。

(5)驾驶员在离开机器之前，要将机器停放稳妥，并将驾驶台降至最低位置，使制动装置处于制动状态。

(6)摊铺机不得长距离行驶，长距离转移时要用平板车装运。装运时，摊铺机必须降至最低位置，制动装置必须处于制动状态，举升锁必须处于锁紧位置，其余各开关、操纵杆要处于断开位置；履带必须用垫木楔紧；特殊需要作长距离行驶时，应采取防滑措施，行走装置应加足润滑油。

(7)按规定要求进行维护。

(8)摊铺机停放在道路附近时，必须在周围设置明显的安全标志，夜间应竖红灯示警，能见度不得小于150m。

(9)摊铺机长时间不使用时，必须把模板、抹平板、振捣器、振捣棒等工作装置拆下放好，模板、抹平板必须用木块均匀地垫起，置于平坦坚实的地面上，以防变形及保证模板底面的光滑。

课题二　道路交通安全法概述

一、总则

道路交通是经济发展和社会进步的重要基础条件，发达国家的成功经验表明，经济的高速发展离不开发达的道路交通。良好的交通秩序、安全的交通环境，有利于促进经济的持续发展；而良好的交通秩序、安全的交通环境，必须有科学、严密、全面的道路交通法律的保障。

改革开放以来，我国的道路交通法制建设取得了较大进展，特别是1986年国务院改革了道路交通管理体制，道路交通由公安机关统一管理。国务院相继颁布了《中华人民共和国道路交通管理条例》、《道路交通事故处理办法》,公安部陆续制定了《高速公路交通管理办法》、《机动车驾驶证管理办法》、《机动车驾驶员考试办法》、《机动车驾驶员违章记分办法》、《交通违章处理程序规定》等14个部门规章,各地也颁布了一批地方性法规、规章,为道路交通安全畅通提供了法律保障,也为依法统一管理城乡道路交通,加强全国道路交通管理奠定了良好的基础,使道路交通基本走上了依法管理的轨道。

然而,随着改革开放的不断深入发展,我国社会经济、生活等各个领域都发生了深刻变化,道路交通的需求迅猛增长,机动车和交通流量大幅度增加,而城乡道路建设相对滞后,给道路交通管理带来了许多新情况、新问题,现行的道路交通法规越来越不适应道路交通所面临的严峻形势。

为保障道路交通的安全、畅通与有序,从经济发展和社会进步的长远性看,需要有一部权威性高、操作性强、规范全面、权利义务明确的道路交通方面的基本法律,并以此为龙头建立起适应社会主义市场经济和人们生产、生活需要的科学、完备的道路交通法律体系。

2003年10月28日,十届全国人大常委会第5次会议上通过了《中华人民共和国道路交通安全法》。至此,历经两届全国人大常委会4次会议审议、凝结两届常委会组成人员心血、备受社会关注的"道路交通安全法"走完了近两年的立法机关的审议程序,从最初的6章92条充实至8章124条。这部新法的出台,全面体现了以人为本、与民方便的原则,是我国首部"道路交通安全法"。《中华人民共和国道路交通安全法》字里行间处处体现着对生命的关爱、对普通百姓切身利益的保护,它充分体现了尊重生命、以人为本的原则。随后《中华人民共和国道路交通安全法实施条例》也于2004年4月28日国务院第49次常务会议通过。各省市也根据《中华人民共和国道路交通安全法》制定了"交通安全法实施细则"。

第一条 为了维护道路交通秩序,预防和减少交通事故,保护人身安全,保护公民、法人和其他组织的财产安全及其他合法权益,提高通行效率,制定本法。

第二条 中华人民共和国境内的车辆驾驶人、行人、乘车人以及与道路交通活动有关的单位和个人,都应当遵守本法。

第三条 道路交通安全工作,应当遵循依法管理、方便群众的原则,保障道路交通有序、安全、畅通。

第四条 各级人民政府应当保障道路交通安全管理工作与经济建设和社会发展相适应。

县级以上地方各级人民政府应当适应道路交通发展的需要,依据道路交通安全法律、法规和国家有关政策,制定道路交通安全管理规划,并组织实施。

第五条 国务院公安部门负责全国道路交通安全管理工作。县级以上地方各级人民政府公安机关交通管理部门负责本行政区域内的道路交通安全管理工作。

县级以上各级人民政府交通、建设管理部门依据各自职责,负责有关的道路交通工作。

第六条 各级人民政府应当经常进行道路交通安全教育,提高公民的道路交通安全意识。

公安机关交通管理部门及其交通警察执行职务时,应当加强道路交通安全法律、法规的宣传,并模范遵守道路交通安全法律、法规。

机关、部队、企业事业单位、社会团体以及其他组织,应当对本单位的人员进行道路交通安全教育。

教育行政部门、学校应当将道路交通安全教育纳入法制教育的内容。

新闻、出版、广播、电视等有关单位,有进行道路交通安全教育的义务。

第七条　对道路交通安全管理工作,应当加强科学研究,推广、使用先进的管理方法、技术、设备。

二、交通信号、交通标志、交通标线

1. 交通信号

交通信号是交通警察在平面交叉路口或某些路段,指挥车辆、行人通行或如何通行发出的交通管理信息,指挥疏导车辆、行人有秩序地通过路口、路段的重要手段。

1)交通信号的作用

(1)疏导交通,提高道路通行能力。交通指挥信号可以使道路上的车流、人流尽可能地减少互相干扰,减少交通阻塞,充分发挥现有道路及道路网的机能,提高道路的通行能力。

(2)有利于保障交通安全。交通指挥信号可以使处在相互矛盾的交通环境中的车辆和行人得到合理的通行权,保障其有秩序地通行,并减少冲突点,防止交通事故的发生。

(3)有利于交通管理人员临时处理交通管制、检查等各种交通问题。

总之,设置交通指挥信号,可以合理地限制和科学地组织车流,使其能获得安全而流畅的交通,从而满足交通运输安全、迅速、经济、舒适的要求。

2)交通信号的种类

交通指挥信号可分为:指挥灯信号、车道灯信号、人行横道灯信号,指挥棒信号、手势信号。

(1)指挥灯信号:

①绿灯亮时,准许车辆、行人通行,但转弯的车辆不准妨碍直行的车辆和被放行的行人通行。

②黄灯亮时,不准车辆、行人通行,但已越过停止线的车辆和已进入人行横道的行人,可以继续通行。

③红灯亮时,不准车辆、行人通行。

④绿色箭头灯亮时,准许车辆按箭头所示方面通行。

⑤黄灯闪烁时,车辆、行人须在确保安全的原则下通行。右转弯的车辆和T形路口右边无横道的直行车辆,遇有前款②、③项规定时行驶的车辆和行人过往的情况下,可以通行。

(2)车道灯信号:

①绿色箭头灯亮时,本车道准许车辆通行。

②红色叉形灯亮时,本车道不准车辆通行。

(3)指挥棒信号:

①直行信号:右手持棒举臂向右平伸,然后向左曲臂放下,准许左右两方直行的车辆通行;各方右转弯的车辆在不妨碍被放行的车辆通行的情况下,可以通行。

②左转弯信号:右手持棒举臂向前平伸,准许左方的左转弯和直行的车辆通行;左臂同时向右前方摆动时,准许车辆左小转弯;各方右转弯的车辆和T形路口右边无横道的直行车辆,在不妨碍被放行的车辆通行的情况下,可以通行。

③停止信号:右手持棒曲臂向上直伸,不准车辆通行,但已越过停止线的,可以继续通行。

(4)指挥手势信号:

①直行信号:右臂(左臂)向右(向左)平伸,手掌向前,准许左右两方直行的车辆通行;各方右转弯的车辆在不妨碍被放行的车辆通行的情况下,可以通行。

②左转弯信号:右臂向前平伸,手掌向前,准许左方的左转弯和直行的车辆通行;左臂同时向右前方摆动时,准许车辆左小转弯;各方右转弯的车辆和T形路口右边无横道的直行车辆,在不妨碍被放行的车辆通行的情况下,可以通行。

③停止信号:左臂向上直伸,手掌向前,不准前方车辆通行;右臂同时向左前方摆动时,车辆须靠边停车。

2.交通标志

交通标志是用图形、符号和文字传递特定信息,用以管理交通的安全设施。

道路交通标线是由各种路面标线、箭头、文字、立面标记、突起路标和路边线轮廓标等所构成的交通安全设施。

1)交通标志的作用

(1)疏导交通。根据道路的交通状况,对各种车辆的流量和流向起调节、疏导及控制作用,有利于维护交通秩序,保障交通安全,减少交通堵塞,提高车辆的行驶速度。

(2)提供道路信息。交通标志能预先告诉行人和驾驶员前方道路上某一地段、某一地点的地理状况和环境情况,如急弯、岔道、窄路、陡坡、学校、村镇等,警告人们注意危险情况,提前做好思想准备,及时采取相应措施,以防止意外情况发生。

(3)指路导向。它可以明确表示道路的去向、通达的地名、沿途主要村、镇的位置和距离,用以解除驾驶人员在行车过程中因路线不明确而产生的犹豫、焦躁的心理状态,减少不必要的停车时间,提高行车的效率。

(4)执法依据。在纠正交通违章行为,处理交通事故,判定交通事故责任时,可根据现场交通标志所规定的内容,来分析违章的情节、程度,判定事故的责任。

2)交通标志种类

交通标志分为主标志和辅助标志两大类。道路交通标志的边框外缘有衬底色。衬底色规定为:警告标志黄色,禁令标志白色,指示标志蓝色,高速公路、城市快速路的指路标志绿色,其他道路的指路标志蓝色。

主标志:

(1)警告标志。警告车辆、行人注意危险地点的标志。颜色为黄底、黑边、黑图案。形状为等边三角形,顶角朝上。

(2)禁令标志。禁止或限制车辆、行人交通行为的标志。颜色除个别标志外,为白底,红圈,红杠,黑图案,图案压杠。禁令标志的形状为圆形、八角形、顶角向下的等边三角形。

(3)指示标志。指示车辆、行人行进的标志,颜色为蓝底、白图案。形状分为圆形、长方形和正方形。

(4)指路标志。传递道路方向、地点、距离信息的标志。颜色:一般道路为蓝底白图案,高速公路为绿底白图案。形状,除地点识别标志、里程碑、分合流标志外,为长方形和正方形。指路标志的汉字采用标准黑体(简体)。

(5)旅游区标志。提供旅游景点方向、距离的标志。旅游区标志分为:指引标志和旅游符

号两大类，颜色为棕色底白色字符。

a. 指引标志：提供旅游区的名称、有代表性的图案及前往旅游区的方向和距离。设在高速公路出口附近及通往旅游区各连接道路的交叉口附近。

b. 旅游符号：提供旅游项目类别、具代表性的标志及前往各旅游景点的指引。标志设在高速公路或其他道路通往旅游景点的交叉口附近，或在大型服务区内通往各旅游景点的路口。也可在指路标志上附具代表性的旅游符号，让旅游者了解景点的旅游项目。旅游符号下可附加辅助标志以指示前进方向或距离。

(6) 道路施工安全标志。通告道路施工区通行的标志。

a. 路栏　用以阻挡车辆及行人前进或指示改道。设在道路施工、养护、落石、塌方而致交通阻断路段的两端或周围。

b. 锥形交通路标　与路栏配合，用以阻挡或分隔交通流。设在需要临时分隔车流，引导交通，指引车辆绕过危险路段，保护施工现场设施和人员等场所周围或以前适当地点。交通锥夜间使用时上端应安装白色反光材料或反光导标。

c. 施工警告灯号　用以警告车辆驾驶人前方道路施工，应减速慢行。设于夜间施工路段附近。本灯号分闪光灯号及定光灯号两种，安装于路栏或独立活动支架上，高度以 120cm 为度。其镜面闪烁频率、光度及适用地点应符合规定。

d. 道口标柱　设在公路沿线较小交叉路口两侧，用来提醒主线车辆提高警觉，防范小路口车辆突然出现而造成意外。

e. 施工区标志　用以通告高速公路及一般道路交通阻断、绕行等情况。设在道路施工、养护等路段前适当位置。施工标志为长方形，蓝底白字，图案部分为黄底黑图案。

f. 移动性施工标志　用以警告前方道路有作业车正在施工，车辆驾驶人应减速或变换车道行驶。移动性施工标志悬挂于工程车辆及机械的后部。本标志为黄底黑色图案、黑边框、反光，背面斜插色旗两面。

辅助标志：

附设在主标志下，起辅助说明作用的标志。凡主标志无法完整表达或指示其规定时，为维护行车安全与交通畅通之需要，应设置辅助标志。辅助标志的颜色为白底、黑字、黑边框，形状为长方形。

3. 交通标线

1) 交通标线的作用

(1) 实行分道行驶。利用标线实行人车分离，快慢车分离，机动车和非机动车分离等。使人、车各行其道，起到提高道路通行能力，防止交通事故发生的作用。

(2) 渠化平交路口的交通。利用标线在平交路口指示人、车按标线规定的路线行进，以减少交通冲突点，提高路口通行能力，防止事故的发生。

(3) 指令预告。标线可以提高驾驶人员行车时的注意力，并起到指令和预告的作用。

(4) 执法依据。标线和标志一样，可以为纠正违章、处理交通事故提供明确的法律依据。

2) 交通标线的种类

我国现行交通标线的种类、图形、颜色及具体作用以国家颁布的规定为准，但最基本的标线有以下几种：

(1) 指示标线。用白色的实线来表示,有“指示”的含义,指示车行道、行车方向、路面边缘、人行道等设施的标线。例如:中心线、人行横道线、停车线、分道线等。

(2)禁止标线。用黄色实线表示,是告示道路交通的遵行、禁止、限制等特殊规定,车辆驾驶人及行人须严格遵守的标线。例如:隔离线、导向车道线等。

(3) 警告标线。促使车辆驾驶人及行人了解道路上的特殊情况,提高警觉,准备防范应变措施的标线。

道路交通标线按形态可分为以下4类:

a. 线条　标画于路面、缘石或立面上的实线或虚线。

b. 字符标记　标画于路面上的文字、数字及各种图形符号。

c. 凸起路标　安装于路面上用于标示车道分界、边缘、分合流、弯道、危险路段、路宽变化、路面障碍物位置的反光或不反光体。

d. 路边轮廓标　安装于道路两侧,用以指示道路的方向、车行道边界轮廓的反光柱(或片)。

车辆、行人必须遵守交通标志和交通标线的规则。车辆和行人遇有灯光信号、交通标志或交通标线与交通警察的指挥不一致时,应服从交通警察的指挥。

三、车辆、驾驶员、行驶

1. 机动车的管理规定

(1)车辆必须经过车辆管理机关检验合格,领取号牌、行驶证方准行驶。号牌须按指定位置安装,并保持清晰。号牌和行驶证不准转借、涂改或伪造。机动车在没有领取正式号牌、行驶证以前,需要移动或试车时,必须申领移动证、临时号牌或试车号牌,按规定行驶。

(2)机动车必须保持车况良好、车容整洁。制动器、转向器、喇叭、刮水器、后视镜和灯光装置,必须保持齐全有效。并须按车辆管理机关规定的期限接受检验,未按规定检验或检验不合格的,不准继续行驶。

(3)机动车的转向器、灯光装置失效时,不准被牵引,发生其他故障需要被牵引时:

①须由正式驾驶员操作,并不准载人或拖带挂车。

②宽度不准大于牵引车。

③用软连接牵引装置时,与牵引车必须保持必要的安全距离。

④制动器失效的,须用硬连接牵引装置。起重车、轮式专用机械车,不准拖带挂车或牵引车辆;二轮摩托车、轻便摩托车不准牵引车辆或被其他车辆牵引。

(4)机动车的噪声和排放的有害气体,必须符合国家规定的标准。

2. 机动车驾驶员的管理规定

(1)机动车驾驶员,必须经过车辆管理机关考核合格,领取驾驶证,方准驾驶车辆。轮式工程机械,在领取市级主管行业单位的专用机械操作证的同时,上路行驶应领取机动车管理机关颁发的驾驶证,并遵守有关机动车驾驶员的有关规定,才能驾驶和操作。

(2)机动车驾驶员必须遵守下列规定:

①驾驶车辆时,须携带驾驶证和行驶证。

②不准转借、涂改或伪造驾驶证。

③不准将车辆交给没有驾驶证的人驾驶。

④不准驾驶与驾驶证准驾车型不相符合的车辆。

⑤未按规定审验或审验不合格的,不准继续驾驶车辆。

⑥饮酒后不准驾驶车辆。

⑦不准驾驶安全设备不全或机件失灵的车辆。

⑧不准驾驶不符合装载规定的车辆。

⑨在患有妨碍安全行车的疾病或过度疲劳时,不准驾驶车辆。

⑩驾驶和乘坐二轮摩托车须戴安全头盔。

⑪车门、车厢没有关好时,不准行车。

⑫不准穿拖鞋驾驶车辆。

⑬不准在驾驶车辆时吸烟、饮食、闲谈或有其他妨碍安全行车的行为。

3. 最高行驶速度的规定

在道路宽阔、交通空闲、视线良好和保证交通安全的原则下,最高时速规定,轮式专用机械车为15km/h。

4. 灯光、喇叭、信号的使用规定

(1)转向灯的使用:

①向右转弯、向右变更车道、靠路边停车时,须开右转向灯;

②向左转弯、向左变更车道、驶离停车地点或掉头时,须开左转向灯。

(2)在夜间路灯照明良好或遇阴暗天气视线不清时,须开防眩目近光灯、示宽灯和尾灯;夜间没有路灯或路灯照明不良的,须将近光灯改用远光灯,但同向行驶的后车不准使用远光灯;雾天须开防雾灯。

(3)机动车在非禁止鸣喇叭的区域和路段使用喇叭时,音量必须控制在105dB(A)以内,每次按鸣不准超过0.5s,连续按鸣不准超过3次。不准用喇叭唤人。

5. 会车的规定

(1)在没有画中心线的道路和窄路、窄桥,须减速靠右通过,并注意非机动车和行人的安全。会车有困难时,有让路条件的一方让对方先行。

(2)在有障碍的路段,有障碍的一方让对方先行。

(3)在狭窄的坡路,下坡车让上坡车先行;但下坡车已行至中途而上坡车未上坡时,让下坡车先行。

(4)夜间在没有路灯或照明不良的道路上,须距对面来车150m以外互闭远光灯,改用近光灯;在窄路、窄桥与非机动车会车时,不准持续使用远光灯。

6. 限制掉头、倒车地点的规定

(1)机动车在铁路道口、人行横道、弯路、窄路、桥梁、陡坡、隧道或容易发生危险的路段,不准掉头。

(2)机动车倒车时,须察明车后情况,确认安全后,方准倒车。铁路道口、交叉路口、单行路、弯路、窄路、桥梁、陡坡、隧道和交通繁华路段,不准倒车。

7. 车辆停放的规定

(1)车辆停放,必须在停车场或准许停放车辆的地点,依次停放。不准在车行道、人行道和其他妨碍交通的地点任意停放。机动车停放时,须关闭电路,拉紧驻车制动器,锁好车门。

(2)车辆在停车场以外的其他地点临时停车,必须执行:

①按顺行方向靠道路右边停留,驾驶员不准离开车辆,妨碍交通时须迅速离开。

②车辆没有停稳前,不准开车门和上下人,开车门时不准妨碍其他车辆和行人通行。

③在设有人行道护栏(绿篱)的路段,人行横道、施工地段(施工车辆除外)、障碍物对面,不准停车。

④交叉路口、铁路道口、弯路、窄路、桥梁、陡坡、隧道以及距离上述地点20m以内的路段,不准停车。

⑤公共汽车站、电车站、急救站、加油站、消防栓或消防队(站)门前以及距离上述地点30m以内的路段,除使用上述设施的车辆外,其他车辆不准停放。

⑥大型公共汽车、电车除特殊情况外,不准在站点以外的地点停车。

⑦机动车在夜间或遇风、雪、雾天时,须开示宽灯、尾灯。

单元二　公路工程机械技术状况的变化

【知识点和能力点】

1. 掌握技术状况的评定指标；
2. 掌握技术状况变化的主要原因；
3. 理解合理使用和维护机械的意义。

课题一　评定工程机械技术状况的主要指标

工程机械的施工对象是各种公路工程的机械化施工，因此，了解工程建设机械的使用性能，对合理使用机械是非常重要的。

工程建设机械的使用性能主要有：牵引性、动力性、机动性、稳定性和经济性等。

1. 牵引性

对土方工程机械来说，牵引性是一个重要的指标，它反映的是在各种作业速度下能够发出的最大牵引力，它直接影响着这些机械的作业性能与作业效率。牵引性是用牵引功率和牵引效率来评价的，后者表明土方工程机械在工作时发动机功率利用的有效程度。

牵引性反映在土方工程机械的牵引特性上，无论在机械设计中还是机械的使用中都是十分重要的。在使用过程中，牵引特性有助于合理地使用机械；有效地发挥它们的生产率。例如，推土机工作中突然遇到阻力增大时，往往由于驾驶员来不及调整铲土深度，而不得不脱开主离合器，否则会导致发动机熄火。这样不但损失机械的有效工作时间，而且频繁地操纵也会增加驾驶员的劳动强度和紧张状态，最终导致机械的生产率下降。所以正确地掌握各种机械的牵引性，就便于掌握一定的切土深度，使机械尽可能地在接近额定有效牵引力的范围内作业。

2. 动力性

动力性是反映土方机械在不同档位行驶时所具有的加速性能，以及所能达到的最大行驶速度和爬坡能力。动力性的指标用动力因素来评价。动力性直接影响着机械的生产效率。动力因素在土方工程机械上通常用 D 来表示，它反映了在除去风阻力后，单位机质量所能获得的用来克服滚动阻力、坡度阻力、惯性阻力的切线牵引力。因此在机械使用中应注意利用低档起步、中档作业、高档行驶。在机械设计规定的最大坡度角内工作，才能充分发挥机械的效能，保证机械稳定安全生产。

3. 机动性

机动性是反映土方机械在直线行驶时的稳定性和在狭窄场地转向和通过的能力。机动性与操纵性有很大关系。操纵性是以最小转弯半径来评价的。机动性影响土方机械的适用程度。

4. 稳定性

稳定性是表明土方工程机械作业时，在坡道上行驶时抵抗纵向和横向倾翻和滑移的能力。

5. 经济性

经济性主要表示土方工程机械在作业过程燃料消耗是否经济合理的性能。它通常用两个指标来评价，一个是发动机额定比油耗，即每千瓦小时所消耗的燃料克数，这一指标可以用来比较相同机种不同型号机械经济性的好坏；另一个指标是发动机额定小时油耗率，即发动机每小时所消耗燃料的千克数，这一指标可以用来核算作业成本。

课题二　工程机械在使用过程中技术状况变化的原因

工程机械在使用过程中应经常保持其处于完好的技术状况，避免机件的不正常磨损，消除可能产生的事故，以延长机械的使用寿命，提高生产效率，降低施工成本，保证施工进度和质量。

一、工程机械动力性能在使用过程中的变化

1. 发动机性能指标的变化

发动机的性能指标主要是动力特性指标，它的变化包括有效转矩和有效功率的变化。

2. 发动机功率的变化

功率的变化就会直接影响到机械的牵引功率。

3. 发动机经济指标的变化

经济指标是耗油量和耗油率。随着发动机技术状况的恶化，会使整台机械的动力特性和经济性能随之恶化。这不但降低了生产效率，而且也增加了施工成本，甚至不间断地发生机械事故，严重地影响到施工进程。

二、工程机械底盘在使用过程中主要技术指标的变化

1. 耐用性和可靠性的变化

耐用性和可靠性是指机械在使用规定周期内不发生故障和损坏的性能。在机械运行过程中，底盘各部件所有摩擦零件的磨损量将随工作时间的增长而增加，从而改变了某些零件的正确几何形状、相互位置、标准尺寸和重量，使其强度减弱，硬度和刚性变差，弹性消失，配合间隙增大，甚至产生金属疲劳、擦伤、烧蚀和断裂现象，以致不能继续工作。这些性能的变化，同样会影响机械的生产率，并增加施工成本。

2. 操纵系统在使用过程中技术状况的变化

机械的操纵系统在使用过程中产生的技术状况的变化主要表现在工作过程中的可靠性和灵活性(即轻便性)变差。随着机械工作时间的增长,特别是长期没有进行适当的调整、润滑,使操纵系统各零件之间的正常配合间隙得不到恢复,进一步使其配合情况恶化。

综上所述,无论多么先进的工程机械,要充分发挥机械的技术性能和机械在机械化施工中的作用,关键在于对机械要有正确的操作方法,合理的技术使用,精心的维护,使机械经常处于完好的技术状况。

三、技术状况变化的原因

1. 零件的正常磨损与损坏

工程机械在运行过程中与其他机械一样,机械内部各运动表面在载荷和相对运动的作用下,由于摩擦而产生磨损,且这种磨损是不可避免的。

1)机械磨损

机械磨损是零件表面之间相互摩擦时产生的。零件表面虽然经过机械加工,但仍不可能绝对平整。零件表面相互接触时,凸凹不平的地方便互相嵌入,当零件发生相对运动时,在力的作用下摩擦表面凸起的金属微粒就不断地脱落(即使平整面也产生正常磨损),从而引起零件的尺寸、形状发生变化和配合间隙增大。当配合间隙增大到一定程度时,零件因冲击载荷增加,润滑条件被破坏,磨损将迅速增加。

2)磨料磨损

筑路机械零件的磨损主要是指磨料磨损。施工中机械的工作环境大都是非常恶劣的,如推土机在推土作业时,空气中的尘土混杂在进气气流中而进入发动机,磨粒便夹杂在活塞、活塞环和气缸壁之间。当活塞运动时,磨粒便会刮伤活塞和气缸壁。当燃料和润滑油中有磨粒存在时,会对柱塞副、喷油器以及曲轴、轴瓦等引起严重的磨料磨损。对底盘来说,当推土机在推土过程中,刀片与土壤直接接触,履带和驱动轮、引导轮之间夹有土壤,其磨损主要为磨料磨损。

3)腐蚀

腐蚀是零件与周围介质接触时发生化学和电化学作用,引起零件表面的金属成分和性质改变,使零件损坏。腐蚀一般从表面开始,逐渐向零件内部发展。

腐蚀可分为化学腐蚀和电化学腐蚀两种。零件的金属和酸碱等物质直接起化学作用而造成零件的损坏叫化学腐蚀。电化学腐蚀是金属零件在电解液作用下,不同性质的金属之间发生的局部电解现象而引起的金属腐蚀。防止零件腐蚀的方法,可以在零件的表面上涂一层防腐的薄膜,如润滑脂、机油、凡士林和油漆等,或者零件表面镀铬、锡、锌、镍及进行钝化处理,以避免零件金属和腐蚀介质接触。

4)金属零件的疲劳损坏

工程机械各部件经常受到反复地交变载荷,当交变载荷所引起的交变应力和应力的循环次数大于材料的疲劳极限时,则会产生疲劳损坏,造成零件断裂开。

零件在断裂前,先在应力集中部位出现显微裂纹,在交变载荷作用下,裂纹不断扩大,使零件断面逐渐减小,当减小到一定程度时,在冲击载荷作用下会突然断裂。

为防止金属零件的疲劳损坏,应尽量避免额外的载荷和应力,因此应正确地安装零件,保持零件润滑油的清洁和保证零件的加工精度；避免不应有的振动或冲击，减少应力循环次数；增加材料的疲劳强度。

零件的自然磨损在正常情况下是有规律的，一般的配合件由于磨损，其配合间隙出现随着工作时间的延长而变大的情况。

机械在使用过程中事故性的损伤是可以避免的，而自然磨损是不能完全避免的，但是只要掌握零件磨损的规律，采取各种有效措施，是可以大大减轻的。

应当指出，通过对零件磨损规律的研究，给计划保修制度提出了科学的理论根据。如为了减轻第一阶段的磨损，应尽量减轻机械初期的负荷，加强润滑，消除过热并及时排除金属磨屑，这些措施总称为试运转。为了减少第二阶段的磨损速度，延长机械的使用寿命，则必须加强技术维护工作。

为此，全部的计划预防措施，如试运转、正确操作、技术维护、保管、修理等，便是机械技术运用的基础。由于采取了计划预防的措施，就可以使机械不发生早期磨损，并延长机械的使用寿命，预防事故的发生，使机械经常处于良好的技术状况，为多、快、好、省地进行施工提供了可靠的保证。

2. 零件的结构、材料和加工质量

现代工程机械结构中，重要零件的抗磨性在不断地提高，而且在结构上尽量采取措施予以保证。曲轴箱强制通风，驱出窜入下曲轴箱的蒸汽和燃烧生成物，可减少润滑油的变质，以免润滑油对机件产生腐蚀。在冷却系统内加装节温器和在系统中装置散热器，要在发动机起动和工作时使零件有更好的工作条件。在传动系统中采用液力变矩器——动力变速器可提高机械的动力性，并防止机械在起步时的冲击和工作中的过载。提高零件表面的加工质量和增加表面硬度，均能提高零件的耐磨性，如铸铁零件通过表面高频淬火、活塞销和活塞环采用多孔镀铬等方法，均能增加其耐磨性。

3. 运行条件

1）气候

主要是指周围空气的温度。气温较高，可降低发动机起动时的磨损，但是气温过高，机械的散热变坏，发动机的功率下降，润滑油粘度降低，并加速润滑油的氧化变质。同时，高温还会引起发动机爆燃和早燃，这些都会加剧磨损。气温过低时，润滑油粘度增大，发动机起动时因各部机件的阻力增加而使起动困难，且发动机在低温起动时，磨损特别严重。试验指出，在零下25℃时，机械每起动一次的零件磨损相当于机械在正常温度下起动运转磨损的3倍。由此可见，机械的工作温度，对零件的磨损有很大影响。通常，发动机的工作温度在80～90℃时最有利，曲轴箱内润滑油的温度为70～80℃最有利，传动系统内的温度为60～65℃最有利。

2）施工条件和工作环境

对机械的磨损也有很大影响，特别是工程机械在土石方施工工程中，其工作条件更加恶劣。施工现场的灰尘，道路的凸凹不平，都会加速发动机和行走机构的磨损。

3）燃料和润滑材料的品质

燃料的品质必须适合发动机的结构特点和使用条件，它对零件的磨损有很大的影响。燃料中含有硫等杂质，燃烧过程中生成硫的氧化物，当缸壁温度较低时，它与废气中的水蒸气在气缸壁上凝结成酸性物质，对气缸壁产生强烈腐蚀。

柴油中的硫能导致生成大量胶状物质，容易胶结活塞环，并使机油老化。此外，若含蜡质过多，发动机在寒冷季节工作时，燃料系统中的滤清器容易堵塞。当粘度不适宜时会影响喷射时的雾化质量，同时也增大喷油泵柱塞副的磨损。

汽油中的干馏成分不易挥发，往往以油滴状态进入气缸，冲刷气缸壁上的润滑油膜，并稀释曲轴箱内的润滑油，使气缸壁的润滑情况变坏，从而加速活塞、活塞环和气缸壁的磨损。发动机在起动（尤其冬季起动）和预热过程中极不稳定的工况下，汽油中不挥发的部分对发动机气缸磨损影响很显著。试验证明，气缸的磨损约有50%是在起动阶段造成的。

辛烷值低的汽油，用于压缩比高的发动机上，工作时容易引起爆震燃烧，不但降低发动机的功率和经济性，而且会加剧曲柄连杆机构零件的损坏。当发动机爆震燃烧时，产生的高温高压冲击波可将气缸壁上的油膜吹散和点燃，使润滑变坏并增强了腐蚀作用，因而应根据发动机压缩比的大小选择相适应牌号的汽油。

润滑油具有如下一些物理-化学性质：粘度、油性、化学稳定性、含酸量、机械杂质和灰分等。其中前两项是选用时的主要指标。

为了保证良好的润滑性能，应根据季节（气温）的变化选择润滑油的粘度。润滑油的粘度高，虽易形成油膜，但润滑油阻力增加，特别是在低温起动时，润滑油不易抵达摩擦表面。粘度过低，润滑系统中建立的油压过低，润滑油供应不足，亦不能造成可靠的润滑，从而加速零件的磨损。此外，润滑油还有不断冲洗和带走因摩擦而产生的金属屑和使零件本身和油液得到冷却的作用，因而降低了零件的磨损。

润滑油的油性越高，在零件表面上形成的油膜越坚固，零件的磨损也越小，所以它是影响零件磨损的重要因素之一。

化学稳定性是指润滑油在高温下不易被分解的性能。现在所供应的各种润滑油都有足够的化学稳定性。对筑路机械的底盘来说工作温度并不高，因此对此项指标考虑不多。

润滑油中的酸性物质有矿物酸和脂肪酸，前者属生产中酸洗不良所产生的，工作中对零件的腐蚀较大；后者在遇水分与空气存在时会腐蚀金属，但是它又可提高润滑油的粘度和油性，从而减少摩擦。

润滑油中的杂质对零件的磨损影响极大，它取决于微粒的性质、大小和数量。一般尘土中石英的含量较多，且硬度较高，可达110MPa，而一般钢铁的硬度仅为40MPa，因此应特别注意润滑油的清洁。这种杂质大部分是在使用不慎和保管不当时造成的，至于较大的杂质对磨损的影响是不大的，因它不易进入零件的配合间隙中去。

目前有不少工程机械采用液力传动和液压操纵，因此，工作油液的品质对这些机构中机件的工作状态不但有很大的影响而且也会造成磨损和老化。工作油液除要求具有一定的粘性和油性外，更重要的是工作油液在工作过程中应具有一定的化学稳定性。工作油液在工作过程中，其温度和压力是比较高的（一般工作温度为60～80℃，压力可达13.7MPa），如果工作油液随温度升高而变的过稀，不但会影响液压系统的正常工作，而且会使液压系统的润滑变坏，磨损增加，同时也会导致液压管路系统的泄漏，配合件的密封性降低，且外界杂质容易进入系统中去，从而加速零件的磨损。

总之，工作油液是作为传递动力的液体，同时对于零件的润滑也负有重要的使命。因此，工作油液的选用必须充分注意才能减少传动和油压操纵系统中各部零件的磨损，延长其使用寿命。

4. 使用的合理程度

使用的条件对工程机械技术状况的影响是多方面的,但主要的是驾驶和操作技术以及工作时的负荷大小和工作速度。

驾驶操作的方法很重要,如离合器接合过猛,对机械产生冲击载荷,使零件磨损加剧,严重时会将轮齿打坏。由于操作不当常使机械超负荷,或转速急剧变化,同样会加速机件的磨损和损坏。驾驶员利用适当的地形条件(如推土机下坡推土)和合理的作业方法(如铲运机铲土时采用助推),不但会提高功效,而且也不会使机械超负荷,因此可以减少机械的磨损。不严格地遵守操作规程(如在不平的道路上高速行驶)不但会加快机械的磨损,而且也易造成机械事故。

5. 技术维护与修理质量

工程机械在使用过程中,是否按照维护周期及时地进行维护和根据需要进行修理,以及修理的质量如何等,对机械的技术状况与使用寿命有极大的影响。

对工程机械如不及时进行润滑、调整、紧固和检查等,则会由于各种故障而引起油耗增加,动力性下降,零件磨损加剧,甚至使机械经常停歇。反之,如果能严格执行计划预防保修制度,则不但可使机械能经常保持良好的技术状况,而且可以延长机械的使用寿命,降低施工成本,保证施工进程不受影响。

课题三　工程机械合理使用和维护的意义

一、施工组织设计与机械合理使用

施工组织设计是指导工程施工的主要文件。要根据施工组织设计中的工程量、工期等具体施工条件,合理选择、调配和组合机械以便进行有效的施工。工程施工的范围非常广泛,作业条件也千差万别,施工单位要具备与每项工程任务完全相适应的机械是非常困难的,而且也没有必要这样做。因此,通常只确保有最常用的通用机械即可。对一些特殊工程,施工单位除了要认真选择、调配和组合应用现有的机械外,还要充分考虑租赁机械的可能性,必要时还应准备和设计一些特殊的施工机械,才能有效地进行施工。

1. 机械的合理选用

根据施工组织设计合理使用机械,首先要考虑选择的机械类型和容量是否符合施工条件;其次要考虑机械的寿命周期费用是否经济;其三是机械的合理组合。

工程量和施工进度是合理选择使用机械的重要依据。一般来说,为了保证施工进度和提高经济效益,施工量大时应采用大型机械,而施工量小时则应采用中小型机械,但也不是绝对的。如一项大型工程,由于受到道路、桥梁等狭窄区域的影响,大型机械不易通过,如果为了运输问题而再修路桥,这样并不经济,因此应选用中型机械施工。此外在机械运用过程中,还要注意施工机械的调度,这是执行施工计划的补充措施。当施工现场由于某种原因使机械拥挤或不足时,施工调度人员应立即进行调配,以适应施工现场的需要,充分发挥机械的效率。

机械寿命周期费用也是合理使用机械时应当重点考虑的因素。采用大型机械施工,虽然

投资大,但它可以分摊到较大的工程量中去,所以对工程成本影响较小,因此,大型工程选用大型机械是经济的。施工机械的经济选择基础是施工单价,因此,必须权衡机械费(可用台班费衡量)与工程量的关系。通常施工机械的容量越大,其施工单价越便宜。如有各种规格的施工机械可以选用时,也必须进行施工单价的比较,以便选择最经济的机械。合理组合机械是发挥机械效能的重要因素。在机械化施工中,施工企业很少选用单台机械独立施工,而是组合两种以上机械进行一项作业,所以机械的组合是关系到能否充分发挥机械效率从而提高经济效益的重要问题。机械的组合原则。

(1)尽量减少机械的组合数,以提高作业效率和运行可靠性。

(2)在整个作业线中使用组合机械作业时,应对组合的各种机械作业能力进行平衡。

(3)在组织机械化施工时,要注意分成几个系列的机械组合,同时并列施工。

(4)在组合机械时,力求选用的机型统一,便于维修和管理。

2. 机械在特殊条件下的合理使用

特殊条件是指走合阶段、寒冷、炎热气候条件、泥泞、沼泽或尘土飞扬区域、高原山区及腐蚀性空气环境等。机械在这些条件下使用,如果不遵循正确的使用技术,将产生严重的有形损耗,甚至损毁机械,因此,机械在特殊条件下的使用,是施工管理中不可忽视的内容。

由于条件不同,对机械使用也就相应有不同的要求。以下分走合期的使用,寒冷气候条件下使用,炎热气候条件下使用,泥泞或沼泽区域使用,高原高山区使用等5部分来分别阐述。

1)走合期使用技术

新机或经过大修的机械,必须经过一段试运转的时间,一般称之为走合期。走合的目的在于防止机械早期磨损,延长机械寿命。在走合期内,必须严格执行下列规定:

(1)起动发动机时,严禁猛踩加速踏板。柴油机低温起动时,如用空气预热器预热,时间为15~20 s,预热后立即起动。用起动液起动时,应先将曲轴摇转1~2转,再喷射1~2 s的起动液进行起动,起动后立即停止喷射(应作好起动液的防毒工作)。

起动后,要以低速运转3~5 min后,方可逐渐增高转速和增加载荷。在低速运转时,机油压力、排气管排烟应正常,各系统管路应无泄漏现象。

(2)机械运转和使用中,操作应平稳,严禁骤然增加转速或载荷,防止发动机产生突爆,避免各传动机构承受急剧冲击。

(3)在发动机前两次运转达到额定温度后,应对气缸盖螺栓进行检查和紧固。

(4)发动机曲轴箱按不同季节采用优质发动机润滑油(简称机油)到走合期满后,更换发动机润滑油并清洗机油滤清器。

(5)走合期内,应经常注意机械各部机构的运转情况,检查各部轴承、齿轮和摩擦副的工作温度。对运转中的不正常现象应及时排除。

(6)起重机在走合期内,应按额定起重量50%开始,逐渐增加起重量,但不得超过额定起重量的80%。

(7)挖掘机在走合期的前30 h内,应先挖掘较松的土壤,每次装料为斗容量的1/2;以后70 h内,装料量可逐步增加,但不得超过斗容量的3/4,并适当降低操作速度。

(8)推土机、铲运机和装载机在走合期内,要控制刀片铲土和铲斗装料深度,减少推土、铲土量和铲斗装载量,开始从50%载荷逐渐增加,不得超过额定载荷的80%。

(9)汽车在走合期内,载质量应按规定标准减载20%～25%,并避免在不良的道路上过多行驶,更不得拖带挂车,行驶中应避免使发动机突然加速。

(10)其他内燃机械在走合期内,可参照上述规定,采取减速30%和减载荷20%～30%等方法。

(11)电动机械在走合期内应减少载荷20%～25%,齿轮箱按季节采用规定粘度、质量的润滑油,在走合期内,应检查润滑油的清洁情况,必要时更换润滑油。

(12)走合期满后,应根据走合期内运转情况对机械各部进行检查调整和润滑工作,同时查各齿轮箱润滑油清洁情况,必要时更换。新机械和装用新齿轮的齿轮箱,应更换润滑油,然后方可正式使用。

(13)在走合期内,任何人不得拆除发动机限速装置的铅封,待走合期满后,在机务部门技术人员监督下,方可拆除。

(14)执行走合期的机械,应在明显处悬挂"走合期"字样的标志牌,使有关人员能注意走合期使用规定,待走合期满后取下。

(15)机务部门的技术人员,应加强走合期的管理。在机械走合期前,应把走合期各项要求和注意事项向操作人员交待清楚。走合期中,应检查机械使用运转情况,详细填写机械走合期使用记录表。当走合期满后,由机务部门的技术人员对记录进行审查签章,并纳入机械设备技术档案。

2)工程机械在寒冷、高温和高原山区条件下的使用和维护(见单元五)。

二、工程机械维护

1.维护目的

工程机械在作业过程中,不仅负荷变化频繁,而且常在无路或路况很差的场合工作,还要野外停放,这便使机械各部件经常受摩擦、冲击、扭转以及剪切等力的作用,并遭受自然环境较严重的侵蚀。随着使用时间的增加,机械内部和外部的工作条件将不断恶化,其结果必然使磨损加剧,性能变差,消耗增多。如再继续使用,不仅影响作业效率,还会发生更严重的机械或人身事故,为此,必须加强机械的维护工作。通过维护,可使机械维持良好的状态。

(1)经常保持完好状态,以便随时可以起动运转或出车。

(2)在合理运用的条件下,不致因中途损坏机件而停歇。

(3)在作业过程或行驶中不致因机件事故而影响安全施工或行车。

(4)机械各总成,零部件的技术状态保持均衡,以达到最长的大修间隔期。

(5)使燃润料、轮胎及零配件达到最低消耗。

总之,对工程机械的合理使用与维护能提高机械使用经济效益,对于降低施工成本,保障安全和延长机械使用寿命都具有重要意义。

2.维护分类

维护可分为走合维护、例行维护、定期维护、换季维护、转移前维护、停用维护和封存维护等7类。

1)走合维护

走合维护是为了防止新机或经过大修的机械在使用初期发生严重早期磨损而进行的一种

维护工作。

走合维护的重点是更换各部润滑油、润滑各部位、紧固各螺栓。

2）例行维护

例行维护又称日常维护，是在出车前、工作中以及收车后所要求进行的维护工作。重点是清洁、检查、紧固。

3）定期维护

在用的机械使用到规定的台班、工作小时或里程后所要求进行的维护，称为定期维护。定期维护按间隔时间长短，可分为一级维护、二级维护、三级维护。

从我国公路施工与养护单位开展维护工作的实际条件与可能出发，交通部颁布的《公路筑养路机械保修规程》中规定：对大中型机械一般应采用三级维护制。即一级维护（国产机械间隔200工作小时，进口机械间隔250工作小时）、二级维护（国产机械间隔600工作小时，进口机械间隔1000工作小时）和三级维护（国产机械间隔1800工作小时，进口机械间隔2 000工作小时）；对于一些小型机械，如小型水泥混凝土搅拌机、振动器、夯实机、钢筋弯曲机和校直机等，可采用二级维护制（一级维护间隔600工作小时，二级维护间隔1 200工作小时）；对关键、技术密集、稀有的进口设备，应参照厂家维护手册要求进行维护。

（1）一级维护。重点是润滑、紧固、突出解决“三滤”清洁。即按规定检查和加添润滑油脂，检查紧固各部螺栓；清洗各滤清器。

（2）二级维护。重点是检查、调整。即它除要进行一级维护的全部内容外，还要从外部检查发动机、离合器、变速器、传动轴、驱动桥、转向和制动机构、液压和工作装置以及各类电器元件等的工作情况，必要时进行调整，并排除所发现的故障。

二级维护主要作用在于保障机械各总成、零部件具有良好的工作性能，确保两次二级维护间隔期间，机械能正常运行。

二级维护一般要求由专职的保修人员负责进行，但操作人员须随机参加维护。

（3）三级维护。重点是检查、调整、消除隐患，平衡各部机件的磨损程度。三级维护除要进行二级维护的全部作业内容外，还要对主要部位进行解体检查，发现隐患及时排除。但是，三级维护只按维护范围要求打开有关总成的箱盖，检查其内部零件的紧固、磨损及有关间隙情况，以发现和清除隐患为目的，并不像大修那样大幅度拆换和修理。

三级维护要求进厂由专职的保修人员负责进行。同二级维护一样，本机的操作人员也必须随机进厂配合维护，以便了解和提供有关情况。

4）换季维护

换季维护是在用机械每年入夏或入冬前进行的一种适应性维护工作。一般在四月中旬与十月上旬进行（全国各地区可根据入夏或入冬的早晚，具体确定时间），入夏或入冬换季维护统一规定应在不超过20天内完成。换季维护的重点是燃润系统、冷却系统和启动系统等部分。

如更换燃润油料、液压油，调整蓄电池电解液相对密度，采取防寒或降温措施，清洗冷却系等。

5）转移前维护

这是流动性较大的施工单位常进行的一种机械维护工作。通常在一项工程完工后，机械虽未达到规定的维护周期,但为实现从一个施工点到另一施工点的顺利调运,并迅速投入新的施工生产,需对机械进行一番检查、紧固、调整等的工作。

6)停用维护

停用维护是指机械由于季节性等因素的影响,要暂时停用一段时间,但又不进行封存的一种整理、防护性维护。其作业内容以清洁、整齐、配套、防腐为重点。

7)封存维护

封存维护是为减轻自然气候对长期封存机械的侵蚀,保持机况完好而采取的一种防护措施。通常它附有一级或二级维护工作。在封存期间要有专人保管并定期维护。启用前要做一次启用检查和维护。封存机械一般应统一放置。封存维护的作业内容需视机型、机况和实际情况而定。

3. 维护的主要作业内容

工程机械种类繁多,结构性能差别很大,其维护项目和技术要求往往大不相同,因此,具体维护机械时,须依据部颁《公路筑养路机械保修规程》(工公字 1992 第 49 号)中相应要求进行。尽管各种机械各级维护的内容、项目多而杂,但就其作业的性质来看,无非是清洁、紧固、调整、润滑、防腐,简称“十字作业”。为帮助理解,以下逐项说明。

1)清洁

机械运行必然引起机械内外各系统、各部位的脏污。但有些部位脏污将使机械不能正常工作。可见,进行清洁作业,不仅是保持机容整洁卫生的需要,更重要的是保证机械正常工作的需要。

清洁作业中要特别注意做好发动机“三滤”、冷却系统、电气设备等关键部位的清洁作业。其中发动机“三滤”的清洁对发动机的工作和寿命影响最大。

2)检查

通常要检查油(机油、燃油、液压油、液力油等)、水(冷却水)、电(蓄电池)、机件连接情况及工作情况,各种机械上的各部螺栓(尤其是关键部位的螺栓)必须经常检查,通过检查可以发现事故的隐患,提前做好事故的防范工作。

3)紧固

机械上有很多用螺栓固定的部位,由于机械工作时不断振动和交变负荷等的影响,有些螺栓可能松动。如不及时紧固,可能发生漏油、漏气、漏水、漏电等现象,有些关键部位的螺栓松动,轻者造成零件变形、移动和掉落,重者造成断裂或导致操纵失灵,甚至发生整机损毁或人身伤亡事故。因此,定期检查和定期紧固很重要。

4)调整

机械上有很多零件的相对关系和工作参数需要及时检查和调整。调整的有:间隙、行程、角度、压力、流量、松紧、电压、电流、转速、油平面等。

5)润滑

润滑是维护作业中一项重要和细致的工作,应按机械润滑表对机械进行定期润滑。

4. 维护的工艺要求

严重执行机械维护工艺,是实现规范化作业要求,搞好安全生产,避免零件损坏,确保维修质量,延长机械使用寿命的重要保证。所有保修人员必须严格遵守执行维护工艺。

(1)拆装各零部件,应使用专用工具,对主要零件的基准面或精加工面,不许敲击,避免碰撞,谨防损伤。如确需敲击,应使用铜质、橡胶类软质工具。

(2)凡铝合金、锌合金、锡合金、电器零件,以及橡胶件、塑料制品、牛皮油封、制动器摩擦件、离合器片等,均不得用碱溶液清洗;液压系统中的密封圈、皮碗等橡胶件,清洗时,不许浸泡在易使其变质的溶液和油中,制动器摩擦片、离合器片不应接触油类。

(3)拆卸气缸盖及进排气管,应在发动机冷态条件下进行(热车禁止拆卸),应避免缸盖变形,拧紧气缸盖螺栓应按工艺要求进行,不得一次拧紧。

(4)安装气缸垫。对于铝制的缸盖,衬垫光滑的一面应朝向缸盖;对于铸铁的缸盖衬垫光滑的一面,应朝向缸体。

(5)活塞连杆组合件装复,应采用热装,不许冷态击入,以防损伤变形。

(6)调整曲轴、连杆轴承间隙,严禁锉削主轴承盖和连杆轴承盖。

(7)更换机械上的各部位滚动轴承时,必须同时更换轴承套。

(8)凡有规定拧紧力矩的各部螺栓、螺母,装配时,应按规定顺序和规定转矩,分次均匀拧紧。

(9)对不能互换、有装配规定或装有平衡块的零、部件,在拆卸时应做好标记,不得错装。

(10)重要安全机件的螺母锁销,应按规定锁紧,不许用铁丝、铁钉代用。

(11)各部润滑油液,不许掺兑与原机不同的油品。

(12)发动机大修或总成修理后,当未行驶到规定走合里程或时间,不许拆去限速装置。

(13)各零、部件检验合格方可安装,不许将不合格的产品和不符合机械性能要求材质的配件凑合上机使用。

单元三　发动机的技术维护与故障排除

【知识点和能力点】

1. 掌握发动机维护的作业方法；
2. 掌握柴油机故障的判断与排除方法。

课题一　发动机的技术维护

发动机的正确维护（主要以柴油机为主），预防性的维护，是延长使用寿命和降低使用成本的关键。首先必须做好柴油机使用过程中的日报工作，根据所反映的情况，及时作好必要的调整和修理。按不同用户的特殊工作情况及使用经验，制订出不同的维护日程表。

日报表的内容一般有如下几个方面：

每班工作的日期和起讫时间；常规记录所有仪表的读数；功率的使用情况；燃油、机油、冷却液有否渗漏或超耗；排气烟色和有否异常声音；发生故障的前后情况及处理意见。

用户应根据本节所列技术维护项目进行定期维护。维护分级如下：

日常维护（每班工作）；

100 工作小时技术维护；

500 工作小时技术维护。

无论进行何种维护，都应有计划、有步骤地进行拆检和安装，并合理地使用工具。用力要适当，解体后的各零部件表面应保持清洁，并涂上防锈油或油脂以防止生锈；注意可拆零件的相对位置，不可拆零件的结构特点，以及装配间隙和调整方法。同时应保持柴油机及附件的清洁完整。

一、日常维护

日常维护的项目及程序，见表 3-1-1。

表 3-1-1

序　号	维 护 项 目	进 行 程 序
1	检查燃油箱燃油	观察燃油箱存油量，根据需要添足
2	检查油底壳中机油平面	油面应达到机油标尺上的刻线标记，不足时，应加到规定量
3	检查喷油泵调速器机油平面	油面应达到机油标尺上的刻线标记，不足时应添足
4	检查"三漏"（水、油、气）情况	消除油、水管路接头等密封面的漏油、漏水现象，消除进、排气管气缸垫片处及涡轮增压器的漏气现象
5	检查柴油机各附件的安装情况	检查各附件安装的稳固程度，连接发动机的螺栓，如有松动应紧固好
6	检查各仪表	发动机工作时各仪表指示是否正常
7	检查喷油泵传动连接盘	连接螺钉是否松动，如松动应重新校正喷油提前角并拧紧连接螺钉
8	清洁柴油机及附属设备外表	用干布或浸柴油的抹布揩去机身、涡轮增压器、气缸盖罩壳、空气滤清器等表面上的油渍、水和尘埃；揩净或用压缩空气吹净充电发电机、散热器、风扇等表面上的尘埃

二、100 工作小时技术维护表

100 工作小时维护的项目及程序，见表 3-1-2。

表 3-1-2

序　号	维 护 项 目	进 行 程 序
1	检查蓄电池电压和电解液相对密度及液面高度	用比重计测量电解液比重，此值应为 1.28～1.30（环境温度为 20℃时），一般不应低于 1.27 同时液面应高于极板 10～15mm，不足时应加注蒸馏水
2	检查皮带的张紧程度	检查皮带张紧度，调整松紧程度到规定值
3	清洗机油泵吸油粗滤网	拆开机体大窗口盖板，扳开粗滤网弹簧锁片，拆下滤网放在柴油中清洗，然后吹净
4	清洗空气滤清器	惯性油浴式空气滤清器应清洗钢丝绒滤芯，更换机油；盆（旋风）式空气滤清器，应清除集尘盘上的灰尘，纸质滤芯如有破损或堵塞严重应更换
5	清洗通气管内的滤芯	将机体门盖板加油管中的滤芯取出，放在柴油或汽油中清洗吹净，浸上机油后装上
6	清洗燃油滤清器	拆下滤芯和壳体，在柴油或煤油中清洗或换芯子，同时应排除水分和沉积物
7	清洗涡轮增压器的机油滤清器及进油	将滤芯及管子放在柴油或煤油中清洗，然后吹干，以防止被灰尘和杂物沾污
8	更换油底壳中的机油	根据机油使用状况（油的脏污和粘度降低程度）每隔 200～300h 更换一次
9	注润滑脂或润滑油	对所有注油嘴及机械式转速表接头等处，加符合规定的机油
10	清洗冷却水散热器	用清洁的水通入散热器中，清除其中沉淀物质至干净为止

三、500 工作小时技术维护

500 工作小时维护的项目及程序，见表 3-1-3。

表 3-1-3

序　号	维护项目	进行程序
1	检查气缸盖组件	检查气门、气门座、气门导管、气门弹簧、推杆和摇臂配合面的磨损情况，必要时进行修磨或更换
2	检查活塞连杆组件	检查活塞环、气缸套、连杆小头衬套及连杆轴瓦的磨损情况，必要时更换
3	检查曲轴组件	检查推力轴承，推力板的磨损情况，滚动主轴承内外圈是否有周向游动现象，必要时更换
4	检查传动机构和配气相位	检查配气相位，观察传动齿轮啮合面磨损情况，并进行啮合间隙的测量，必要时进行修理或更换
5	检查喷油器	检查喷油器喷雾情况，必要时将喷嘴偶件进行更新
6	检查喷油泵和调速性能	检查喷油泵柱塞偶件的密封性，必要时更换；检查调速器调速性能，如不符合规定应校泵
7	检查涡轮增压器	检查叶轮与壳体的间隙、浮动轴承、涡轮转子轴以及气封、油封等零件的磨损情况，必要时进行修理或更换

四、曲柄连杆机构的技术维护

1. 气缸压力的测试

(1)气缸测试的作用。气缸压力标志着气缸的压缩性能。通过气缸压力的测试，可以判断气缸与活塞组件的配合间隙和磨损情况、气缸垫的密封情况、配气机构调整的准确性以及气门关闭是否严密。

(2)气缸测试的方法。测量气缸压力应在发动机走热(达 75 ~ 85℃)后进行。停熄发动机，拧出各缸喷油嘴，用专用工具将气缸压力表锥形橡皮头压装在喷油嘴孔上。用起动机带动发动机运转 3 ~ 5s，转速约 500r/min，每缸测 2 ~ 3 次，取压力表最大读数的平均值。对于不能起动的发动机，在测量气缸压力之前，用手摇柄至少摇转发动机曲轴数十圈，使气缸和活塞组件得到必要的润滑。

(3)气缸测试的标准值。气缸压力应符合发动机生产厂的标准值，标准值是指在海平面的测定值，显然，气缸压力值随海拔高度不同而变化。

各缸压力差：柴油机不应超过其平均值的 8%。

2. 进气歧管真空度的测试

(1)真空度测试的作用。判断发动机气缸与活塞组件的配合间隙和磨损情况、进气系统

和气门的密封性、配气机构调整的准确性。

(2)真空度测试的方法。将真空表橡皮软管接于进气歧管的固定接头或真空刮水器橡皮管接头上,待发动机走热至75~85℃并稳定在500~600r/min时,看真空表读数。

(3)真空度测试的数值。发动机进气歧管真空度的正常值应稳定在负压57.33~70.66kPa的范围内。在高原测量时,上述数值应进行修正,海拔每增高500m,真空度约减少4.27~5.07kPa。

3. 连杆轴承间隙的检查与调整

1)连杆轴承间隙的检查

(1)车上检查。卸下油底壳,用两手上下推动连杆轴承盖或用小榔头木柄推动轴承盖,测试其松旷程度。

(2)卸下发动机检查。用测试片测试轴承与轴颈的间隙。测试片可自制,通常用宽12mm长25mm的黄铜片制造。厚度略小于原发动机规定的最大允许间隙值,四角修圆。测试时应先将测试片涂一层机油,再将它放进下片轴承衬瓦内(测试片长边沿轴承轴向放置),旋紧轴承盖后,拨转飞轮。若要用较大力量才能转动曲轴,则表示轴承间隙在允许限度内;若转动曲轴很轻松,则表示轴承间隙过大,应予以调整或更换新件。

检查轴向间隙,可撬动飞轮,使曲轴向后移动,用厚薄规测量。

除检查间隙外,还应检查轴瓦合金有无烧蚀或脱落,有无裂纹等现象,必要时用三角刮刀清除杂质层并修整油槽和油孔。

2)连杆轴承间隙的调整

连杆轴承间隙一般采用等量加、减轴承盖。两端的垫片数量(厚度)相同,来进行调整。通过检查确认间隙过大时,从轴承盖的两端取下同样厚度的调整垫片1~2片,扣上轴承盖,按原厂规定的转矩拧紧螺母,检查间隙是否合适。若间隙过小,可在轴承盖两端加上同等数量的垫片,直至合适为止。用此法对各缸依次进行调整。

3)连杆轴承间隙的注意事项

(1)注意零件上的标记,连杆轴承盖不可装反。

(2)按原厂规定拧紧螺母,如螺母上的花槽与连杆螺栓上的孔未对准而无法上开口销时,切不可用加大扭力拧紧螺母的方法使其对准。正确的方法是加装适当厚度的垫圈。

(3)禁止用锉连杆轴承盖或在轴瓦底部垫纸片或金属片的方法来调整轴承间隙。

(4)换新轴瓦时,必须整副(上、下两片)同时换,不允许只换单片,以免孔径中心偏移。

(5)有的发动机连杆轴承盖处无调整垫片,当间隙过大时,应更换新轴瓦。

五、配气机构的技术维护

在维护时,应检查和调整气门间隙。在工作中如发现气门处响声过大,也应及时检查和调整。

(1)调整的检查。用厚薄规检查气门杆与摇臂(或挺杆)接触点的间隙。间隙值应符合原厂规定。

(2)调整的调整。气门间隙的调整应在气门完全关闭时进行。一般分两次实施,首先,将曲轴摇转至第一缸压缩行程上止点,调整一组气门的间隙;然后,摇转曲轴一周(两缸机例外,它是转半周或一周半)，调整其余气门的间隙。

(3)调整的方法。调整时，先松开锁紧螺母，将符合规定厚度的厚薄规插入气门杆与摇臂之间，拧紧调整螺栓使厚薄规片被轻轻压住，再把锁紧螺母拧紧，抽出厚薄规，最后用厚薄规复查一次。

六、冷却系统的技术维护

1. 冷却系的经常性维护

为保持发动机在最适宜的温度下可靠工作，必须对发动机冷却系进行日常维护和定期维护。经常性的维护包括以下几项。

(1)选用硬度较低的河水或自来水作为冷却水，最好是清洁的沸水。不宜直接使用硬度较大的井水或山泉水，必要时可用煮沸或化学方法进行软化处理。

(2)查看散热器。如发现漏水，应及时补焊修理。禁止用其他物质乱堵乱塞，以免减少散热面积影响散热效能。

(3)查看水泵壳下方的溢水口，如有水渗出，说明水封磨损，应及时检修，切不可将溢水口堵死。否则，从水泵漏出的水会进入水泵轴承，导致轴承早期损坏。

(4)视听水泵与风扇的工作情况。如发现旋转有摆动或发生异响时，应立即找出原因并及时修复，以免打坏散热器。

(5)运行中注意节温器工作是否正常。发动机的正常水温为75~85℃，发动机工作时如能保持这一温度范围，说明节温器工作正常。如发动机水温长时间不能上升，则节温器可能被卡住而关闭不严；如发动机冷却水很容易“开锅”而又不缺水，则节温器可能已损坏而不能开启。遇有以上情况，应更换节温器。

(6)当发动机因缺冷却水而过热时，应立即停熄发动机，待温度降低后再加注冷水，以防气缸体和气缸盖炸裂。揭开散热器盖时，应特别注意勿被冲出的热蒸气烫伤。

2. 风扇皮带的检查与调整

(1)检查风扇皮带是否断裂或分层。发现有断裂和分层现象时，应及时更换。如风扇皮带是两根，则必须两根同时更换，不允许一新一旧混合使用。

(2)检查调整风扇皮带的松紧度。以30~50N的力用拇指按下皮带，皮带的正常挠度为10~15mm。过紧会使风扇皮带、水泵轴承和发电机轴承加速磨损；过松又会引起皮带打滑影响水泵和发电机的正常工作，使发动机过热和充电率降低。皮带松紧度可通过改变发电机与调节臂的相对位置来调整。

(3)检查风扇叶片和水泵轴的紧固情况。

3. 水泵轴承的检查与维护

发动机运转时，如发现水泵轴连同风扇旋转有摆动现象或有响声，而停机后，用手扳动风扇叶片，能感到水泵轴与轴承松旷，则可判断为水泵轴承磨损，应及时更换。维护时，应对水泵轴承加注润滑脂。

4. 冷却系的冬季维护

冬季气温很低，当气温降至0℃以下，而机械在没有保温条件的场所停车时间过久，会使冷却系中的水结冰，造成散热器和发动机冻裂。因此，在冬季使用汽车时，应做好以下工作。

(1)如未使用防冻液,当停车时间较长时,应将冷却系中的水放净;放水后,使发动机怠速运转1~2min,以便使残余的水分蒸发出去。

(2)装有节温器的冷却系,水温低时节温器自动关闭,冷却水不经散热器循环流动,因而,散热器容易结冰冻裂。因此,使用中应注意百叶窗的调节,必要时加装保温套。

(3)在严寒地区,即使行车途中短时间停车,也可能发生散热器结冰的现象。此时,应将结冰部分(往往是下水室或下部的水管)包上纱布,再浇以热水。

(4)在出车之前,应先预热发动机,待发动机本体温度升高到30~40℃后,再起动。

七、润滑系统的技术维护

1.润滑系的经常性维护

(1)检查油面高度时,应把车停在平坦的地方,并在发动机未起动之前进行。如在行车途中检查,需等发动机熄火10~15min后再进行。油面高度用机油尺检查,机油不够时,应立即添加,使油面高度达到机油尺的最上标记,但不可过高。若机油油面高度低于机油尺上的最低标记,不可起动发动机,若低于中间标记,不许出车。加机油时,必须使用清洁的盛油容器。

在检查油面高度的同时,应用手捻搓机油尺上的机油。检查机油的粘度以及有无水泡。

(2)若发现机油油面升高,应立即检查原因并加以排除。机油油面升高,通常是由于燃油、水进入油底壳所致。

(3)运行中,机油压力应为0.3~0.4MPa。机油压力可通过在限压阀螺塞中心和边缘处增加垫片的办法加以调整。此项作业必须在保修场进行,并检查调整后的机油压力。

(4)每日收车后,应旋转机油粗滤器手柄2~3转。若转动阻力过大,表明滤片阻塞或刮片破损,应及时拆洗或修理。此外,还应定期卸下放油螺塞放出沉淀物。

(5)保持转子式机油细滤器中转子的正常工作。转子工作正常时,在发动机熄火后2~3min内,转子由于惯性会继续旋转,这时可在发动机罩旁听见轻微的“嗡嗡”声。若无此现象,即说明转子转动不良,应及时拆下检修。转子转动不良会使机油很快变脏,影响发动机许多机件的正常工作。

2.更换机油

更换机油应趁发动机尚热时,放出油底壳和粗细滤清器中的废机油。放净废机油后,先向发动机油底壳内加注薄机油或经过滤清的优质轻柴油,加注量相当于油底壳标准油面容量的60%~70%,然后使发动机怠速运转2~3min,或用手摇柄转动曲轴3~5min,再将洗涤油放出。最后,按季节要求加注规定牌号的新机油。

3.机油粗滤器、细滤器的清洗

1)机油粗滤器

(1)金属片缝隙式机油粗滤器。将滤芯取出,放在煤油或汽油中,边转动手柄边用毛刷刷洗金属片缝隙。若转不动,可分解成单片进行清洗,并校平有翘曲和弯折的滤片。壳体油道应清洗通畅,必要时用压缩空气吹净。滤清器壳的内腔应用沾过煤油或汽油的棉纱擦净。

(2)纸质机油粗滤器。维护时,用煤油或汽油将外壳和上盖洗净晾干,并更换新的纸滤芯;检查两个耐油胶垫圈和密封圈是否完好无损,若老化或损坏,应予更换。

2)机油细滤器

(1)纸板式机油细滤器。维护时,应更换新的细滤芯,也可将已用过的清洁后再用。清洗时应将滤芯分解,用钝小刀轻轻刮去沉积在蜡纸上的油泥,并用细钢丝疏通滤芯底盖油封外围的6个孔,然后用煤油或汽油彻底清洗干净,按原样装回。

(2)离心式机油细滤器。维护时,取出转子,打开转子罩,用木片刮去转子罩内壁上的沉淀物,并用煤油或汽油清洗转子和喷嘴,严禁用铁丝疏通喷嘴。拆装时应特别注意转子下端的推力轴承座圈不可丢失或漏装;装配转子总成时,转子罩和转子座两箭头记号应对准,锁紧螺母不能拧得过紧(不超过30~50N·m);压紧弹臂下面的止推垫片(光面应对着转子)不可漏装;不可使转子轴有任何变形;底座密封圈槽内不可有泥沙或其他污物。

八、柴油机燃供系统的维护

1.喷油泵的检查与调整

按规定的使用周期进行如下作业。

(1)检查调整喷油泵在规定转速时的额定喷油量,如表3-1-4所示。

135基本型柴油机用B系列和B系列强化喷油泵供油量的调整 表3-1-4

<table>
<tr><th rowspan="2">柴油机型号</th><th colspan="4">燃油系统代号</th><th colspan="2">标定工况</th><th colspan="2">怠速工况</th><th colspan="2">调速范围</th></tr>
<tr><th>喷油泵</th><th>调速器</th><th>输油泵</th><th>喷油器</th><th>转速(r/min)</th><th>供油量(mL/200次)</th><th>转速(r/min)</th><th>供油量(mL/200次)</th><th>供油量开始减少转速(r/min)</th><th>停止供油转速(r/min)</th></tr>
<tr><td>4135G</td><td>233G</td><td>444</td><td>521</td><td>761-28F</td><td rowspan="2">750</td><td>21.5±0.5</td><td rowspan="12">250</td><td rowspan="4">6~8</td><td rowspan="2">≥760</td><td rowspan="2">≤800</td></tr>
<tr><td>6135G</td><td>229C</td><td>436</td><td>521</td><td>761-28F</td><td>20±0.5</td></tr>
<tr><td>6135G-1</td><td>328C</td><td>449G</td><td>521</td><td>761-28I</td><td>900</td><td>23±0.5</td><td>≥910</td><td>≤1000</td></tr>
<tr><td>12V135</td><td>237G</td><td>440</td><td>514、115
515A</td><td>761-28F</td><td rowspan="4">750</td><td>20.5±0.5</td><td rowspan="4">≥760</td><td rowspan="4">≥800</td></tr>
<tr><td>4135AG</td><td>233B</td><td>444</td><td>521</td><td>761-20F</td><td>28±0.5</td><td rowspan="3">7~10</td></tr>
<tr><td>6135AG</td><td>229C</td><td>436</td><td>521</td><td>761-28F</td><td>25.5±0.5</td></tr>
<tr><td>12V135AG</td><td>252B</td><td>440</td><td>514、515
515A</td><td>761-28</td><td>26±0.5</td></tr>
<tr><td>12V135AG-1</td><td>252C</td><td>449</td><td>514、515
515A</td><td>761-28E</td><td>900</td><td>24±0.5</td><td>6~8</td><td>≥910</td><td>≤1000</td></tr>
<tr><td>6135JZ</td><td>228G</td><td>436</td><td>521</td><td>761-28E</td><td rowspan="3">750</td><td>32±0.5</td><td>6~8</td><td rowspan="3">≥760</td><td rowspan="3">≤800</td></tr>
<tr><td>6135AZG</td><td>228B</td><td>436</td><td>521</td><td>761-28I</td><td>35±0.5</td><td>7~10</td></tr>
<tr><td>12V135JZ</td><td>252A</td><td>440</td><td>514、515
515A</td><td>761-28E</td><td>33±0.5</td><td>7~10</td></tr>
</table>

(2)检查调整各缸喷油量,使其偏差不超过5%。

(3)检查调整喷油时间,使各柱塞喷油时间的间隔偏差不超过±0.5°,如表3-1-5所示。

(4)检查调整调速器的自动调速范围,如表3-1-4所示。

(5)加注和更换润滑油。

喷油泵各缸开始供油相隔角度　　表 3-1-5

喷　油　泵	分泵序号/凸轮轴旋转角度												凸轮轴转向(从接合器端看)
二缸 B 系列泵	1/0°		2/90°										顺时针
四缸 B 系列泵	1/0°		3/90°		4/180°		2/270°						顺时针
六缸 B 系列和 B 系列强化泵	1/0°		5/60°		3/120°		6/180°		2/240°		4/360°		顺时针
十二缸 B 系列泵(右机)	1/0°	12/37°30′	9/60°	4/97°30′	5/120°	8/157°30′	11/180°	2/217°30′	3/240°	10/277°30′	7/300°	6/337°30′	顺时针
十二缸 B 系列泵(左机)	1/0°	4/22°30′	9/60°	8/82°30′	5/120°	2/142°30′	11/180°	10/202°30′	3/240°	6/262°30′	7/300°	12/322°30′	逆时针

检查调整时,应保持现场高度洁净,禁止用手、棉纱和毛巾擦触精密偶件的精加工面。装配时,保持原配对关系不能互换。

2. 喷油提前角的调整

首先,检查喷油提前角是否适当。将喷油泵第一分泵的高压油管卸下,转动曲轴使第一缸活塞达到压缩行程上止点,此时飞轮壳检视孔上的指针所指飞轮上的刻度为零;使曲轴反转约40°,再缓慢地使曲轴顺转,第一分泵出油阀座中的曲面刚发生波动的瞬间,即喷油开始;飞轮壳检视孔的指针,此时应停在上止点前28°~30°的刻线上。若大于30°为喷油时间过早;若小于28°则为过迟。

当喷油时间过早或过迟时,可将连接盘上的两个固定螺钉松开,朝某一方向缓慢转动曲轴,使连接盘转过一个所需要的角度(顺喷油泵凸轮轴转动方向转动为推迟提前角,反之为提早提前角,刻线每格为3°),然后紧固这两个固定螺钉。如此重复两次,以期达到规定的喷油提前角。

3. 喷油器的检查

按规定的周期进行如下作业。

(1)在规定的压力下喷油。

(2)使高压燃油通过喷油器,检查雾化作用,应形成0.25mm左右的颗粒喷雾而无滴油现象。

(3)通过分角器将燃油按一定角度喷射,检查定角喷射作用。

4. 检查和排除进入油路中的空气

(1)检查油路中是否吸入空气。稍微旋开柴油细滤器盖上的检查塞,起动发动机或操作输油泵的泵油手柄,注视检查孔,如孔内有气泡或泡沫浮出,表明油路中已吸入空气。当油路中吸入空气,发动机功率会降低,运转则不稳定并有轻微的敲击声。

(2)确定吸入空气的部位。通常由外部进行检查。自油箱到输油泵的一段,在发动机不运转时,有柴油渗出的地方就是吸入空气之处;自输油泵到喷油泵的一段,在发动机运转时,有柴油渗出的地方就是吸入空气的部位。

也可用专用小油箱进行检查。将小油箱装在高于气缸盖的位置,按燃料系的联通顺序逐一接到粗滤器进油管、细滤器进油管或输油泵进油管等处,接妥后,使发动机运转5~8min,仍在细滤器检查孔处检查有无气泡或泡沫浮出。如将小油箱接到粗滤器时吸入空气的现象未消除,而接到细滤器时却消除了吸入空气的现象,则可确定空气是从细滤器以前的管道吸入的。如此逐段检查,通过用旋紧接头和压紧衬垫等办法消除漏气。

(3)排出油路中的空气。清除漏气的地方后,应进行放气。分别在粗滤器的加油孔和细滤器的检查孔处加满柴油,然后用起动机带动发动机,直至从总出油管接头处流出清洁无气泡的柴油为止。此时喷油泵的油量控制机构应处在停止供油的位置。也可用上述专用小油箱,将其放在高于气缸盖的位置,使柴油由小油箱流入粗滤器,直至从总出油管接头处流出清洁无气泡的柴油为止。放尽空气后,应将油道灌满柴油,直至可听到回油管有柴油滴入油箱的响声为止。

课题二　发动机故障的判断与排除

一、柴油机故障概述

柴油机是压燃式发动机,它的故障有以下特点。

(1)柴油机要保证正常工作。就必须具备充分的压燃条件,否则,柴油机就会起动困难,例如,压缩终了气缸压力若达不到3MPa以上,则燃烧室内压缩空气的温度将达不到柴油的自燃温度200~300℃。此外,喷嘴的喷油量或者喷油压力不够、喷油时间不正确等因素,均有可能导致柴油机不能起动或者不易起动。柴油机一般都装有低温起动预热装置,若该装置的电路部分发生故障或者预热塞损坏,也将使柴油机在低温地区或寒冷季节难以起动。

(2)柴油机使用柴油作为燃料。柴油粘度大,蒸发性差,而柴油机可燃混合气的形成,仅仅是在从喷嘴喷油到着火延迟期为止的极短时间内。因此,要形成良好的混合气,必须要考虑以下因素:柴油本身的物理特性,压缩压力,喷嘴压力,喷油正时及喷嘴性能等。柴油机工作无力,产生大量冒烟、工作粗暴等故障,往往是由以上因素所致。

(3)为了避免柴油车出现高速飞车、低速熄火,在柴油机上安装了调速器。调速器的结构比较复杂,如其调整不当,可造成零部件磨损、松旷,则容易导致飞车、游车(转速不稳)故障。

(4)柴油机燃料供给系统的部分组件,如喷油嘴、出油阀、油泵等均为十分精密的配合件。它们要求柴油纯净无杂质,有足够的流动性和润滑性,并且油路畅通无阻。但柴油本身的物理特性往往不能同时满足这些要求,例如,若在寒冷地区使用的柴油机加入低标号柴油,则因环境温度过低柴油出现混浊或凝固,导致柴油机不能正常工作。如果柴油的粘度过高,则因其流动性差会影响正常的泵油和雾化,而且渗入到柴油中的空气也不容易被排出;如果柴油的粘度过低,则燃料系的精密配合件润滑不足,使燃料系泄漏现象增加,并且也会降低喷油的射程。因此,柴油机的故障不仅决定于自身的技术状况,而且还受到工作环境、温度条件、柴油本身品质的影响。

二、柴油机故障诊断的程序

如果不按照一定的程序来检查、排除故障,则会导致问题更加复杂和不必要的反复修理,甚至不能解决问题。为了提高柴油车修理效率,应按以下步骤进行。

1. 努力再现故障

再现故障时应仔细观察故障现象。

2. 判断是否真正有问题

操作人员往往由于对机械各部分的性能不太了解,所以不能正确地判断是否发生了问题。所以应该在了解该种机械具体构造、各部分性能以后再进行判断。

3. 确定可能造成故障的原因

要查出故障原因,必须检查机械是否曾经因为类似故障修理过,并根据机械的使用过程、维护情况找出线索及其他可能的原因。

4. 检查可能有问题的部位

必须进行系统的检查。无顺序地乱拆卸、乱检查,只能使修理过程复杂化。

在检查、修理过程中,应尽可能地使用测试仪器和测量设备,以求得到比较精确的结果。

三、柴油机故障诊断的一般原则

柴油机的功率下降,柴油消耗量增加,机油耗损严重,零件磨损或损坏,机器不能正常工作,都是柴油机发生故障的征兆。这些征兆可由声音、温度、烟色、气味等现象的反常而表现出来。要详细地了解柴油机各系统的构造及工作原理以及它们之间的关系,然后根据故障的表现迅速地判断出故障的部位。故障的表现虽然千变万化,但总是有一定规律性可循,归纳起来,不外乎有以下几点。

1. 常见故障的特点

(1) 声音异常:不正常的敲击声、放炮声、吹嘘声;

(2)动作异常:柴油机不易起动、工作时产生剧烈振动、带不动负荷;

(3)外观异常:冒白烟、黑烟、蓝烟,漏气、漏油、漏水;

(4)温度异常:机车冷却水温过高,轴承过热;

(5) 压力异常:机油压力过低,气缸内压力过低;

(6)气味异常:烟味、焦味、臭味。

2. 判断和处理故障的一般原则

如柴油机出现故障时,操作人员应沉着仔细,及时地分析故障的特征,判断其产生的原因。一般按下列原则进行:

(1)当柴油机运转中有不正常的现象时,可以用“看、听、摸、嗅”等方法综合判断哪一个部位或哪一个系统发生了故障。

“看”——观察各仪表的读数,排气烟色以及水、油的变化情况;

“听”——用细长的金属棒或木柄螺丝刀作为“听诊器”触及柴油机外表面相应部位“听诊”运动件发出的声音及其变化情况;

“摸”——凭手指的感觉检查配气机构等零件的工作情况和柴油机振动和温度情况;

"嗅"——凭感官的嗅觉,嗅出柴油机有否出现异常气味的地方。

(2)当柴油机突然发生故障或已判定出故障的原因,而且故障将影响柴油机正常工作时,应及时地停车检查。对不能立即查明原因的故障,可以先将柴油机低速空载运转,再观察分析找出原因,以避免发生更大的事故。

(3)当判断是较大故障或柴油机突然自行停车时,即应及时地拆检和维护。

(4)应将每次出现的故障,特别是大的故障原因和排除方法,记录在柴油机的运行簿上,供下次检修时参考。

在实际工作中,应根据当时当地的具体条件和实践经验灵活掌握,找出产生故障的内、外原因,"对症下药",及时排除。

3. 故障判断常用方法

柴油机发生故障后,就要对故障进行诊断,一般常用的方法有如下几种。

(1)异常声响判断。判别异常声响的部位及不同的声响,如主轴承间隙过大产生冲击而发生的声响很沉闷,而气门敲击活塞声清脆。

(2)部位停止法。经分析,怀疑那个部位所引起的故障可使该局部停止工作,观察症状是否消失,一般常用于确定气缸是否有故障等。

(3)比较法。怀疑故障由某部件或零件造成的,可将该零部件更新,再比较前后工作情况。

(4)试探法。根据初步的分析与判断对柴油机进行试探性的调整。例如柴油机冒烟,若经判断后可以试探性地改变喷油压力或小范围内改变提前角,观察变化效果。

(5)用仪器、仪表检查。利用仪器、仪表对柴油机进行检查,如利用气缸压力表检查压力是否满足要求,可以判断是否漏气等故障。

而实际工作中可以综合地运用以上的各种手段进行故障判断,以便快速、准确地找到故障所在。

四、柴油机常见故障分析

1. 柴油机功率不足

由于发动机本身进、排气系统或燃油系统的故障,会造成发动机输出功率下降。但是,输出功率的损失也可能是由于其他与发动机无关的因素所致,如:离合器打滑,制动器不能完全分离,轮胎选用不当,甚至是车速表有故障等。当发动机功率下降时,除了详细检查各系统和零件外,一个比较简单的方法是同时观察排气状况,不正常的排气中常带有蓝烟(青烟)、白烟及黑烟。请参阅常见故障分析表(表 3-2-1 ~ 表 3-2-8)。

常见故障分析表(1)　　表 3-2-1

序号	故障特征和产生原因	排除方法
1	燃油系统故障:加大节气门后功率或转速仍提不高 a. 燃油管路,燃油滤清器进入空气或阻塞 b. 喷油泵供油不足 c. 喷油器雾化不良或喷油压力低	按前述方法排除空气或更换燃油滤清器芯子检查修理或更换偶件进行喷雾观察或调整喷油压力,并检查喷油嘴偶件或更换

续上表

序号	故障特征和产生原因	排除方法
2	进、排系统故障：比正常情况下排温较高，烟色较差 a.空气滤清器阻塞 b.排气管阻塞或接管过长、转弯半径太小，弯头太多	清洗空气滤清器芯子或清除纸质滤芯上的灰尘，必要时应更换；检查机油平面是否正常，清除排气管内积炭；重装排气接管，弯头不能多于3个，并有足够大的排气截面
3	喷油提前角或进、排气相位变动：各档转速下性能变差	检查喷油泵传动轴处两个螺钉是否松动，并应在校正喷油提前角后扳紧，必要时进行配气相位和气门间隙检查
4	柴油机过热，环境温度过高：机油和冷却水温度很高，排温也大大增高	检修冷却器和散热器，清除水垢；检查有关管路是否管径过小，如环境温度过高应改善通风，临时加强冷却措施
5	气缸盖组件故障：此时不但功率不足，性能下降，而且有漏气、进气管冒黑烟、不正常的敲击声等现象 a.气缸盖与机体结合面漏气，变速时有一股气流从衬垫处冲出：气缸盖大螺栓螺母松动或衬垫损坏 b.进、排气门漏气 c.气门弹簧损坏 d.气门间隙不正确 e.喷油器孔漏气或其铜垫圈损坏；活塞环卡住、气门杆咬住引起气缸压缩压力不足	按规定转矩拧紧缸盖螺母或更换气缸盖衬垫，必要时修刮接合面拆检进、排气门，修磨气门与气门座配合面 更换已损坏的弹簧，重校气门间隙至规定值，拆下检修、清理并更换已损坏的零件
6	连杆轴瓦与曲轴连杆轴颈表面咬毛：有不正常声音，并有机油压力下降等现象出现	拆卸柴油机侧盖板，检查连杆大头的侧向间隙，看连杆大头是否能前后移动，如不能移动则表示咬毛，应修磨轴颈和更换连杆轴瓦
7	涡轮增压器故障：出现转速下降；进气压力降低；漏气或不正常的声音等 a.增压器轴承磨损，转于有碰擦现象 b.压气机、涡轮的进气管路沾污、阻塞或漏气	检修和更换轴承清洗进气道、外壳、揩净叶轮；拧紧接合面螺母、夹箍等

2.柴油机不能起动

引发这个故障的原因，可能是燃油系故障、预热装置的故障，也有可能是由于气缸压缩压力不足。

常见故障分析表(2) 表3-2-2

序号	故障特征和产生原因	排除方法
1	燃油系统故障:柴油机被起动电机带动后不发火,回油管无回油 a. 燃油系统中有空气 b. 燃油管路阻塞 c. 燃油滤清器阻塞 d. 输油泵不供油或断续供油 e. 喷油泵调速器操纵手柄位置不对	检查燃油管路接头是否松弛,排除燃油系统中的空气。首先旋开喷油泵和燃油滤清器上的放气螺钉,用手泵泵油,直至所溢出的燃油中无气泡后旋紧放气螺钉,再泵油,当回油管中有回油时,再将手泵旋紧。松开高压油管在喷油器一端的螺母,撬喷油泵柱塞弹簧座,当管口流出的燃油无气泡后旋紧螺母,然后再撬几次,如此逐缸进行,使各缸喷油器中充满燃油检查管路是否畅通。清洗滤清器或调换滤芯检查进油管是否漏气,进油管接头上的滤网是否堵塞。如排除后仍不供油,应检查进油管和输油泵,将喷油器拆出,接在高压油泵上,撬喷油泵柱塞弹簧,观察喷雾情况必要时应拆洗。检查并在喷油器试验台上调整喷油压力至规定范围或更换喷油器偶件起动时应将手柄位置推到空载,转速700~900r/min的位置
2	电起动系统故障 a. 电路接线错误或接触不良 b. 蓄电池电力不足 c. 起动电机电刷与换向器没有接触或接触不良	检查接线是否正确和牢靠;用电力充足的蓄电池或增加蓄电池并联使用;修整或调换炭刷,用木砂纸清理换向器表面,并吹净,或调整刷簧的压力
3	发动机不能起动,起动电动机转速过低,引发这个故障的原因既可能是发动机转动时存在过大的阻力,也可能是起动系统有故障。其可能的原因及对策为: a. 发动机内部阻力过大(例如活塞环和活塞卡死) b. 燃油喷射泵卡住 c. 正时齿轮磨损严重 d. 发动机摩擦副阻力大 e. 在寒冷地区使用不合适的发动机机油 f. 蓄电池电压过低 g. 起动电路断路 h. 起动继电器故障 i. 起动电动机故障	更换相应的已损坏零件 修理燃油喷射泵,必要时更换相应的零件 进行相应修理,必要时更换齿轮 检查摩擦副及润滑系,必要时进行修理、更换。 更换合适的发动机机油 充电或更换蓄电池 检修线路断路故障 更换起动继电器 检修起动电动机,必要时更换 注:在拆卸起动电动机之前,一定要从蓄电池负极(-)端子上将电缆拆下。否则,蓄电池电压将继续加在起动电动机上,若拆卸起动电动机的工具与车身接触的话,将会发生短路现象。
4	发动机不能起动,起动电动机转速正常 a. 预热塞控制器故障 b. 预热塞继电器故障 c. 预热塞故障 d. 喷油嘴来油不足 e. 喷油嘴损坏 f. 发动机压缩压力不足 g. 燃油嘴喷射正时不当 h. 电子式柴油喷射控制装置(如果有的话)故障 i. 喷射泵故障	检修预热塞控制器,必要时更换 检修预热塞继电器,必要时更换 检修预热塞,必要时更换 检查燃油系喷油嘴之前的零件,进行必要的修理 检查喷油嘴喷油情况,若损坏则换喷油嘴 检查或更换有问题的零件 调整喷射正时,必要时进行修理或更换 进行相应的修理,必要时更换 进行必要的调整、修理或更换

续上表

序号	故障特征和产生原因	排除方法
5	气缸内压缩压力不足:喷油正常但不发火,排气管内有燃油 a. 活塞环或缸套过度磨损 b. 气门漏气 c. 存气间隙或燃烧室容积过大	更换活塞环,视磨损情况更换气缸套;检查气门间隙、气门弹簧、气门导管及气门座的密封性,密封不好应修理和研磨;检查活塞是否属于该机型的,必要时应测量存气间隙或燃烧室容积
6	喷油提前角过早或过迟,甚至相差180°柴油机喷油不发火或发火一下又停车	检查喷油泵传动轴接合盘上的刻线是否正确或松弛,不符合要求应重新调整
7	配气相位不对	按单元二的方法复查配气相位
8	环境温度过低:起动时间长不发火	根据实际环境温度,采取相应的低温起动措施

3. 柴油机运转时有不正常的声音

常见故障分析表(3)　　表3-2-3

序号	故障特征和产生原因	排除方法
1	喷油时间过早:气缸内发出有节奏的清脆金属敲击声	调整喷油提前角
2	喷油时间过迟:气缸内发出低沉不清晰的敲击声	同上
3	活塞销与连杆小头衬套孔配合太松:运转时有轻微而尖锐的响声,此种响声在怠速运转时尤其清晰	更换连杆小头衬套使之在规定间隙范围内
4	活塞与气缸套间隙过大:运转时在气缸体外壁听到撞击声、转速升高时此撞击声加剧	更换活塞或视磨损情况更换气缸套
5	连杆轴瓦磨损使配合间隙过大:运转时,在曲轴箱内听到机件撞击声,突然降低转速时可以听到沉重而有力的撞击声	拆检轴瓦,必要时应更换
6	曲轴滚动主轴承径向间隙过小:运转中发出特别尖锐而刺耳的声音,加大油门时此响声更为清晰;曲轴滚动主轴承径向间隙过大:运转中发出“霍霍”声	检查有响声的滚动主轴承,必要时应更换
7	曲轴前,后推力轴承磨损,轴向间隙过大,导致曲轴前后游动:柴油机低转时,听到曲轴前后游动的碰撞声	检查轴向间隙和推力轴承的磨损程度,必要时应更换
8	气门弹簧折断,挺杆弯曲,推杆套筒磨损:在气缸盖处发出有节奏的轻微敲击声	更换已损坏的零件,并按单元二介绍的方法校气门间隙
9	气门碰活塞:运转中气缸盖处发出沉重而均匀、有节奏的敲击声,用手指轻轻捏住气缸盖罩壳的螺母有碰撞感觉	拆下气缸盖罩壳,检查相碰原因,调整气门间隙,必要时检查活塞型号是否调错。如有碰撞,可适当挖深气门凹坑或增加一张厚为0.20mm或0.40mm,形状与气缸盖底面相同的紫铜皮垫片

续上表

序号	故障特征和产生原因	排除方法
10	传动齿轮磨损、齿隙过大:在前盖板处发出不正常声音,当突然降速时可听到撞击声	调整齿隙,视磨损情况更换齿轮
11	摇臂调节螺钉与推杆的球面座之间无机油:在气缸盖处听到干摩擦发出的“吱吱”响声	拆下气缸盖罩壳,添注机油
12	进、排气门间隙过大:在气缸盖处听到有节奏的较大响声	重校气门间隙,方法见单元二
13	涡轮增压器运转时有不正常的碰擦声	拆检轴承是否有磨损,叶轮叶片是否有弯曲,同时测量主要间隙并作调整和更换已损坏的零件,清洗增压器的机油滤清器和进出油管路,保证润滑油畅通

4. 排气烟色不正常

常见故障分析表(4) 表3-2-4

序号	故障特征和产生原因	排除方法
1	排气冒黑烟: a. 柴油机负荷超过规定 b. 各缸供油量不均匀 c. 气门间隙不正确,气门密封不良而导致气门漏气,燃烧恶化 d. 喷油提前角太小,喷油太迟使部分燃油在排气管中燃烧 e. 进气量不足:空气滤清器或进气管阻塞,涡轮增压器压气机壳过脏等 f. 涡轮增压器弹力气封环烧损或磨损,涡轮各接合面漏气等	降低负荷使之在规定范围内调整喷油泵,调整气门间隙,检查密封锥面,并消除缺陷调整喷油提前角,方法见单元二清洗和清除尘埃污物,必要时更换滤芯 检查或更换气封环;拧紧接合面螺钉
2	排气冒白烟: a. 喷油器喷油雾化不良,有滴油现象,喷油压力过低 b. 柴油机刚起动时,个别气缸内不燃烧(特别是冬天)	检查喷油嘴偶件,进行修磨或更换.重调喷油压力至规定范围适当提高转速及负荷,多运转一些时间
3	排气冒蓝烟: a. 空气滤清器阻塞,进气不畅或其机油盘内机油过多(油浴式空滤器) b. 活塞环卡住或磨损过多,弹性不足,安装时活塞环倒角方向装反,使机油进入燃烧室。 c. 长期低负荷(标定功率的40%以下)运转,活塞与缸套之间间隙较大,使机油易窜入燃烧室 d. 油底壳内机油加入过多	拆检和清理空气滤清器,减少机油至规定平面拆检活塞环,必要时应更换 适当提高负荷;配套时选用功率要适当,按机油标尺刻线加注机油
4	排气中有水分凝结现象:气缸盖裂缝,使冷却液进入气缸	更换气缸盖

5. 燃油消耗过多

造成燃油消耗过多的原因一般是由于燃油系统的故障或发动机本身的故障。但是，离合器打滑、制动器不能完全分离、轮胎尺寸不合适或轮胎压力不正确等也会造成燃油消耗过多。

常见故障分析表(5)　　表3-2-5

序号	故障特征和产生原因	排除方法
1	进气系统堵塞	清洁进气系统，必要时更换空滤器芯
2	燃油管路接头松弛或损坏	进行相应的修理，必要时更换接头
3	燃油滤清器安装不正确或损坏	正确安装燃油滤清器，必要时更换
4	燃油滤清器的水沉淀器安装不正确或损坏	正确安装，必要时更换水沉淀器
5	喷射泵燃油泄漏	进行相应的修理，必要时更换零件
6	发动机压缩压力偏低	进行相应的修理，必要时更换零件
7	怠速调整过低	重新调整
8	喷油嘴工作不好	清洗、调整喷油嘴，必要时更换喷油嘴
9	喷射正时不正确	调整喷射正时，必要时修理、更换有关零件
10	最高转速调整过高	重新调整
11	离合器打滑	进行相应的调整，必要时修理、更换有关零件
12	制动器不能完全分离	进行相应的调整，必要时修理、更换有关零件
13	轮胎尺寸不合适	更换合适的轮胎
14	轮胎压力不正确	调整轮胎压力

6. 某一工作状况下，发动机转速时快时慢(游车)

常见故障分析表(6)　　表3-2-6

序号	故障特征和产生原因	排除方法
1	调速器外壳的孔与喷射泵盖板孔磨损松旷	进行相应的修理
2	飞铁销孔、座架磨损松旷	进行相应的维修，必要时更换零件
3	飞铁过重或收张距离不一致	更换飞铁
4	调速器内润滑油太脏或太少	更换或补充调速器内的润滑油
5	调速器弹簧变形或断裂	更换调速器弹簧
6	喷射泵柱塞套安装不良	重新正确安装喷射泵柱塞套
7	喷射泵柱塞调节臂或扇形小齿轮变形或松动	更换或安装好柱塞调节臂或扇形小齿轮
8	喷射泵凸轮轴轴向间隙过大	调整凸轮轴轴向间隙，使其达到规定值
9	供油量调节齿杆与扇形齿轮间隙过大	调整该齿隙，使其达到规定值
10	个别气缸喷油嘴针阀烧结	更换有故障的喷油嘴

7. 飞车

所谓飞车，是指柴油发动机的转速失去控制。导致飞车的主要原因为：喷油泵调速器本身的故障和某些外部因素改变了柴油机的调速特征。

常见故障分析表(7)　　表3-2-7

序号	故障特征和产生原因	排除方法
1	节气门拉杆或油量调节齿杆卡住	进行相应的维修,必要时更换有关零件
2	油量调节齿杆和调速器拉杆脱节	正确安装油量调节齿杆和调速器拉杆
3	调速器杠杆、销子脱落	重新正确安装调速器杠杆、销子
4	调速器飞铁销轴断裂,飞铁甩脱	更换已损坏的零件,进行相应的修理
5	飞铁的重量不等	安装合适的飞铁
6	飞铁压力轴承损坏	更换损坏的零件
7	调速器弹簧断裂或弹力下降	更换调速器弹簧
8	喷射泵凸轮轴轴向间隙过大	调整喷射泵凸轮轴轴向间隙。必要时更换已损坏的零件
9	调速器内润滑油粘度太大或太脏,飞铁难以甩开	更换合适的润滑油
10	喷射泵柱塞弹簧断裂	更换喷射泵柱塞弹簧
11	喷射泵柱塞卡在高速位置	进行相应的修理,使柱塞能够正常工作
12	柱塞的油量调整齿圈固定螺母松动使柱塞失去控制	拧紧油量调整齿圈固定螺母
13	调速器高速调整螺钉或最大油量调整螺钉调整不当	正确调整高速调整螺钉或油量调整螺钉到适当的位置
14	气缸窜油,使润滑油进入燃烧室燃烧	检查窜油原因,进行相应的修理
15	惯性油浴式空气滤清器存油过多,油被吸入燃烧室燃烧	减少油浴式空气滤清器内的存油
16	带增压器的柴油机,由于增压器油封损坏,机油进入燃烧室燃烧	更换增压器油封
17	低温起动装置的电磁阀漏油,使多余的柴油进入燃烧室燃烧	消除低温起动装置电磁阀漏油
18	空气滤清器纸质滤芯用汽油清洗后,残留的汽油过多,装车使用时,浓度较高的汽油蒸气进入燃烧室燃烧	更换空气滤清器滤芯

由于飞车会酿成重大事故,所以一旦发现有飞车的苗头就应立即设法制止,千万不能犹豫不决。制止飞车的紧急措施有:

①迅速将节气门收回到停车位置。

②有减压装置的,迅速将减压手柄拉到减压位置。

③堵塞进气管,切断空气的供应。

④挂入高速档,缓抬离合器,使发动机因转矩不足而熄火。

⑤迅速松开各缸高压油管以停止供油。

⑥供油齿杆外露的喷射泵,可迅速将齿杆拉回。

8. 柴油机工作粗暴

当着火延迟期内形成的燃油与空气混合气迅速燃烧使气缸压力上升太快时,将使柴油机工作粗暴,运动零件受到很大的冲击力,柴油机寿命减少。

常见故障分析表(8)　　表3-2-8

序号	故障特征和产生原因	排除方法
1	柴油发火性能差	使用柴油的十六烷值不能低于规定值
2	燃油滤清器的水沉淀器内水分过多	清洗水沉淀器,必要时进行更换
3	进气系统堵塞	清洁进气系统,必要时更换零件
4	发动机压缩压力过低	修理或更换有故障的零件
5	喷射压力过高	清洗、调整喷油嘴,必要时更换喷油嘴
6	燃油的喷射状况不正常	清洗、调整喷油嘴,必要时更换喷油嘴
7	供油射正时不正确(过早)	调整供油正时
8	喷油泵故障	清洗、调整喷油泵,必要时更换零件

五、柴油机故障诊断的现代方法及展望

柴油机作为动力机械,其运行状态的好坏,直接影响到成套设备的工作状态。因此,对其进行状态监测和故障诊断,确保设备处于最佳运行状态,这对提高设备维修质量和效率是十分必要的。柴油机是一种复杂的往复式动力机械,由于其结构复杂,加之运动的往复性,使得柴油机的故障诊断变得十分复杂,所以,近年来对柴油机的故障诊断研究工作一直是许多故障诊断研究者潜心研究的一个难题。

随着现代科学技术的发展及自动化程度的提高,柴油机故障诊断技术也经历着重大的变化。从最开始的事后维修,发展到定时检测,再到现代故障诊断技术的视情维修,其传统的诊断方法日益显现出不足和弊端。诸如,基于故障机理的诊断方法因其柴油机结构的复杂性而逐渐被放弃;故障树诊断法由于其诊断方法粗糙而诊断精度不高;瞬时转速波动诊断方法虽然能够反映故障信息,但是该方法不能反映造成故障的原因,而且测量瞬时转速波动需要高频响、高精度的仪器,成本很高;示功图诊断法能够反映柴油机缸内的工作状态及其动力热力性能,但是该方法存在与瞬时转速波动相同的缺点。

1. 柴油机故障诊断的现代方法

1)基于振动信号的时域、频域特征提取分析法

该方法是目前应用最广泛的柴油机故障诊断方法。由于柴油机是一种高转速的往复式动力机械,无论是在其工作过程中还是性能监测中,其振动信号都是反映柴油机内在各部件之间关系的极其敏感的参数。对于工作过程而言,柴油机燃烧爆发时的瞬时压力波动所产生的冲击以及进、排气门升起、落座都会产生冲击,产生燃烧提前、滞后、气门漏气等故障,都会在这些信号中有所反映;而对于性能参数而言,衡量机器工作正常状态与否的综合性指标是与工作过程及各机构之间的运动协调与否紧密相关的,而这些指标在振动信号中反映更敏感、更直接。

振动时域特征参数主要有峰值、均值、均方幅值、方差、标准差、三次距、四次距、波形因子、脉冲因子、裕度因子等。这些特征参数由于测量比较直接,可以用于在线监测,同时也可以作为其他各种诊断方法的特征提取参数,辅助诊断。

频域分析主要是通过某种变换,将振动信号从时域变换到频域,然后再进行特征提取的一种方法。其主要的处理方法有古典谱估计法和现代谱估计法。古典谱法包括周期图法、自相关法及其他一些改进算法。现代谱法包括最大熵谱估计、ARMA 法以及最小方差法等。古典法的优点是可以用 FFT 快速计算,物理意义明确;缺点是谱分辨率偏低,需要的数据量较多,加窗易产生泄漏,方差性能不好;现代谱分析法具有较高的分辨率,对数据量的要求较少,但是容易产生波形失真,信噪比低。

时域或频域分析只适用基于平稳或准平稳过程振动信号,而对于柴油机而言,由于其组件众多,结构复杂,震源众多。其振动信号在通频带范围内均有大量能量分布,用时域或频域分析法则存在分辨率不足的问题。时－频分析弥补了仅用时域或频域分析的分辨率不足的问题。

2)油液分析诊断法

油液分析(在用润滑油分析)诊断法是依据测取运行设备润滑油的微量磨损粉末,用化学理论对其分析的故障诊断方法。它所采取的“硬措施”是通过检测装置获取的润滑油的状态,是设备诊断的最重要技术手段之一,其核心内容涉及对在用润滑油的污染、变质和所含机械磨损产物的检测分析。其主要分析方法包括油光谱诊断法和铁谱诊断法。

它在柴油机方面的诊断运用主要有:

(1)设备润滑与磨损状态监控与故障诊断。通过对在用润滑油中磨损金属微粒的形态、尺寸、成分、数量和种类分布等特征的分析,能够确定关键摩擦副的磨损状态(磨损形式、磨损程度);通过对油品性能和主要污染物水平的动态分析,能够及时掌握油品润滑效能的变化、预测可能发生的系统故障。

(2)车辆环境污染控制。统计表明,汽车发动机中的燃油通过曲轴箱窜气造成的环境污染占汽车燃油和燃烧产物污染的 20%～25%。当发动机缸套活塞环磨损、部分润滑油烧损时,污染还会进一步加剧,因此,通过对发动机润滑油性能、燃油污染物和缸套活塞环相关磨损微粒的分析,能够确定燃油污染的水平。将车辆维护与环境污染控制动态结合起来,油液分析是一种很有潜力的车辆环境污染监控技术手段。

油液分析以及运用的不足之处有以下几点:

①当柴油机多个部位同时存在磨损时,不能精确确定哪一部位发生了故障。

②油液分析缺乏定量的分析,其分析所得的结果只是定性地描述,存在一定的随机性,需要大量的样本数据。

③成本比较高。

3)基于灰色系统理论的诊断方法

灰色系统理论以其新颖的思路和广泛的适用性在理论与工程界引起广泛的注意并迅速在社会、经济及工程等许多领域获得广泛应用。灰色理论用于柴油机故障诊断的原理是把柴油机系统看成是一个复杂的灰色系统,利用存在的已知信息去推知含有故障模式的不可知信息的特性、状态和发展趋势,并对未来的发展作出预测和决策,其过程即是一个灰色过程的白化过程。灰色理论在故障诊断中的应用包括灰色系统建模、关联度分析、灰色模型预测等。利用灰色系统可以实现故障的预测,其准确率高,计算量小,易于微机实现。

4)基于神经网络的诊断法

神经网络的研究始于1944年,目前,神经网络在柴油机故障诊断中的运用主要有:

(1)神经网络直接用于故障诊断。挑选关键参数作为输入层,故障参数作为输出层,利用典型样本学习所得权值进行模式识别。

(2)自适应神经网络模式识别。传统模式识别过程在特征提取上具有很大的盲目性,效率低,而自适应神经网络则利用神经网络分布式信息存储和并行处理,避开模式识别中建模和特征提取的麻烦,从而消除了模式不符合特征提取不当所带来的影响,使得故障易于识别。

(3)神经网络信号处理。神经网络用于信号处理主要是利用其最优化算法和其智能化识别的特点。

(4)模糊神经网络。具有准确的非线性拟合和学习能力。

(5)神经网络与专家系统结合识别,其结合包括3个层次。神经网络完全取代专家系统;神经网络与专家系统浅层次结合;神经网络和专家系统深层次结合。实践证明,神经网络只有和专家系统完全结合起来,互补长短,才能克服神经网络的缺乏经验、无推理性以及专家系统的知识"瓶颈问题"等缺陷,到达一种较完美的组合。

5)基于专家系统的智能化诊断方法

智能化诊断方法是专家系统人工智能的主要分支之一,其核心主要包括以下几部分:知识库、知识获取部分、推理机、解释部分。

在知识表达方面,大多数诊断型专家系统都是以产生式规则和框架进行知识表达的。利用产生式规则进行知识表达,一方面得益于现存的人工智能语言,如LISP;另一方面受益于它的表达合乎人的心理逻辑,便于进行知识获取,利于人接受,如国外Tecknowledge公司推出的M1系统、斯坦福研究院的AL/X系统、Expert系统、KES系统、S1系统等。利用框架进行知识表达得到了越来越多的应用,这主要得益于面向对象的编程技术的兴起及普及。以C语言为代表,C语言对面向对象的数据结构极为支持,而框架正是一种面向对象的数据结构。1993年以来,从ASME召开的年会及国内开发的众多诊断型专家系统可看出这一点。

在诊断推理方面,主要表现在对推理逻辑和推理模型的研究上。在人工智能领域中,存在着许多推理逻辑,较著名的有模态逻辑与动态逻辑、3-值逻辑、直觉主义逻辑的类型理论、时态理论、面向非单调推理的语义理论及不精确推理等。模糊逻辑作为一种降低系统复杂性的方法近期在专家系统的推理逻辑中得到了广泛的应用。目前较成熟的模糊逻辑有Zadeh、Baldwin、Tsukamoto、Yager、Mizumoto等人提出的模糊推理方法。国内的许多专家系统也对模糊逻辑进行了发展;对推理模型的研究则表现在如何对推理的知识进行划分及控制,从而使推理过程更为有效。如Davis基于结构与功能的推理模型,Govindaraj的假设框架模型,Reiter的形式化的第一定律诊断模型及Genesereth、Milne、J. Dekleer、Bylander等人提出的诊断模型等。值得注意的是,最近有学者提出了基于模型的知识库的理论,这也就使推理机制发生了根本改变,如神经网络模型、定性物理模型、可视觉模型等,这无疑给人工智能领域注入了新的活力。

对于柴油机故障诊断专家系统的研究,从国内外开发的众多系统来看,都是在注重上述特点的同时,充分突出了对基于数字信号处理的深层诊断知识的研究。

基于以上故障诊断方法,在现文中从柴油机各部位诊断的角度,对前人所做的诊断工作作一下总结,如表3-2-9所示。

柴油机主要故障及诊断方法 表3-2-9

诊断部位	参　数	故障产生的机理	主要诊断方法
总体性能评价	功率、转速	1. 气缸不爆发 2. 气缸或气门漏气 3. 喷油提前角不对，不正时 4. 雾化不良/滞后燃烧 5. 柴油质量差	1. 直接测量法 2. 无负载测功 3. 示功图法 4. 瞬时转速波动诊断法
燃油系统	燃油压力、流速	1. 喷油压力不对/雾化不良 2. 喷油提前角不对 3. 喷油器阻塞、喷油嘴积炭 4. 喷油器泄漏滴油	1. 振动信号诊断法 2. 燃油压力直接测量 3. 气缸压力分析
润滑系统	油压、润滑油的品质	1. 润滑油变质 2. 油路阻塞导致油压不正常 3. 油温过高	1. 油压测量 2. 油液分析法
配气系统	压力、振动信号、温度、烟色	1. 气门弹簧折断、失效 2. 空气滤清器阻塞 3. 过热排放 4. 气门磨损	1. 振动信号分析 2. 油液分析诊断 3. 压力分析 4. 特征参数监测
气缸活塞组	气缸压力、转矩、转速波动、振动信号	1. 曲轴连杆磨损严重 2. 气缸活塞组磨损严重 3. 气缸活塞组撞击	1. 振动诊断法 2. 油液分析法 3. 压力波动 4. 噪声诊断 5. 转矩转速波动

2. 国内外柴油机故障诊断的发展趋势

众多的文献表明，柴油机故障诊断的发展趋势是不解体化、高精度化、智能化及网络化。

对于不解体检测的研究，其方向是开发可预埋在发动机内的传感器。美国、日本等国家已成功地将超薄型传感器安置在发动机内，对发动机的温度及主要部件的配合间隙进行诊断，并利用光纤传感器监测发动机的转速波动。

对于高精度化，在信号技术处理方面，是指提高信号分析的信噪比。对于柴油机这样的复杂运动系统而言，其信号多数是瞬态的、非平稳的、突变的。将小波理论用于这些信号的分析处理上，则可大大提高其分辨率。分形几何是将传统的几何方法中整数维数扩展成连续正数，认为自然界中的几何对象——分形具有不一定是整数的分形维数(Fractal Dimension)。分形几何在非平稳的、瞬态的、突变的信号处理中也具有很好的应用前景。在振动信号的处理上，全息谱分析方法则充分考虑了幅、频、相三者的结合，弥补了普通付氏谱只考虑幅、频关系的不足，能够比较全面地获取振动信号。

对于智能化，是指开发诊断型专家系统，使数据处理、分析、故障识别自动完成，以减轻诊断的工作量，并提高诊断速度及正确性。在故障诊断的专家系统的建立上，要深入故障形成机

理的研究，丰富系统的知识库，解决专家系统的所谓的“瓶颈问题”。同时将模糊神经网络方法应用于故障振动的专家系统中，使之具有一定的智能，具有自组织、自学习、联想功能，从而使诊断系统自我完善、自我发展；另外，诊断系统将由集中式走向分布式。系统的硬件生产标准化，软件设计规范化、模块化，这有利于缩短系统的开发周期，提高系统的可靠性。

网络化是21世纪故障诊断技术的发展方向，随着计算机网络技术的发展及通信技术的进步，利用各种通信手段将多个故障诊断系统联系起来，实现资源共享，可提高诊断的质量和精度。将故障诊断系统与数据采集系统结合起来组成网络，有利于对机组的管理，减少设备的投资，提高设备的利用率，必要时可与企业的MIS系统相连接，促进企业管理的一体化、现代化。

单元四　电气设备的技术维护与故障排除

【知识点和能力点】

1. 掌握蓄电池、起动机、发电机等电器设备的技术维护方法；
2. 掌握电器及其系统故障的排除方法；
3. 掌握典型公路工程机械电控系统故障诊断与排除方法。

课题一　电气设备的技术维护

一、铅蓄电池的维护

为了使蓄电池处于完好状态，延长使用寿命，对使用中的蓄电池应进行下列维护工作。

（1）经常清除蓄电池外表面的灰尘及污物，如图 4-1-1 所示。电解液溅到蓄电池表面时，应用抹布蘸 10% 浓度的苏打水或碱水擦净；电极桩和导线接线头上出现氧化物时，应先用砂纸打磨，再用抹布擦拭干净。

（2）紧固蓄电池安装架，电缆接线柱与线头应紧固并涂上润滑脂。

（3）定期检查蓄电池的电解液相对密度及液面高度。一般每行驶 1000km 或冬季行驶 10 ~ 15、夏季行驶 5 ~ 6 天，检查电液的液面高度。橡胶外壳的蓄电池电解液液面高度应高出极板 10 ~ 15mm，如图 4-1-2 所示。塑料蓄电池外壳呈半透明状，液面应在厂方标明的上下刻线之间。电解液不足，应及时添加蒸馏水或“补充液”，如图 4-1-3 所示。若液面降低是由于倾倒或溅出造成，应补加相应相对密度的电解液并充电调整。

（4）经常检查蓄电池存电量，发现存电不足，立即补充充电。常用机械的蓄电池，放电程度冬季达 25% 、夏季达 50% 时即应充电，必要时及时进行补充充电。放完电的蓄电池在 24h 内应及时充电。

停驶机械的蓄电池，暂不使用时，应从车上拆下贮存。贮存的方法是先将蓄电池充足电，相对密度达 1.28（15℃）左右时，液面加之正常高度。密封加液盖通气孔后，放置在室内暗处，贮存时间不得超过 6 个月。存放期间应定期检查电解液相对密度和蓄电池存电量，确保每月至少给电池进行一次补充充电，启用时应充足电。

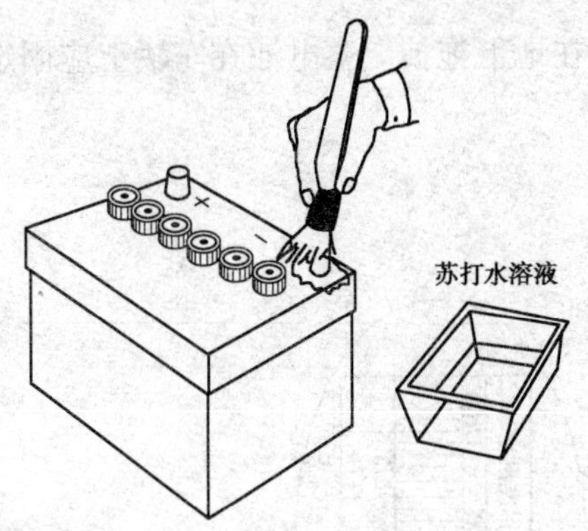

图 4-1-1 清洁蓄电池外表

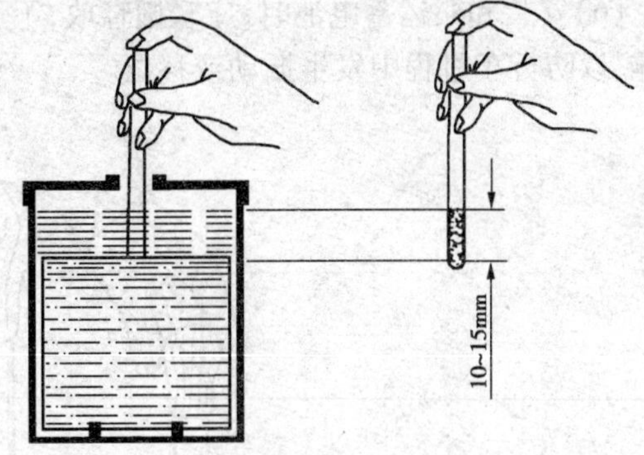

图 4-1-2 检查蓄电池液面高度

蓄电池长时间存放,最好以干贮存法贮存。先将蓄电池以 20h 放电率完全放电,倾倒出电解液,用蒸馏水多次冲洗至水中无酸性,再倒尽水滴,晾干后旋紧加液塞后密封贮存。启用的准备工作和新蓄电池相同。

普通蓄电池存电量常用检查方法有两种:

①测量电解液相对密度。电解液的相对密度可用吸式密度计测量,如图 4-1-4 所示。先吸入电解液,使密度计浮起,电解液面所在的刻度即为相对密度值。在测量电解液相对密度时,应同时测量电解液温度,并将测得的电解液相对密度转换为 15℃时的相对密度值。相对密度每下降 0.04,相当于蓄电池放电 25% 的额定容量。在大电流放电或添加蒸馏水后,由于电解液混合不匀,不应立即测量电解液相对密度。此时,测得的电解液相对密度也不能用来换算成放电程度。

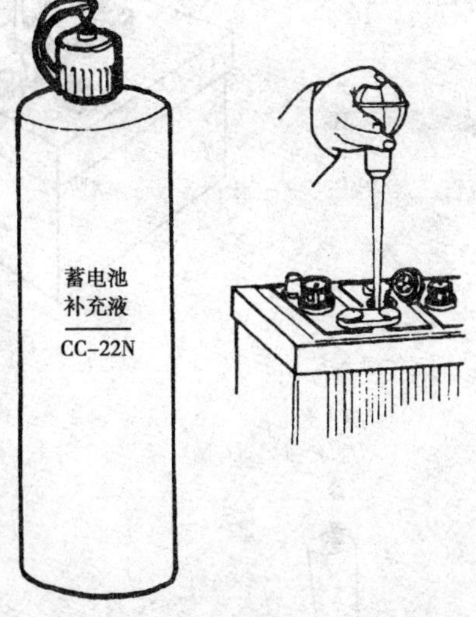

图 4-1-3 添加调整用"补充液"

②用单格电池式高率放电计测量单格电压或采用整体电池式高率放电计测量蓄电池整体电压。

单格电池式高率放电计由一个 3V 电压表和一个定值负载电阻组成,如图 4-1-5a)所示。测量时,应将两叉尖压在单格电池正、负极桩上(模拟起动时大电流放电),历时 5s 左右,观察蓄电池所能保持的端电压:一般技术状况良好的蓄电池,单格电压应在 1.5V 以上,并在 5s 内保持稳定。若 5s 内下降到 1.7V,说明存电足;下降到 1.6V,表明放电 25% 的额定容量;下降到 1.5V,表明放电 50% 的额定容量;若 5s 内电压迅速下降,或某一单格电压有故障,应进行修理。

单格式蓄电池高率放电计只能测取单格电池组电压,而新型蓄电池联系均为穿壁跨接式,用单格式放电计已无法测取高率放电端电压,一般使用整体电池式放电计测量,如图 4-1-5b)所示。测试时,用力将放电计触针刺入蓄电池正负极,保持 15s。若蓄电池能保持在 9.6V 以上,说明该电池性能良好,但存电不足;若稳定在 11.6 ~ 10.6V,说明电池存电足;若迅速下降,则说明蓄电池已损坏。

(5)在冬季严寒时,应对蓄电池采取保温措施。

(6)安装和搬运蓄电池时,应轻搬轻放,不可敲打或在地上拖拽。蓄电池在车辆上应固定牢靠,以防行车过程中发生振动或移位。

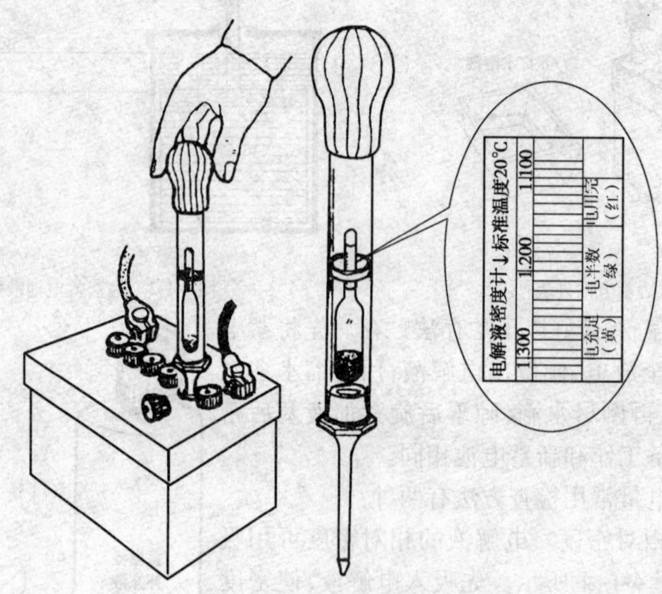

图 4-1-4　测量电解液相对密度

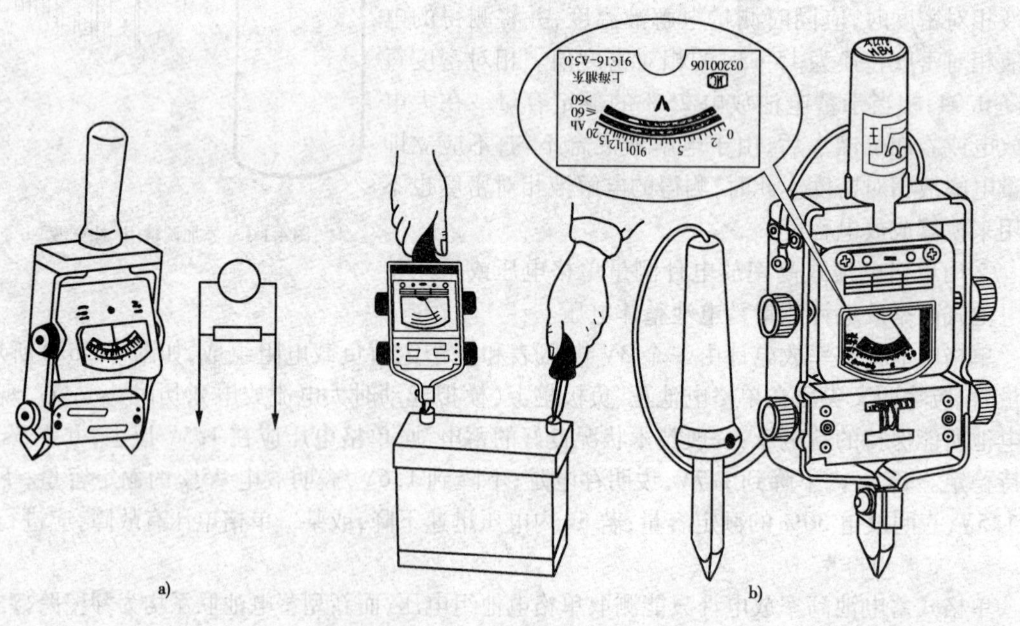

图 4-1-5　高率放电计

a)单格电池式;b)整体电池式

(7)拆卸蓄电池电缆时,应先拆下蓄电池负极,再拆下蓄电池正极;安装蓄电池电缆时,应先安装蓄电池正极,再安装蓄电池负极,以免拆卸过程中造成蓄电池短路。

二、硅整流发电机使用维护

硅整流发电机的整流器和晶体管调节器或集成电路调节器内部均装有电子元件，当受到瞬时过电压或过电流时，易造成损坏。

使用和维修中，应注意以下事项：

(1)蓄电池必须负极搭铁，不得接反。否则蓄电池将通过整流二极管短路放电，使整流二极管立即烧坏。

(2)发电机运转时，不能用刮火的方法检查发电机是否发电，应采用万用表检查，否则容易损坏调节器触点及发电机二极管。低压试灯可用机械上的仪表灯泡(图4-1-6)或发光二极管制作。严禁用在发电机输出端搭铁试火的方法检查发电机是否有电，否则将损坏发电机整流器。

(3)一旦发现发电机不发电或充电电流很小时，应及时找出故障并予以排除，不应再继续运转。若1只二极管短路，发电机不能正常输出电压，会导致其他二极管或定子绕组被烧坏。

(4)整流器的6只二极管与定子绕组相连时，禁止用兆欧表(摇表)或220V交流电源检查发电机的绝缘情况，否则将使二极管及调节器中的电子元件击穿而损坏。

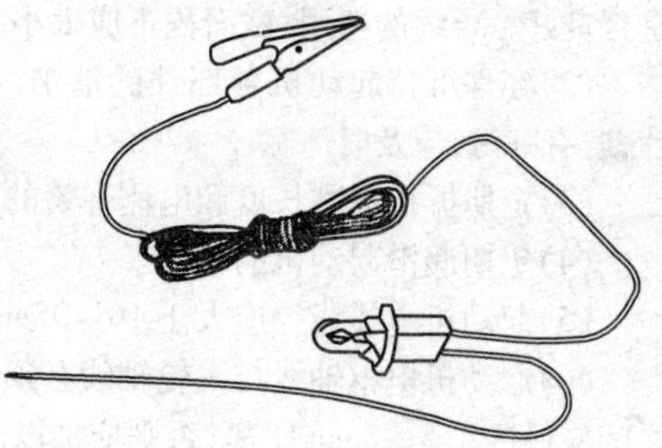

图4-1-6　低压试灯

(5)发动机自行熄火时，应将点火开关断开，否则蓄电池将长期经发电机励磁绕组和调节器放电，造成发电机、调节器中电子元件损坏。

(6)发电机正常运行时，不可任意拆动各电器的连接线，以防引起电路中的瞬时过电压，损坏二极管及调节器中的电子元件或其他电子设备。

(7)调节器的调节电压不能过高或过低，其连线应确保连接正确、牢靠，以免损坏用电设备或造成蓄电池充电不足。

(8)传动带的张紧度应符合规定，否则会损坏发电机轴承或引起发电不足。

三、起动机的使用维护

1.起动机使用注意事项

(1)起动时踩下离合器踏板，将变速器挂空档。

(2)起动机是按短时间大电流工作设计的，其输出功率也是最大功率。因此，使用起动机时，每次不得超过5s，两次之间应间歇15s以上，连续3次起动不成功，应查明原因，排除故障后再起动发动机。

(3)发现起动时有打齿、冒烟现象，应及时诊断并排除故障后再起动。

(4)在低温下起动发动机时，应先预热发动机后再起动。

(5)使用不具备自动保护功能的起动机时，应在发动机起动后迅速松开起动开关。当发动机正常工作时，切勿随便接通起动开关。

2. 起动机拆装注意事项

(1)从车上拆起动机之前,应先切断点火开关、拆下蓄电池搭铁电缆,防止操作时产生电火花,避免损坏电子元件。

(2)若起动机与发动机之间装有薄金属垫片,在装配时应按原样装回。

(3)不同型号的起动机解体与组装顺序有所不同,应按厂家规定的操作顺序进行。

(4)部分组合件无故障时不必彻底解体。如电磁开关、定子铁心及绕组。

(5)组装时各螺栓应按规定转矩旋紧,并检查调整各部分间隙。

(6)部分起动机组装时,接合面应涂密封剂。

(7)各润滑部位应使用厂家规定的润滑剂润滑。

3. 起动机的维护

(1)经常检查起动机和蓄电池以及起动控制开关间的连接是否牢固,导线的绝缘和接触是否良好。导线的选用,截面积不应太小。

(2)经常维持起动机各部件的清洁。机械每工作一定的时期,应取下防尘箍,检查换向片,若有脏污,应及时清除。

(3)定期拆检电刷长度和电刷弹簧的弹力。

(4)定期润滑起动机的轴承。

(5)起动机电缆线径应大于 16 ~95mm^2,长度尽可能短。

(6)起动机电枢轴线与飞轮轴线必须保持平行;同时,小齿轮端面与发动机飞轮齿圈端面之间应保持 2.5 ~5mm 距离,否则应加以调整。连接螺栓不得松动。

(7)应尽可能使蓄电池处于充足电的状态,保证起动机正常工作时的电压和电容量,减少起动机重复工作的时间。

(8)定期对起动机进行全面的维护和检修。

课题二　电气设备故障判断与排除

一、铅蓄电池的常见故障

铅蓄电池的故障有的属于本身质量引起的,有的属于使用维护不当引起的。常见的故障有极板硫化、活性物质早期脱落、内部短路和自行放电等。

1. 极板硫化

铅蓄电池使用维护不当。如经常充电不足、电解液液面太低,会使极板活性物质逐渐形成粗大、坚硬的硫酸铅。它的导电性差,体积大,易导致极板细孔堵塞,阻碍电解液的扩散,蓄电池内阻增加,且在充电时不易转变为二氧化铅和海绵状铅。若历时过久,极板会出现白色斑点,这种现象称为“硫酸铅硬化”,简称“硫化”。

故障现象:极板上有白色的霜状物;蓄电池容量明显下降;用高率放电叉检查时,单格电压明显降低;充电时单格电压迅速升高到 2.8V 左右,但电解液密度上升不明显,且过早出现沸腾现象。

极板产生硫化的主要原因:

(1)铅蓄电池长期充电不足,或放电后未及时充电,当温度变化时,硫酸铅发生再结晶。正常情况下铅蓄电池放电时,极板上生成的硫酸铅晶粒较小,充电时能够完全转化而消失。若长期处于放电状态时,极板上的硫酸铅会有一部分溶解在电解液中。温度越高,溶解度越大;当温度降低时,溶解度减小,出现过饱和现象,这时有部分硫酸铅会从电解液中析出,再次结晶生成大晶粒硫酸铅附着在极板表面上。

(2)铅蓄电池的电解液液面太低,使极板上部与空气接触而强烈氧化(主要是负极板)。在工程机械的施工过程中,由于电解液的上下波动与极板的氧化部分接触,也会形成大晶粒的硫酸铅硬层,使极板的上部硫化。

(3)电解液密度过高、不纯、外部气温变化剧烈都能促进硫化,因此,为了避免极板硫化,应使铅蓄电池经常处于充足电状态。

对于已经硫化的铅蓄电池,轻者按过充电方法充电,重者按去硫化充电方法充电或小电流充电,以消除硫化。

2. 自行放电

充足电的铅蓄电池,放置不用会逐渐失去电量,这种现象称为“自行放电”。

造成铅蓄电池自行放电的主要原因:

(1)铅蓄电池的材料不纯。如极板材料中有杂质或电解液不纯,则杂质与极板、杂质与杂质之间会产生电位差,形成“局部电池”,在铅蓄电池内部产生局部电流,造成自行放电。由于铅蓄电池的材料纯度不可能达到100%,并且正极板与栅架金属(铅锑合金)本身也构成电池组,所以轻微的自行放电是不可避免的。铅蓄电池内含有杂质量越多,自行放电现象越严重。若电解液不纯,含铁量达1%时,一昼夜内就会将电池全放电。采取措施是:将蓄电池完全放电或过放电,使极板上的杂质进入电解液中,而后将电解液倒掉,用蒸馏水把蓄电池内部冲洗干净,最后灌入新电解液重新充电。

铅蓄电池的自行放电不仅使电量无谓地消耗掉,而且往往伴随产生气体。因此在某些场合下,应特别注意使用安全。

(2)铅蓄电池长期放置不用,电解液中硫酸下沉,下部密度比上部大,使极板上、下部产生电位差,引起自行放电。

(3)铅蓄电池盖上洒溅有电解液,使正、负极桩导电时,也会引起自行放电。

3. 极板弯曲

极板弯曲的原因:

(1)制造时铅膏填涂不均匀,导致网栅上活性物质不均匀,在充、放电时各部分电化学作用强弱也不均匀,致使极板收缩和膨胀不一,造成弯曲。

(2)铅蓄电池经常大电流放电而又不能及时得到充电,使极板内层深处一次次地生成硫酸铅,再充电时不易被恢复,致使极板内部膨胀,造成极板弯曲,甚至开裂。

(3)电解液中有杂质引起局部作用,使小部分活性物质转变为硫酸铅,致使整片极板活性物质体积变化不均,造成极板弯曲。

补救的措施:取出弯曲的极板组加以校正;若极板弯曲严重,应更换新极板。

4. 活性物质早期脱落

活性物质早期脱落的现象多发生于正极板,其特征为充电时电解液中出现褐色物质,蓄电池容量不足,这是蓄电池早期损坏的主要原因之一。

故障产生的原因一般是由于使用不当。如充电末期电流过大,温度过高,经常过充电,或放电电流过大,接入起动机时间过长或过度放电,均可导致极板弯曲,活性物质脱落。因此,适当降低电解液密度,减小放电电流以及提高电解液温度,都有利于防止活性物质脱落。反之,若采用高密度电解液,或者是低温大电流放电,都会加速活性物质脱落。

补救的措施:脱落的活性物质沉积少时,可清除后继续使用;沉积多时,须更换极板。

5. 极板短路

隔板损坏、极板拱曲或活性物质大量脱落等都会造成极板短路。

极板短路的外部特征是充电电压低,密度上升很慢,充电时气泡很少。用高率放电计测试时,单格电池电压很低甚至为零。

内部短路的原因:

(1)隔板破损,使正、负极板相碰。

(2)极板活性物质大量脱落而沉积在电池底部,使正负极板在蓄电池内部发生短路。

(3)其他导电体落入蓄电池中,使极板短路。

补救的措施:取出极板群,更换破损的隔板,排除其他导电体,清除电池底部的沉积物。

6. 蓄电池存电量不足

蓄电池存电量不足表现为起动机运转无力、电喇叭声响变弱、前照灯灯光暗淡。

故障原因:

(1)新蓄电池充电不足,或因储存过久而未能及时补充充电。

(2)发动机起动困难,经常长时间使用起动机,造成大电流放电。

(3)蓄电池电解液减少,只加蒸馏水,未加稀硫酸进行调整,造成电解液密度下降。

(4)电解液液面经常过低,或经常用稀硫酸代替蒸馏水注入电池内,造成电解液密度过高而使极板硫化。

(5)发电机电压调节器的调节电压偏低,不能向蓄电池充电。

故障诊断与排除:使用高率放电计和密度计,测量单格电池的电压和密度,判断蓄电池的存电量,必要时,检查发电机电压调节器的调节电压。

二、发电机的常见故障及诊断

充电系通常由蓄电池和发电机及其调节器等组成。以磁场内搭铁发电机为例,其充电系的基本线路连接如图 4-2-1 所示。

其中,充电电路为:发电机“+”→电流表“+”接线柱→电流表“-”接线柱→熔断丝→起动机开关主接线柱→蓄电池正极→蓄电池负极→电源总开关→搭铁→发电机“-”;

励磁电路为:一路从(他激)蓄电池“+”→起动机开关主接线柱→熔断丝→电流表“-”接线柱→电流表“+”接线柱;另一路从(自激)发电机“+”→电流表“+”接线柱;

两路汇总到点火开关→调节器“+”接线柱→调节器“F”接线柱→发电机“F”接线柱→发电机磁场绕组→搭铁→蓄电池“-”(或发电机“-”)。

正常工作时,可通过电流表(或充电指示灯的指示情况)来发现充电系存在的故障,或判断该系统的工作是否正常。一般充电系的常见故障有不充电、充电电流过大、过小、不稳等。

若出现故障，应及时查找、排除。

1. 不充电

故障现象：

发电机中速运转时，电流表指示放电或充电指示灯发亮。

故障原因：

(1)传动皮带过松。

(2)充电电路和励磁电路的连接导线有脱落或折断。

(3)发电机内部故障：如定子三相绕组之间有短路或搭铁故障；励磁绕组、硅二极管有短路或断路故障；电刷在刷架内卡住，使其与滑环不能接触；发电机磁场接线柱的绝缘损坏导致搭铁等，造成发电机不发电。

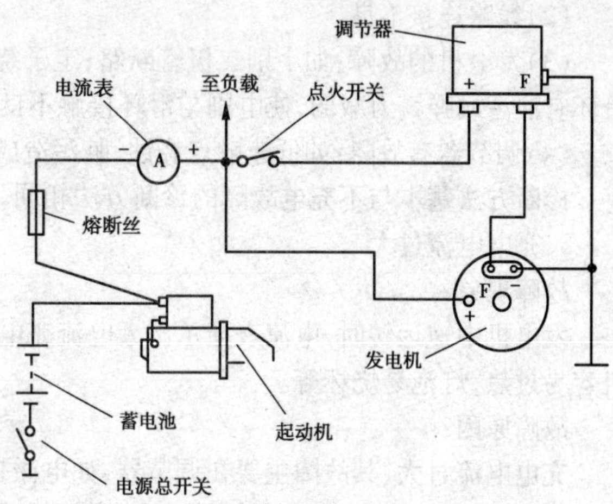

图 4-2-1　交流发电机充电系的基本线路连接图

(4)调节器有故障：如弹簧过松使调节电压值低于蓄电池的电动势；低速触点氧化、烧蚀、脏污，高速触点相碰等。

若使用的是晶体管调节器，则可能是大功率管(输出级)断路或因其他元件损坏，造成电路不能导通。

诊断步骤：

(1)检查传动皮带是否因过松而打滑。一般用拇指压传动皮带的中点，挠度为 10～15mm 为合适。

(2)检查充电电路、励磁电路中各元件上的导线接头是否有松脱。

(3)检查充电电路是否有断路。其方法可用本车小灯泡做试灯，一端搭铁，另一端触及发电机“+”接线柱。若试灯亮，说明充电线路良好；如果试灯不亮，表明充电线路有断路。可按此方法对充电电路的各个接线柱逐个进行检查，找出断路处。

(4)检查励磁电路是否有断路。接通点火开关，用(3)中的方法，将试灯的另一端分别触及调节器的“+”、“F”接线柱和发电机“F”接线柱，检查励磁电路有否断路和调节器低速触点的接触情况。若试灯亮，说明线路良好；若灯不亮，则是该点至蓄电池“+”极之间有断路。

(5)检查发电机是否发电。在线路良好的情况下，另用一根导线将调节器上的“+”与“F”两接线柱连接起来，起动发动机，使其中速运转(因为此时调节器不起作用，故转速不易过高)，观察电流表。若显示充电或充电指示灯熄灭，说明发电机工作正常，故障在调节器；若电流表仍显示放电或充电指示灯仍不熄灭，说明发电机不发电。

2. 充电电流过小

故障现象：

发动机中速运转时，电流表指示充电电流过小。当接通前照灯或功率较大的用电设备时，电流表显示充电电流进一步减小或放电。

故障原因：

(1)传动皮带过松打滑。

(2)线路连接不良。

(3)发电机的故障:如个别二极管断路;定子绕组有一相连接不良或断路;电刷磨损过度,滑环有油污或弹簧力减弱,使电刷与滑环接触不良。

(4)调节器有故障:如低速触点烧蚀、脏污造成接触不良;弹簧过松使调节电压值过低。

诊断方法基本与不充电故障的诊断方法相同。

3. 充电电流过大

故障现象:

发电机中速运转时,电流表指示出大电流充电(30A 以上),蓄电池电解液消耗过快,发电机容易过热,灯泡易烧坏等。

故障原因:

充电电流过大,其故障主要在调节器,如电磁振动式调节器的低速触点烧结、磁化线圈断路、温度补偿电阻烧断、调节器搭铁不良、弹簧过紧使调节电压值过高等。晶体管调节器的大功率三极管(输出级)击穿或稳压二极管断路等故障造成大功率三极管无法控制励磁电路。另外,蓄电池亏电过多或内部短路,也会造成充电电流过大。

4. 充电电流不稳

故障现象:

发动机正常运转时,电流表指示充电但指针总是左右摆动,让人看不清准确读数。

故障原因:

(1)皮带过松有跳动现象。

(2)发电机内部单相定子绕组断路或个别二极管断路。

(3)充电电路、励磁电路(包括发电机和调节器内部)接线松动。

(4)发电机电刷磨损过甚,电刷弹簧力减退或折断,滑环积污过多。

(5)调节器搭铁不稳定,触点有烧蚀、油污现象,晶体管调节器个别元件松动等。诊断方法参考不充电故障。

三、起动机的常见故障及诊断

起动机运行中会出现各种故障,下面以图 4-2-2 所示的 QDl24 型起动机为例,介绍起动机常见故障的原因及诊断方法。

1. 起动机不转动

故障原因:

(1)蓄电池亏电过多、导线连接处松动或极桩表面氧化严重。

(2)电磁开关吸引线圈和保持线圈有搭铁、断路、短路现象,主触点或接触盘严重烧蚀。

(3)磁场绕组或电枢绕组有搭铁、断路、短路现象。

(4)电刷在电刷架内卡死、弹簧折断或绝缘电刷搭铁。

(5)起动继电器的触点不能闭合或触点烧蚀、油污。

故障诊断方法:

首先通过大灯的灯光强弱及喇叭的音量大小,初步判断蓄电池是否放电过甚及导线连接处是否因松动或太脏而接触不良。若蓄电池不亏电,连接导线也正常,用螺丝刀将电磁开关的

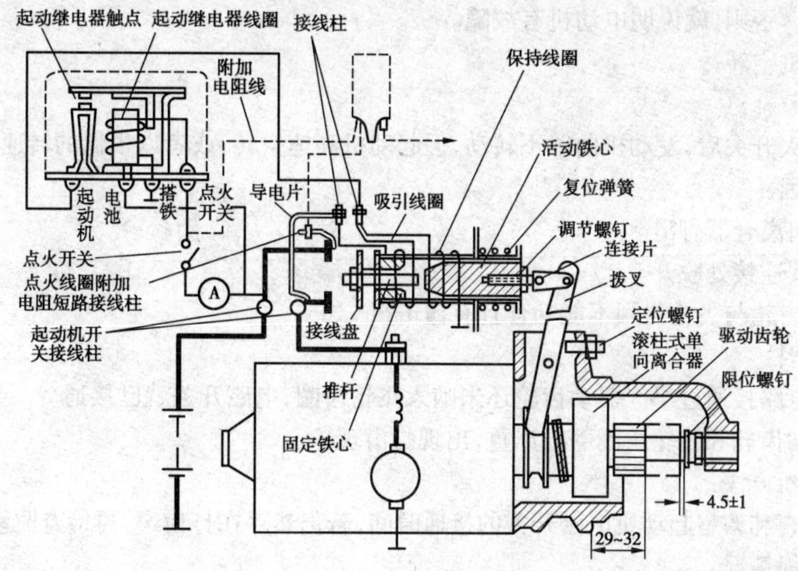

图 4-2-2　QD124 型起动机的电路

两个接线柱短接，若起动机仍不运转，说明起动机的电动机有问题，应拆检电动机；若起动机运转正常，说明电磁开关、起动继电器或有关连接导线有故障。再用导线短接电磁开关的接线柱，起动机不运转，说明电磁开关有故障，应进行检修；起动机若运转正常，说明起动继电器有故障或起动继电器与电磁开关之间、起动继电器与电磁开关接线柱之间的连接导线有搭铁、断路或连接处松动现象，也有可能是起动开关失灵。在确认导线连接无松动的情况下，用万用表依次测量接线柱、起动继电器的“起动机”、“电池”及“点火开关”接线柱上的电压（见表4-2-1），即可判断各段连接导线是否有搭铁或断路，同时也可判断出起动继电器的触点是否闭合导通及起动开关是否正常。

起动继电器闭合电压和断开电压　　表 4-2-1

起动继电器电压规格（V）	6	12	24
闭合电压（V）	3.5～4	6～7.2	14～16
断开电压（V）	1.5～2.5	3～5.5	4.5～8

2. 起动机运转无力

故障现象：

接通点火开关时，起动机能够带动发动机转动，但转速过低甚至稍转即停。

故障原因：

（1）蓄电池亏电较多或导线接触不良。

（2）起动机有故障。例如换向器油污或烧蚀、电刷磨损过甚或弹簧压力不足、磁场绕组或电枢绕组局部短路、电磁开关主触点或接触盘烧蚀、轴承磨损严重使电枢与磁极摩擦等。

故障诊断方法：

首先检查蓄电池的连接导线是否松动，接触是否良好。若导线连接正常，用高率放电计检查蓄电池各单元格电压。各单元格电压应在 1.5V 以上，并在 5s 内保持稳定。若电压也正常，再用螺丝刀短接电磁开关的接线柱，起动机运转正常，说明电磁开关的接触盘接触不良，主触点烧蚀严重。否则,就说明电动机有故障。

3. 起动机空转

故障现象:

接通点火开关后,发动机曲轴不转动,但起动机高速空转,或者以很低的转速转动。

故障原因:

(1)单向离合器打滑。

(2)拨叉连接处脱开。

4. 驱动齿轮与飞轮齿圈不能啮合且有撞击声

故障原因:

(1)主电路接通过早。驱动齿轮还未啮入飞轮齿圈,电磁开关就已接通。

(2)驱动齿轮和飞轮齿圈磨损严重,出现打滑现象。

故障诊断方法:

首先检查和调整起动机电磁开关的接通时间,若仍然存在打齿声,再检查驱动齿轮和飞轮齿圈齿的磨损情况。

5. 松开起动开关后起动机仍运转

故障原因:

(1)起动机电磁开关在电路接通时因强烈火花将触点烧结在一起。

(2)驱动齿轮轴变形、脏污,驱动齿轮在轴上滑动阻力过大,或复位弹簧太软。

(3)因线匝间短路或重绕,造成电磁操纵机构两线圈有效匝数比改变。

故障诊断方法:

立即断开蓄电池搭铁线使起动机停转,检查点火开关导线是否接错及起动继电器触点是否常开,若都正常,则必须对起动机进行拆检。

课题三　电控系统的故障判断与排除

一、稳定土拌和机

德国宝马公司生产的稳定土拌和机,在采用液压传动的基础上增设电控系统,使其自动化程度明显的高于一般的稳定土拌和机。现将其电控及操纵系统的常见故障的现象、原因及排除方法列于表4-3-1中。

稳定土拌和机电控及操纵系统常见故障　　表4-3-1

现　象	原　因	排 除 方 法
1. 提示仪表不工作(除了表钟以外)	蓄电池继电器损坏	更换继电器
2. 蓄电池电不足	1. 连接松弛或腐蚀 2. 交流发电机皮带松弛 3. 交流发电机不充电 4. 熔断丝 5. 钥匙开关故障	1. 清扫和张紧或更换蓄电池 2. 张紧或换上新皮带 3. 检查发电机及其线路 4. 更换熔断丝 5. 更换钥匙开关

续上表

现　象	原　因	排 除 方 法
3. 起动器电动机不转动	1. 蓄电池不足 2. 蓄电池电缆连接不良 3. 熔断片损坏 4. 钥匙开关损坏 5. 起动继电器损坏 6. 起动器电磁阀损坏 7. 起动器损坏 8. 起动器小齿轮与飞轮齿轮卡住 9. 主发动机故障	1. 充电或更换蓄电池 2. 清扫连接 3. 更换熔断片 4. 修理或更换 5. 修理或更换 6. 修理或更换 7. 修理或更换起动电动机 8. 修理或更换起动器 9. 修理或更换
4. 起动器电磁振动	1. 蓄电池或起动器的不良连接 2. 低蓄电池电量 3. 起动器电磁“抑制”线圈开启	1. 清扫连接 2. 充电或更换蓄电池 3. 修理或更换
5. 起动器电动机转动，但不能发动发动机	1. 起动器小齿轮没套在飞轮环齿轮上 2. 小齿轮移动机构被轧住或发生故障 3. 小齿轮齿断裂 4. 飞轮齿轮断裂	1. 修理或更换 2. 修理或更换 3. 修理或更换 4. 修理或更换
6. 发动机起动缓慢	1. 蓄电池电缆损坏或内部断裂 2. 蓄电池或起动器电缆连接松弛或腐蚀	1. 检查和更换电缆 2. 清扫和张紧连接
7. 发动机起动缓慢	1. 蓄电池失电或不产生电荷 2. 起动器“拖曳” 3. 蓄电池电压低	1. 更换蓄电池 2. 修理或更换 3. 充电或更换蓄电池
8. 起动器在发动机起动之后继续运转	1. 起动器继电器阻塞 2. 起动器电磁线圈阻塞 3. 起动器不打开 4. 钥匙开关损坏	1. 修理或更换 2. 修理或更换 3. 修理或更换 4. 修理或更换
9. 发动机运转时充电指示灯点亮	1. 交流发电机皮带松弛或打滑 2. 发动机转速低 3. 由附加的配件造成的过度电负载 4. 在蓄电池、搭铁线、起动器或交流发电机上的连接松弛或腐蚀；蓄电池电压低 5. 交流发电机或起动机损坏 6. 指示灯回路断路	1. 检查并调整皮带。如果打滑则更换；如果松弛则张紧 2. 调整转速直到规定值 3. 移去配件或装上高输出效率的交流发动机 4. 检查、清扫或张紧各连接；充电或更换蓄电池 5. 修理或更换 6. 修理或更换

续上表

现　象	原　因	排 除 方 法
10. 交流发电机噪声大	1. 驱动带磨损 2. 滑轮磨损 3. 滑轮找平错误 4. 交流发电机轴承损坏	1. 更换皮带 2. 更换滑轮和皮带 3. 调整交流发电机安装 4. 调整交流发电机皮带。以手转动滑轮;如果感觉到任何不顺,修理交流发电机
11. 监视器盘上指示灯都不工作	1. 熔断丝损坏 2. 配线装置断路	1. 更换熔断丝 2. 修理或更换
12. 监视器盘上有个别灯不工作	1. 电灯泡 2. 熔断丝 3. 配线装置断路	1. 更换电灯泡 2. 更换熔断丝 3. 修理或更换
13. 测量计盘上指示灯都不工作	1. 回路板断路 2. 配线装置断路 3. 熔断丝损坏	1. 修理或更换 2. 修理或更换 3. 更换熔断丝
14. 测量计盘的个别指示灯不能工作	1. 电灯泡损坏 2. 熔断丝损坏 3. 发送器损坏 4. 配线装置断路	1. 更换电灯泡 2. 更换熔断丝 3. 修理或更换发送器 4. 修理或更换
15. 冷却水温度计不工作	1. 熔断丝损坏 2. 测量计损坏 3. 测量器发送器损坏 4. 配线装置断路	1. 更换熔断丝 2. 修理或更换 3. 实行冷却水温度计发送器检查 4. 修理或更换
16. 指示灯不工作(自动慢车、高速行走、低速度行走)	1. 熔断丝损坏 2. 电灯泡损坏 3. 自动慢车开关损坏 4. 行走开关损坏	1. 更换熔断丝 2. 更换电灯泡 3. 修理或更换 4. 修理或更换
17. 燃料计不工作	1. 熔断丝损坏 2. 测量计损坏 3. 配线装置断路	1. 更换熔断丝 2. 修理或更换 3. 修理或更换
18. 动力选择器开关(PELI)不工作	1. 熔断丝损坏 2. PELI 开关损坏 3. 配线装置断路 4. 控制器损坏 5. EC 电动机继电器损坏 6. EC 电动机损坏 7. T 连杆没连接	1. 更换熔断丝 2. 修理或更换 3. 修理或更换 4. 修理或更换 5. 修理或更换 6. 修理或更换 7. 再次连接

续上表

现　象	原　因	排除方法
19. 工作方式选择器开关不工作	1. 方式开关损坏 2. 电连接器损坏 3. 先导压力开关电线断路 4. PVC 控制器损坏 5. 比例电磁阀损坏	1. 修理或更换 2. 修理或更换 3. 修理或更换 4. 修理或更换 5. 修理或更换
20. 高速/中速/低速行走速度不工作	1. 行走方式开关损坏 2. 行走先导压力开关损坏 3. P 传感器配线装置断路 4. PVC 控制器损坏 5. 比例电磁阀损坏 6. 行走电动机损坏 7. 可变压力压缩器阀损坏	1. 修理或更换 2. 修理或更换 3. 修理或更换 4. 修理或更换 5. 修理或更换 6. 修理或更换 7. 修理或更换
21. 自动慢车不工作	1. 熔断丝损坏 2. 开关接连损坏 3. 电连接器损坏 4. 配线装置断路 5. EC 电动机损坏 6. 压力开关损坏 7. EC 控制器损坏	1. 更换熔断丝 2. 修理或更换 3. 修理或更换 4. 修理或更换 5. 修理或更换 6. 修理或更换 7. 修理或更换
22. 工作方式选择器开关移动困难	1. 接头腐蚀 2. 推进器磨损	1. 修理或更换 2. 修理或更换
23. 工作方式选择器开关不能工作	1. 推进器磨损 2. 先导阀损坏	1. 修理或更换 2. 修理或更换
24. 工作方式选择器开关不能回到中位	先导阀损坏	修理或更换
25. 工作方式选择器开关间隙太大	枢轴接头磨损	修理或更换
26. 操作杆在中位时不垂直	先导阀损坏	修理或更换

二、沥青混合料拌和机

沥青混合料拌和机是一种尺寸庞大、结构复杂、控制自动化程度高的沥青路面施工专用设备，除通常的机械磨损引发的故障外，多数故障出自电控系统。每种型号的沥青混合料拌和机的安装、调试、使用说明书，对其常见故障的现象、原因、诊断与排除方法等予以具体说明。现以连续式沥青混合料拌和机为例，将其容易出现的故障及其原因分析、诊断与排除方法等列于

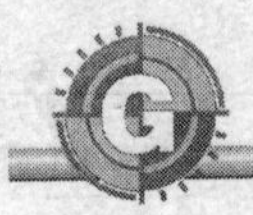

表4-3-2中。

沥青混合料拌和机故障诊断与排除 表4-3-2

故障现象	原因分析	排除方法
1. 各部分都不能起动，电源有电，指示信号灯不亮	1. 外电源停电 2. 机组配电箱上自动开关未合上 3. 机组出现过载运行或电气短路故障致使自动开关跳闸 4. 控制线路熔断器或自动开关跳闸	1、2. 合上自动开关 3、4. 避免电加热全部工作时加大生产量，或者电加热与动转部分错开使用。逐个查出短路点，予以排除
2. 各部分可以起动，但电源指示信号灯不亮	1. 灯泡烧毁 2. 灯座或接线接触不良 3. 变压器二次侧熔断器熔断 4. 变压器二次线圈损坏 5. 导线未接触好或断线	1. 换灯泡 2. 旋紧灯泡或上紧接线灯座两电极，使接线接触良好 3. 熔断器芯子松动发热烧坏应重换芯子，并旋紧重新接紧，换接导线
3. 部分信号灯不亮或时亮时灭。起动时电机嗡嗡响但转不动	1. 同第2栏1、2条 2. 单向运转造成原因为：接触器吸合不牢，触头闭合不好。导线接头松落或电机断一相绕组	1. 同第一栏1、2条 2. 修整接触器触头处烧毛或熔坏之点，接系好端头，电机断相应拆下检修
4. 某些部分工作后自行停止	1. 负荷超过额定值，自动开关热脱扣 2. 自动开关的热脱扣 3. 电源电压过低，导致电机电流加大，自动开关脱扣	1. 适当地减少电机的负荷使其在额定的负荷之内工作 2. 重新调整脱扣电流值，使其达到额定电流值 3. 避开用电高峰时使用，或调剂好负荷减少电压降
5. 加热管（或板）不工作	1. 浮子继电器未接通 2. 接触器线圈回路导线接触不良或线圈断路 3. 温度计指针因毛细管断裂，气体溢出不能动作，即温度变化时指针不动	1. 沥青液面低于标定值，加足沥青使浮子升高，接通电路位置 2. 检查导线，紧固松动处线圈断路，原因可能是电网电压长期过低，线圈过热烧断裂，新换线圈电压不符，予以纠正 3. 如指针无卡住或弹簧游丝错叠现象应更换新表
6. 加热器加热时达不到“上限”温度值 温度计指针已达到“上限”时，但加热不能停止	1. 部分加热管（或板）烧断，热源减少 2. 加热器接线头松脱或氧化使之未接通电源 3. 中间继电器线圈电路未接通或中间继电器电路不能断开	1. 重换已烧断的加热管（或板），对长久未用的加热板可能因受潮、漏电而应进行烘干处理 2. 打磨掉氧化物后再接接头 3. 检查线圈回路中各段接触是否良好，线圈是否烧断

续上表

故障现象	原因分析	排除方法
7. 料满阻塞	1. 行程开关损坏或接线脱落 2. 时间继电器损坏或接线松脱 3. 电铃线圈烧坏不响铃 4. 接触器损坏不吸合 5. 电磁阀线圈损坏不动作	1. 更换开关,调整碰压块使之碰压适量;检查接触器及各接线并紧固之 2. 线圈吸合或延时机构不延时接线处重新紧固,或更换新的时间继电器 3. 更换新铃 4. 线圈回路中有无线头松脱或停止按钮;松脱处重新紧固 5. 按钮处反复按压几次使之复位,线圈如电阻值很大或接近无穷大,表明已断,重新绕制或更换新的(如阀门调整不适当则不是电气故障,另行处理)
8. 料仓门不能关闭	1. 接触器停电不能释放 2. 电磁阀线圈损坏或阀门问题不动作	见前叙同样的故障处理
9. 料已卸完电铃仍然响	1. 料仓内料满指示叶片被沥青油粘住而下落,使行程开关始终被压住 2. 控制线通路	因粒料含油量及油温控制等因素使叶片翻动数次或铲除粘附其上的沥青。按钮处检查有无两线头碰触在一起,或时间继电器触头损坏被粘住不掉,予以解决
10. 各电表无指示	1. 熔断器熔断,电功率表无指示 2. 电流互感器接线不紧或零线未接紧,电位表与功率表不指示	参见前叙熔断修理紧固松线处
11. 部分电机不能起动	1. 按钮没接通,其动静触头闭合不了 2. 线圈控制回路不通 3. 在非手动状态下,未按规程起动	修整或重新更换按钮,接线头松动或线圈断开,旋紧或重换线圈
12. 电机过热而发烫	1. 电源电压太低 2. 环境温度高 3. 负荷太重 4. 电机绕组有局部短路 5. 轴承缺油或轴承损坏造成的	1. 电网负荷重. 尽量避开使用 2. 高温下应轻载使用,减轻负荷 3、4. 降低产量维修或重绕绕组 5. 定期加油或更换被损轴承
13. 某些部分运行后不能停止	1. 接触器因电路电流太大。起动频繁而触头烧毛或有熔焊 2. 接触器铁心中,极面间油污太多而铁心粘接不放	1. 重新更换动;静触头或磨、锉修整好触头 2. 拆下铁心,用少量带汽油或煤油的清洁棉纱清净铁心极面上的油污

续上表

故障现象	原因分析	排除方法
14. 调速电机因直流供电部分无电而不转	1. 调速电机因过负载引起控制器输出电流过大,超过额定输出值熔断器熔断 2. 接线插头座或该部分接线松脱 3. 直流输出线短路而烧断熔断心或控制器内部器件 4. 因长期过载使电磁离合器线圈烧毁	1. 减轻负载使其在额定值之内,更换熔芯管 2. 紧固松脱处,旋紧插头或更换已损坏的插头杆座 3. 排除短路处更换熔芯管与控制器内被损件 4. 减轻负载,重绕线圈
15. 调整电机发热严重;调整电机因交流电动机故障而不转	1. 负载过重 2. 环境温度过高 3. 电机上积尘过厚见上述交流电动机故障原因及排除方法	1. 减轻负载 2. 减轻负载或避免较高的环境温度 3. 定期清除电机上的积尘
16. 调整电动机运转不稳定或负载加大后转速下降明显	1. 调速电机的测速发电机线圈一相或全部短路或断路 2. 控制器内测速反馈回路中的整流二极管烧坏或电位器烧坏	1. 重绕测速发电机线圈 2. 更换整流二极管或电位器
17. 级配机出料口阻塞给料皮带,接口撕开	矿料中混入超尺寸规格的大石块	1. 将出料口闸门打开至最大位置,用铁棍将大石块撬出,如还不能排除则需将料仓所储矿料卸空,将大石块从料仓上部拿出 2. 修复或更换皮带 3. 加强料场管理,防止大石块混入矿料 4. 在料仓上部增设铁网阻止大石块落入料仓
18. 级配机集料皮带跑偏,级配机给料器皮带跑偏,称重皮带机皮带跑偏	1. 皮带受力不均匀 2. 落料位置偏离皮带中心 3. 皮带接头不正 4. 托辊安装倾斜	1. 分别调节级配机集料皮带机、级配机皮带给料器及称重皮带机,尾部滚筒左右轴承座调整杆 2. 如在某一段皮带机偏离或在某一区段跑偏,则应消除这一(区)段的诱致因素。例如皮带接头不正,或托辊安装倾斜等

续上表

故障现象	原因分析	排除方法
19. 煤粉燃烧过程中冒黑烟(排风管排烟呈黑色)	1. 一次风量粉浓度比调节不当 2. 二次风量过小 3. 当增加供煤量时,一次、二次风量没有及时调整 4. 煤粉颗粒太粗,使燃烧不完全	1. 根据所需磨煤机的出力(即供煤量)合理调节好一次风量 2. 适当调整加大二次风的供给量,使煤粉中性燃烧 3. 根据生产要求,增加供煤量时,一次、二次风量应同时按比例增加 4. 把风扇磨上方粗粉分离器调节手柄调整到适当位置 5. 检查风扇磨冲击板等件是否被磨损严重,严重时予以更换
20. 给粉电机及螺旋秤电机运转但不出粉	1. 给粉口手动闸门未打开 2. 粉仓无料 3. 粉仓内粉起拱	1. 打开 2. 加粉 3. 起动振捣锤
21. 给粉螺旋输送机电机或螺旋秤电机不转	1. 电器部分的原因具体见"电器部分" 2. 粉料堵塞卡死	1. 见"电器部分" 2. 清除
22. 突然排尘浓度增加	1. 除尘器漏风 2. 集尘仓满	1. 查明排除 2. 排灰
23. 总电源开关送不上	1. 外电源无电 2. 紧急停电回路断路 3. 失压脱扣器线圈损坏 4. 外电源电压过低	1. 检查外电源情况 2. 检查失压脱扣电路
24. 某按钮起动控制不灵	控制回路接触不良或接触线圈损坏	检查各接线是否完全,导线表面有无氧化层,接触器线圈是否损坏,按钮是否接通良好
25. 在正常开机顺序情况下,电路不能自保	1. 自保触头损坏 2. 联锁保护触头损坏,有关自保回路中接触不良	查有关触头接触情况及各连线处的连接情况,并修复接触不良
26. 电路起动后起动空气开关随之动作	1. 主电路中有短路现象 2. 若负载为电动机,主电路中可能有缺相现象	1. 检查主电路对地电阻 2. 检查各相从自动空气开关到电机处的连接情况
27. 某一部工作一段时间后自行停止工作,自动空气开关动作	1. 负载长时间超限 2. 供电电压过低(高) 3. 电机故障	1. 降低生产率,在额定负载下工作 2. 停机,若因为输电线电阻过大引起,则应更改电缆 3. 修复电机
28. 多个部分同时停止运行	前级控制回部停止工作而导致联锁保护停机	按上述方法检查后级的控制回路与主回路

续上表

故障现象	原因分析	排除方法
29. 吸油泵吸不上油	1. 金属软管漏气 2. 阀门扳错 3. 油路堵塞 4. 油源过远、油位过低 5. 吸油泵齿轮轴向间隙过大 6. 油泵齿轮磨损,轴瓦磨损 7. 油泵电机故障,不能工作	1. 检查漏气部位,排除 2. 检查阀门方向,更正 3. 清洗管路 4. 改善油源供油条件 5. 拆卸油泵并清洗,换薄垫 6. 更换油泵 7. 排除电机故障
30. 开机吸油时,油泵突然停转	1. 沥青温度过低,电机负荷增大。热继电器保护跳闸 2. 管路保温箱未加热到规定温度,电机负荷增大,热继电器跳闸 3. 油池内脏物堵塞金属软管,造成管道内负荷增大,电机负荷增大,热继电器跳闸	1. 检查油池沥青温度,沥青升温至140℃ 2. 保温箱升温至80℃,并用喷灯烘烤二通阀及金属软管。重新吸油时,先吸点柴油至清洗油箱,吸完沥青后亦应吸柴油至清洗油箱清洗管路 3. 抽出金属软管,清除杂物
31. 提升机卡死	1. 石料粒径超标 2. 生产量过大,超负荷 3. 料温过低 4. 电机线圈绕组为星形接线 5. 料满信号装置失灵,成品料倒溢提升机 6. 气路故障,斗门打不开,石料倒溢提升机	1. 停机加强料场管理,专人把好石料关,清理提升机 2. 停机清理提升机,减少生产量 3. 停机清理,降低生产量或增大燃烧强度 4. 停机清理,检查电流,降低生产量,维持生产,收工后拆卸电机,改内部线圈绕组为三角形接法。然后装上 5. 停机清理,并修复料位信号装置 6. 停机、清理,排除气路故障
32. 气泵气压上不来	1. 气路漏气 2. 二位四通电磁气阀故障,阀芯不到位 3. 二位四通电磁气阀损坏 4. 油雾器缺油 5. 气泵缺油 6. 气泵活塞磨损 7. 调压阀失灵 8. 气缸内"O"形密封圈磨损 9. 油雾器加油时未装好"O"形密封圈,造成漏气	1. 检查气路,排除漏气点 2. 用螺丝刀拧动手动螺钉,使阀芯反复运动、到位,停机后拆卸气阀,用酒精清洗阀芯 3. 更换或修复电磁气阀 4、5. 给缺油部位加油 6. 更换或修复气泵 7. 更换或修复调压阀 8. 更换气缸密封圈 9. 重新装好油雾器油杯

续上表

故障现象	原因分析	排除方法
33. 燃油的两泵工作时突然停机	1. 油路堵塞,燃油过脏 2. 两泵负荷增大,自动开关跳闸 3. 燃油用完,两泵空转,油泵发热,增大负荷,自动开关跳闸 4. 电机烧坏	1. 清洗滤网。更换燃油 2. 检查两泵电流大小,检查两泵联轴器是否转动灵活、有无卡滞或偏堕感,调整两泵装配位置 3. 检修液面指示器,加燃油 4. 更换电机
34. 燃油时火焰突然熄灭	1. 油脏,油路堵塞 2. 油脏,油枪喷嘴雾化片堵塞 3. 燃油两泵故障 4. 油内含水	1. 清洗滤网、管路,更换燃油 2. 清洗油枪雾化片,更换滤网及燃油 3. 检查两泵电流及两泵联轴器,调整两泵装配位置 4. 打开燃油箱放油阀,放出脏水
35. 燃煤时料温上不来冒黑烟	1. 煤质达不到要求,盲目增大给煤量,造成燃烧不充分 2. 石料含水量大,盲目增大给煤量,燃烧不充分 3. 一、二次风门调节不当 4. 磨煤机摩擦片损坏,煤粉粒度增大,燃烧不充分	1. 检查煤质,更换燃煤或采用油煤混烧 2. 降低生产量 3. 重新调整风门,应减小一次风量,适当增大二次风量 4. 检查煤粉粒度,更换摩擦片
36. 石料从进料箱与燃烧室间隙溢出	1. 生产量过大 2. 导料板损坏 3. 主机地基下沉,机架失去水平,干燥筒倾斜度小于3°,石料送不过去	1. 降低生产量 2. 降低生产量,停机后,修复导料板 3. 检查并调整机架水平
37. 拌料中突然出花料	1. 料温不够,生产量过大 2. 石料含水量大,温度上不来 3. 液面指示器故障,沥青罐缺沥青 4. 沥青过脏,流量计滤网堵塞 5. 电路故障 6. 沥青泵损坏 7. 燃煤含水量 >4%,造成磨煤咬死或煤粉管堵塞,料温偏低 8. 给煤机故障,燃煤内混进树枝,卡死给煤机,不能供煤 9. 给煤机传动链脱扣 10. 煤斗内阻旋料位计失灵,不能自动起动输煤皮带机,煤斗内无煤	1~2. 降低生产量或增加燃烧强度 3. 指针拨到适当位置拧紧,并立即增添沥青 4. 将阀门扳到短接位置,改自动控制为手动,停机后清洗滤网 5. 迅速排除电路故障 6. 更换沥青泵 7. 停给煤机、磨煤机,起动燃油泵维持生产。并迅速排除磨煤机及煤粉管湿煤,更换干煤。燃煤存放应有防雨水措施 8. 起动燃油的两个泵。维持生产,并迅速排除异物,恢复正常生产 9. 迅速排除故障,收工后检查棘轮与传动链轮端面平行度,并调整 10. 手动起动输煤皮带机供煤,电工检查料位器故障,并排除

续上表

故障现象	原因分析	排除方法
38. 料温突然增高，油石比增大	1. 下料不均匀。石料中混进大石块或树枝，卡住给料皮带机斗门 2. 石料含水量含泥量大，细料起拱下不来 3. 石料中掺用了废料 a. 废料凝结阻住料门 b. 废料中含沥青从而增大了成品料的沥青含量	1. 降低燃烧强度，降低沥青喷量，迅速排除异物，恢复原生产量（包括给煤量和沥青喷量） 2. 降低生产量（包括给煤量、沥青喷量），级配斗上人捅松结块料，同时细石料的装料量应减小，不要超过级配仓容量的2/3，以便能及时捅松 3. 禁止使用废料，否则将造成恶性循环，造成更大的浪费 4. 加强料场管理，禁止超标石料入场
39. 电加热开关已拨通，加热仍未工作	1. 压力式电接点温度计在前一天工作中温度指针已超上限指针，加热电路断开 2. 压力式电接点温度计损坏 3. 沥青箱液面低于浮子继电器，沥青罐不能加热 4. 浮子继电器损坏 5. 电路中有开路 6. 电源电压不够	1. 旋动开关，检查电流指示 2. 更换温度计 3. 加注沥青 4. 暂时短接电路。停工后更换浮子继电器，短接时应随时注意沥青液面位置，沥青达到工作温度即停止加热，关闭加热电路，工作结束后，放空罐内沥青，以便更换浮子继电器 5. 检查电路及电器并排除。更换损坏件 6. 检查电压
40. 施工中火焰从燃烧室口往外冒，烧坏后端盖及进料	1. 违反操作规程，致使高温气流烧坏排风机叶轮，引起排风量下降 2. 所配拌风机皮带轮与电机皮带轮不匹配。风机转速小于额定转速2900 r/min，引起排风量下降 3. 排风机三角皮带变形，使排风下降	1. 严格按操作规程施工，点火或清洗沥青喷嘴时必须进砂石料。严禁空烧干燥筒不进石料，防止干燥筒着火，更换排风机叶轮 2. 检查排风机转速是否达到额定转速，更换不合格的皮带轮 3. 调整或更换三角皮带 4. 炉口或进料如已烧坏，应及时修补，以免造成更大的损失

有关油石化，石粉量控制，给煤量控制，烟、料温度显示以及冷料级配调速电路的故障，首先应检查其外围电路。在外围电路无故障的情况下，请参看有关仪表的说明书加以检查。

三、挖掘机

以微处理器或微型计算机为核心的电子控制系统通常都具有故障自诊功能,工作过程中,控制器能不断地检测和判断各主要组成元件工作是否正常。一旦发现异常,控制器通常以故障码的形式向驾驶员指出故障部位,从而方便准确地查出故障。下面以大宇和日本小松挖掘机为例,介绍电子控制系统的故障诊断方法。

1. 大宇挖掘机 EPOS 控制系统的故障自诊

DH220LC 及 DH280 型挖掘机的 EPOS 控制器具有故障自诊功能,通过观察 EPOS 控制器上观察窗中所显示的英文字母便可知道电子控制系统是否有故障。EPOS 控制器所显示的英文字母及其意义如表 4-3-3 所示。

2. 日本小松挖掘机电子节气门控制系统的故障自诊

小松 PC200-5 型挖掘机的电子节气门控制器上装有 3 只发光二极管,通过发光二极管亮与灭的组合来显示整个控制系统工作是否正常。

将起动开关转至"接通"位置时,3 只发光二极管(颜色分别为红、绿、红)首先进行车型标记显示,如表 4-3-4 所示,约 5s 之后转入正常显示(系统工作正常)或自诊显示(系统工作不正常)。自诊显示中,发光二极管通断的组合及所代表的意义如表 4-3-5 所示。若系统存在两种以上的故障,发光二极管将按表 4-3-5 所示的前后顺序进行显示。故障被排除后,自诊显示将停止。

EPOS 控制器观察窗字母的含义 表 4-3-3

显示的字母	故障位置	产生故障的原因
U.	发动机转速传感器	在 H 模式,转速传感器没有信号输出
P.	节气门行程开关	在 H 模式,行程开关处于断开状态
O.	模式选择开关	模式选择开关未接通
E.	电磁比例减压阀	EPOS 控制器与电磁比例减压阀之间有搭铁
L.	F 模式电磁换向阀	F 模式电磁换向阀开路或搭铁
P.	自动怠速电磁换向阀	自动怠速电磁换向阀开路或搭铁
	电源	EPOS 控制器无电源

机型标记显示 表 4-3-4

机型	发光二极管(LEDS)
PC200	红 绿 红 ● ○ ○ 通 断 断
PC200	红 绿 红 ○ ● ○ 断 通 断

续上表

机　型	发光二极管(LEDS)
正常显示	红　绿　红 ○　●　○ 断　通　断

自 诊 显 示　　表 4-3-5

前后顺序	发光二极管(LEDS)	故障位置及原因
1	红　绿　红 ○　○　○ 断　断　断	电源系统或控制系统
2	红　绿　红 ●　○　● 通　断　通	调速电动机部分有短路
3	红　绿　红 ●　○　● 通　断　通	蓄电池继电器有短路
4	红　绿　红 ○　○　● 断　断　通	调速电动机断路
5	红　绿　红 ●　●　○ 通　通　断	调速电动机电位器异常或电动机失调
6	红　绿　红 ●　●　● 通　通　通	燃油控制盘电路异常

四、摊铺机

1. 行驶速度控制系统

各种型号摊铺机的控制电路不同,因此具体的故障诊断方法和步骤也有区别,但有些方法具有一定的通用性,将一种机型的诊断方法搞清楚,其他机型可触类旁通。下面以弗格勒Super1700型摊铺机为例,介绍行驶速度控制系统电路工作不正常的一般诊断方法。

(1)将自动控制改为手动,即将与主牵引开关 S_1 相连的黑色导线由原来的与接线端子2相连改为与端子3相连(见图4-3-1左下角),调节 RP_3,如果前进、后退都正常,说明比例电磁阀 Y_1 和 Y_2 工作正常,否则就说明电磁阀或其供电、线路有问题。

(2)将变速杆先后置于1和2档,检查控制器端子14处的电压是否正常,若不正常,说明供电、线路、继电器 K 或行程开关 S_3 有问题。

(3)检查测速电机及控制器端子26、22上的信号是否正常。

(4)如果以上的检查都正常且控制器的电源也正常,检查电位器 RP_1、RP_2 的供电及工作

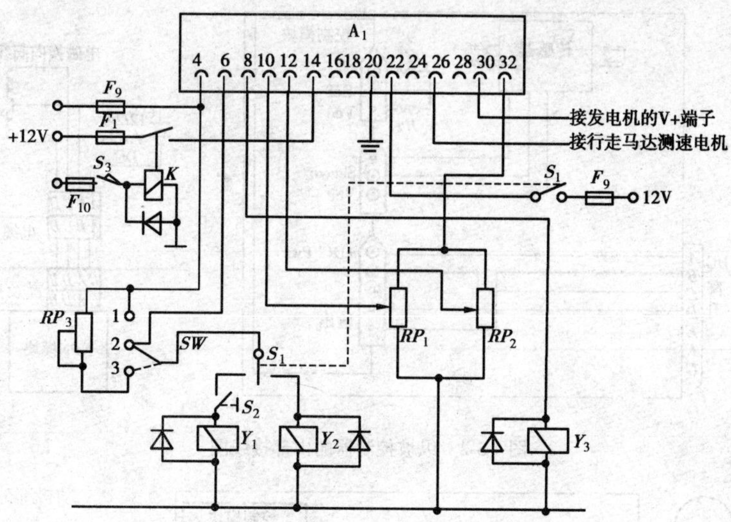

图 4-3-1　弗格勒 Super 1700 型摊铺机电子自动调速系统电路图

是否正常，若电位器也没问题，说明控制器失效，应拆检或更换控制器。

2. 供料控制系统

以 ABG 411 型摊铺机为例，自动供料工作不正常的诊断可参考以下方法。

(1)将主配电柜上的开关切换到“手动”(Hand)位置，用控制台上的电位器调节供料速度。若调节正常，说明料位传感器（为一电位器)有故障，可通过测量传感器的供电及输出电压来进一步确定。

(2)若切换到手动方式后仍不正常，说明故障部位不在料位传感器处。将主配电柜上的另一开关切换到“应急”位置，若供料正常，说明转换开关、继电器、左侧比例电磁阀等元件工作正常，控制器有故障。如果控制器的接线没松动，供电良好，应拆检或更换控制器。

3. 自动找平控制系统

以 ABG411 型摊铺机为例，自动找平系统工作不正常的检查可参考以下方法。

(1)采用手动调平，若控制正常，说明电磁换向阀及相应的控制电路没问题，否则就应检查电磁换向阀。

(2)纵坡控制器的检查如图 4-3-2 所示。

①拔下信号电缆接插件，检查 A、C 端子间的电压是否正常。

②依次将端子 B 和 D 搭铁，调平油缸应下降或上升。

③连接好信号电缆，打开控制器，首先检查导线连接是否有松动及指示灯灯丝是否烧断等，然后检查传感器的供电及输出电压是否正常。

④以上检查都正常时，说明控制模块有问题，应检查或更换之。

(3)横坡控制器及遥控器的检查见图 4-3-3。

①、②、③步骤同纵坡控制器的检查。

④遥控器的检查方法：首先检查供电是否正常，然后旋转遥控器上的旋钮，此时接插件的端子 B 上的电压应随之变化。在按下遥控器上的复位按钮的同时旋转旋钮，端子 B 上的电压应保持不变。

⑤同纵坡控制器的④。

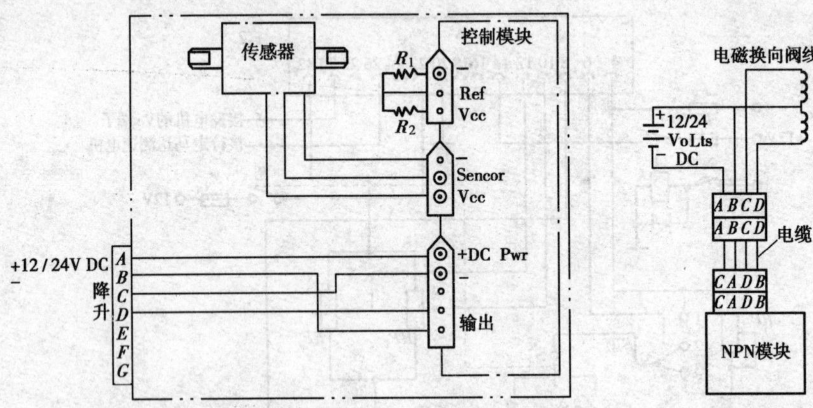

图 4-3-2　纵坡控制器的内部接线图

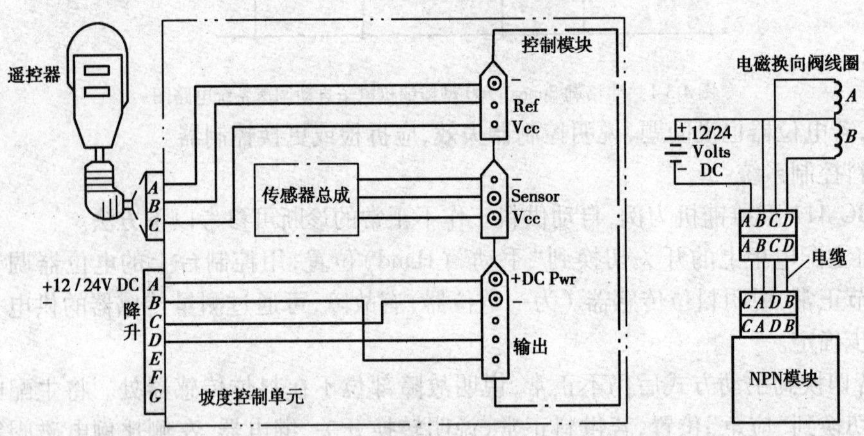

图 4-3-3　横坡控制器的内部接线

单元五　公路工程机械在特殊条件下的使用和维护

【知识点和能力点】

1. 掌握公路工程机械在低温条件下的使用和维护知识；
2. 掌握机械在高温条件下的使用和维护知识；
3. 理解高原山区对机械的影响；
4. 掌握在高原山区的使用维护技术。

课题一　公路工程机械在低温环境下的使用和维护

在寒冷季节，我国大部分地区的最低温度都在0℃以下，北方的最低气温在-20℃左右，在长城以外及高原地区的最低气温可达-35℃。在低温条件下工作，发动机起动困难，机械驱动能力下降，机件磨损加剧，甚至出现因冰冻而造成的损坏。

1. 低温对机械工作的影响

低温使发动机起动困难，主要原因是润滑油粘度增大、蓄电池工作能力下降和燃油雾化不良。

机油的粘度随着温度降低而增大，流动性能变差，从而使发动机润滑条件变坏，加剧了发动机和传动部件的机件磨损。工作油液的粘度大，还加大了管路的阻力，使液压转向操纵困难，液压驱动制动器的效能变差，给行车增加了困难，对安全驾驶产生了不利的影响。

蓄电池在低温时，电解液的浓度增加，渗透能力下降，内电阻增加使蓄电池容量及端电压显著下降，甚至不能放电。电压降低使起动机得不到所需的输出功率，难于达到起动转速的要求。

低温使发动机起动时，曲轴转速不高，进气管温度和气体流速都低，燃油的雾化质量差，又进一步给发动机起动增加了困难。

寒冷季节施工还普遍存在冰冻的危害，例如蓄电池的电解液冻结会使其终止工作，水冷发动机的冷却水结冰会冻裂散热器和气缸体等。

2. 低温工作时应采取的措施

针对发动机起动困难、机械工作能力下降、机件易于磨损及防止冰冻，通常采取如下几种技术措施。

1）发动机预热

预热发动机的最简单方法是，将加热至85℃左右的水注入冷却系统，让冷却系统边加水边从排放孔放水。待流出的水温达到30～40℃时关闭放水塞，并停留10～15min，待发动机水套里的水温与气缸体温度趋于一致时，起动发动机。还可以将曲轴箱中的机油放出来，经加热后再注入，增强润滑效果和减少曲轴运转的阻力。预热机油时一定要注意，不能在操作过程中造成新的机油污染。

2）发动机保温

在发动机机罩和散热器罩上装上棉制保温套，减少热量散发；在进、排气歧管上加装铁皮保温罩，并利用排气歧管的热量预热混合气。保温措施不仅可以提高低温起动性能，而且还能改善发动机在运转过程中存在的受热不均匀的现象。

3）选用低凝点柴油

随着季节的变化，柴油机应及时更换牌号。在寒冷季节改用低凝点的轻柴油，能够有效提高发动机低温起动性能、增加发动机功率。当缺少低凝点柴油时，可采用预热措施来改善高凝点柴油的雾化状况。

柴油的预热，通常有以下两种方法：

a. 废气预热　从发动机排气管接一根管子穿过燃油箱，利用排出的气体预热柴油，但要先使用低凝点柴油起动发动机，待被加热的燃油流动后再换用高凝点柴油，并且在停机前10～20min内改回用低凝点柴油，以免停机后油路堵塞。

b. 循环水预热　将循环水用管子通过燃油箱或做成夹层油箱（内层装柴油、外层通循环水）。在开机前可用开水预热（应控制柴油温度使之不超过60℃），但要保证预热装置不漏水、不漏油、不漏气。

另外，还可以在高凝点柴油里掺入10%～40%的煤油，并混合均匀，这样也能降低燃油的凝点。

4）强化放电能力

蓄电池要充满电，保持电解液密度较高（相当于充足电），以保证放电能力；调节发电机的调节器，适当提高发电机的充电量，使充电电路的电压较夏季高0.6V。这样可以使蓄电池放电充足，减少发动机低温时起动困难。

若外界环境温度过低，机械熄火后，为防止蓄电池电解液结冰，可将蓄电池从车体上拆下移至室内保温。

5）换用冬季油液

把机械所使用的机油、齿轮油、液压油和制动油改用冬季用油，从而改善发动机的起动性能，克服机械行走困难和减少机件的磨损。

6）防止冰冻

要注意对发动机的水冷却系统的保暖，停机后应及时放水或加注防冻液。

采用风冷发动机的机械能避免冰冻。

加注防冻液的注意事项：

（1）加注防冻液前一定要对发动机冷却系统进行一次认真的清洗。因为防冻液中加有除

垢剂和清洗剂,使用前如果没有对发动机冷却系统进行认真的清洗,直接加入防冻液后,发动机冷却系统中原有的水垢与防冻液接触后脱落,使防冻液变浊、变稠,甚至变色、变味,严重时堵塞水管、水道,或者浊物沉淀在水箱下部弯管接头部位,造成散热不良,防冻液不能循环,致使发动机温度过高。为防止这些现象的发生,在加注防冻液前,应使用10%的烧碱水溶液浸泡水箱1h,再将冲洗液排放,然后用软化水反复冲洗2~3次,清除发动机冷却系统中原积存的水垢,冲洗完后才能加注防冻液。

(2)加注防冻液前要检查发动机冷却系统有无渗漏现象,若有,应及时排除后才能使用防冻液。

(3)禁止直接加注防冻液母液。有些驾驶人员及修理人员以为防冻液越纯越好,乙二醇浓度越大越好,而直接加注防冻液母液。这样做不但不能满足防冻液对冰点的要求,反而会出现一些意想不到的现象,如防冻液变质、浓度大、密度大、低温粘度增大以及出现发动机温度高等现象。所以在使用防冻液母液时,一定要按要求进行调制,禁止直接使用。

(4)防冻液使用中要实行定期检查。防冻液的有效期一般为4年,因此使用中有连续性。为了减少浪费,防冻液加注后不要随意更换。但是,应对使用中的防冻液实行定期、定项检查。每年可结合换季维护对防冻液进行检查。检查内容包括冰点检查、相对密度检查,以及对使用中的防冻液进行外观检查。发现相对密度增大、防冻液变稠、冰点上升,以及防冻液变浊、变质、变味、发泡等现象,应及时更换。

(5)不同厂家生产的防冻液不能混加。混加容易腐蚀发动机和水箱。

课题二　公路工程机械在高温环境下的使用和维护

在炎热的季节,气温高、雨水多且空气潮湿,会给机械施工带来许多困难,例如发动机过热、功率下降、液压传动效率低、摩擦副的磨损加剧等。

1. 高温对机械工作的影响

气温高会导致冷却系统散热困难,发动机容易出现过热。发动机温度高了容易产生爆燃,使发动机工作粗暴,功率降低。

发动机在高温下运转,使窜入活塞顶部和燃烧室内的润滑油在高温缺氧的情况下生成积炭,积附在活塞顶、燃烧室、气门顶及喷油嘴上。积炭形成炽热点,可使发动机产生自燃或爆燃现象。

发动机的过热和爆燃,可引起气缸体和缸盖发生热变形,甚至产生裂纹或翘曲,还可引起缸盖热烧损,造成气缸的压缩力下降,进一步降低了发动机的功率。

试验证明,通常在气温超过20℃以后,气温每升高10℃发动机的功率就会下降4%。机械有时在40~50℃的环境温度下工作,就有可能使发动机功率下降10%左右。

高温会使润滑油变稀、粘度降低,不易在机件表面形成油膜,这就降低了润滑效果;在高温条件下,油的抗氧化稳定性变坏,易引起润滑油变质,使得胶质与沉积物粘附在活塞组、气缸壁及其他机件表面上,使其导热性能变差,加剧了零件的磨损。

在高温条件下工作时,因油液变稀可引起外渗、内泄,降低液压传动系统的效率,使得液压系统驱动无力。

电路受高温影响,造成线束老化、线接头氧化松动;蓄电池的电化学反应加快,电解液蒸发快,极板易损坏,同时易产生过充电现象,严重影响蓄电池的使用寿命。

在高温季节,机械的离合器和制动器的摩擦副极难散热,加剧了摩擦元件的磨损,甚至产生烧蚀。

一些高温地区往往伴随着潮湿和雨水,潮湿同样会使发动机功率下降。在气温为30℃、湿度百分比为0(沙漠气候)时,发动机的效率要比湿度为60%时提高约3%;而湿度百分比为100%(热带气候)时,发动机的效率比湿度为60%时下降约2%。

另外,雨水的侵袭和潮湿天气还会引起金属零件的锈蚀。水汽混进油液后,在燃油箱和液压油箱内都可能产生冷凝水,对机械的工作产生不利的影响。

2. 高温工作时应采取的措施

克服发动机过热的关键在于加强冷却系统的维护。要经常检查和张紧风扇的皮带,及时清洗散热器上的集尘,以加强散热器的通风。对于水冷发动机,还可以用水从冷却系正常循环的反方向冲洗散热器和水套,清除水垢和积淀物,加强散热效果。

在高温季节机械运行时,应换用较稠的机油、齿轮油、液压油及滴点较高的润滑脂。在高温时,发动机起动所用电量少,为了防止大电流充电造成蓄电池温度升高,引起电解液蒸发,应调节发电机的调压器,减少充电电流。

多检查电路线束。夏天气温高,发动机舱温度会更高,这样会使一些较老的车的线束,由于老化而破损,引起火灾的发生。适当降低蓄电池电解液密度,经常检查电解液的液面高度,及时加注蒸馏水,并保持通气孔畅通。

检查润滑油量、冷却水量、液压油量是否充足;清洗冷却器水管内壁水垢,防止散热不利;检查润滑系统、液压系统,保证管路油液流动顺畅,无泄漏、松脱;压力控制阀压力调整适当,各控制阀无卡滞、堵塞现象。

按技术维护要求润滑各铰接点、轴承、转动件;检查各润滑部位的配合间隙,若配合间隙不适当,不能形成合理的油膜,摩擦产生的热量也会增多从而影响机械的使用寿命。

根据机械工况,及时清洗、更换各装置中的滤清器,保证油、水、气有充足的流动量;尽量避免频繁、快速地操纵各种控制装置,禁止机械长时间超负荷工作。

课题三　公路工程机械在高原山区的使用和维护

在高原山区施工时的特点是:地势高、空气稀薄,使发动机功率下降,对机械的转向和制动产生不良影响。因此,必须采取一定的技术措施来加强维护。

1. 高原山区对机械工作的影响

随着海拔高度的增加,大气压力和空气密度均有所下降,使发动机的充气量减少,降低了发动机的输出功率。在特殊情况下,高原上很高的温度可能使发动机的功率减少40% ~ 50%。

由于空气稀薄,不能保证正常的油气混合比,使混合气燃烧不完全造成气缸、活塞和气门等处过快地出现积炭和结胶,增加了这些部位的磨损。

高原上的低气压会使水的沸点降低,在海拔千米处水的沸点仅为86.8℃,因而,造成发动

机冷却水消耗量增大，蓄电池电解液易蒸发，产生电器线路桩头易氧化松动等现象。

空气稀薄还将引起空压机的生产率降低，从而使得气动制动机构的可靠性变差。

2. 在高原山区工作应采取的措施

对在高原山区施工作业的机械，首先必须核对发动机的性能参数，看是否能满足在此情况下的使用要求。

为了适应高原山区空气稀薄的特点，机械的动力最好选用带增压器的风冷柴油机。对未装增压器的发动机，应适当地减少供油量。在海拔2500m以上的地区施工时，还应适当增大供油提前角，以克服积炭和胶化过快的缺点。

为了减少积炭和胶化造成的不良影响，应缩短对燃烧室、活塞顶、气门顶等处的除炭清洗周期，可缩短为平常的30%～50%。

对于水冷发动机，要加强对冷却水的密封，减少冷却水的蒸发和外溢。冷却系统的清洗周期应比平常缩短一半，以及时清除积垢。

要对制动、转向等控制机构加强维护，特别要注意气动制动系统的压力。制动液必须采用矿油类，以免蒸发过快，影响制动力的传递。

工程机械在高原山区施工时，很多情况下常常伴随着干旱和大量的沙土、灰尘，即常在沙漠和干旱地区施工。工程机械在这些施工现场，会遇到大量的灰尘及因水分蒸发过快而造成的困难。如果让一些灰尘微粒经发动机气门进入气缸内，会加速活塞与气缸壁的磨损。在沙漠和干旱地区出现过许多发动机使用不足100h就被磨损的实例。因此机械在多灰尘条件下工作时，须特别注意对空气滤清器的选择和维护，最好是选用沙漠地区专用的空气滤清器。

沙粒还会粘结在开式传动机构上，使外置齿轮很快磨损。在设计机器时应尽量使传动元件封闭，减缓磨损和延长传动系统的使用寿命。

气候干旱时，发动机的冷却水和蓄电池的电解液蒸发很快。因此在作业过程中，要经常注意加满冷却水和向蓄电池加注蒸馏水。最好使用风冷柴油机装备的机械去参与干旱地区的施工。

另外，在沙漠地带施工会因为沙质土壤松散而导致驱动能力下降，使机械行驶困难甚至陷车，故在设计上应适当增加驱动轮的分配重量，或者采用低压宽基轮胎，全轮驱动。最新的，技术是在液压系统上采用防滑转的措施，借助于系统液流量的调整提供最佳牵引条件，以充分地利用轮胎的地面附着能力。

单元六　典型公路工程机械施工技术与故障排除

【知识点和能力点】

1. 掌握推土机的适用范围和适用条件；
2. 掌握推土机的各种作业方法；
3. 掌握提高推土机生产率的方法；
4. 掌握推土机综合故障的诊断与排除方法；
5. 掌握铲运机的适用范围和适用条件；
6. 熟练掌握铲运机的各种作业方法；
7. 掌握提高铲运机生产率的方法；
8. 掌握铲运机综合故障的诊断与排除方法；
9. 掌握平地机的适用范围和适用条件；
10. 熟练掌握平地机的各种作业方法；
11. 掌握提高平地机生产率的方法；
12. 掌握平地机综合故障的诊断与排除方法；
13. 掌握挖掘机的适用范围和适用条件；
14. 熟练掌握挖掘机的各种作业方法；
15. 掌握提高挖掘机生产率的方法；
16. 掌握挖掘机综合故障的诊断与排除方法；
17. 掌握装载机的适用范围和适用条件；
18. 熟练掌握装载机的各种作业和铲装方法；
19. 掌握提高装载机生产率的方法；
20. 掌握装载机综合故障的诊断与排除方法；
21. 理解路基压实机理；
22. 掌握各种路基的压实要求；
23. 掌握压实机械的选用方法与施工方法；
24. 掌握压路机综合故障的诊断与排除方法
25. 掌握沥青混凝土摊铺机的驾驶与施工技术；
26. 掌握沥青混凝土摊铺机综合故障的诊断与排除方法。

课题一　推土机施工技术与故障排除

一、概述

1. 用途和分类

1)用途

推土机是浅挖及短距离运土的铲土运输机械。它适应于在短距离内(80m 以内)推运、开挖、回填土壤或其他物料等。

推土机在道路工程施工中,主要用于填筑路基、开挖路堑、平整场地、管道和沟渠的回填以及其他辅助作业。若换上其他工作装置,例如除根器、松土器等则可用来清除作业地段内的树木石块和耙松路面等。

2)分类

按行走机械形式可分为履带式推土机和轮胎式推土机。

按工作装置形式有固定式推土铲刀(直铲)和回转式推土铲刀(斜铲)之分。按着陆情况分,推土机有陆上行驶和湿地行驶等形式的推土机。在沼泽地带施工时,需用湿地推土机。

按功率大小分,功率在 235kW 以上者为大型推土机;功率在 74 ~ 235kW 之间者为中型推土机;功率在 74kW 以下者为小型推土机。

TY160 推土机(其外形如图 6-1-1 所示)的主要技术性能参数如表 6-1-1 所示。

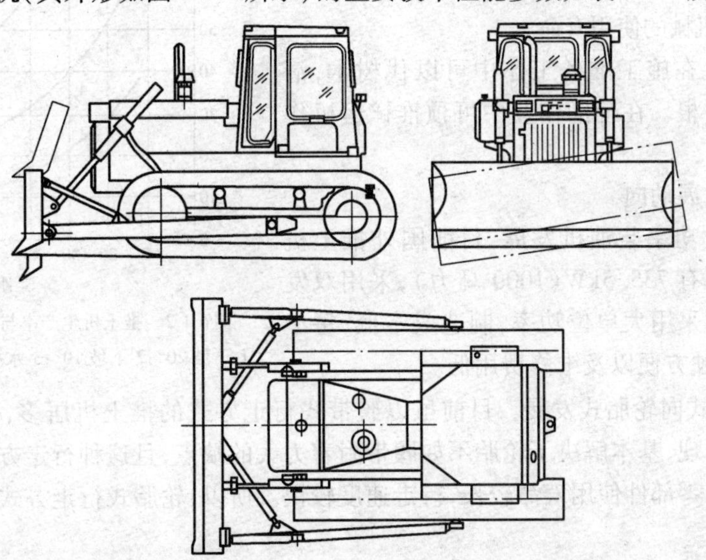

图 6-1-1　TY160 直铲推土机整机外形图

2. 特点和使用范围

1)特点

推土机是路基土方工程中最常用机械,它的特点是所需作业面小,机动灵活,转移方便,短距离运土效率高,干湿地都可以独立工作,同时,也可以配合其他机械施工。因此在土方工程机械化施工中被广泛应用。

TY160 推土机的主要性能参数表 表 6-1-1

发动机型号		WD615T1—3A	爬坡能力(°)		30
发动机功率(kW)		128	使用重量(kg)		17000
行驶速度	前进一速(km/h)	0~3.29	外形尺寸	全长(mm)	5140
	前进二速(km/h)	0~5.28			
	前进三速(km/h)	0~9.63		全宽(mm)	3970
	后退一速(km/h)	0~4.28			
	后退二速(km/h)	0~7.59		全高(mm)	3032
	后退三速(km/h)	0~12.53			

2)使用范围

推土机在道路工程施工中,主要用于填筑路基、开挖路堑、平整场地、管道和沟渠的回填以及其他辅助作业。其运距一般不超过 80m,而在 30~50m 以内效果较好,经济效果也较好。运距过长会降低生产率,如图 6-1-2 所示,当运土距离超过 75m 时,其生产效率显著降低。此外作业土壤为三级以上土壤应予翻松。如土壤中有少量的孤石,应首先破碎再进行作业,孤石过多时不宜使用推土机,否则将会使机械产生剧烈振动和磨损,大大缩短机械的使用寿命。

另外推土机在施工准备工作中可以伐树木,清除乱石和挖掘树根。在辅助作业中可顶推铲运机作助铲用。

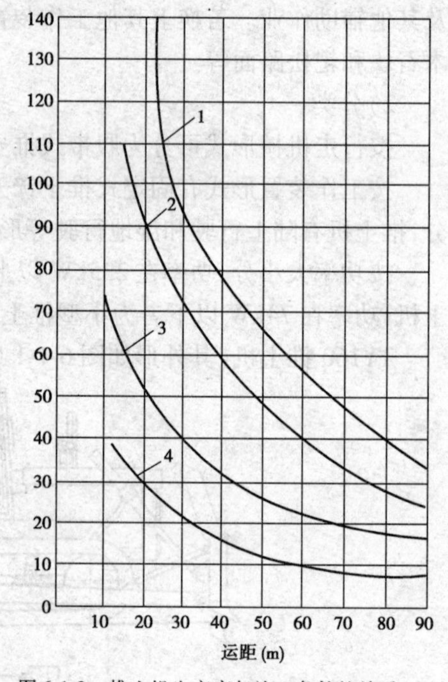

图 6-1-2 推土机生产率与施工条件的关系
1-下坡 20°;2-下坡 10°;3-水平行驶;4-上坡 10°

3. 推土机发展动向

发动机向大功率柴油机发展,目前国外推土机最大柴油机功率有 735.5kW(1000 马力),采用双发动机驱动。动力采用大单位功率,制造成本低,每小时油耗量少,驾驶方便以及维修费用低。

(1)行走方式向轮胎式发展。目前虽以履带式行走方式的推土机居多,但是由于低压和超低压轮胎的出现,基本解决了轮胎不如履带附着力大的缺点,且这种行走方式产生的振动较小,有利于驾驶,零部件使用寿命较长,行走速度较快。所以,轮胎式行走方式正在逐步取代履带式行走方式。

(2)推土铲向回转式发展。由于回转式铲刀的应用范围广、适应性强,已逐步取代了固定式推土铲。

(3)采用模拟遥控装置。美国卡特匹勒公司用两台推土机串联或并联推土机作业,仅一台需要驾驶员操纵,另一台由模拟遥控装置控制。串联时推土效率可提高近两倍;并联时幅宽加大,铲刀漏土损失减少,生产率可提高近 4 倍。

(4)水陆两用推土机。为了适应低湿、沼泽地带土方作业的需要,水陆两用推土机应运而生。

(5)采用爆破推土。这种推土机是利用发动机燃烧室所产生的高压气体,经导向装置冲向铲前的土体,使土体松散并能吹走一部分,从而提高推土机的生产效率。

(6)利用气垫作用的推土机。在推土机上安装一个大型空压机,供给高压气流,在推土板与土之间形成一层气垫。气垫起到了"润滑"推土板与土的作用,从而减少了推土板的各种阻力,使生产率提高。

二、驾驶与基本操作

1.驾驶(以 TY160 推土机为例)

1)起动前的检查

起动前检查有利于人、机安全。

(1)检查漏油、漏水。在机械四周巡视一下,看是否有漏油、漏水和其他异常现象。特别要注重高压软管接头,液压缸、终传动、支重轮、托轮浮动油封处和水箱密封情况。如发现泄漏和异常情况,应加以修复。

(2)检查螺栓、螺母。检查外部连接件、紧固件、操纵连接结构等,以及易发生松动部位的螺栓、螺母的紧固程度,必要时,应予以拧紧。

(3)检查电路。电线有无损坏、短路及端子是否松动。

(4)检查冷却水位。卸下水箱盖检查水位,若不足时,应予以补充。冷却水过热时,要慢慢拧松水箱盖,使内部压力释放后再打开,以免热水喷出。

(5)检查燃油油位。卸下盖子后,抽出燃油标尺检查油位。每次完工后,从加油口处加满燃油。要随时检查和清理盖上的通气孔,通气孔堵塞可能影响发动机的供油。

(6)检查发动机油底盘的油位。机油油位应在规定位置。检查油位,要把机械停在水平地面,在发动机停止 15min 后进行。

油的型号根据环境温度和随机使用说明书上"燃油、冷却水和润滑油"表选用。

(7)检查转向离合器箱(包括伞齿轮箱)油位。用油尺检查,必要时从加油口补充油。如在大于 25°斜坡上作业,要把油位加到高油位处。

(8)检查变速器(包括液力变矩器)油位。发动机停止 5min 后,用油尺检查油位,油应位于油尺的两刻度之间。

(9)检查制动器踏板行程。踏板的标准行程为 95 ~ 115mm,一旦超过 115mm,应进行调整。

(10)检查灰尘指示灯及仪表。发动机起动后,如果灰尘指示灯亮,表示空气滤清器芯堵塞,需立即清理或更换;观察各种仪表是否正常。

2)驾驶步骤及方法

(1)检查各操纵杆起动前的位置。

①发动机节气门操纵杆在低速位置;

②制动闭锁杆在闭锁位置;

③变速器变速杆在空档位置;

④变速器闭锁杆在闭锁位置;

⑤推土铲落到地面,闭锁杆在闭锁位置。

(2)起动发动机。

①节气门操纵杆放在低速位置。

②将起动钥匙由“关(OFF)”拨至“起动(START)”,发动机起动后,立即松手,使其自动弹回到“开(ON)”的位置;钥匙在“起动”位置的停留时间,一般不超过5s,两次间隔时间应在1min以上;发动机长时间停机或因缺油停机而加注柴油后,应排除燃油系统中的空气。

③发动机起动后,预热及检查。使发动机在低速运行,直到油压表针进入绿色区域内;拉节气门操纵杆,使发动机中速空运转约5min;轻载运转,直到水温表针进入绿色范围内;检查各种仪表指示是否正常,排气颜色是否正常,有无不正常的声音和振动。

(3)机械行驶的操作。

①释放闭锁手柄,放开推土铲操纵杆、制动踏板和变速杆;

②把铲刀操纵杆推到上升位置,使铲刀上升到离地高度400~500mm(见图6-1-3);

③将松土器提升到最高位置(如有的话);

④拉节气门操纵杆,增加发动机转速(见图6-1-4);

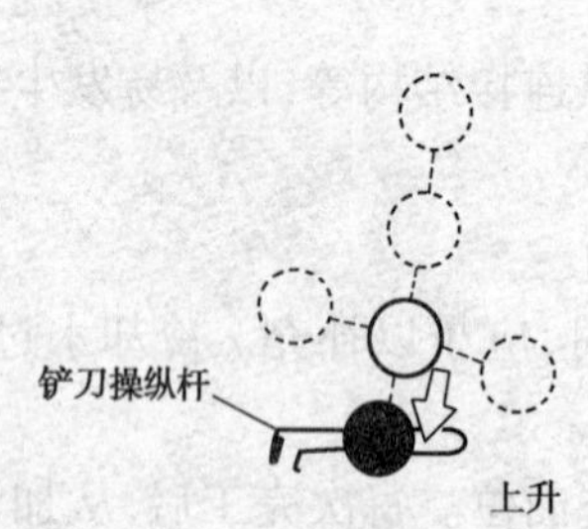

图6-1-3 铲刀操纵杆操纵示意图

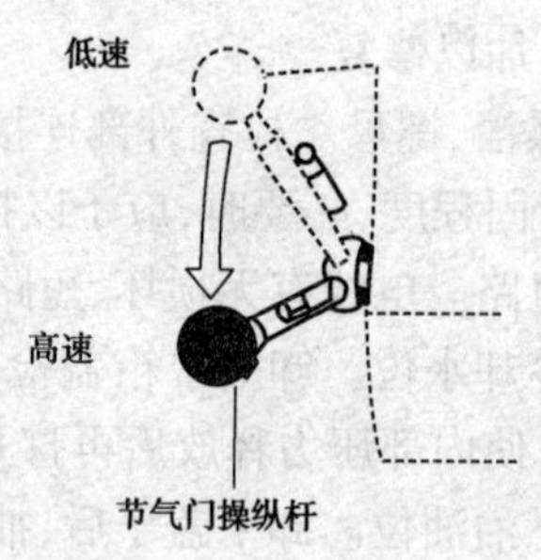

图6-1-4 节气门操纵杆操纵示意图

⑤按动喇叭按钮鸣号;

⑥将变速杆移到所需档位,使机械起步(见图6-1-5);

⑦前进、后退变速:机械减速后进行变速,这样可防止冲击机械,踩下减速踏板,使发动机转速降低,将变速杆调到前进或后退所需档位,释放减速踏板,使发动机转速增加;

⑧原地转弯(一般情况禁用):小转弯操纵的同时,踩下同侧制动踏板,机械就原地转弯。

(4)停车。

①将节气门减小,降低发动机转速;

②分离离合器,将变速杆放到空档位置;

③踩下左右制动踏板。踩动右制动踏板,用闭锁杆锁紧(见图6-1-6),暂时停车不需锁定;

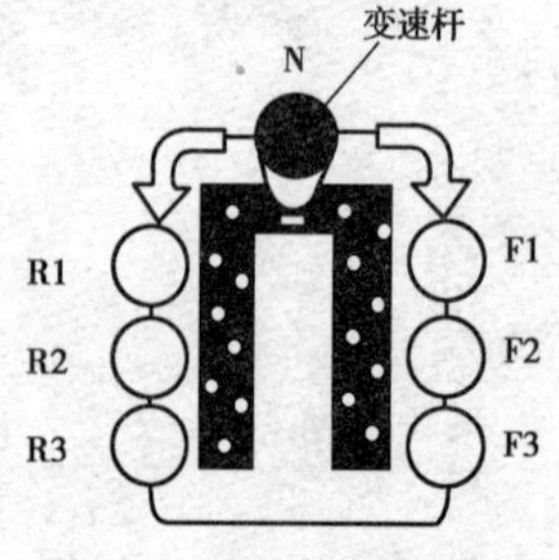

图6-1-5 变速杆操纵示意图

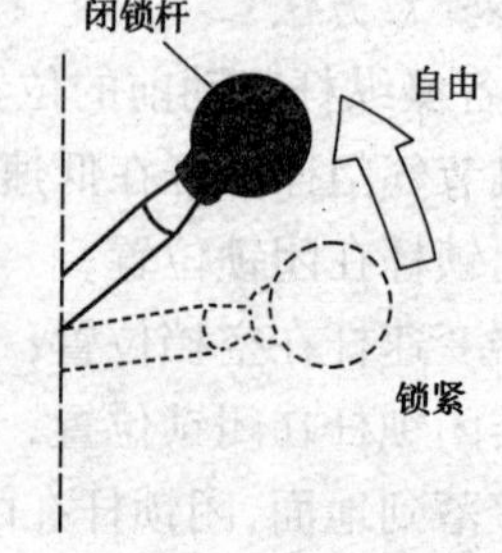

图6-1-6 制动踏板闭锁操纵示意图

④用闭锁杆锁定变速杆(见图6-1-7),暂时停车不需锁定;

⑤把铲刀操纵杆,拨到下降位置,使铲刀着地(见图6-1-8);

⑥用铲刀闭锁杆,锁定铲刀操纵杆(见图6-1-9);

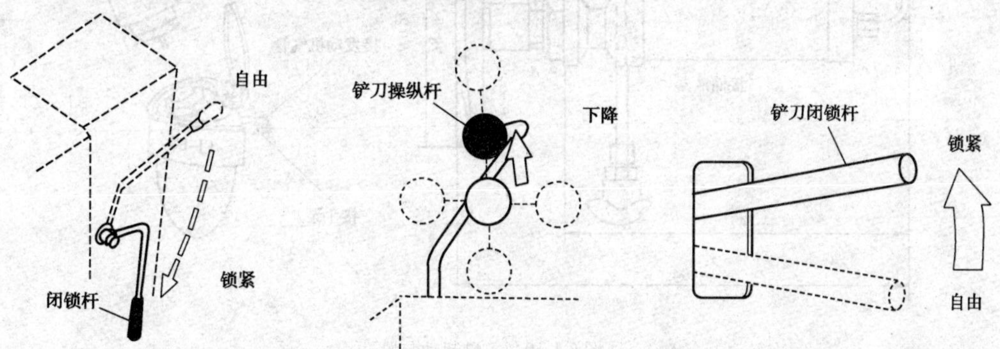

图6-1-7　变速杆闭锁操纵示意图　　图6-1-8　铲刀操纵杆操纵示意图　　图6-1-9　铲刀操纵杆闭锁操纵示意图

⑦停止发动机:低速运转5min,使发动机冷却后,再停止发动机(不然,会缩短发动机寿命);将节气门操纵杆拨到低速位置,拉动停车拉手停车,把起动钥匙转到"关"的位置,停机后拔下钥匙。

(5)特殊环境驾驶注意事项。

①寒冷气候。气温过低会使发动机起动困难、冷却水冻结等,对机械产生不利因素。故应采取适当措施。

a.按"燃油、冷却液和润滑油"表选用油和冷却液。

b.当气温低于0℃时,为防止冷却水冻结,可根据最低温度选购相应的防冻液。

c.未加防冻剂的水,在冬季夜间要彻底放掉,以防冻裂机件。

d.加入配好的防冻液之前,应彻底清洗冷却系统。

e.天气变暖时,放掉防冻液(永久型防冻液除外),并清洗冷却系统后,更换洁净的水。

f.防冻剂是易燃品,要注意防火。

g.停工后,夜间要把防腐蚀罐卸下(如有的话),并封好管口,放在温暖处,以防冻结。

h.尤其要注意,将液压油缸活塞杆上的雪或水擦净,不然,如若结冰,会损坏油缸油封。

i.气温下降时,电瓶的能力会降低,往往使充电量减少和电液冻结。如把电瓶充电水平保持在接近100%处,并绝缘,能抵抗低温。参阅表6-1-2液体相对密度与充电率的关系。

液体相对密度与充电率的关系表　　表6-1-2

充电率 \ 液体温度	20℃	0℃	-10℃	-20℃
100%	1.28	1.29	1.30	1.31
90%	1.26	1.27	1.28	1.29
80%	1.24	1.25	1.26	1.27
75%	1.23	1.24	1.25	1.26

注:若电解液位降低,应该在早上工作前,补充蒸馏水,这能防止液体在夜间结冰。

②利用乙醚起动发动机(如有的话),如图6-1-10所示。

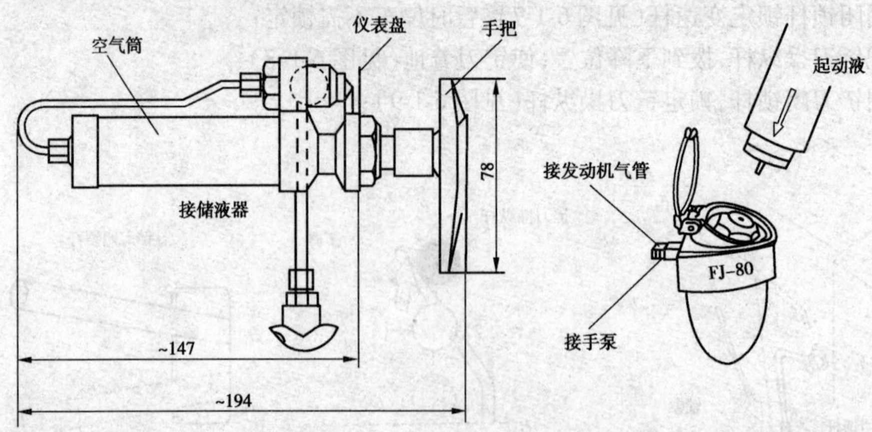

图 6-1-10　乙醚起动装置

a. 打开储液罐的防尘盖,将起动液压入罐内,根据气温加入适量的起动液。参阅表 6-1-3。

气温、加液量对照表　　表 6-1-3

气温(℃)	-10	-20	-30	-40
加液量(mL)	10	20	25	30

b. 将发动机节气门拨到怠速位置。

c. 起动发动机的同时,推拉手泵手把,使发动机起动,直至运转正常为止。

d. 当气温低于 -30℃时,可预喷少许起动液,随即起动发动机,同时继续注液,直至稳定运转。

e. 起动时,如发生敲击声,应减慢或停止注液。调整喷液量,使发动机平稳起动。

f. 起动成功后,储液罐内剩余的起动液,可留作下次起动用。

根据当地气温选用起动液。0 ~ -25℃用 CH-20 型起动液,10 ~ -40℃时选用 CH-40 型。切勿与进气预热装置一同使用。起动液易燃,应远离热源及避免日晒。

③坡上驾驶。左(右)转大弯(见图 6-1-11),拉右(左)侧转向操纵杆到半程,机械向左(右)转大弯。

左(右)转小弯(见图 6-1-12),拉右(左)侧转向操纵杆到底,机械向左(右)转小弯。

a. 除特殊情况,机械不要停放在斜坡上。如需在斜坡上停放,应将车头朝下坡方向,并锁住制动踏板。坡度大时,可把铲刀轻轻铲入土内,以防机械下滑。

b. 机械在坡上行驶时,纵向坡度不能超过 30°,上坡时不能倒退行驶。

c. 坡道上应低速直线行驶,不可在大坡度上横驶和转弯。

d. 不得在陡坡上换档、穿越障碍物。

e. 如机械在陡坡上起步时,先踩下左右制动踏板,将变速杆拨到 1 档的同时,松放制动踏板。

f. 下坡时转弯与平地转弯操作完全相反。(不可用制动踏板转向)

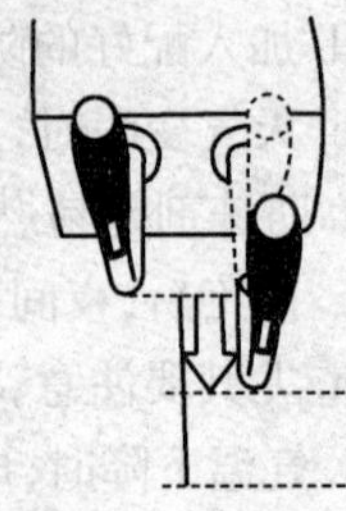

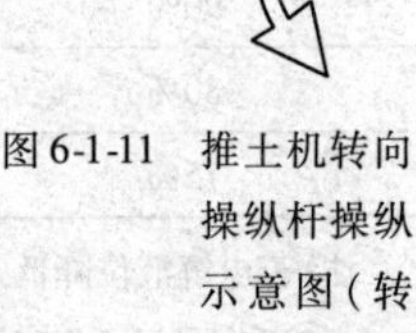

图 6-1-11　推土机转向操纵杆操纵示意图(转大弯)

g. 下坡时，把变速杆拨到低速档，用发动机作制动，如果发动机超速而发生危险，可用制动踏板减慢车速。

④水中行驶。

a. 机械在水中行驶时，首先要查明水深和水下土质情况，以免水位过深和土质受载后下陷而发生事故。

b. 水位不得浸没托轮，冷却风扇不能与水面接触。

c. 如在海水或其他有腐蚀水中作业，完工时应用净水将机械清洗干净。

⑤沙漠中行驶。在沙漠或其他飞扬的散物中行驶，要设法将机械密封好，并要随时清理空气滤清器。

图 6-1-12　推土机转向操纵杆操纵示意图（转小弯）

2. 推土机基本操作

推土机的一个工作循环有铲土、运送、卸土和空回 4 个工作过程（图 6-1-13）。提高推土机作业效率的原则是：铲土时应以最短时间和距离铲满土；运送时应尽量减少土壤漏损，使较多的土运送到卸土点；卸土时应根据施工条件采取不同的卸土方法，以达到施工技术要求和施工安全；空回时应以较快的速度驶回铲土处。

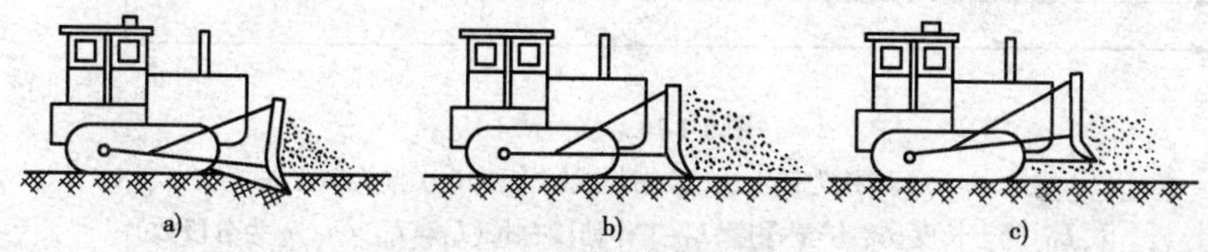

图 6-1-13　推土机的基本作业

a）铲土行程；b）运土行程；c）卸土行程

1）推土机的基本作业

（1）推土机的铲土作业。在此作业行程内，使铲刀切入土中一定深度，以最短的时间和最短的距离，使其铲刀前堆满土壤，并用铲刀推动。

推土机铲土的深度视土壤的类别而不同，一般一级土壤铲土深度约 20cm，铲刀的铲土角可以陡一些，约 60°～65°。在三级土壤中铲土深度在 10～15cm，其铲土角可用 52°～57°；至于在四级以上的粘性土壤内铲土深度应在 0～15cm 范围内变动，铲土角应调至 45°。

为了在最短的时间和最短的距离内铲满土或铲土，一般常用接力铲土法。这种铲土法是分次铲土、叠堆推运，分次的目的是使柴油机有喘息接力的含义。按铲土距离的不同，此法又分 4 次、6 次接力铲土，如图 6-1-14 所示。

推土机第 1 次铲土时，应以最大可能深度切入土中，以刨削式铲土为好，从靠近填土处开始。铲土时，当柴油机稍有超负荷现象时即停止铲土，然后退回。推土机以同样方法进行第 2 次铲土，接着第 3 次铲土，并沿着前进方向把第 1、2 次所留的土推送到填土处。这样可以使柴油机功率得到充分利用。此法若与沟槽推土法配合，可以减少土壤的漏损，大大提高推土效率。

（2）推土机的运土作业。在此作业行程中，为了尽可能地减少运土损失，常用的有沟槽运土（或推土）法、并列推土法以及铲刀加挡板法。

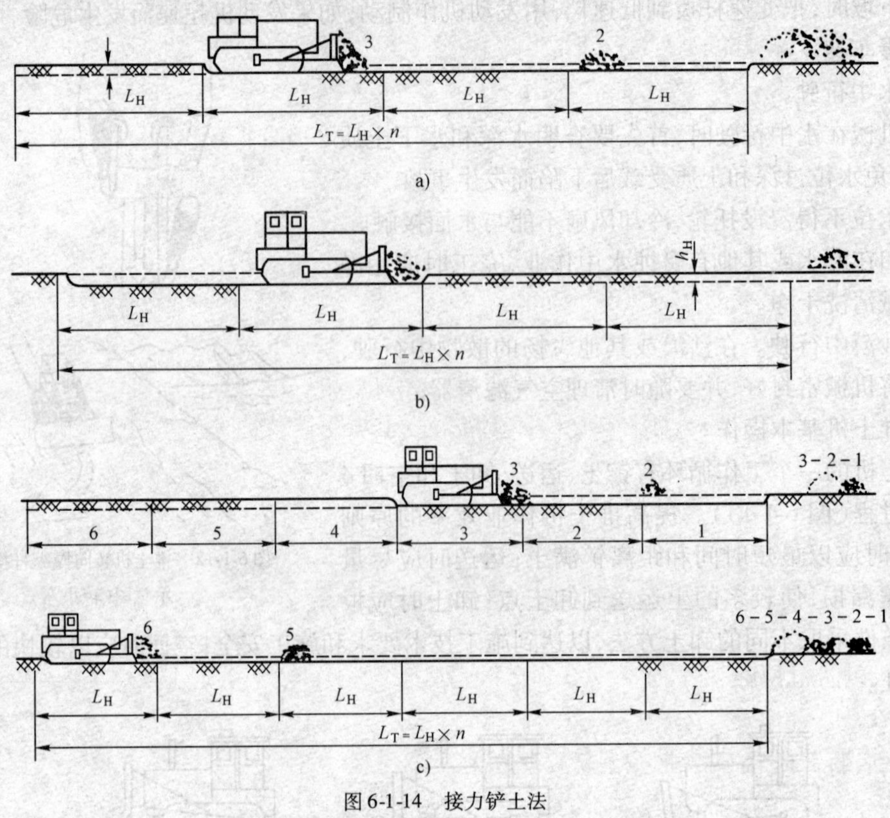

图 6-1-14 接力铲土法

a)6 次接力铲土法;b)刨削式铲土;c)6 次接力铲土法

L_H-铲土长度;h_H-铲土深度;L_T-工作地段总长($L_T = L_H \times n$ n 为分段数)

①沟槽推土法。在运送土壤时,为了尽可能地减少运土损失,可在一固定作业线上多次推运使之形成一条土槽,或者利用铲刀两端外漏的土壤所形成的土埂进行运土,如图 6-1-15 所示,一般槽深不大于铲刀的高度。

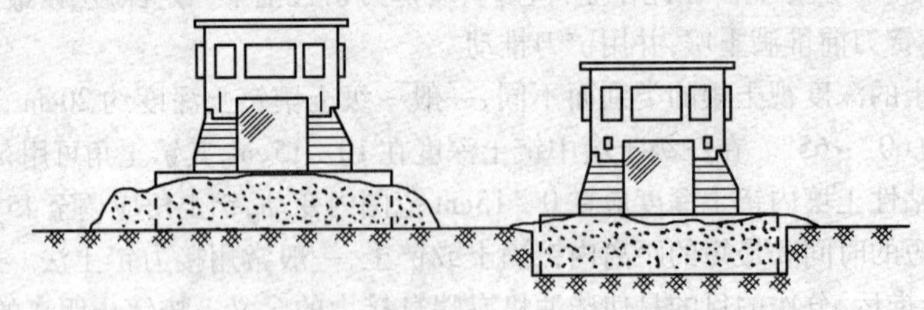

图 6-1-15 沟槽运土(推土)法

②并列推土法。即两台以上同类型的推土机同步推土前进,如图 6-1-16 所示。这样可以减少运土损失。但俩铲刀间隔不宜太小或过大,一般约 15 ~ 20cm。采用这种方法要求驾驶员操作技术熟练,作业时要注意两者的行进速度和方向,避免碰车。

③下坡推土法。即利用下坡时推土机产生的重力分力,加速铲土过程和增大送土量,以提高效率。但下坡角不宜过陡,一般不超过 20°,否则空车后退爬坡困难,反而使效率降低。

(3)推土机的卸土作业。此作业行程是以提升铲刀来进行的。卸土的方法视施工条件不

同而异。图 6-1-17 为推土机在分层填土行驶时卸土的情况。推土机在前进中要徐徐地提升刀架来卸土，铲刀提升的高度应等于所填土层的厚度。卸土路程的长度为 4 ~6m。

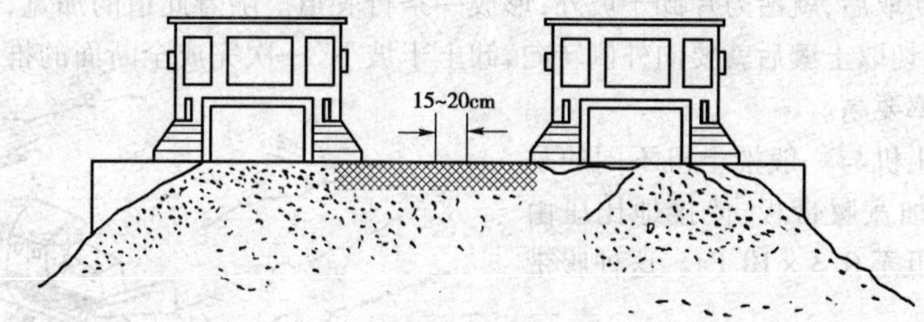

图 6-1-16 推土机并列推土法

图 6-1-18 所示为推土机路侧取土坑或路堑运土填筑路堤过程中，在推土机前进或停止后，将推土机铲刀慢慢地高高提升，以达卸土之目的，有时又将铲刀重新放下，让推土机倒退行驶拖平路面。

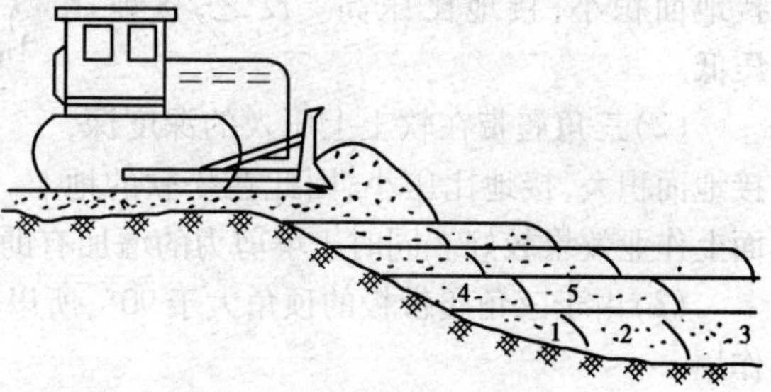

图 6-1-17 推土机分层填土卸土法

其他如从路堑取土填筑堑沟、山坑以及填筑路堤时，到达边缘前卸土。提升铲刀应在倒车时进行，以防机械翻车。如图 6-1-19 所示。

2）回转式、湿地式推土机的基本作业

回转式推土机基本作业与直铲推土机相同，只是它更适合于傍山挖土填筑路堤以及在狭窄处回填沟槽和平整场地等作业。由于斜铲推土机的铲土、运土、卸土 3 个过程是同时连续进行的。因此，在进行平整土壤面层等工作时，大都是采用低档进行。

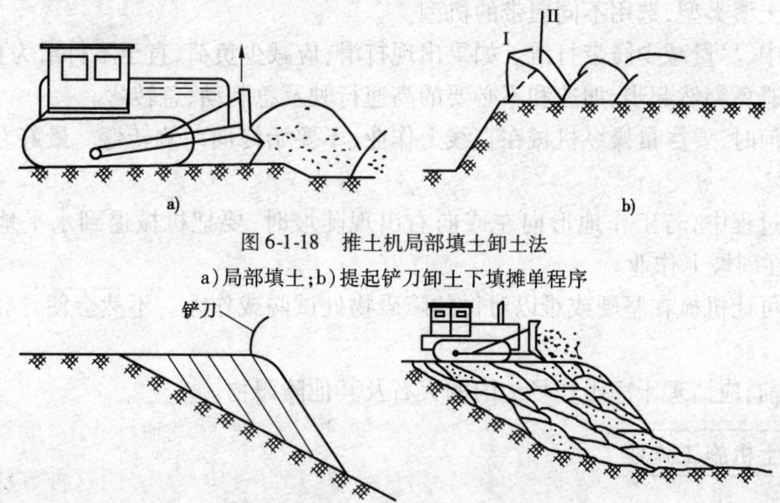

图 6-1-18 推土机局部填土卸土法

a）局部填土；b）提起铲刀卸土下填摊单程序

图 6-1-19 推土机填筑边坡下沟槽等卸土法

斜铲平面角（图 6-1-20）的大小，依据所进行工作的对象不同而不同。一般在推土时为 90°（直铲），平土时 60°，填土时为 40°。

斜铲推土在傍山取土时，应将铲刀调整为60°平面角，然后向坡外平斜，并使其较坡面前端稍有下倾，以便在推土过程中，造成内倾的横向坡度，使机械安全运行。在挖土过程中，坡上的土壤被内角切取后，就沿刀片卸于坡外，形成一条行驶道。随着此道的加宽，当超过刀宽较多时，推土机在切取土壤后就要向外侧转向，卸土于坡下，一次完成全断面的推卸工作。这比直铲推土的效率要高。

湿地式推土机与一般推土机不同的是采用了三角形加宽履带板，使接地比压由 1.3×10^9Pa 降低至 0.3×10^9Pa。这种履带板有以下特点：

图 6-1-20　斜铲推土机

(1)随着土壤硬度的变化和接地面积变化，三角履带板在硬土壤上压入深度浅，接地面积小，接地比压高。反之，接地比压低。

(2)三角履带在软土上压入的深度深，接地面积大，接地比压小，因此在松软的地面上作业效果较好。同时土壤剪力的增加有助于发挥机械的牵引力。

(3)由于三角履带板的顶角大于90°，所以不易粘结土壤，且易剥落，使履带本身起到自洁作用。

湿地推土机，不但可以用于沼泽地区施工，而且也可以用于一般性质土壤的施工。

3. 延长机械寿命的方法

机械特别是行走部分机件的寿命，在很大程度上取决于维护、操作方法。为此要牢记以下各点：

(1)根据土壤类型，选用不同履带的机型。

(2)操作中，尽量减少履带打滑。如果出现打滑，应减少负荷，直至不打滑为止。

(3)尽量避免突然起步、加速和不必要的高速行驶及急制动、急转弯。

(4)无论何时，要尽量操纵机械在直线上作业，不要始终向一侧转弯。最好左右交替并以最大半径转弯。

(5)推土过程中，若工作地形向左或向右出现陡坡时，要把机械退到水平地面后重新推平，不要继续在斜坡上作业。

(6)切不可让机械在坚硬或难以对付的障碍物处试闯或作业。不然会使导轮或链轮脱离地面。

(7)作业前，应清理干净工作场地内的大石及其他障碍物。

三、推土机施工作业

1. 填筑路堤

推土机填筑路堤的作业方式一般为直接填筑。施工方法主要有两种：即横向填筑与纵向填筑。在平原地区多采用横向填筑，而在丘陵和山区多采用纵向填筑。

1)横向填筑路堤

这种作业方式是推土机在路堤的两侧或一侧取土，向路堤依次移送土壤。单台或多台推土机施工时，最好采用分段进行，这样可以增大工作面，分段距离一般以 20～40m 为宜，每段也可以按班组的能力划分。

在一侧取土时，每段一台推土机，作业线路可采用“穿梭”法进行，如图 6-1-21 所示。在施工中，推土机推满土后，可向路堤直送到路堤坡脚，卸土后按原推土路线退回到挖土始点。这样在同一线路中按沟槽运土法送二、三刀就可挖到 0.7～0.8m。此后推土机作小转弯倒退，以便向一侧移位，仍按同法推邻侧的土壤。以此类推地向一侧转移，直至一段路堤完工。然后推土机反向侧移，推平取土坑所遗留的各条土埂。

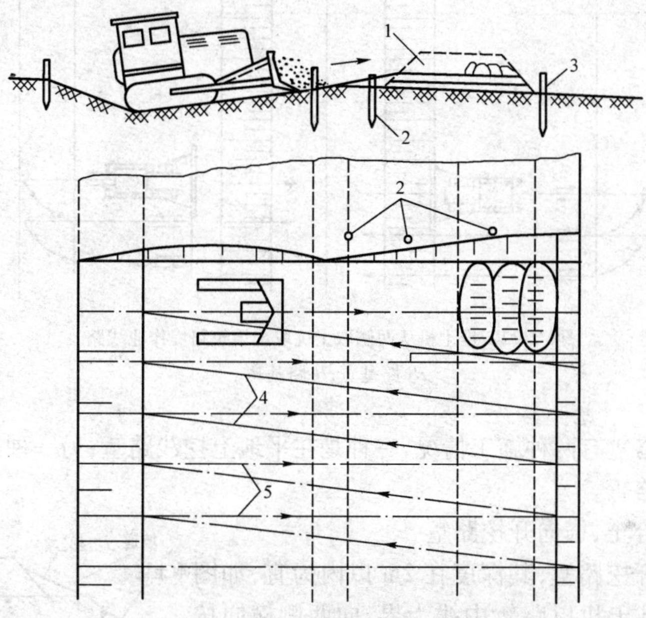

图 6-1-21　推土机从一侧取土坑取土填筑路堤

1-路堤；2-标定桩；3-间距为 10m 的高标杆；4、5-推土机“穿梭”作业运行线

当推土机由两侧取土坑推土时，每段最好用两台并以同样的作业法，面对路堤中心线推土，但双方一定要推过中心线一些，并注意路堤中心线的压实，图 6-1-22 所示为从两侧取土时作业线路图。当路堤填高时，应分层有序的进行，一般每层厚度为 20～30cm，并分层压实。

当推土机单机推土填筑路堤高度超过 1m 时，应设置推土机进出坡道，如图 6-1-23 所示。通道的坡度应不大于 1∶2.5，宽度应与工作面宽度相同，长度约 5～6m。当采用综合机械化施工时，路堤填筑高度超过 1m 后，多用铲运机完成。

2）纵向填筑路堤

这种作业方法多用于移挖作填工程，其开挖深度与填筑高度可按设计标高规定，不受其他限制，只要挖方的土壤性质适用于填筑路堤即可。这种施工方法最经济，但应注意开挖部分的坡度不能大于 1∶2，开挖中应随时注意复核路基标高和宽度，避免出现超挖和欠挖。在填土过程中，应根据施工地段的施工条件，分层填筑、分层压实。纵向填筑作业法，如图 6-1-24 所示。

3）综合作业法填筑路堤

这种作业法实际上是横向纵向联合作业。将路堤沿线路 60～80m 分为若干段，在每段的

中部设一横向送土道，采用横向填筑法，将土壤由通道送到路堤上，再由推土机纵向推送散土，分层填筑，分层压实，如图6-1-25所示。

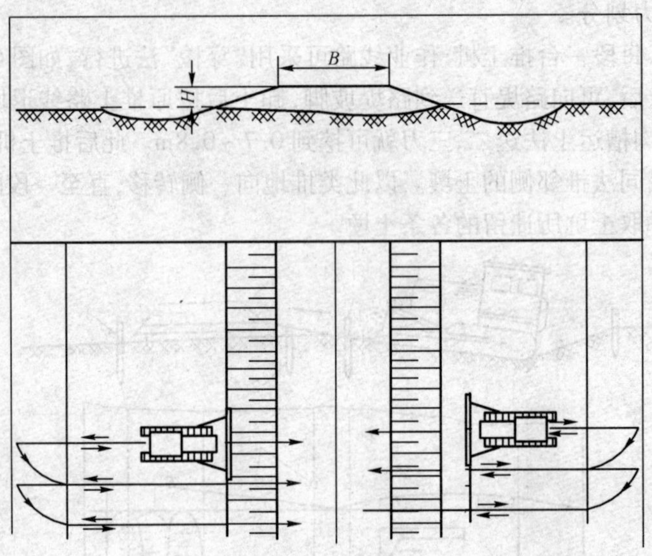

图6-1-22 推土机从两侧取土坑取土填筑路堤作业线路

B-路基宽；H-路基高

2. 开挖路堑

用推土机开挖路堑有两种施工情况，一种是在平地上挖浅路堑；另一种是在山坡上开挖路堑或移挖作填开挖路堑。

1）平地上两侧弃土，横向开挖路堑

用推土机横向开挖路堑，其深度在2m以内为宜，如图6-1-26所示。开始推土机以路堑中线为界，向两侧横向按"穿梭"作业法进行，将路堑中挖出的土送至两侧弃土堆，最后，再做专门的清理与平整。如开挖深度超过2m，则需与其他机械配合施工。

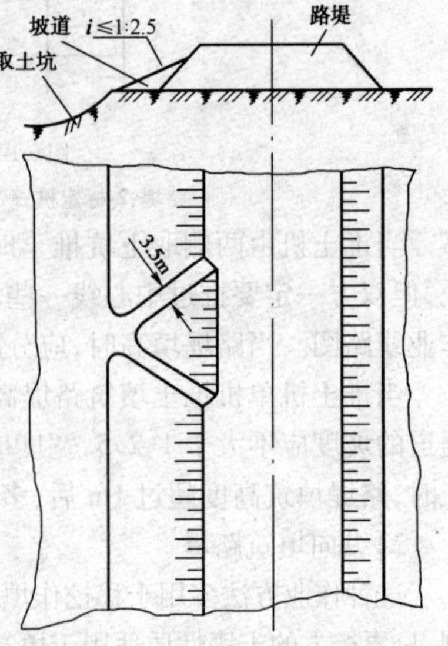

图6-1-23 推土机作业坡道设置

此外，对上述施工作业，推土机也可用环形作业施工，如图6-1-27所示。施工时推土机可按椭圆形后螺旋形路线运行，这种运行路线可以对弃土堆进行分层平整和压实。

不论采用何种开挖路堑和施工作业方法，都应注意排水问题，绝对不允许使路堑的中部下凹，以免积水。在整个路堑的开挖段上，应作出排水方向的坡度以利排水。在接近挖至规定断面时，应随时复核路基的标高和宽度，以免出现超挖或欠挖。通常在挖出路堑的粗略外形后，多采用平地机来整修边坡和边沟。

2）纵向开挖山坡路堑

（1）开挖傍山半路堑。一般多用回转推土机进行，开挖时先由路堑边坡上部开始，沿路中线行驶，渐次由上而下，分段分层将土送至坡下填筑路堤处。由于推土机沿山边施工，要特别

注意安全。推土机应在坚实稳定的土壤上行驶，填土时应保持道路内侧低于外侧，行驶纵坡坡度不要超过推土机的最大爬坡角。

推土机的平面角应根据土壤的性质来调整。在一、二级土壤上施工时，可调至60°；三、四级土壤上可调至45°。推土时用铲刀的右角切入土壤。使被切下的土壤沿刀身向外送出。

推土机开挖山边半路堑时，如果山坡不大（25°以下），也可用直铲推土机，但在下坡送土时，最好铲土数次后，将土壤堆成堆，最后再将土壤一起推送到边坡前沿。这样不但可以提高生产率，而且也较安全。

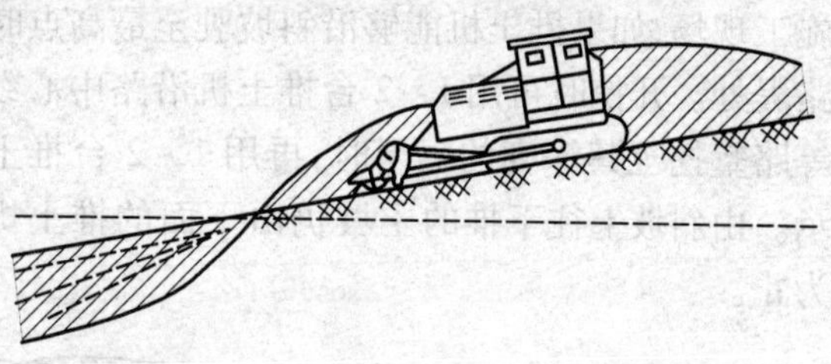

图6-1-24　推土机纵向移挖作业填筑路堤作业法

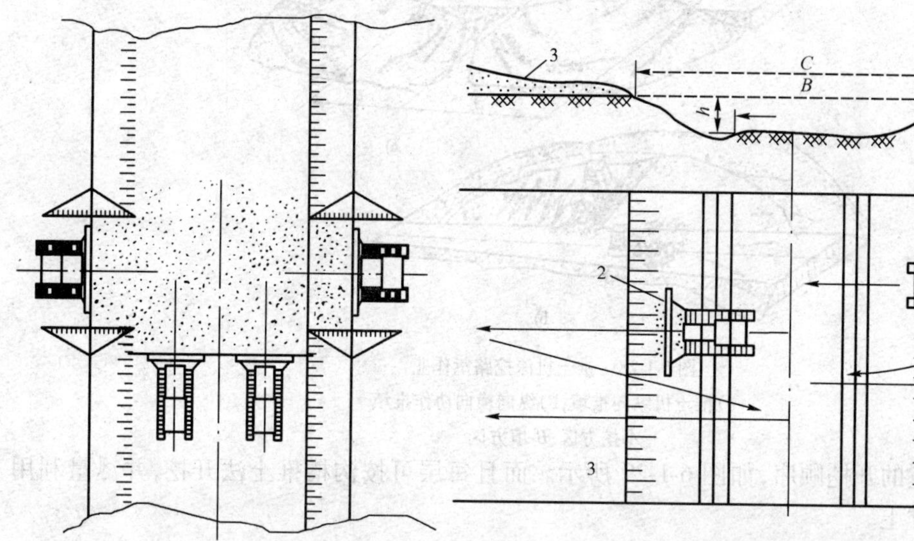

图6-1-25　推土机横向纵向联合作业填筑路堤

图6-1-26　推土机在平地横向开挖路堑施工作业图

1、2-两台推土机采用“穿梭”作业法；3-弃土堆

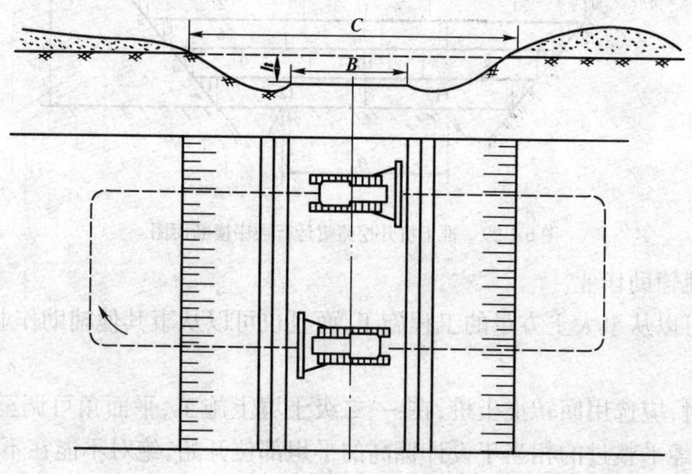

图6-1-27　推土机环行作业法开挖路堑施工作业图

(2)开挖深路堑。开挖深路堑运土填筑路堤施工时,应首先做好准备工作。要在开挖路堑的原地面线顶端各点和填挖相间的零点,都立起小标杆,同时挖平小丘,使推土机可以进入施工现场,如果推土机能够沿斜坡驶至最高点时,则可以由路堑的顶点开始,逐层开挖推送至路堤处。开挖时可用1~2台推土机沿路中心线的平行线进行纵向堆填,如图6-1-28a)所示。等路堑挖至其深度的一半时,再用1~2台推土机,横向分层推削路堑斜坡,如图6-1-28b)所示。由斜坡上往下推的土壤仍由下面的推土机送到填土区,这样挖到路堑与路堤全部完成为止。

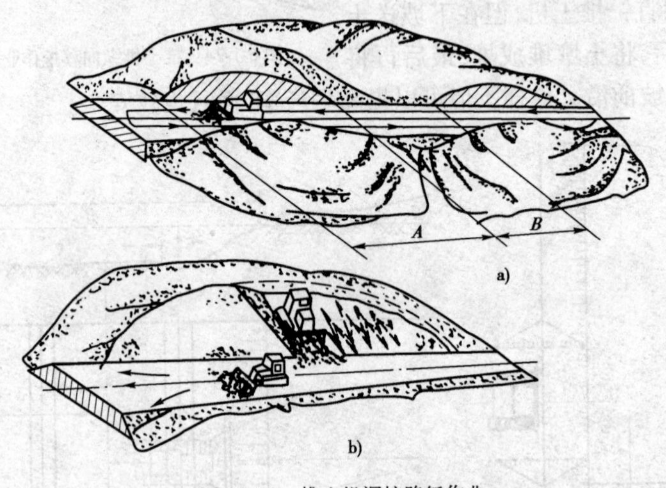

图6-1-28 推土机深挖路堑作业

a)推土机纵向推填;b)纵向横向协作推填

A-挖方区;*B*-填方区

这种深路堑的开挖顺序,如图6-1-29所示。而且每层可按沟槽推土法开挖,并尽量利用地形做到下坡推土。

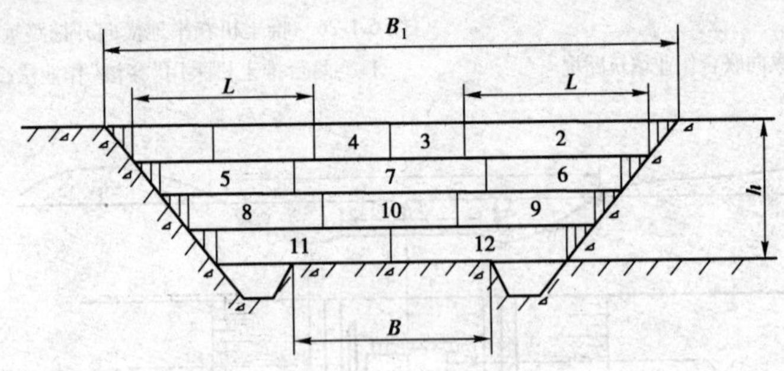

图6-1-29 推土机开挖路堑运行顺序横断面图

3. 推土机其他辅助作业

推土机不但可以从事大土方量的工程施工,而且也可以从事其他辅助作业,如平整场地和回填土作业。

在平整场地时,应选用回转推土机,在一、二级土壤上施工,平面角可调至60°。开始平整时,推土机应从已经平整过的相当于设计标高的平坦部位开始,绝对不能在不平的位置处开始平整,否则当推到较远距离时,很容易形成一个斜面。若平整场地较大,最好分若干小区,再在

各小区中选定标高，放平推土机再进行平整。

如果场地是松散土壤，不平度也较小，也可用直铲推土机，将铲刀送放在地面上，以倒驶的方法施平。总之在场地平整中，不论前进还是倒驶拖平，均应随时注意分块比平，以便随时纠正。

推土机进行涵洞回填时，也应选用回转推土机。回填时从涵洞的两侧交替推土，并尽可能地分层进行，以免压裂涵管。如用直铲推土机回填时，推土机驶离卸土位置时不要提升铲刀，应顺势后拖，顺便摊平土堆。当涵洞上面填土高过 1m 后，方可在涵洞上行驶。

四、推土机生产率的计算

推土机生产率的计算方法，应根据推土机施工作业方式不同而有所不同。当用直铲推土机作业时，其计算单位是 m^3/h 或 m^3/d。

推土机用直铲作业时生产率的计算公式为：

$$Q = \frac{60VK_BK_Y}{t_r} \tag{6-1-1}$$

式中：Q——推土机直铲作业时生产率，m^3/h；

V——铲刀前土堆的体积，m^3；

K_B——时间利用系数，一般为 0.80 ~ 0.85；

K_Y——坡度影响系数。平地为 1；上坡坡度 5% ~ 10% 时为 0.5 ~ 0.7；下坡坡度为 5% ~ 15% 时为 1.3 ~ 2.3；

t_r——每完成一个工作循环的时间，min。

铲刀前土堆的体积 V 是按铲刀结构的几何尺寸和土壤在刀前形成的自然坡度角 Φ 时的土壤体积来计算。其计算公式如下：

$$V = \frac{lh^2K_n}{2K_S\tan\varphi} \tag{6-1-2}$$

式中：l——铲刀刀身宽度，m；

h——铲刀刀身高度，m；

φ——刀前土堆的自然坡角，(°)；

K_S——土壤的松散系数。

K_n——推运时土壤的漏损系数，其值为 0.75 ~ 0.95，运距大时取大值。

推土机每完成一个循环所需时间 t_r 为：

$$t_r = \frac{L_1}{v_1} + \frac{L_2}{v_2} + \frac{L_1 + L_2}{v_3} + t_0 + t_1 \tag{6-1-3}$$

式中：L_1——铲土地段长，一般为 6 ~ 10m；

L_2——运土地段长，m；

v_1——铲土时行驶速度（1 档），m/ min；

v_2——铲运时行驶速度（1 ~ 2 档），m/ min；

v_3——空驶速度（3 ~ 4 档），m/ min；

t_0——换挡所需时间，min；

t_1——转向调头所需时间，min。

回转推土机平整场地时生产率计算公式为：

$$Q = \frac{60L(l\sin\varphi - b)K_B}{n\left(\frac{L}{v} + t_1\right)} \tag{6-1-4}$$

式中：Q——平整场地时生产率，m^2/h；

L——平整地段长度，m；

l——铲刀刀身宽度，m；

φ——铲刀平面回转角，(°)；

b——两相邻平整地段的重叠部分宽度，一般为 0.3 ~0.5m；

K_B——时间利用系数，一般为 0.80 ~0.85；

n——在同一地点上重复次数，次；

v——推土机行驶速度，m/ min；

t_1——推土机转向调头时间，min。

从推土机生产率的计算公式中可以看出，要提高生产率首先应缩短推土机作业的循环时间，提高时间利用系数，降低土壤在运送中的漏损等。

为了缩短一个循环作业的时间，推土机在铲土时应充分利用发动机的功率以缩短铲土距离。合理选择运距，使送土和回程距离最短，并尽量创造下坡铲土的条件。此外应提前为下一工序做好准备，尽量做到有机配合。当推土机将土推到卸土位置时，应边提刀边换档后退，在后退时就应选好下次落刀的位置。

为了提高时间利用系数，应消除不必要的非生产时间。如做好开工前的准备工作，避免因准备工作不善而停机。正确的组织施工，合理地选择机型，可以避免推土机因使用不当而不能充分发挥机械效能。此外在施工中应针对各种施工条件，采用正确合理的操作方法，如遇坚硬土壤应先翻松再推运，这样可以提高时间利用率。

为了减少土壤的漏损，运土时应采用土槽、土埂和双台并列推土等作业方法，这样不但可以提高运土效率，又可以增大铲刀前的土堆体积，使生产效率提高。

提高推土机生产率的因素是多方面的，在生产实际中，不但要根据施工条件，因地制宜，还要注意提高机械人员的技术水平和操作技能及施工管理人员的管理水平。

五、推土机故障排除

1. 技术维护

(1)维护的注意事项。做好机械的维修和维护，这对延长机械使用寿命，保证人机安全、提高工作效率，增加经济效益，具有很大的作用。

驾驶维修人员，除熟知“安全操作规程”提及的有关要求外，还必须遵守以下事项。

①维修维护的工作人员，必须熟练掌握机械的结构、性能、卸装程序、技术要求、注意事项等知识。

②对维修维护难度大的项目，最好向生产厂家咨询。

③日常维护通常在起动机械前和每天工作完后进行。维护前将机械停放在水平地面上，并放下铲刀，锁定闭锁机构，然后进行维护。

④不停止发动机进行维护时，必须有两人合作，一人坐在驾驶室内，另一人进行维护。当心身体不要触及运动零件。

⑤维护前，对维修部位的周围应彻底清扫和刷洗，特别对注油口、滤清器、油嘴、箱体盖周围要清洗干净，以防尘土等物浸入油液内。

⑥切记液压油路内存有高压，加油、放油或进行检查和维护时，首先要释放掉压力。释放压力的步骤如下：把铲刀和松土器落到地面，熄灭发动机，将液压系统的操纵杆连续拨到每一个档位2~3次，然后慢慢地拧松加油盖或管接头。

⑦更换机油之前，开动机械将油温升到30~40℃后放出。

⑧要用干净的油和油脂。检查或更换油时，不要在尘土飞扬的场所进行，不然尘土会混入油内。

⑨不能穿雨衣或在雨中处理电器系统。

⑩检查或加冷却水时，当心热水喷出伤人。

⑪机油滤芯或粗滤清器更换后，要把空气从油路中排出。

⑫决不可将加油口的粗滤器取出后加油。

⑬检修齿轮箱时，要当心扳手、螺母等物掉进箱体内，造成很大麻烦。

⑭油料要远离火源，不要用火把代替灯光照明。

⑮更换“O”形圈，衬垫或其他密封件时，要严格清洗零件表面，并要细心安装。

(2)例行维护，见表6-1-4。

表6-1-4

作业项目	技术要求及说明
1. 检查液压油箱油面	将机械停放在水平位置，发动机停转约5min后，油面应在油标检视孔规定的范围内。测量不足时，应加入规定牌号的液压油至规定的油面高度
2. 检查各液压油泵、液压阀和液压油缸	液压油泵、液压阀、液压油缸应工作正常，无异响。消除渗漏现象，各液压阀应工作灵敏、可靠
3. 检查液压油管及管接头	油管及管接头如有松动，应予紧固，排除漏油现象；液压软管如有裂损、老化，应予以更换
4. 检查推土铲刀角、刀片	刀角、刀片磨损严重者，应予以更换
5. 检查松土器刀齿护套	松土器刀齿护套磨损严重或断裂时，应予以更换

(3)一级维护(每200工作小时进行)，见表6-1-5。

表6-1-5

作业项目	技术要求及说明
1. 完成例行维护项目	
2. 液压油箱	新机或经大修后的机械首次使用200工作小时应更换液压油及滤清器滤芯
3. 液压滤清器	清洗滤清器滤芯。纸质滤芯需更换
4. 检查推土装置各铰接处、油缸球接头、油缸支承支架等处	检查并进行润滑。各零部件磨损严重时，应予以更换
5. 检查松土器	对松土器各铰接处及油缸活塞顶端铰接处进行润滑

(4)二级维护(每600工作小时进行),见表6-1-6。

表6-1-6

作业项目	技术要求及说明
1. 完成一级维护项目	
2. 检查工作液压油的质量	检查油质,根据需要更换液压油
3. 检查液压系统的密封性	如有渗漏,应予排除
4. 检查液压油缸	油缸如有内泄漏,应拆检、清洗各零部件,更换橡胶密封件及其他损坏的零部件
5. 检查各液压系统的工作情况	工作时,各液压系统应工作正常,若不能满足使用需要时,应查明原因,排除故障。如系统中有噪声或管路中有振动时,应排放空气

(5)三级维护(每1800工作小时进行),见表6-1-7。

表6-1-7

作业项目	技术要求及说明
1. 完成二级维护项目	
2. 液压系统	更换液压油,清洗滤清器滤芯,滤芯若有损坏,应予以更换;检查液压阀及油缸:在额定工作压力下,液压油泵、液压阀、液压油缸应工作正常,无异响,无漏油现象
3. 检查铲刀的工作情况	必要时根据土质及工况,对推土装置进行调整
4. 检查工作装置各部位	焊缝如有开焊,应进行补焊;销轴、销套磨损严重时,应予以更换。刀片磨损至高度为215mm时,应予以更换或翻转使用到高度为175mm时再换新;刀角磨损超限时,应予以更换
5. 检查松土器	松土器各铰接处销轴、销套磨损超限时,应予以更换;松土器齿齿端磨损至235mm,护套磨损至90mm时,应予以更换

2. 油的选用(见表6-1-8)

表6-1-8

部位	环境温度(℃)及适用油品 -15 -10 -5 0 5 10 15 20 25 30 35 40 45	用量(L)
发动机燃油箱	-10~-35号轻柴油 0号轻柴油	300
发动机油底壳	SAE10W/30 * SAE15W/40	20
主离合器箱 变速器 后桥箱	SAE10W/30 * SAE15W/40 SAE30	主离合器箱22 变速器52 后桥箱70
液压油箱	SAE10W/30 * SAE15W/40	108

续上表

部　位	环境温度(℃)及适用油品 -15　-10　-5　0　5　10　15　20　25　30　35　40　45	用量(L)
终传动箱	SAE30 *SAE40	23
支重轮 托　轮 引导轮	SAE140	0.25(每个)
其余润滑部位	2号、3号锂基润滑脂	适量

注:①标“*”的油品为其栏内油品的代用品,没有上一格的油品,可用带“*”油品代用。

②润滑油品牌号均为CD级,若使用CC级,换油时间应按规定的1/2时间执行。

③当环境温度低于-20℃时,发动机油底壳的油换成SAE5W/20。

④加油时应先从加油口抽出过滤网,用干净柴油清洗干净后,放回加油口,才可以加油,应使用充分沉淀后的油品。

⑤油、油脂的加入量要符合要求,不可过多或过少。

⑥加油、水的用具一定要干净,用后存放在盖严的箱子或柜子中。

⑦排油时要使油温预热至30~40℃为宜。

⑧发动机燃油箱、发动机油底壳用油可参照发动机使用说明书。

3.推土机常见故障、原因及排除方法(见表6-1-9)

表6-1-9

故　障	原　因	排除方法
主离合器打滑	1.摩擦片间隙过大	调整间隙,如摩擦片磨损超过原厚度1/3时,应更换摩擦片
	2.离合器摩擦片粘油	清洗、更换油封
	3.压盘弹簧性能减弱	进行修复或更换
主离合器分离不彻底或不能分离	1.钢片翘曲或飞轮表面不平	校正修复
	2.前轴承因缺油咬死	更换轴承,定期加油
	3.压脚调整不当或磨损严重	重新调整或更换压脚
主离合器发抖	1.离合器套失圆太大	进行修复
	2.松放圈固定螺栓松动	紧固固定螺栓
主离合器操纵杆沉重	1.调整盘调整过量	松回调整盘,重新调整
	2.油量不足使助力器失灵	补充油量
液力变矩器过热	1.油冷却器堵塞	清洗或更换
	2.齿轮泵磨损,油循环不足	更换齿轮泵
变速器挂档困难	1.联锁机构调整不当	重新调整
	2.惯性制动失灵	调整
	3.齿轮或花键轴磨损	修复,严重时更换
变速杆挂档后不起步	1.液力变矩器和变速器的油压不上升	检查修理
	2.液压管路有空气或漏油	排除空气,紧固管路接头
	3.变速器滤清器堵塞	清洗滤清器

续上表

故　障	原　因	排除方法
中央传动啮合异常	1. 齿轮啮合不正常或轴承损坏	调整齿轮间隙,更换轴承
	2. 大圆锥齿轮紧固螺栓松动或第二轴上齿轮毂磨损	紧固螺栓或旋紧第二轴前锁紧螺母后用开口销锁牢
转向离合器打滑使推土机跑偏	1. 操纵杆没有自由行程	调整后达到规定
	2. 离合器片粘油或磨损过大	清洗或更换
操纵杆拉到底不转弯	1. 操纵杆与增力器间隙过大	调整
	2. 主从动片翘曲,分离不开	校平或更换
推土机不能急转弯	1. 制动带粘油或磨损过度	清洗或更换
	2. 制动带间隙或操纵杆自由行程过大	调整至规定值
液压转向离合器不分离	1. 转向油压、油量不足	清洗滤清器,补充油量
	2. 活塞上密封损坏、漏油	更换密封环
制动器失灵	1. 制动摩擦片粘油或磨损过度	清洗或更换
	2. 踏板行程过大	调整
引导轮、支重轮、托带轮漏油	1. 浮动油封及O形圈损坏	更换
	2. 装配不当或加油过量	重新装配,适量加油
驱动轮漏油	1. 接触面磨损或有裂纹	更换或重新研磨
	2. 装配不当或油封损坏	重新装配,更换油封
引导轮、支重轮、托带轮过度磨损	1. 三轮的中心不在一条直线上	校正中心
	2. 台车架变形,斜撑轴磨损	校正修理,调整轴封
履带经常脱出	1. 履带太松	调整履带张力
	2. 支重轮、引导轮的凸缘磨损	修理或更换
	3. 三轮中心未对准	校正中心
液压操纵系统油温过高	1. 油量不足	添加至规定量
	2. 滤清器滤网堵塞	清洗滤清器
	3. 分配器阀上、下弹簧装反	重新装配
液压操纵系统作用慢或不起作用	1. 油箱油量过多或过少	使油量达到规定值
	2. 油路中吸入空气	排除空气,拧紧油管接头
	3. 油箱加油口空气堵塞	清洗通气孔及填料
铲刀提升缓慢或不能提升	1. 油箱中油量不足	加油至规定油面
	2. 分配器回油阀卡住或阀的配合面上沾有污物	用木棒轻敲回油阀盖,或取出清洗阀座后重新装回
	3. 安全阀漏油关闭压力过低	检查、调整压力
	4. 操纵阀卡住	检查修理
安全阀不起作用	1. 安全阀有杂物夹住或堵塞	检查并清理
	2. 弹簧失效或调整不当	更换或重新调整

课题二　铲运机施工技术与故障排除

一、概述

铲运机是一种利用装在前后轮轴或左右履带之间的带有铲刃的铲斗,在进行中顺序完成铲削、装载、运输和卸铺的铲土运输机械。

1. 用途及分类

1)用途

铲运机是一种使用范围很广的土方施工机械,主要用于较大运距的土方工程,如填筑路堤、开挖路堑、大面积的平整场地和浮土剥离等。由于它本身能完成产装、运输和卸铺作业,并兼有一定的压实和平整能力,因而与其他装运土方设备相比具有较高的生产效率和经济性。

铲运机广泛用于公路、铁路、港口及大规模的建筑施工等工程中的土方作业。如在公路施工中,用来开挖路垫、填筑路堤、搬运土方等;在水利工程中,开挖河道、渠道,填筑土坝、土堤等;在农田基本建设中,进行土地整平、铲除土丘、填平洼地等;在机场、矿山建设施工中,进行土方铲削作业;在适宜的条件下亦可用于石方破碎的软石工程施工。铲运机在井下采掘、石油开发、军事工程等场合,也得到了广泛的应用。

2)分类

铲运机可按铲斗容量、卸土方法、操纵系统形式、行走方式及轴数等进行分类。

按铲斗容量分为小容量($3m^3$ 以下)、中等容量($4 \sim 14m^3$)、大容量($15 \sim 30m^3$)和特大容量($30m^3$ 以上)4 种。

按卸土方法分为强制式、半强制式和自由式 3 种。

按操纵形式分为钢索滑轮式和液压操纵式 2 种。

按行走方式分为拖式、半拖式和自行式 3 种。

铲运机按其轴数分为双轴式与单轴式。双轴式铲运机自己没有动力,一般由履带式拖拉机、推土机牵引,故有时又称其为拖式铲运机。单轴式铲运机是拖挂在单轴轮胎牵引车上,牵引车的单轴主动桥也就是铲运机的前轴,因此形成一种本身具备有动力装置的自行式铲运机,故有时又称其为自行式铲运机。液压操纵拖式铲运机与自行式铲运机如图 6-2-1、图 6-2-2 所示。

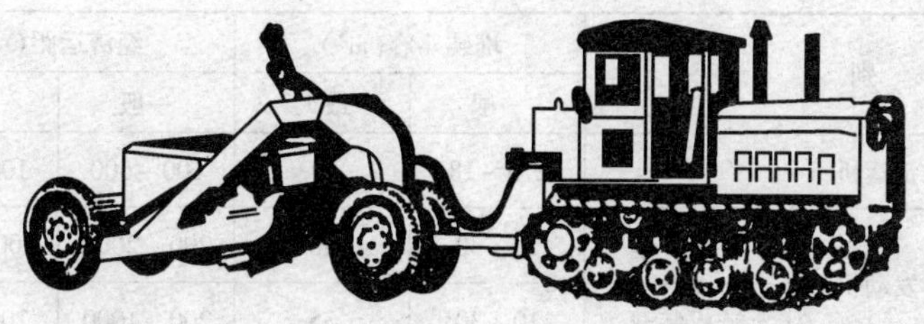

图 6-2-1　液压操纵拖式铲运机

国产铲运机产品分类见表 6-2-1 所示。产品型号一般由类、组、型代号与主参数代号两部分组成。

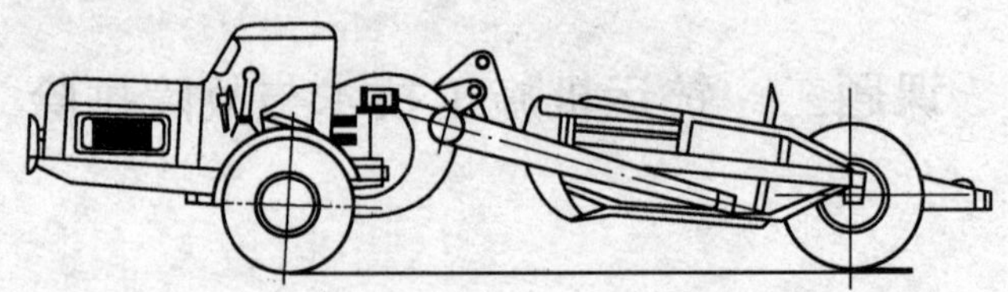

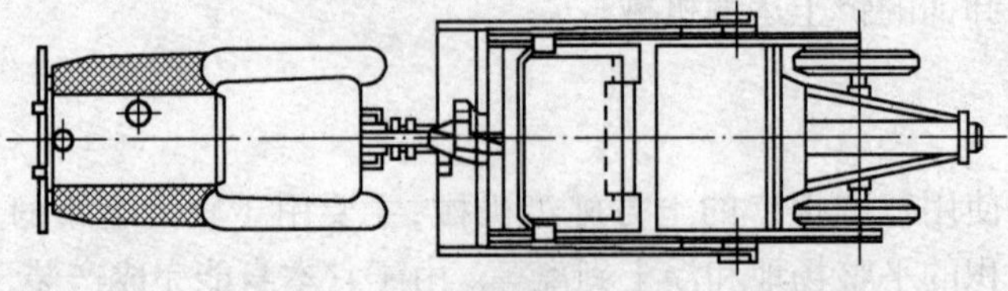

图 6-2-2 自行式铲运机

铲运机产品分类(JB 1603—75)

表 6-2-1

类	组	型	特性	代号	代号含义	主参数 名称	主参数 单位
铲土运输机	铲运机	履带式	—	C	履带机械铲运机	铲斗几何容量	m^3
			Y(液)	CY	履带液压铲运机		
		轮胎式	—	CL	轮胎液压铲运机		
		拖式 T(拖)	—	CT	机械拖式铲运机		
			Y(液)	CTY	液压拖式铲运机		

2. 特点及使用范围

铲运机的适用范围主要取决于土质特性、运距、机器本身的性能和道路状况。铲运机是根据运距、地形、土质来选用的,其中经济运距和作业阻力是选择铲运机的主要依据。

1) 铲运机的经济运距

铲运机的经济运距视类型不同而异。一般与斗容量的大小成正比,如表 6-2-2 和表 6-2-3 所列,但也不是绝对的。一般情况下,斗容量 $6m^3$ 以下的铲运机的最短运距以不小于 100m 为宜,最长不应超过 350m,经济运距为 200 ~ 300m。斗容量 10 ~ 30 m^3 的自行式铲运机,最小运距不小于 800m,最长运距可达 1500m 以上。

各种铲运机的适用范围表

表 6-2-2

类别			堆装斗容(m^3) 一般	堆装斗容(m^3) 最大	经济运距(m) 一般	经济运距(m) 最佳	道路坡度(%)
拖式铲运机			2.5 ~ 18	24	100 ~ 500	100 ~ 300	15 ~ 25
自动式铲运机	单发动机	一般铲装	10 ~ 30	50	200 ~ 2000	200 ~ 1500	5 ~ 8
		链板装载	10 ~ 30	35	200 ~ 1000	200 ~ 600	5 ~ 8
	双发动机	一般铲装	10 ~ 30	50	200 ~ 2000	200 ~ 1500	10 ~ 15
		链板装载	10 ~ 16	34	200 ~ 1000	200 ~ 600	10 ~ 15

几种国产铲运机的使用条件　　表 6-2-3

型号		斗容量（m^3）	牵引方式及动力（kW）	操纵方式	卸土方式	切土深度（mm）	卸土深度（mm）	适用运距（m）
拖式铲运机	CT6	6~8	履带拖拉机(58.8~73.6)	机械式	强制式	300	380	100~700
	CTY7	7~9	履带拖拉机(88.3)	液压式	强制式			100~700
	CTY9	9~12.5	履带拖拉机(132.4~161.8)	液压式	强制式	300	350	100~700
	CTY10	10~12	履带拖拉机(95.6~147.1)	液压式	强制式	300	300	100~700
自行式铲运机	CL7	7~9	单轴牵引车(132.4)	液压式	强制式	300	400	800~1500

2）铲运机对土的适应性

铲运机应在一、二级土中施工，如遇三、四级土应预松。在土的湿度方面，最适宜在湿度较小（含水量在25%以下）的松散砂土和粘土中施工，但不适宜于干燥的粉砂土和潮湿的粘性土中作业，更不宜在地下水为高的潮湿地区和沼泽地带以及岩石类地区作业。

3）铲运机对地形的适用性

铲运机在施工中应尽可能地利用下坡地形铲装和运输以提高生产率。但是与推土机不同之处在于，推土机下坡推土只要在允许范围内，坡度越大，效率越高。而铲运机一般铲装时的下坡角不应大于7°~8°，在这样的坡度上铲装效率最高，如坡度过大，铲下的土不易进入斗内，反而降低。

3. 发展动向

1）向大斗容量、大功率、高驶速铲运机发展

目前国外铲运机正朝着大斗容量、大功率、高驶速的方向发展。铲运机单斗达30m^3，双斗串联式的总容量达63m^3；提高驶速，特别是运土和空返速度对提高铲运机的生产效率十分重要。为此大型铲运机的行走装置由牵引式向自行式发展，行走方式向轮胎式发展。如美国通用公司的S—lie自行式铲运机，运输速度已达41km/h。为适应大斗容、高驶速对所需功率的要求，除了加大发动机功率外，现在有的铲运机后部装有辅助动力机，专供铲装土和重载上坡行驶使用。有的将双斗串联自行式铲运机，前、中、后多装一台发动机，总功率高达353kW（480马力）。

2）采用新结构、改进工作部件、提高铲运机工作效率

向采用新结构、改进工作部件、提高铲运机工作效率发展。铲斗内装配主动工作部件，如升运器、螺旋推进器、抛掷器等，这种结构不需推力，自行装载，可提高铲斗充满系数，减少牵引阻力，提高工作效率，美国大量生产的带升运器的铲运机较普通铲装式铲运机的作业成本降低20%；运用压缩空气、振动、超声波等新方法对土做功以提高功效；采用激光探测系统观察平整地段的高差、确定该地段地面不平整度，可使铲运机提高工效5%~10%，能量消耗降低5%~6%。

3）广泛采用液压技术

由于液压元件具有重量轻、结构简单、操作方便等优点，在铲运机的设计中越来越注重使用液压系统进行操纵，如液压导向、液压制动、液压动力输出、液压传动驱动轮、液压马达等，铲

运机由机械传动向液力-机械式和全液压传动方向发展。

全液压传动中，发动机直接控制变量泵，通过液力输送带动液压马达，把动力直接传送到行走装置和工作部件，实现无级变速，取消了变速器、传动轴、万向节、减速器等。

在液力-机械式传动中，广泛采用变矩器、动力换档变速装置，最终行星齿轮传动等元件。在铲运机使用过程中，采用液力变矩器能更好地适应外界载荷急剧变化的需要，可自动有载换档和无级变速，从而改变输出轴速度和牵引力，使机器平稳工作，可靠地防止发动机熄火及传动系过载，从而提高了铲运机的动力性能和作业性能。

目前大多数液压传动的筑路机械用提高油压的方法来提高液压传动的总效率，减少单位金属消耗量；广泛采用变量调节闭式液压系统，而不用节流调节。组合泵直接与发动机连接，而不通过中间齿轮传动。采用先进的制造工艺和新材料，特别是使密封件，液压件的可靠性也大为提高。

4）发展专用和特种用途铲运机

为了适应矿山、井下采掘以及装运矿物的需要，国外专门设计了井下作业铲运机，这是专为地下矿山设计的一种低车身铰接型轮胎式前端装载机。为了适应低湿、沼泽地改良土壤作业，国外专门设计生产了宽履带板或三角履带式铲运机。为了开发海底资源，发展水产养殖业，进行围海造田，适应水下作业的需要，专门设计生产了水陆两用和水下作业铲运机。

二、铲运机基本作业

1. 铲运机基本作业

铲运机是一种循环作业式的土方施工机械，它的工作过程与推土机大致相同，其工作过程如下。

1）铲装过程

首先升起铲斗斗门，放下铲斗，铲斗在自重或液压动力作用下，随着铲运机的前进，铲刀逐渐切入土中，被切下的土层则被挤入斗内。

2）运输过程

当斗内装满土壤后，升起铲斗同时关闭斗门，铲运机运行到需要卸土地区。

3）卸土过程

放低铲斗，使斗口离地面一定距离（即铺土厚度），开启斗门，用卸土板将斗内土壤向外推卸，随着铲运机的行驶就在卸土地段铺卸一层土壤。

4）回驶过程

卸土完成后，关闭斗门，升起铲斗，铲运机空驶到铲土地段进行下一循环的作业。

机械操纵式铲运机工作过程简图如图 6-2-3 所示。

2. 铲运机铲土方法

根据施工现场的地形和土壤条件，铲运机有以下几种铲土方法。

1）一般铲土法

铲运机在一、二级土壤施工中，铲土开始时，应使铲刀以最大深度切入土中（不超过30cm），随着铲运机行使阻力不断增加，逐渐减小铲土深度，直至铲斗装满为止。此时铲运机形成的铲土道纵断面如图 6-2-4 所示。

2)波浪式铲土法

这种铲土方法适用于较硬的土壤。当铲运机开始铲土时,使铲刀以最大深度切入土中,随着铲运机负荷逐渐增加,发动机转速降低,相应地减小切土深度,这样反复若干次,直至铲斗装满为止。其铲土道断面如图 6-2-5 所示。这种铲土方法的优点是可以充分利用发动机功率,并能改善装土条件,从而可以提高工作效率。

3)跨铲铲土法

这种方法适用于较坚硬的土壤,铲土时按图 6-2-6 所示的程序来布置铲土道。作业时,先在取土场第一排(1、2、3 区)铲土道上取土,两相邻铲土道之间留出铲斗宽一半的土不铲。然后再在第二排(4、5 区)铲土道取土,其起点应在第一排铲土道长度的一半处开始。第三、第四排铲土道依次后移,使各铲土道前、后、左、右重合起来。采用这种方法,由于铲土的后半段减小了切土宽度,铲土阻力也相应地减小,所以能使铲运机有足够的牵引力将铲斗装满,同时又可以缩短铲土道长度和铲土时间,使铲运机工效提高。

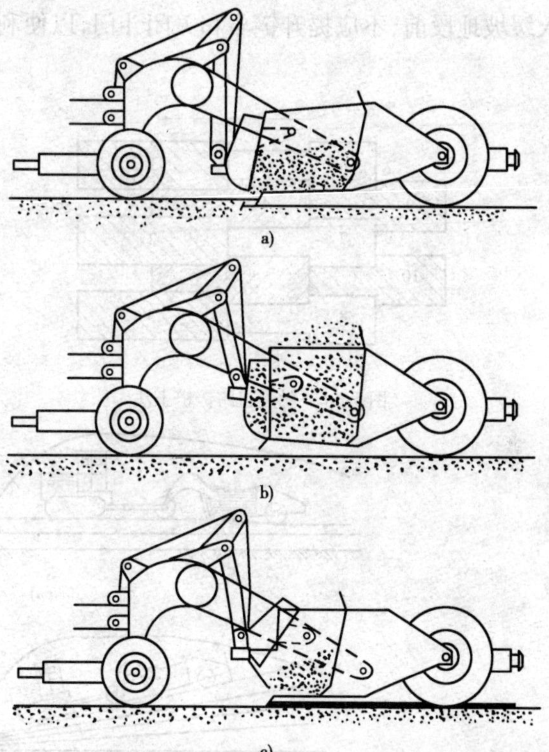

图 6-2-3　机械操纵式铲运机工作过程

a)铲装过程;b)运输过程;c)卸土过程

如果取土场狭窄,不能按上述施工程序布置时,也可采用单排跨铲,如图 6-2-7 所示,每条铲土道间留出适当宽度的土埂,使铲运机在铲除这些土埂时可减少切土阻力。

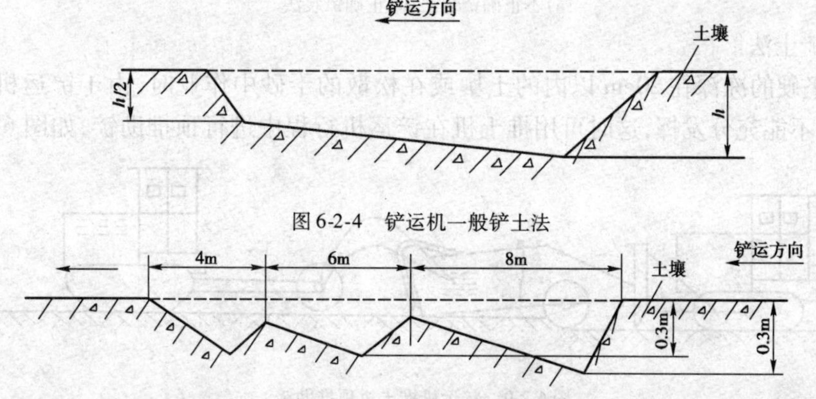

图 6-2-4　铲运机一般铲土法

图 6-2-5　铲运机波浪式铲土法

4)下坡铲土法

这种方法主要是利用铲运机的重力分力所产生的下坡推力使牵引力增加,从而提高铲土效率,如图 6-2-8 所示,铲土下坡角一般为 7°~8°,最大不超过 15°。如在平地取土坑铲土,应

先在一端铲低,然后保持一定的坡度向后延伸铲土道,人为地创造下坡铲土的有利地形。当进行下坡铲土时,应特别注意安全。一般下坡时铲运机应低速行驶,当铲运机进入坡道地段时应立即放下铲斗,以便铲斗与地面之间的阻力降低铲运机的行驶速度。当铲斗铲满,但后轮未进入缓坡地段前,不应提升铲斗和关闭斗门,以便利用斗前土壤的阻力而起制动作用。

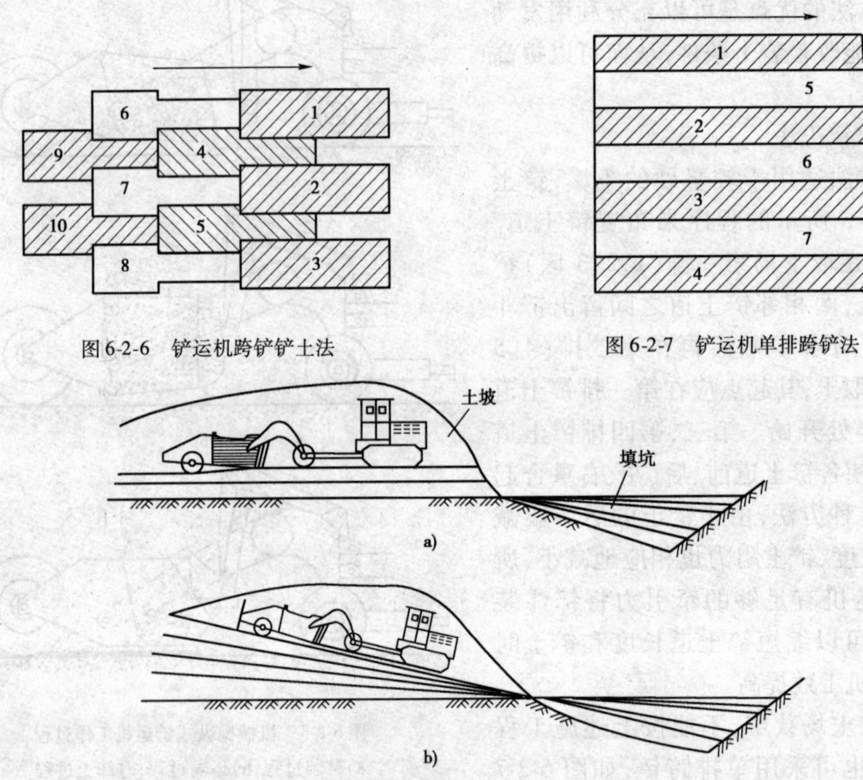

图6-2-6　铲运机跨铲铲土法

图6-2-7　铲运机单排跨铲法

图6-2-8　铲运机下坡铲土法

a)不正确铲装法;b)正确铲装法

5)顶推铲土法

在铲装坚硬的冻深在20cm以内的土壤或在松散的干砂中作业时,由于铲运机的附着力不足,牵引力不能充分发挥,这时可用推土机在铲运机行程中进行顶推助铲,如图6-2-9所示。

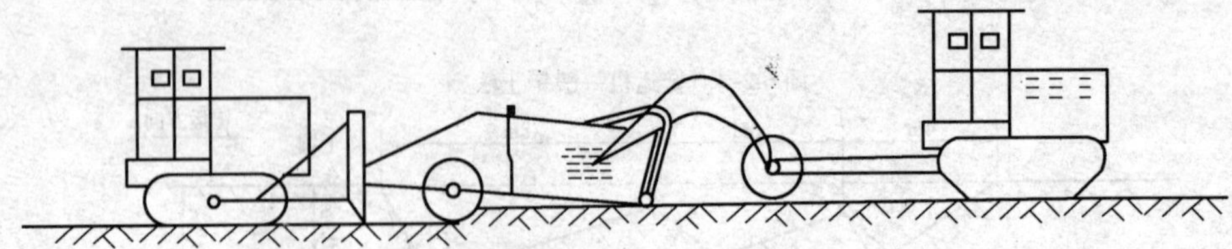

图6-2-9　铲运机推土机顶推助铲

这样可以增大牵引力,克服铲土阻力,如组织得当,可提高效率30%左右。用这种方法施工必须具有一定的工程和工作面,方可避免助铲推土机窝工。一般取土场的宽度不小于20cm,长度不短于80m,铲运机半周运距不短于250m。推土机进行助铲的次序可随施工现场的具体情况而定,且助铲路线如图6-2-10所示。每台推土机能配合的铲运机台数可根据下式计算:

$$N = t_T - (t_1 - t_2)/t_2 + t_3$$

式中:N——每台推土机能配合的铲运机台数,台;

t_T——无助铲时铲运机左右循环时间,min;

t_1——无助铲时每次铲土所需时间,min;

t_2——有助铲时每次铲土所需时间,min;

t_3——推土机每次助铲换位时行使时间,min。

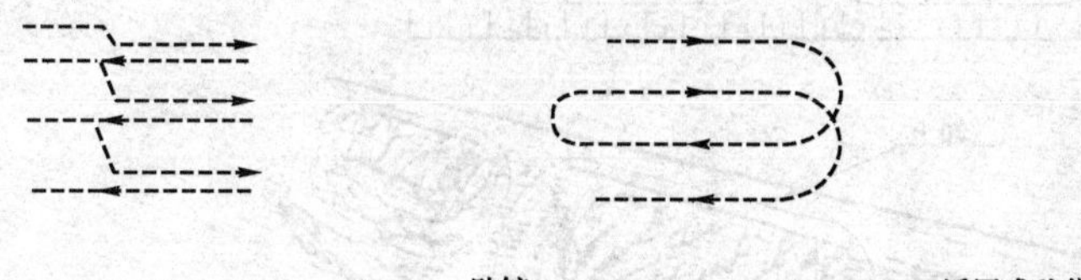

图 6-2-10　推土机顶推助铲顺序图

在推土机顶推助铲时应注意:如铲土道按单排跨铲布置,当推土机尚未进入助铲位置或暂时配合失调时,铲运机可独立进行跨铲作业;铲运机后部的顶推缓冲装置必须齐备;推土机铲刀的顶推部位应作适当的加固,或者采用专业顶推架;铲运机进入取土场时,应尽量按规定顺序,依次进入铲土道,以免相互干扰和等待。

正确掌握铲斗斗门开启的大小,对铲装作业影响很大。因为铲运机装土时,土层是被挤入斗内的,如图 6-2-11a)所示。在开始铲土时,土层是沿着斗底向后移动,直至斗壁为止,此时斗门开启 60~70cm 为宜。当继续铲土时,各土层堆置在前一层的上面,如图 6-2-11b)所示。随着土层的堆高,土层就曲向前方,朝斗门的方向挤去,此时应将斗门开小些,以便土壤向斗门弯曲挤入,一般斗门开度约 25~45cm。如要将土层继续挤入,使铲斗装得更满,则必须具有相当大的压力才能装入,为此将斗门重新开大一些,一般为 35~55cm,如图 6-2-11c)所示。等到被铲下的土层不能被挤入时,即可关闭斗门,升起铲斗进行运输。

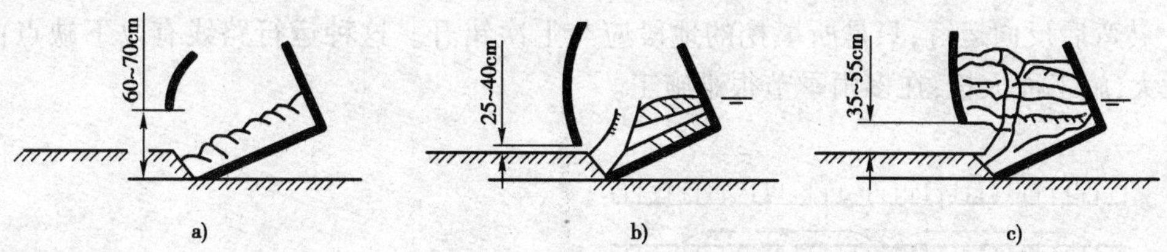

图 6-2-11　铲运机铲装时斗门开启的合理位置

三、铲运机施工作业

1. 铲运机施工运行路线

铲运机施工运行路线的选择要综合考虑施工效率、地形条件、机械磨损等因素,以达到运距短、坡道平缓和修筑工作量小等要求。

在填筑路堤和开挖路堑工程中常用的运行路线有"椭圆"形、"8"字形、"之"字形、"穿梭"形和"螺旋"形等。其中前两种应用较多。

1)"椭圆"形运行路线

这种路线适合于路外100～500m处开挖路堑，运土至弃土堆和由取土坑取土填筑路堤，如图6-2-12所示。它的最大优点是在不同的地形条件下布置灵活，顺逆运行方向可以随时改变，同时运行中干扰也较小。缺点是重载上坡的转角大，转弯半径较大。

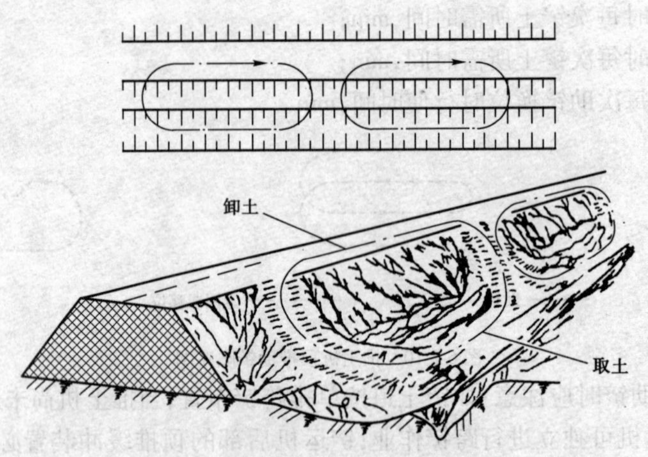

图6-2-12　铲运机椭圆形运行路线

2）“8”字形运行路线

所谓“8”字形实际上是两个椭圆形的连接，如图6-2-13所示，不同的是减少了两个180°的急转弯。它的优点是在一次循环运行中可以完成两次铲土和两次卸土，同时重载和空载行使的距离都比较短，效率高，在同一个运行路线中可以容纳多台铲运机同时施工。缺点是要求有较大的施工场地，而且取土场在路线的两侧时，条件限制多，因此在小型工地较少采用。

3）“之”字形运行路线

“之”字形运行路线实际上是若干“8”字形首尾相接的路线，如图6-2-14所示。这种路线适应于较长的地段施工，并宜于机群作业，即各机列队（每机间隔20m）依次行进填挖到尽头，做180°转弯后反向运行，只是所填挖的地段应与上次错开。这种运行路线有以下缺点：一次循环太大，施工面太长，在多雨季节很难施工。

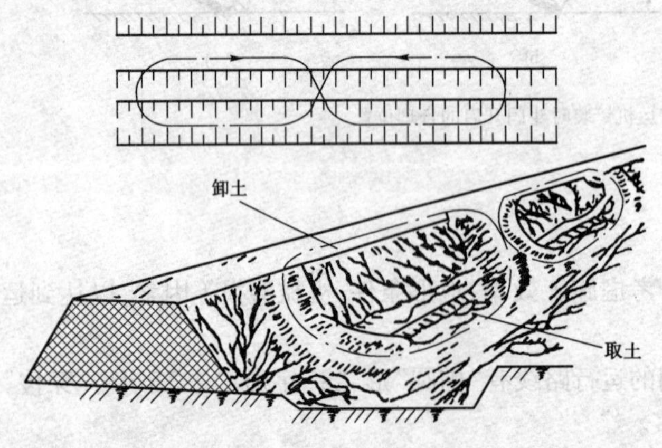

图6-2-13　铲运机“8”字形运行路线

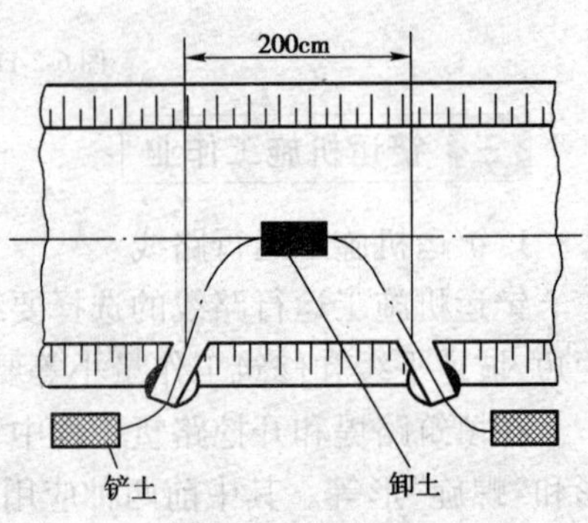

图6-2-14　铲运机“之”字形运行路线

4)“穿梭”形与“螺旋”形运行路线

“穿梭”形运行路线如图6-2-15所示,与上述几种运行路线相比,铲运机空载行驶距离短,全程也较短,在一个循环中可以完成两次铲运作业,因此施工组织简单。缺点是对一侧取土坑有局限性,运行路线中完成一个循环有4次转弯,增加了运行时间,另外铲运机单侧磨损较重。

“螺旋”形实际上是“穿梭”形的一种变形,铲运机纵向铲土后,转向路堤上横向卸土,随后驶到路堤的另一侧取土坑再行铲装。这样运行路线主要优点是运距短,工效高。缺点是急转弯多,铲运机易产生偏磨。

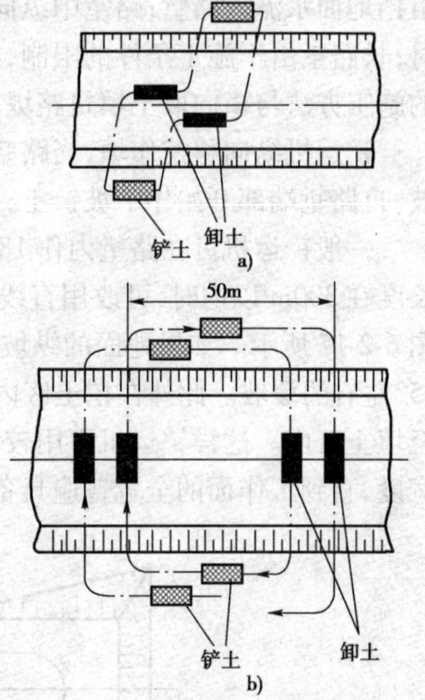

图6-2-15　铲运机“穿梭”形和“螺旋”形运行路线

a)铲运机“穿梭”形运行路线;b)铲运机“螺旋”形运行路线

2. 铲运机填筑路堤

利用铲运机进行路堤施工时,其取土距离应在路堤100m以外,而填筑高度在2m以上较为合理。2m以下的路堤最好采用推土机、铲运机联合作业,使两者各发挥自己的优势。

利用铲运机填筑路堤时,按卸土方向不同,分为纵向和横向填筑两种。

纵向填筑的程序:首先检查桩号,边坡处应用明显的标杆标出其准确的位置,再根据施工规定进行基底处理,然后按照选定的运行路线进行施工。填筑高度在2m以下时应采用“椭圆”运行路线,如运行地段较长也可采用“之”字形。填筑高度在2m以上时,应采用“8”字形,这样可以使进出口的坡道平缓些。

填筑路堤时应从两侧分层向中间填筑,使填筑层始终保持两侧高于中间,这样可以防止铲运机向外翻车,如图6-2-16所示。

铲运机填筑路堤时,其自重通过轮胎对土壤有良好的压实作用,因此在卸土时应将土壤均匀分布路堤上,同时铲运机在运土和回驶过程中,车轮应使路堤上铺卸的土都能压到,以保证路基的压实质量。

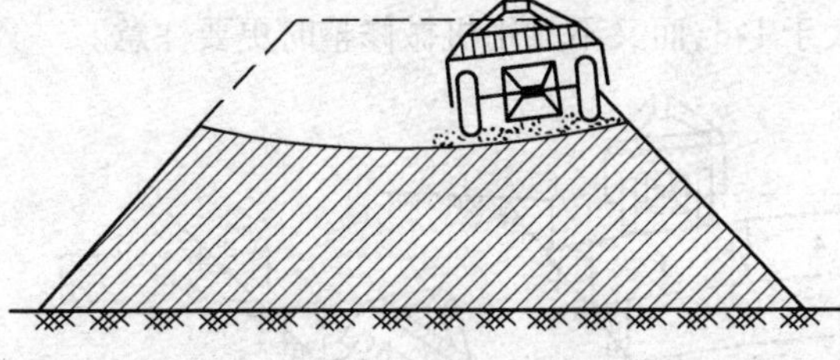

图6-2-16　纵向填筑路堤时由两侧向中间填筑

当路堤两侧填筑到标高时,再把中部填平,并使其有一定的拱度,此时即完成了路堤的粗坯工程。

当路堤填筑高于1m以上时,应修筑上堤运行通道。高度大于2m时,则每隔50~60m修筑上下通道或缺口,通道的最小宽度为4m,转弯半径不小于6m,上坡通道的坡度一般为15%~20%,下坡道的极限坡度为50%。当路堤填筑竣工后,所设的进出口通道和缺口都应封填。

横向填筑路堤时,其填筑方法与纵向相同,只是运行路线应根据施工现场的条件采用横向卸土的“螺旋形”运行路线进行施工。

3. 铲运机开挖路堑

铲运机开挖路堑有两种作业方式:一种是横向弃土开挖;另一种是纵向移挖作填。路堑应分层开挖，并从两侧开挖，每层厚约15～20cm，这样做既能控制边坡，又能使取土场保持平整。同时还应沿路堑两侧纵向作出排水坡度。

路堑在下列情况中，应采用横向开挖。堑顶地面有显著横坡，而上游一侧需设置弃土堆，阻挡地面水流入路堑；路堑中纵向运土距离太长，严重影响工效；不需要利用土方或利用不完时；长路堑由于施工条件的限制，机械只承担一段，而两端又无法纵向出土时。横向开挖路堑的施工方法与横向取土填筑路堤相似。

铲运机纵向移挖作填，当路堑须向堑口外相接的路堤处作填方时，铲运机应当利用地面纵坡，自路堑端部开始作下坡铲土，并逐渐向堑内延伸挖土长度，而填筑路堤也应延伸。

一般铲运机可在路堑内作180°转向，从路堑的两侧分别开挖。当延伸到路堑的中部，而长度在300m以内时，可改用直线迂回运行的方法，作纵向贯通运行，往返交替向两端挖运，如图6-2-17所示。如果地面的纵坡过陡，铲运机不能运行时，应先用推土机在路堑的端部推出15°左右的缓坡。此外在挖土区内每隔20～30m宽度为铲运机开通一条回驶上坡道，并延伸至填土区内。这样铲运机可用较大功率下坡铲土，在空驶上坡道两侧卸土填方，逐步扩大通道宽度，直到工作面的全宽普遍具备正常运行条件。

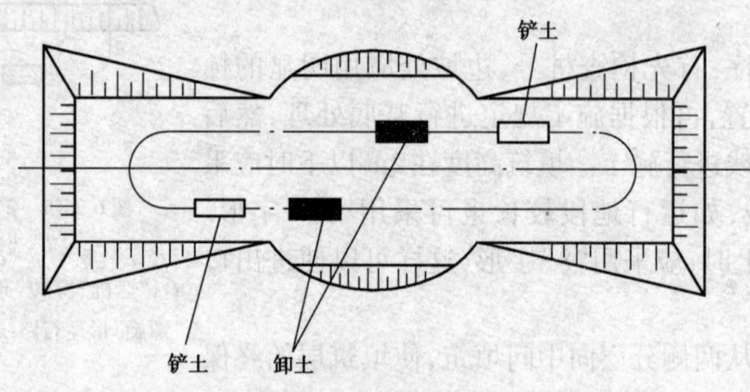

图6-2-17　铲运机纵向移挖作填作业图

铲运机在开挖路堑时，应先从两边开始，如图6-2-18所示。这样不会造成超挖或欠挖，否则将大大增加边坡修整的工作量。特别是在边坡大于1∶3，而又不能用机械修整时更要注意。

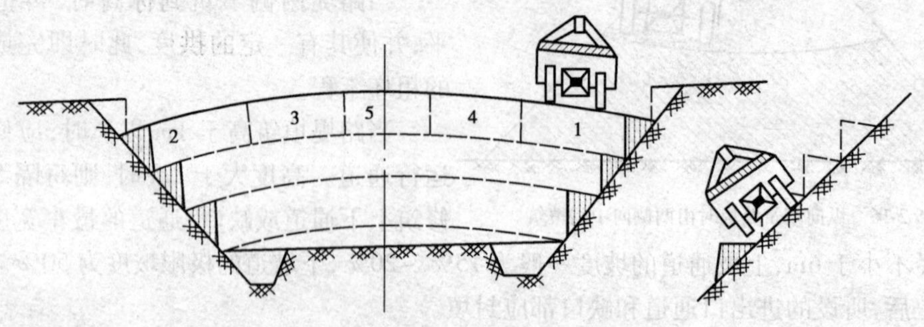

图6-2-18　铲运机开挖路堑的顺序

四、铲运机生产率的计算

铲运机生产率可由下式计算：

$$Q = \frac{60VK_BK_H}{t_YK_s} \tag{6-2-1}$$

式中：Q——铲运机生产率，m^3/h；

K_H——土壤充满系数，见表6-2-4；

K_s——土壤松散系数，见表6-2-5；

V——铲斗的几何容量，m^3；

K_B——时间利用系数，一般为0.75~0.8；

t_Y——铲运机每一个工作循环所用的时间，min；其值可由下式求得：

$$t_Y = \frac{L_1}{v_1} + \frac{L_2}{v_2} + \frac{L_3}{v_3} + \frac{L_4}{v_4} + nt_1 + 2t_2 \tag{6-2-2}$$

式中：L_1, L_2, L_3, L_4——铲运、运土、卸土、回驶的行程，m；

v_1, v_2, v_3, v_4——铲运、运土、卸土、回驶的行程速度，m/min；

t_1——换档的时间，min；

t_2——每循环中始点和终点转向所用的时间，min；

n——换档次数。

各种土壤的性质对铲斗的充满系数 K_H 见表6-2-4所列。

铲运机铲斗的充满系数 K_H　　表6-2-4

土壤种类	充满系数	土壤种类	充满系数
干砂	0.6~0.7	砂土与粘性土（湿度为4%~6%）	1.1~1.2
湿砂（湿度为12%~15%）	0.7~0.9	干粘土	1.0~1.1

土壤的松散系数 K_S　　表6-2-5

土的种类和等级		土的松散系数		土的种类和等级		土的松散系数	
		标准值	平均值			标准值	平均值
一	植物性以外的土	1.08~1.17	1.10	四	—	1.24~1.30	1.25
二	植物土、泥炭黑土	1.20~1.30	1.10	五	除软石灰外	1.26~1.32	1.30
三	—	1.14~1.28	1.20	六	软石灰石	1.33~1.37	1.30

从铲运机生产率计算公式中可以看出，影响其生产率的因素有人为因素和施工组织方面因素两种，其中人为因素有充满系数 K_H、一个工作循环所用的时间 t_Y 和时间利用系数 K_B。K_H 除了土壤性质的自然因素外，主要的是驾驶员操作技术的熟练程度、操作方法和其他的施工辅助措施等。对 t_Y 的影响因素主要是施工组织、驾驶员的操作方法和技术熟练程度。另外施工组织的好坏，也影响到一个工作循环中的每个环节及铲运机运行速度的提高，因此提高铲运机生产率通常采用下列措施：

(1)对于三级以上的土壤或冻土，应先用松土器预松，每次的松土深度不宜超过20~40cm，否则会影响铲运机的牵引力。

(2)应清除铲土地段的树根、树桩、灌木林和孤石等，以免影响铲运机铲装的运行时间。

(3)为了缩短铲运机的运行时间。在确定运行路线时,应尽可能地缩短运距,减少转弯次数,并尽量采用空车转弯和上坡。

(4)尽可能地采用高速档,以保证铲运机特别是自行式铲运机高速行驶,应经常保持运土道路处于良好状态。

(5)应尽量做到下坡铲土,以增大铲土深度、缩短铲土时间和提高充满系数。

五、铲运机故障排除

1. 技术维护

1)例行维护(每班进行)(见表6-2-6)

表6-2-6

作业项目	技术要求及说明
1. 检查液压油箱油位	将铲运机置于水平地面,铲斗降下,卸土器朝前,关闭发动机后检查液压油油位。油表显示应位于"ADD"(加)和"FULL"(满)之间,或在注油口的油标尺上位于"ADD"(加)和"FULL"(满)之间,如达不到,则需通过注油口注油。检查油盖垫圈,如有损坏,应予更换。每工作50h进行此项检查
2. 润滑卸土板滚轮	对滚轮润滑点加注润滑脂,每工作50h进行
3. 润滑推拉装置轴承	对3个润滑点加注润滑脂,每工作50h进行

2)一级维护(每200工作小时进行)(见表6-2-7)

表6-2-7

作业项目	技术要求及说明
1. 完成例行维护项目	
2. 更换液压油滤清器	将机械水平停置,将铲斗降下,卸土器朝前,关闭发动机。卸下液压油箱注入口盖子时,应徐徐打开,以释放油箱中的气压。更换两个滤清器。以干净、不可燃溶剂清洗盖子,检查密封圈的完好性,如有损坏,应予以更换。安装时应在密封圈上涂上薄薄一层机油。安装完毕后,起动牵引发动机使油能充满滤清器;检查是否漏油,如有渗漏,予以排除故障。关闭发动机后通过观察孔检查液压油油位,油位应位于"ADD"(加)和"FULL"(满)之间,如测量不足,应予以添加。本项维护应在500h时进行,如果液压油箱的指示器出现红色显示时,则应及时更换滤清器

3)二级维护(每600工作小时进行)(见表6-2-8)

表6-2-8

作业项目	技术要求及说明
1. 完成一级维护项目	
2. 润滑	对工作装置各润滑点进行清洁、润滑

4）三级维护（每1800工作小时进行）（见表6-2-9）

表6-2-9

作业项目	技术要求及说明
1. 完成二级维护项目	
2. 更换液压油、检查清洗滤网	将机械水平停置，将铲斗降下，卸土器朝前，关闭发动机，检查液压油的精确油位，将油箱注入口的盖子徐徐打开，以释放油箱中的气压，拆下排放塞，打开排放阀，将油排出，更换液压油滤清器，关闭油箱排放阀，擦拭和安装排放塞，从注入口拆下锁定环和滤网，以干净、不可燃溶剂清洗滤网，然后装复。检查所有吸管是否完好，灌入液压油。检查入口盖密封圈，如有损坏，应予以更换。起动发动机，令其低速运转，令油能注入滤清器，然后关闭发动机，观察液压油位，如不足，应予以补足
3. 润滑卸土器导向滚筒	从滚筒上拆下4个螺栓及盖子，从轴上拆下螺母、止动片及垫圈，卸下上部轴承锥型套，在空腔内注入黄油。安装时，当滚轮锁定后，将螺母退回1/6圈即可
4. 润滑卸土器支承滚筒	顶高卸土器，用垫木支撑住，使承重滚筒卸载，用手卸下滚筒，给轴承加注润滑油

2. 自行式铲运机常见故障、原因及排除方法（见表6-2-10）

表6-2-10

故障	原因	排除方法
牵引力不足	1. 发动机转速不够 2. 液力变矩器油液不足，密封不足	1. 调整发动机转速 2. 添加液力油，更换密封件
液力变矩器升温太快	1. 油量过多或过少 2. 滤油器阻塞 3. 有机械摩擦	1. 使油液保持规定油面 2. 清洗或更换滤油器 3. 检查原因后调整或修理
主油压表摆动频繁，上升缓慢	1. 油液不足或滤网堵塞 2. 密封不良，漏损多 3. 油液起泡沫	1. 添加油液，清洗滤网 2. 更换密封件，消除漏损 3. 更换规定牌号的油液
各档位主油压低	1. 液压泵磨损 2. 离合器密封漏油 3. 主调压阀失灵	1. 修理或更换 2. 更换密封件 3. 更换规定牌号的油液
发动机熄火后，储气筒气压迅速下降	1. 阀门密封不良或阀门损坏 2. 阀门复位弹簧压力小	1. 检查，如损坏应更换 2. 可在弹簧下加垫片以增加弹簧压力
转向失灵，油温升高	1. 油量少或油路阻塞 2. 转向阀或双作用安全阀失灵	1. 添加至规定量，清洗滤网 2. 检查后调整或修理
操纵时，斗门不起或卸土板不动	1. 摩擦锥的摩擦片磨损 2. 摩擦片上有油污	1. 更换新件 2. 清洗
铲斗提升不能保持所需高度	1. 制动带有油垢后磨损 2. 弹簧松弛	1. 清洗，必要时更换 2. 清洗

续上表

故　障	原　因	排 除 方 法
卸土后,卸土板不回原位,斗门放不下	1.卸土板歪斜,滚轮卡死 2.斗门臂歪斜与斗臂卡住	1.矫正歪斜,更换滚轮 2.消除歪斜
铲斗各部动作缓慢	1.多路换向阀调压螺钉松动,回路压力低 2.工作油泵压力低 3.液压缸、多路换向阀有内漏 4. 油路或滤网有堵塞	1.调高回路压力,将调压螺钉拧紧 2.有内漏,检查更换密封件 3.检查排除内漏 4. 清洗滤网疏通油路
铲斗下沉快	1.提升液压缸内漏 2.多路换向阀内漏	1.检查更换密封件 2.修理或更换
操纵不灵活	1.多路换向阀连接螺栓压力不够 2.操纵杆不灵活	1.检查后调整或更换 2.修复
铲斗下沉,不能自锁	液压元件及管路漏油严重,系统有内部漏油现象	检查、排除漏油

3.综合故障的诊断与排除

1)液力变矩器的故障检测与诊断

(1)油温过高。

①现象。机械工作时油温表显示超过120℃或用手触摸变矩器时感觉烫手。

②原因分析:

a.变速器油位过低。

b.冷却系中水位过低。

c.油管及冷却器堵塞或太脏。

d.变矩器在低效率范围内工作时间太长。

e.工作轮的紧固螺钉松动。

f.轴承配合松旷或损坏。

g.综合式液力变矩器因自由轮卡死而闭锁。

h.导轮装配时自由轮机构缺少零件。

③诊断与排除:

a.机械工作时如果油温表显示油温过高,应立即停车。让发动机怠速运转,察看冷却系有无泄漏,水箱水位是否加满,若冷却系正常,则应检查变速器油位是否位于油尺两标记之间。若油位太低,应使用同一牌号的油液进行补充,若油位太高,则必须排油至适当油位。

b.如果变速器油位符合要求,应调整机械,使变矩器在高效区范围内工作,尽量避免在低效率区长时间工作。

c.调整机械工作状况后油温仍很高,应检查油管和冷却器的温度。若用手触摸时温度低,说明泄油管或冷却器堵塞或太脏,应将泄油管拆下,检查是否有沉积物堵塞,若有沉积物应予以清除,再装上接头和密封泄油管。

d.触摸冷却器时感觉温度很高,应从变矩器壳体内取出少量油液检查。若油液内有金属

屑时,说明轴承松旷或损坏,导致工作轮磨损。应对其进行分解,更换轴承,并检查泵轮与泵轮毂紧固螺栓是否松动,若松动应予以紧固。

e. 液力变矩器以上检查项目均正常,油温仍高应检查导轮工作是否正常。将发动机节气门全开,使液力变矩器处于零速工况,液力变矩器出口油温上升到一定值后,再将液力变矩器换入液力耦合器工况,观察油温下降程度。若油温下降速度很慢,则可能是由于自由轮卡死而使导轮闭锁,应拆解液力变矩器检查。

(2)供油压力过低。

①现象。在发动机节气门全开时,液力变矩器进口油压小于标准值。

②原因分析:

a. 供油量少,油位低于吸油口平面。

b. 油管泄漏或堵塞。

c. 流到变速器的油过多。

d. 进油管或滤网堵塞。

e. 液压泵磨损严重或损坏。

f. 吸油滤网安装不当。

g. 油液起泡沫。

h. 进出口压力阀不能关闭或弹簧刚度减小。

③诊断与排除:

a. 检查油位是否位于油尺两标记之间。若油位低于最低刻线,应补充油液;若油位正常,应检查进出油管有无漏油处,若有,应予以排除。

b. 若进出油管密封良好,应检查进出口压力阀的工作情况,若进出口压力阀不能关闭,应将压力阀拆下,检查各零件有无裂纹或伤痕,油路和油孔是否畅通,以及弹簧刚度是否变小,发现有这类问题要及时解决。

c. 如果进出口压力阀正常,应拆下油管和滤网进行检查。如有堵塞,应进行清洗并清除沉积物;如油管畅通,则需检修液压泵,必要时更换液压泵。

d. 观察液压油是否起泡沫。如果油起泡沫,应检查回油管的安装情况,如回油管的油低于油池的油位,应重新安装回油管。

(3)漏油。

①现象。变矩器后盖与泵轮结合面、泵轮与轮毂连接处有明显漏油痕迹。

②原因分析:

a. 液力变矩器后盖与泵轮连接螺栓松动。

b. 后盖与泵轮结合面密封圈损坏。

c. 泵轮与泵轮毂连接螺栓松动。

d. 油封及密封件损坏或老化。

③诊断与排除:

a. 起动发动机,如果从液力变矩器与发动机连接处漏油,说明泵轮与泵轮罩连接螺栓松动或密封圈老化,应紧固连接螺栓或更换"O"形密封圈。

b. 起动发动机,如果从与变速器连接处甩油. 说明泵轮与泵轮毂的连接螺钉松动或密封件损坏,或垫圈损坏,应紧固螺栓查看是否还漏油,如果仍漏油,应更换密封圈。

c. 如果漏油部位在加油口或放油口螺塞处,应先检查螺塞的松紧度,如果螺塞太松,应重新紧固,若仍漏油,应检查螺塞螺纹孔是否有裂纹。

(4)机械行驶速度过低或行驶无力。

①现象。机械挂档起步后提高发动机,行驶速度不能相应提高或行驶无力。

②原因分析:

a. 液力变矩器内部密封件损坏,使工作腔液流冲击力下降。

b. 自由轮机构卡死,造成导轮闭锁。

c. 自由轮磨损失效。

d. 工作轮叶片损坏。

e. 进出口压力阀损坏。

f. 液压泵磨损供油不足。

g. 液压油油位太低。

h. 变速器摩擦离合器有故障。

③诊断与排除:

a. 机械挂档起步后,如果行驶无力或行驶速度缓慢,应首先检查挂档压力表指示压力是否在正常范围内,如果压力过低,应予以排除。

b. 如果压力正常而机械行驶无力,则可能是液力变矩器内部密封件损坏,导致进口压力油大量泄漏,使输出转矩下降;也可能是自由轮磨损失效或工作轮叶片损坏,还可能是变速器摩擦离合器存在故障,应具体分析并予以排除。

(5)异常响声。

①现象。液力变矩器工作时,内部发出金属摩擦声或撞击声。

②原因分析:

a. 轴承磨损或损坏。

b. 工作轮连接松动。

c. 与发动机连接螺栓松动。

③诊断与排除。液力变矩器工作出现异响时,应首先检查它们与发动机的连接螺栓是否松动。如果连接螺栓松动,应紧固并达到规定转矩;如果连接螺栓紧固,应检查各轴承,如有松旷应进行调整。当调整无效时,应更换新轴承;此外,应检查液压油的数量和质量,必要时添加或更换新油。

经过上述检查,若没有发现异常现象,应检查各工作轮的连接是否松动。如有松动应按规定转矩拧紧,如连接可靠,则可能是由于异常磨损导致的异响,应分解液力变矩器,查明具体原因并予以排除。

2)动力换档变速器

工程建设机械通常由液力变矩器和动力换档变速器组成液力传动系统,依靠湿式摩擦离合器或制动器的接合与分离进行换档。其变速器故障通常有挂不上档、档位脱不开、工作压力低、个别档行走无力、自动脱档或乱档等。

(1)挂不上档。

①现象。变速器挂档时不能顺利进入某一档位。

②原因分析：

a. 挂档压力过低，使换档离合器不能良好接合，因而挂不上档。

b. 液压泵工作不良、密封不好，导致液压系统油液工作压力太低，使换档离合器打滑，导致挂不上档。

c. 液压管路堵塞。随着使用时间的延长，滤油器的滤网或滤芯上附着的机械杂质增多，使过滤截面逐渐减小，液压油流量减小，难以保证换档离合器的压力，使之打滑。

d. 换档离合器故障。换档离合器密封圈损坏而泄漏，活塞环磨损、摩擦片烧毁、钢片变形均可导致变速器挂不上档。

③诊断与排除：

a. 挂档时如果不能顺利挂入档位，应首先察看挂档压力表的指示压力。如果空档时压力低，可能是液压泵供油压力不足。拔出油尺，检查变速器内的油面高度；若油位符合标准，则检查液压泵传动零件的磨损程度及密封装置的密封状况，如果液压泵油封及过滤器结合面密封不严，液压泵会吸入空气而导致供油压力降低，此时应拆下过滤器及液压泵进行检修，若液压泵及过滤器良好，则应查看变速压力阀是否失灵，变速操纵阀阀芯是否磨损，将阀拆下按规定进行清洗和调整。

b. 如果空档时压力正常，挂某一档位时压力低. 则可能是湿式离合器供油管接头及变速器轴和离合器的油缸活塞密封圈密封不严而漏油，应拆下变速器予以更换。

c. 如果发动机转速低时压力正常，转速高时压力降低或压力表指针跳动，一般是油位过低、过滤器堵塞或液压泵吸入空气造成的，应分别检查与排除。

(2)变速时档位脱不开。

①现象。动力换档变速器进行换档变速时某些档位脱不开。

②原因分析：

a. 换档离合器活塞环胀死。

b. 换档离合器摩擦片烧毁。

c. 换档离合器活塞复位弹簧失效或损坏。

d. 液压系统回油路堵塞。

③诊断与排除：起动发动机后变换各档位，检查哪个档位脱不开，以确定该检修的部位，拆开回油管接头，吹通回油管路，连接好后再进行检查；如果档位仍脱不开，必须拆解离合器，检查复位弹簧是否损坏，根据情况予以排除，检查摩擦片烧蚀情况，如烧蚀严重应更换，检查活塞环是否发卡，如发卡应修复或更换。

(3)变速器工作压力过低。

①现象。压力表显示的变速器各档的压力均低于正常值，使机械各档行走均乏力。

②原因分析：

a. 变速器内油池油位过低。

b. 滤油器的影响。

c. 调压阀的影响。

d. 泄漏的影响。

e. 油泵的影响。

f. 油温的影响。

③诊断与排除：

a. 检查变速器内的油位，如果油液缺少，应予以补充。

b. 检查泄漏。观察外漏有明显的油迹，同时变速器内油位明显降低，应沿着油迹查明泄漏原因并予以排除。

c. 如果进出口管密封良好，应检查离合器压力阀、变矩器进出口压力阀的工作情况。若变矩器进出口压力阀不能关闭，应将压力阀拆下，检查各零件有无裂纹或伤痕，油路或油孔是否畅通，弹簧是否产生永久变形而刚度变小。当零件磨损超过磨损极限值时应予以更换或修复。

d. 若压力阀工作正常，拆下进油管和滤网，如有堵塞则应进行清洗，清除沉积物。变速器油底壳中滤油器严重堵塞会造成液压泵吸油不足，应适时清洗滤网。

(4)个别档行走无力。

①现象。当机械挂入某档后变速压力低，机械的行走速度不能随发动机的转速升高而提高。

②原因分析。如果机械挂入某档后行走无力，其主要原因是该档离合器打滑。造成该档离合器打滑的原因有：

a. 该档换档离合器的活塞密封环损坏，导致活塞密封不良，使作用在活塞上的油液压力降低。

b. 该档液压油路严重泄漏。

c. 该档液压油路某处密封环损坏，导致变速压力降低。

③诊断与排除：

a. 检查从操纵阀至换档离合器油路以及结合部位是否严重泄漏，根据具体情况排除故障。

b. 拆下并分解该档换档离合器，检查各密封圈是否失效，活塞环是否磨损严重，必要时予以更换。

c. 如果液压系统密封良好，应检查液力变矩器油液内有无金属屑。若油液内有金属屑，表明是由于该档离合器摩擦片磨损过大，导致离合器打滑。

(5)自动脱档或乱档。

①现象。机械在行驶过程中所挂档位自动脱离或挂入其他档位。

②原因分析：

a. 换档操纵阀的定位钢球磨损严重或弹簧失效，导致换向操纵阀定位装置失灵。

b. 由于长期使用，换档操纵杆的位置及长度发生变化，杆件比例不准确，使操作位置产生偏差，导致乱档。

③诊断与排除：

a. 检查是否因定位装置引起的故障，可体会用手扳动变速杆在前进、后退、空档等几个位置时的感觉，如果变换档位时，手上无明显阻力感觉，即为失效，应拆下检查；如果有明显的阻力感觉则为正常。

b. 检查是否由换档操纵杆引起故障。先拆去换档阀杆与换档操纵杆的连接销，用手拉动换档滑阀，使滑阀处于空档位置，再把操纵杆扳到空档位置，调整合适后再将其连接。

(6)异常响声。

①现象。变速器工作时发出异常响声。

②原因分析：

a. 变速器内润滑油量不足，在动力传递过程中出现干摩擦。

b. 变速器传动齿轮轮齿打坏。

c. 轴承间隙过大，花键轴与花键孔磨损松旷。

③诊断与排除：

a. 检查变速器内液压油是否足够，若不足应加足到规定位置。

b. 采用变速法听诊。若异常响声为较轻柔而清脆的"咯噔、咯噔"声，则表明轴承间隙过大或花键轴松旷。

根据异响特征确诊为变速器故障后必须立即停止工作，然后解体检修。

课题三　平地机施工技术与故障排除

一、概述

1. 用途及分类

1)用途

平地机被人们誉为万能机械，其一是因为可以装用多种作业装置；其二是工作装置的姿态变化多端，灵活准确。

平地机是用自带的位于机械中央的刮土铲刀进行土壤的切削、刮送和整平作业的施工机械。它可进行路基路面的整形、挖沟、草皮或表面层土的剥离、修刮边坡等切削平整作业；可进行松散材料的推移、混合、回填、铺平作业，主要用于城市道路的施工和维修，公路、大型基建场地、机场跑道、农田水利、铁路路基等方面的施工。在机场和交通设施建设中的大面积、高精度的场地平整工作中，更是其他机械所不可替代的。图 6-3-1 为 PY180 平地机的外观图。其主要性能见表 6-3-1。

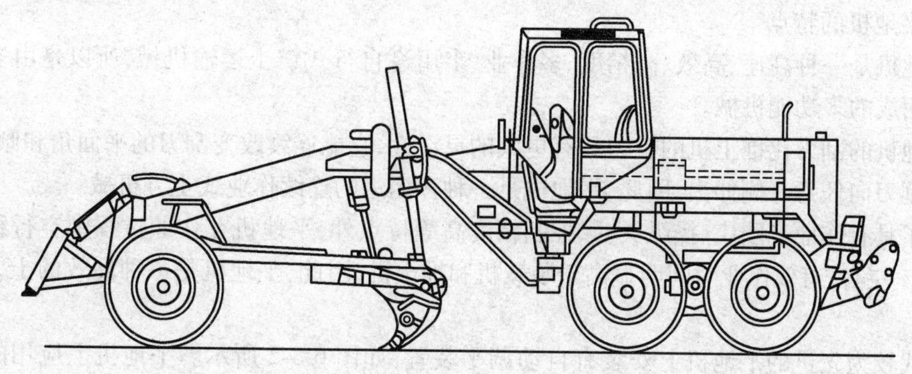

图 6-3-1　PY180 型平地机外观图

PY180 平地机的主要性能 表 6-3-1

名称		参数	名称		参数	名称		参数
发动机	型号	6110Z-2J	回转装置	回转角(°)		前轮前桥	前轮偏转角(°)	
	功率(kW)	132.3					前轮倾斜角(°)	
	转速(r / min)	2600		驱动形式			前轮摆动角(°)	
机重	整机重量(kg)	13600	变速器	操纵形式			前桥底隙(mm)	
	前轮承重(kg)	3750		档位数量	F6/R3	制动系统	制动器	蹄式
	后轮承重(kg)	9850		前进速度(km / h)	6.2~42.3		操纵方式	气液式
刮土铲刀	宽高(mm)	3965×610		后退速度(km/h)	6.2~30.3	车轮总数		6
	最大提升高度(mm)		液压系统	泵	HB	驱动轮数		4
	最大切土深度(mm)	500		压力(MPa)		轮胎	前轮	17.5~25PR14
	最大倾斜角(°)			流量(L / min)			后轮	
左右轮距(mm)		2150		最小转弯半径(m)				

2)分类

平地机有自行式及拖式两类。

目前,按车轮的数目分有四轮和六轮两种。

按车轮的转向和驱动情况来分,有前轮转向和全轮转向以及后轮驱动及全轮驱动。

按铲刀长度或发动机功率等分为轻、中、重型 3 类。表 6-3-2 所列为其分类。

平 地 机 分 类 表 6-3-2

类型	铲刀长度(m)	发动机功率(kW)	质量(kg)	车轮数
轻型	≤3	44~66	5000~9000	四轮
中型	3~3.7	66~110	9000~14000	六轮
重型	3.7~4.2	110~220	14000~19000	六轮

平地机也可按车轮对数(或轴数)进行分类,其表示方法为:车轮总对数(或总轴数)×驱动轮对数(或轴数)×转向轮对数。如 3×2×1 表示车轮 3 对(6 轮)、中后轮驱动、前轮转向。2×2×2 表示车轮 2 对(4 轮)、前后轮驱动、全轮转向。

2. 特点及使用范围

1)平地机的特点

平地机是一种高速、高效、高精度、多作业、多用途自行式铲土运输机械,所以是由多种系统组合而成的多功能机械。

平地机的刮刀比推土机的铲刀具有更大的灵活性,它能连续改变刮刀的平面角和倾斜角,并可使刮刀向任意一侧伸出,因此,平地机是一种多用途的连续作业式土方机械。

除了具有作业范围广、操纵灵活、控制精度高等特点外,平地机在作业过程中空行程时间只占 15% 左右,有效作业时间明显高于装载机和推土机,因此,平地机是一种高效的土方施工机械。

现代较为先进的平地机上安装有自动调平装置,如图 6-3-2 所示。平地机上应用的自动调平装置是按照施工人员给定的要求(如斜坡、坡度等,预设基准),按照给定的基准自动地调

节刮刀作业参数。采用自动调平装置，除了能大大地减轻驾驶人员作业的疲劳外，由于作业精度高，使作业循环次数减少，节省了作业时间从而降低了机械使用费用。又由于路面的刮平精度或物料铺平的精度提高，因而物料的分布比较均匀，可以节省铺路材料，提高铺设质量，从而大大提高了施工质量和经济效益。

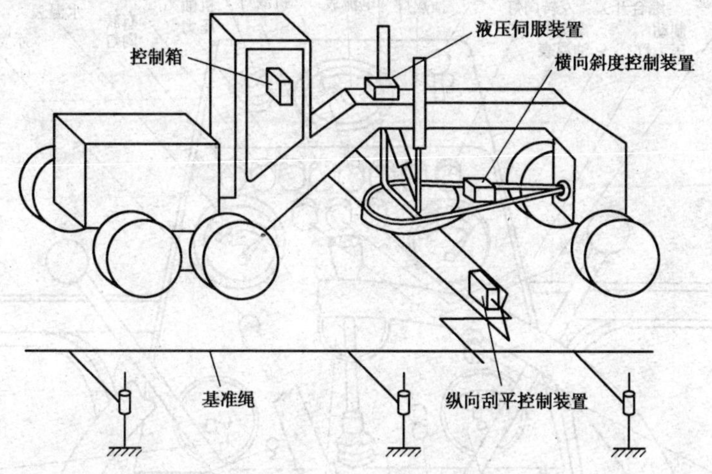

图 6-3-2　平地机自动调平装置

2）使用范围

在公路施工中，平地机用来进行路基基底处理，完成草皮或表层剥离；从路线两侧取土填筑高度小于 1m 的路堤；整修路堤的断面；修刮边坡；开挖路槽和边沟；在路基上拌和、摊铺路面基层材料。平地机可以用于整修和养护土路，清除路面积雪。在机场和交通设施建设中的大面积、高精度的场地平整工作中，更是其他机械所不可替代的。

3）发展动向

平地机作为主要的铲土运输机械之一，已有一百多年的发展历史。19 世纪 70 年代英国就出现了拖式平地机，20 世纪 20 年代开始制造自行式平地机。近 50 年中，平地机技术发展很快，总的趋势是：低速—高速、小型—大型；机械操纵—液压操纵、机械换档—动力换档、机械转向—液压助力转向—全液压转向、整体机架—铰接机架。整机的可靠性、耐久性、安全性、舒适性明显提高。

二、驾驶与基本操作

1. 驾驶

平地机的操作由驾驶操作和工作操作组成。驾驶操作是指转向、制动以及变速换档等，工作操作是指工作装置的操作和调整。各种操作由于机械型号的不同稍有不同，本章主要介绍 PY180 平地机的操作。PY180 是由天津工程机械厂生产的，它采用带废气涡轮增压的柴油机，液力传动，动力换档变速器，铰接型机架，全液压操纵。其操作和结构具有较强的代表性。

1）驾驶室与操作台

（1）驾驶室。驾驶室作为驾驶员的工作室和操作控制室，其安全性、操作舒适性和噪声控制是其好坏的主要指标。驾驶室普遍采用符合 DIN 标准和 ISO 标准的防倾翻和防落物保护装置(POPS/FOPS)。PY180平地机驾驶室配有左右两个滑动拉门,防噪声、防振动,配置冷暖风装置,操作舒适,驾驶座位可以前后移动,有效防止了驾驶员的操作疲劳。图6-3-3为其操作台布置图。

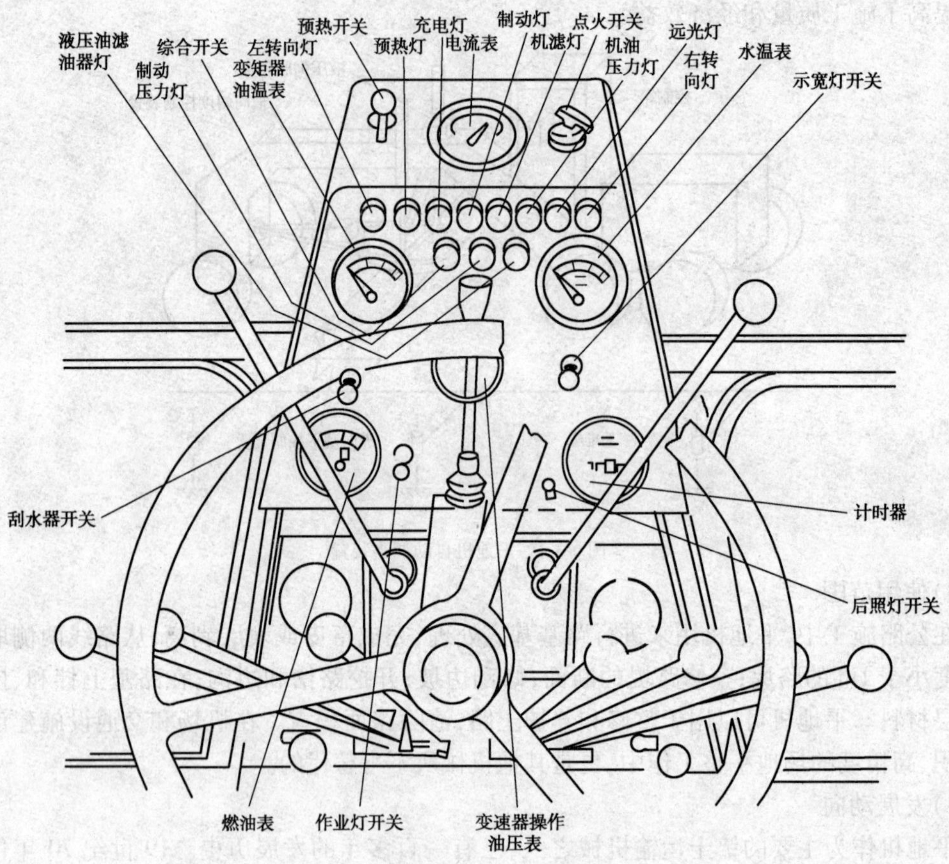

图6-3-3　PY180平地机仪表台布置图

(2)仪表和操作杆的作用。

①总电源开关。是机械电源的总开关,有“断开”和“接通”两个位置。

②起动开关。是各种仪表、预热、指示灯和发动机起动的总开关,顺时针旋转1档时,各种仪表和指示灯接通。

③仪表。

a.变矩器出口温度表:出口温度表是反映变矩器工作液温度的仪表,一般测量范围在40~120℃,平地机正常运转时,温度应在80~110℃之间;

b.电流表:电流表是反映充放电的仪表,测量范围一般为-40~40A,指针指往“-”方向表示蓄电池放电,指针指往“+”的方向表示蓄电池充电。

c.水温表:水温表指示发动机冷却水温度,其测量范围一般为40~120℃,发动机正常工作时,水温应在80~90℃以下。

d.变速器操作压力表:变速器操作压力表反映动力换档变速器换档操作液压系统的压力,测量范围一般为0~3.2MPa,当变速油温在80~90℃之间时,变速器压力变化为:

· CLARK 变速器 1.69 ~ 1.96MPa；

· ZF 变速器 1.3 ~ 1.5MPa。

如指针不在此范围内，应立即停机并进行故障排除。

④指示灯。

a. 液压滤油器指示灯：当发动机正常运转时，此灯不亮，若此灯亮，表明液压油箱中的滤油器堵塞，要清洗或更换。

b. 制动压力指示灯：发动机工作时，若此灯亮，表明液压制动系统有故障，应立即停机，并进行检修。

c. 预热指示灯：起动开关处预热位置时，此指示灯亮，表明发动机在预热状态。

d. 机油粗滤指示灯：发动机工作时，此灯亮，表明机油粗滤有堵塞，需进行检修。

e. 机油压力指示灯：显示发动机润滑系统油路中情况，此灯亮，就应立即熄灭发动机并进行检修。

⑤发动机熄火手柄。将手柄置于全部拉出位置，并保持此位置，直至发动机熄火。

⑥转向盘。转动转向盘，可实现前轮的转向。

⑦加速踏板。加速踏板控制发动机的节气门，通过它控制发动机的转速。

⑧行车制动踏板。脚踩此踏板，通过液压系统作用于 4 个后轮的车轮制动器，制动压力决定于作用在踏板上的压力。

⑨驻车制动器手柄。拉起手柄，使驻车制动器起作用，并拨动按钮，将手柄锁住。

⑩作业装置操纵杆，如图 6-3-4 所示。

a. 操纵杆作用　操作台各操纵杆的作用如图 6-3-5 所示。

b. 单双液压回路转换踏板　踏板向上（即脚不踩踏板时），液压系统为双液压回路，双联泵分别向各自的系统供油，铲刀的伸出、旋转、升降等能同时工作；踏板向下（即脚踩踏板时），此时双液压回路变为单液压回路，各工作可获得较快的工作速度。

c. 速度变换操纵杆　PY180 平地机配置两种液力传动动力换档变速器，其变速也有两种。配置 CLARK 变速器时，车速为前 6 后 6，前进与后退车速相同，配置 ZF 变速器时，车速为前 6 后 3，如图 6-3-6 所示为前 6 后 3 操纵杆。前后档变换时必须先置空档，速度变换时不允许越级换档，停车时，必须将变速杆置空档并锁住。

2）平地机的驾驶

（1）平地机驾驶的准备：

①驾驶前应认真学习平地机安全操作规程；

②严格按照安全操作规程对机械进行检查和准备；

（2）平地机的行驶：

①首先将铲刀、推土板提起，铲刀应置于两轮之间，并尽可能提高离地间隙；

②将前进后退杆置于“前进”或“后退”上的第 1 或第 2 档位置；

③鸣笛，放开手制动，踩下加速踏板，平地机即开始行走；

④平地机行驶时，应注意观察变矩器油温表，变矩器油温应在 80 ~ 110℃之间，温度超过 120℃时应立即减小节气门开度，变换档位，减速行驶，待温度下降后，再恢复原行驶速度。

⑤陡坡一般采用 1 档速度，平缓或中等坡度采用 2 档速度；

⑥在公路行驶时,最好将铰接转向锁定如图6-3-7所示,方法为:

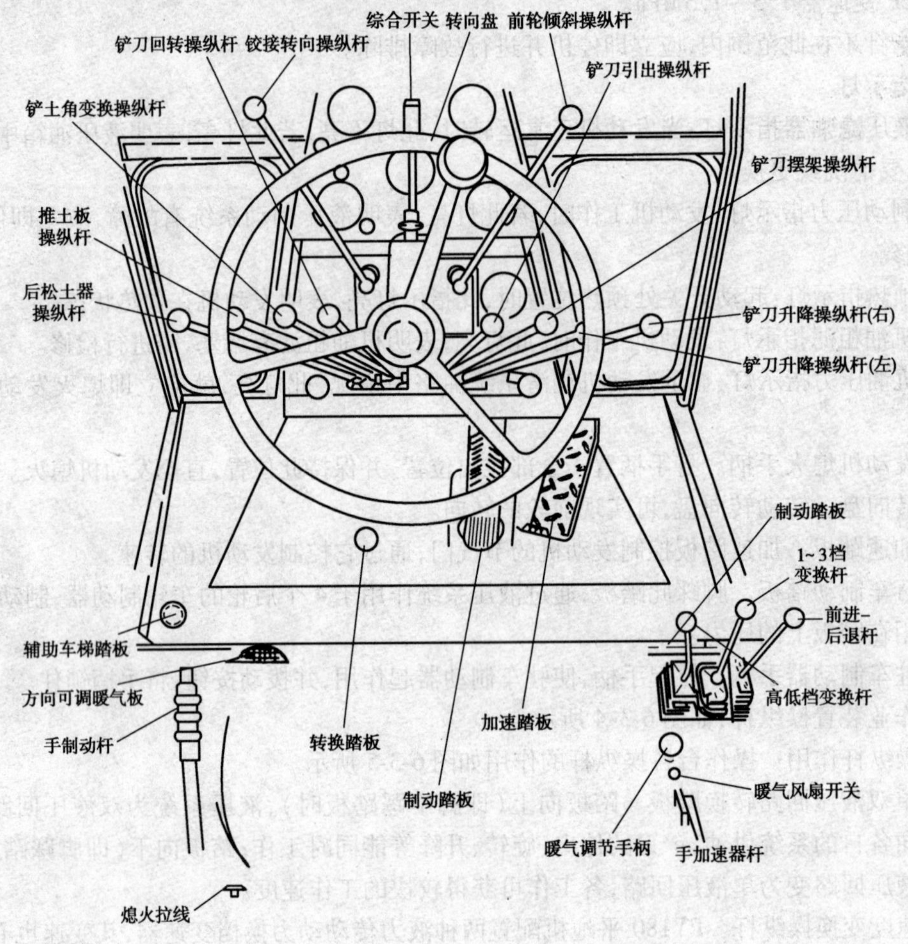

图6-3-4 操纵杆布置图

a.拧松螺母,将锁定杆移向左侧,并移到头;

b.拧紧螺母。

⑦起步必须用低档,然后逐档加速,减速必须逐档递减,并在各档停留一定时间,不允许高档直接降到低档;

⑧前进与后退转换时,必须在中间空档停留一定时间,避免冲击给传动系统带来峰值负荷。

(3)平地机的熄火与驻车。

①向后拉住发动机熄火手柄,直到发动机熄火,并使发动机空运转1~2min;

②拉紧驻车制动;

③将工作装置置于地面;

④取下起动钥匙,关掉电源总开关,锁住驾驶室门。

2.平地机基本操作

1)刮刀刀角铲土侧移

这种作业方法适用于开挖边沟，并利用开挖的土修整路基断面或填筑低路堤。作业时，应先根据土壤的性质调整好刮刀的铲土角和平面角，平地机以低速档前进将刮刀的前端下降，后端升起，形成较大的倾斜角切土，如图6-3-8a)所示。被铲起的土壤沿刀身外移，铺于左右轮之间。在运行过程中，根据刮刀阻力大小，可适当调整切土深度，每次调整量不宜太大，以免开挖后的边沟产生波浪形纵断面，给下一个行程作业造成困难。

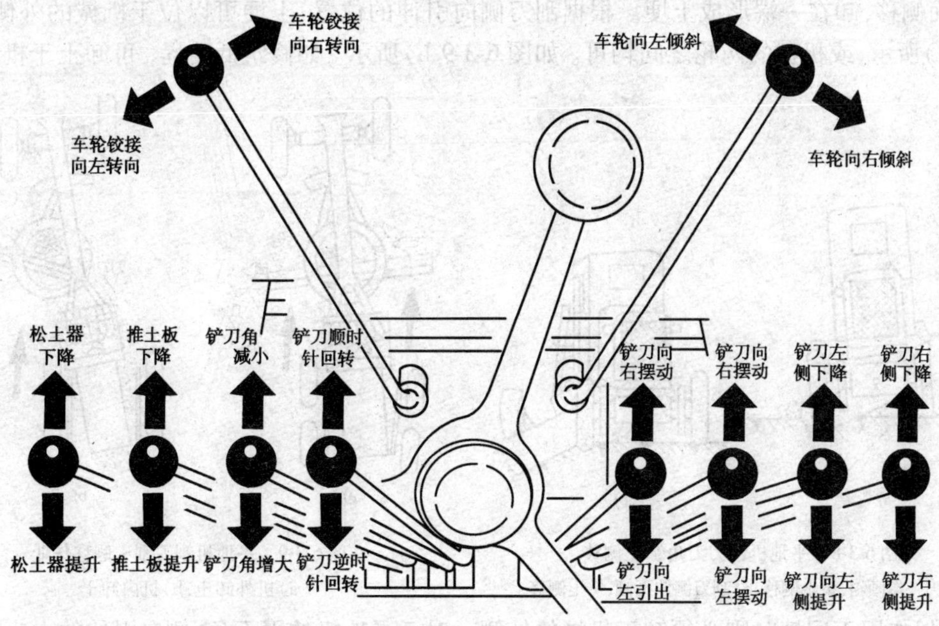

图6-3-5　操纵杆作用示意图

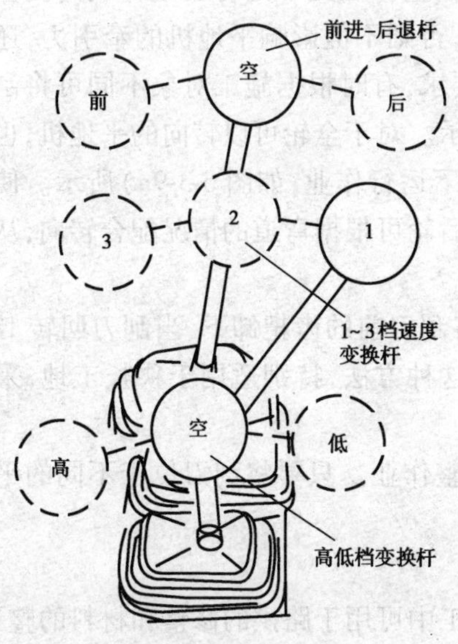

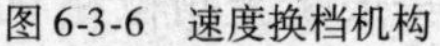
图6-3-6　速度换档机构

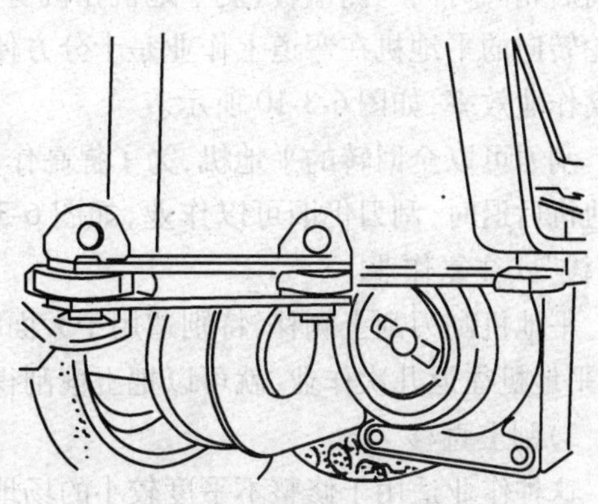
图6-3-7　转向锁定

为了便于掌握平地机的方向，刮刀的前置端应正对前轮之后，遇到特殊情况，也可将刮刀前端置于机身外。但必须注意，此时刮出的土壤也应卸于前轮内侧，如图6-3-8b)所示，避免后

轮压上，影响平地机的牵引力的发挥。

2）刮刀刮土侧移

这种操作方法适用于侧向移土修筑路堤、平整场地、回填沟渠、路拌和摊铺路面材料等作业。

作业前应根据施工对象要求和土壤条件，调整好刮刀的平面角和铲土角。作业时，平地机以2档速度前进，将刮刀的两端同时下放，使其切入土中或其他材料中。被刮起的物料即沿刀身平面侧移，卸在一端形成土埂。根据刮刀侧向引伸的位置，土埂可以位于机械的外侧，如图6-3-9a）所示，或机械的两轮之间均可。如图6-3-9 b）所示。如修筑低路堤，可卸土于机械的内外侧，但如用于回填时则必须卸于机械的外侧。对于平地机的平面角、侧向引伸的大小以及倾斜角的大小，都应根据铲土阻力的大小和施工要求随时调整。但是不论将土壤卸到内侧或外侧，都不允许卸下的土壤位于平地机后轮行驶的轮迹上，否则不但影响平地机的牵引力，还会因后轮的抬升而形成作业面高低不平。为了达到上述要求，有时根据施工对象不同可将刮刀作切向引伸后，再将牵引架作侧向摆出，如图6-3-9b）所示。对于全轮可以转向的平地机，也可将前后轮同时向一侧偏转，使平地机在机身斜置的情况下运行作业，如图6-3-9a）所示。使用全轮转向的平地机在弯道上作业是十分方便的，因为前后轮可根据弯道的情况配合转向，从而提高作业效率，如图6-3-10所示。

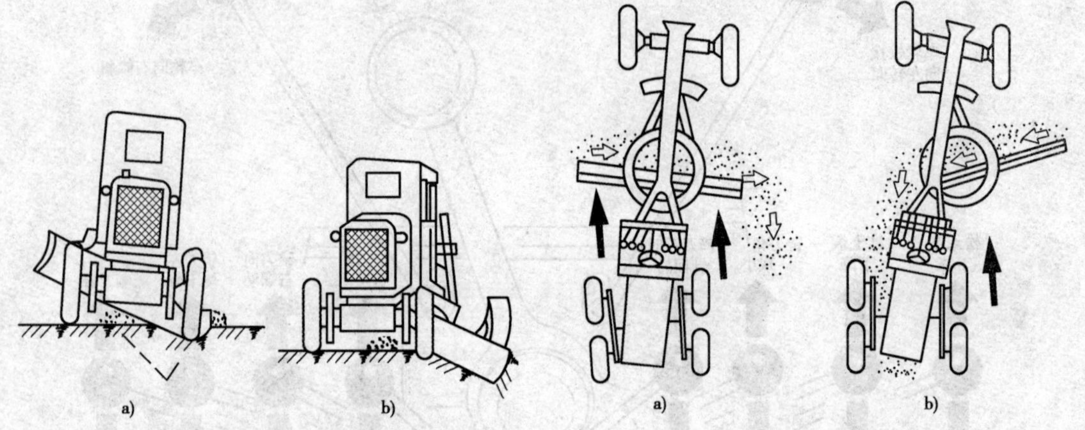

图6-3-8　平地机刮刀刀角铲土侧移

a）刮刀一端倾斜，铲土侧移；b）刮刀侧伸下倾，铲土侧移

图6-3-9　平地机刮刀刮土侧移作业

a）机外卸土；b）机内卸土

刮刀可以全回转的平地机，为了提高作业效率，可将刮刀前的齿耙卸下，当刮刀回转180°平地机后退时，刮刀仍旧可以作业，如图6-3-11所示。这种方法，特别适用于狭长工地，采用“穿梭”式往复作业。

平地机刮刀刮土侧移，特别适用于大面积场地的平整作业。只要将刮刀位于不同的平面角，平地机往返几次作业，就可以把土壤刮得相当平整。

3）刮土直移

这种作业适用于修整不平度较小的场地，在路基施工中可用于路拱的修整和材料的整平。

作业前首先调整刮刀的铲土角，为了增大刀身的高度，一般铲土角位在60°～70°。再将刮刀平置（平面角为90°），平地机用1、2档前进后，将刮刀两端等量下降，使之少量切入土中。被刮起的土壤积在刀身前，并且大部分随刀向前推送，少量的土从刮刀的两端溢

出。溢出的土可在最后阶段将刮刀切入标准高度后，以快速前进的方法将其全部铺散，如图6-3-12所示。

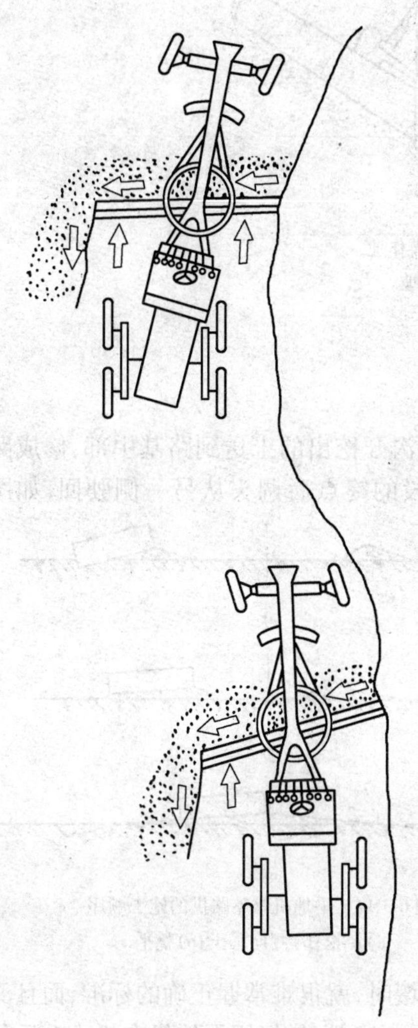

图 6-3-10　全轮转向平地机在弯道作业

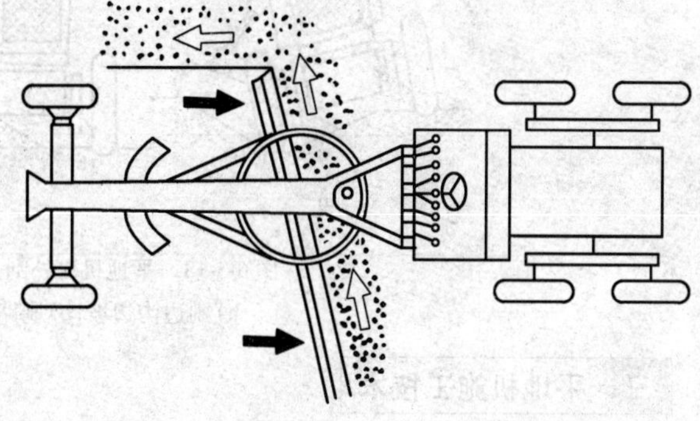

图 6-3-11　刮刀全回转平地机倒退作业

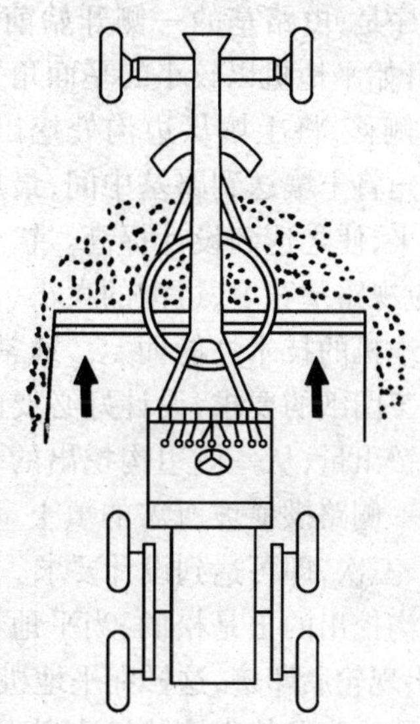

图 6-3-12　平地机刮土直移作业

4）机外刮土

这种作业主要用于修筑路堤、路堑边坡、边沟边坡等。

作业时，首先将刮刀倾斜于机外，再将刮刀的上端向前倾，平地机以 1 档前进；放下刮刀切入土中，被刮下的土壤即沿刀身卸于两轮之间，然后再用刮刀将土运走。

当刷边沟的边坡时，如图 6-3-13a）所示，刮刀的平面角应小些。刷路堑边坡时，平面角应大些，如图 6-3-13b）所示。

从上述各种作业中可以看出，平地机刮刀的各种角度调整是比较频繁而费时的，特别是刮刀上下升降控制切土深度。而带有自动找平装置的平地机，可以按照施工对象的要求，沿着一条基准线自动调整刮刀高度。这样不但提高了生产率，而且保证了工程质量。

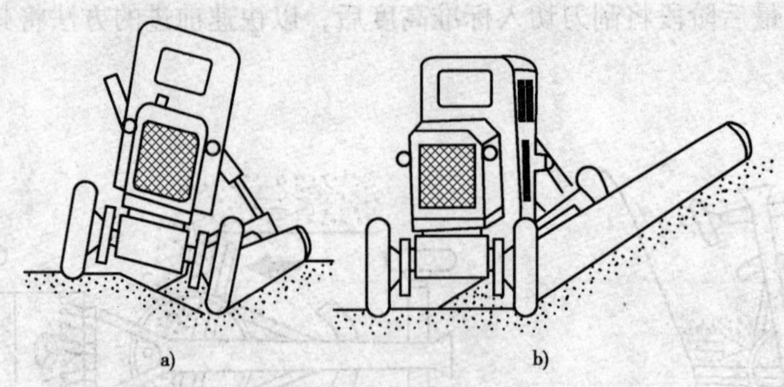

图 6-3-13　平地机机外刮土刷坡作业

a)刷边沟边坡；b)刷路堑边坡

三、平地机施工技术

1. 修整路形

这种作业就是按照路堤、路堑的横断面图要求，将边沟开挖出的土送到路基中部，修成路拱。其施工顺序是：由路基的一侧开始前进，达到一路段的终点后调头从另一侧驶回，如图6-3-14所示。开始平地机以较小的平面角采用刮刀刀角铲土侧移，将土壤从边沟处挖出，再以较大的平面角将土壤送到路基中间，最后用平刀将土堆刮平，使之达到设计标高。铲土与送土的次数，应视路基宽度、边沟的大小、土壤的性质以及平地机的技术性能而定。通常，应先根据路基施工图纸的要求，设计好必要的工序及边坡土方铲出量，从一侧边沟挖出的土量应足够填铺同一侧路拱横坡所需的填土量，最后只须平整两、三次，即可达到设计要求。

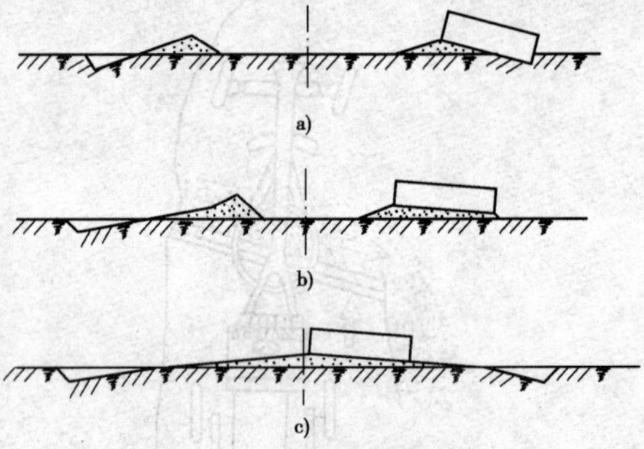

a)

b)

c)

图 6-3-14　平地机修整路拱的施工顺序

a)铲挖；b)侧向移土；c)整平

由于从边沟挖出的土是松的，当平地机驶过后，必然会出现轮胎印迹，这样在平地机第 2 层刮松土壤时，就很难掌握正确的标准，而且又不易把印迹刮平。为了使土壤铺筑达到要求，在刮第 2 层土壤时，最好用平地机在松土上反复行走，压实一遍。对于全轮转向的平地机，在刮送第 1 层土壤时，就将前后轮都转向，让机身侧置，这样前后轮刚好错开位置，此时平地机经过一次刮送，就可将前一行程的松土全部碾压一遍，则有利于第 2 层的刮平，并容易掌握路拱横坡的标准。这也是全轮转向平地机的优点。

2. 修刷边坡

在修刷路拱的同时，还要修刷边坡。这种作业多用机外刮土法进行。当路堤边坡坡度为 1∶1.5～1∶0.5，高度在 1.8m 以下时，用一台平地机单独作业；当路堤的高度在 4m 左右时则用两台平地机上下联合作业。此时，堤上的平地机应先行约 10m，堤下的平地机再开始工作。这样不会因堤上平地机刮下的土壤影响堤下平地机的作业，同时也便于堤下平地机按照堤上平地机刮出的坡度进行修刮，从而使两个作业面很好吻合。

3. 开挖路槽

当修筑路面时，应首先在路基上开挖路槽，根据不同的设计方案，路槽的开挖有三种方式：第一种是把路基中间的土铲除，形成路槽，将挖出的土弃掉；第二种是在路堤的两侧用土堆起两条路肩，形成路槽，使用这种方法，可以利用整形时的余土或预备土来堆填；第三种方式是将路槽开挖到设计深度的一半，把挖土的土修成路肩，这样挖填的土方量相等（设计时计算好），因此比前两种方式更经济合理。开挖路槽的施工顺序如图 6-3-15 所示。

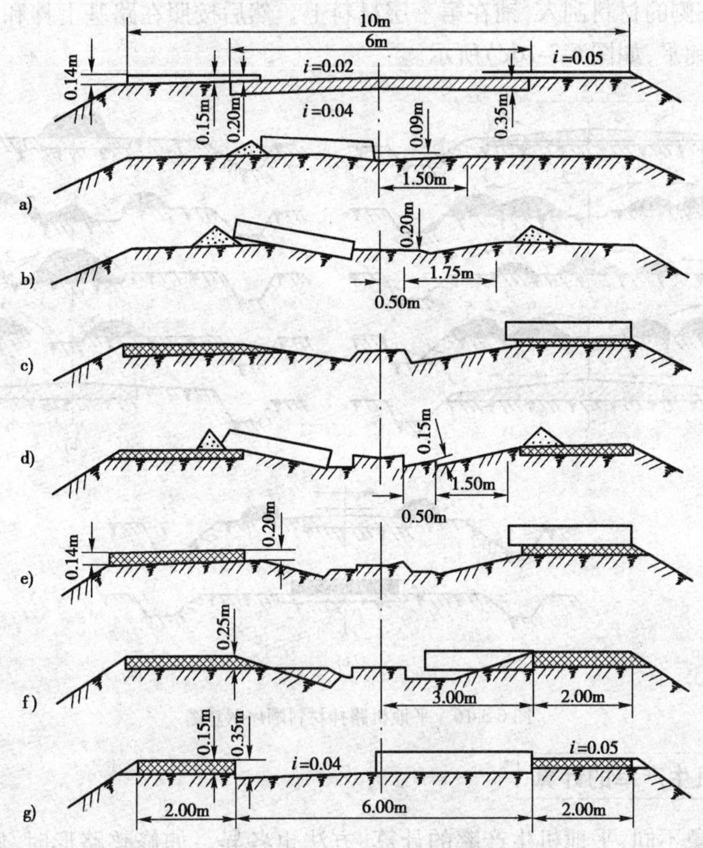

图 6-3-15　平地机开挖路槽顺序

4. 路拌路面材料

在修筑碎石路面、加固土路面和路面的稳定土层施工中，除了采用专用路拌机械外，也可用平地机的刮刀进行拌和作业。

在路基上拌和路面材料有三种方法，如图 6-3-16 所示。

当土壤和拌和料（石灰或水泥）分层摊铺在路基上施工时，施工顺序是：首先用平地机齿耙把土壤耙松，并用刮刀刮平，再在其上摊铺结合料，用刮刀刮平，然后开始拌和。第一次先将料向外刮。第一行程平地机先用刮刀沿路槽中线铲入，将土与结合料向外刮送，刮送时刮刀一定要触及硬土层，此时被铲除的土与结合料就在路肩上列成一堆。第二行程，刮刀沿路槽中线铲入，又把土和结合料堆向路肩另一边，形成第二土堆。所需铲刮次数视路槽宽度而定，这是第一次。第二次拌和是将各列土堆依次向路槽中心刮回，以后各次拌和依次类推，直到拌和均

匀为止。最后用大平面角刮刀将拌和材料刮平并修成路拱，如图 6-3-16a）所示。

当结合料堆置在路基中线上时，其拌和方法应先将路基中部的土翻松，再将结合料堆置在已翻松的土上。然后用刮刀将土壤和结合料向两边铲开，这样一次就能完成初拌和的效果。此后和上述相同，向内外交替刮拌，直至拌和均匀为止，再将路面修成一定拱度，如图 6-3-16b）所示。

当结合料堆置在两侧路肩时，由于两种材料成长条堆形状，应首先将一侧材料刮至路基中间铺平，再将另一侧的材料刮入，铺在第一层材料上。然后按照在路基上拌和土壤和结合料的方式进行拌和和铺平，如图 6-3-16c）所示。

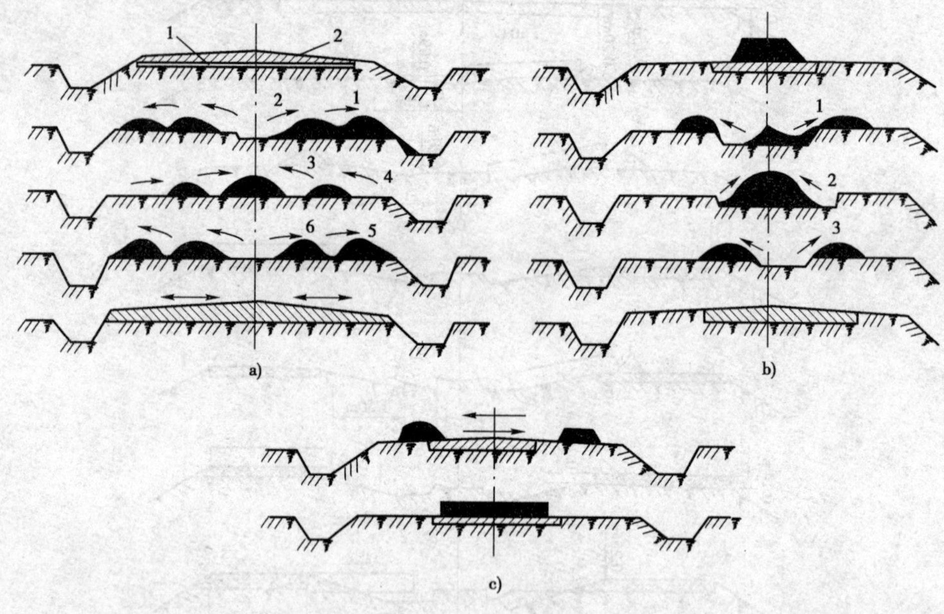

图 6-3-16 平地机路拌材料顺序示意图

四、平地机生产率的计算

根据施工对象不同，平地机生产率的计算，方法也各异。如修整路形时，则按单位时间完成的工程量（单位为 m^3/h）计算。

平地机虽属连续作业机械，但仍可把它在单位距离或单位时间内所行驶的一个工作行程视为一个工作循环。只是这种循环与前述几种机械的作业循环有所不同，它是在一个循环内连续不断地完成多项工作过程（铲、运、卸）。例如在修整路形时，可将其沿路基两侧行使的一个来回算作一个循环。而在平整场地时，也可把它行驶的一个单趟算一个循环。因此，平地机的生产率仍可按照循环作业式的基本公式来表达，即：

$$Q = \frac{60AK_bL_1}{t_T\Phi K_s} \qquad (6\text{-}3\text{-}1)$$

式中：Q——平地机的生产率，m^3/h；

A——刮刀每次铲削土壤的面积，m^2；

L_1——平地机每一工作行程的长度，m；

Φ——两行程之间重叠系数,一般取 1.15～1.7；

K_b——时间利用系数,一般取 0.85～0.9；

K_s——土壤松散系数；

t_T——平地机一个循环的时间,min。

刮刀每次刮土的面积 A 与刮刀长、平面角和切土深度有关,它应是刮刀纵向投影面上的一个小三角形面积,如图 6-3-17 所示。一般情况下,铲土时刮刀切入土中的宽度相当于刀身的 1/3～1/2,因此,刮刀的铲土面积 A 为:

$$A = \left(\frac{1}{6} \sim \frac{1}{4}\right) lh\sin\alpha\cos\beta \tag{6-3-2}$$

式中:l——刮刀长度,m;

h——刮刀切土深度,m;

α——刮刀的平面角,(°);

β——刮刀的倾斜角,(°)。

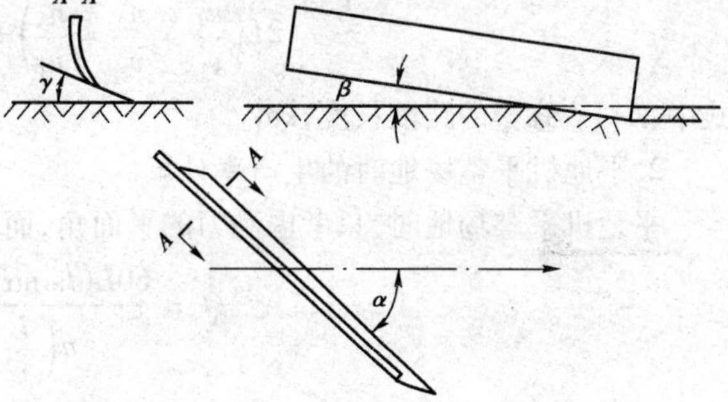

图 6-3-17　平地机刮刀铲土面积图

平地机一个循环的时间应为:

$$t_T = \frac{L}{V} + t_1 \tag{6-3-3}$$

式中:t_T——平地机一个循环时间,min;

L——平地机刮土路段长度,m;

V——平地机工作过程行驶速度,m/min;

t_1——平地机终点调头时间,min。

下面根据平地机施工作业不同,其生产率计算如下:

1. 平地机修整路形时生产率的计算

如前述平地机修整路形时的作业有铲土、送土和整平 3 道工序。而 3 道工序的作业行程也是不同的。

铲土作业行程数为:

$$n_1 = \frac{A\Phi}{2A'} \tag{6-3-4}$$

式中:n_1——铲土作业行程数;

A——两侧取土坑的断面面积,m^2;

A'——刮刀每次铲土面积,m^2;

Φ——两行程中的重叠系数,一般取 1.1～1.2。

移土行程数为:

$$n_2 = \frac{L_0\Phi_2}{L_n} \tag{6-3-5}$$

式中:n_2——移土行程数;

L_0——路基一侧需移土的平均距离,m;

L_n——平地机刮刀一次可移送的距离,由刮刀调整的平面角 α 而定,m;

Φ_2——移土中两行程重叠系数,一般取 1.1～1.2。

最后平整过程的行程数，只考虑刮平，所以一般取平整过程行程数 $n_3=2\sim3$ 次即可。

由于平地机在修整路基时，每走完一个行程有两次调头，因此在完成 L 长的一段路基的全部整形工作时，所用时间为：

$$t_T=2L\left(\frac{n_1}{v_1}+\frac{n_2}{v_2}+\frac{n_3}{v_3}\right)+2t_1(n_1+n_2+n_3) \tag{6-3-6}$$

式中：v_1,v_2,v_3——平地机铲土、运土、平整三过程的运行速度，km/h；

t_1——每次调头时间，min。

所以平地机修整路形时的生产率为：

$$Q=\frac{1000LAK_B}{2L\left(\frac{n_1}{v_1}+\frac{n_2}{v_2}+\frac{n_3}{v_3}\right)+2t_1(n_1+n_2+n_3)} \tag{6-3-7}$$

式中：L——修整的路段长度，km。

2. 平地机平整场地时的生产率计算

平地机平整场地时，只考虑刮刀的平面角，而不考虑倾斜角，其生产率计算如下：

$$Q=\frac{60L(l\sin\alpha-0.5)K_B}{n\left(\frac{L}{v}+t_1\right)} \tag{6-3-8}$$

式中：Q——平地机的生产率，m^2/h；

L——平整路段长度，m；

l——刮刀宽度，m；

K_B——时间利用系数，一般取 0.85~0.95；

n——平好一段所需行程数；

α——刮平的平面角，(°)；

v——平整时的行驶速度，m/min；

t_1——调头所需时间，min。

从上述公式中可以看出，平地机每次的行程长度越长，所刮的土壤也多，相对的行程次数减少，调头也减少。因为平地机轴距大，每次调头所需的时间较其他机械要长得多，因此应尽可能地减少调头次数。工作过程中切土深度、平面角、铲土角以及切土宽度都应视土壤性质而定。其中铲土角和平面角在刮刀调整后，在一个行程中是不变得，只有切土深度在一个行程中要视土壤性质进行调整。只有土壤性质不同、移送距离不同时，才对铲土角和平面角进行调整。施工中如果只用一台平地机修整路形，这样就必须经常停车去调整各个角度，从而使非生产率时间增加。如果选用 2~3 台平地机联合作业，分别承担不同的作业内容，在工作中就不要停车进行调整，可以大大提高工作效率。

五、平地机故障排除

1. 技术维护

以 PY180 型平地机为例（见表 6-3-3、表 6-3-4、表 6-3-5、表 6-3-6）

1）例行维护（每班进行）

表 6-3-3

作 业 项 目	技术要求及说明
1. 检查液压系统工作情况	液压系统应工作正常、无异响；消除渗漏油现象
2. 检查液压管路及管接头	管路及管接头如有松动应予以紧固，液压软管如有损坏、开裂，应予以更换
3. 检查刮刀	刮刀刃磨损严重时，应予以更换
4. 检查回转盘	回转盘应工作正常，无异响
5. 检查牵引架球头与球盖	球头与球盖松旷时，应予以调整
6. 检查松土器松土齿护套	松土齿护套磨损严重或断裂时，应予以更换
7. 润滑回转盘及刮刀导轨	每 50 工作小时润滑回转刮刀转盘及导轨一次

2）一级维护（每 200 工作小时进行）

表 6-3-4

作 业 项 目	技术要求及说明
1. 完成例行维护项目	
2. 检查液压油箱油量	油量不足时，应予以加足
3. 检查各液压系统工作情况	起动发动机，操纵各操纵杆，各液压系统应工作正常，无异响，过热、振动、噪声等异常现象。否则应查明原因，排除故障
4. 清洁液压油箱、液压马达、液压油缸等的外部	除去外部尘土、油污，消除渗漏现象
5. 更换液压油和滤清器滤芯（走合期）	新机或大修后第一次使用 200 工作小时，更换液压油和滤清器滤芯
6. 检查牵引架、刮刀装置及松土器	对牵引架、刮刀装置及松土器等各球头处、销轴销套处进行润滑

3）二级维护（每 600 工作小时进行）

表 6-3-5

作 业 项 目	技术要求及说明
1. 完成一级维护项目	
2. 检查刮刀装置	刮刀体滑槽板磨损严重时，应予以更换；回转圈与导轨及托板之间的位置间隙应符合技术要求
3. 检查工作装置的工作情况	刮刀的升、降、回转、侧伸等均应操纵轻便灵活，工作正常

4）三级维护（每 1800 工作小时进行）

表 6-3-6

作 业 项 目	技术要求及说明
1. 完成二级维护项目	
2. 更换液压油	更换液压油，加注新机油到规定的油面高度
3. 更换液压油滤清器滤芯	卸下滤清器，清洗壳体，更换滤清器滤芯
4. 检查液压油泵、液压马达、液压阀、油缸等	在额定工作压力下，液压马达应无异响、过热及渗漏现象。油缸应无内漏外泄及爬行现象
5. 更换回转盘处润滑油	按规定加注新油
6. 检查牵引架前球头处连接螺栓、螺母	螺栓、螺母如有松动，应予以紧固

2. 油的选用(见表 6-3-7)

平地机油品汇总表

表 6-3-7

使用部位	燃油箱	发动机油底壳	后桥	平衡箱	蜗轮箱	液力变矩器总成	作业液压系统	转向操纵系统	行车制动	润滑油杯
牌号	夏季:0 号 冬季:0 号或 -10 号 北方地区: -10 号或 -35 号	夏季: 20/20W CD 级 冬季: 15/30W CD 级 柴油机 润滑油	SAE90 MIL-L-2105A 或 APIGL3/GL4 齿轮油			8 号液力 传动油	一般地区: N 抗磨液压油 寒冷地区: N 低凝抗磨液压油			2 号极压 锂基 润滑脂
用量(L)	228	18	18	2×23	2.5	26	130			
换油周期		200h	1000h 或 1 年	2000h 或 2 年	1000h 或 1 年					见使用 说明书

3. 平地机常见故障及其排除方法(见表 6-3-8)

表 6-3-8

	故障现象	故障原因	排除方法
动力换档变速器	操纵压力突然为零	压力表坏或连接管坏 操纵阀纸垫坏 操纵阀阀芯卡死	更换压力表或清洗连接管路 更换纸垫 清洗操纵阀或更换操纵阀
	某一档压力低或行驶困难或不工作	该档电磁阀坏或卡死 操纵阀纸垫坏 该档离合器有故障 操纵阀卡死	更换电磁阀或清洗电磁阀 更换纸垫 检查离合器并排除故障 检查操纵阀
	变矩器油温过高	进口压力太大 变速器润滑油少 冷却器或风扇故障 高速行驶或超负荷	检查压力异常原因并排除 补充润滑油 检查冷却系统并排除故障 降低车速或工作负荷
	变速器油位突然升高	通气孔堵塞 双联液压油泵轴头油封坏 转向液压泵轴头油封坏	清洗通气孔 更换轴头油封 同上
	变矩器壳体方孔甩油	变矩器坏甩变矩器油 发动机曲轴端漏甩机油	更换变矩器油封 更换发动机油封

续上表

故障现象		故障原因	排除方法
制动系统	制动指示灯不灭	压力继电器坏 电路故障 制动系统有故障	更换继电器 检查电路并排除故障 检查制动系统并排除故障
	停车制动失灵	停车制动器表面有油污 停车制动空行程太大	清洗油污 调整
转向系统	转向操纵费力	转向系统压力过低 流量太小,油位过低 转向器油液内漏严重	调整安全阀压力 检查油泵,加足油 修理、更换
	前轮摆振	转向油缸或拉杆轴承磨损 前轮前束不正确	更换轴承 调整
作业装置	作业装置操纵失灵	油泵损坏 安全阀卡住、泄漏	换泵 修理
	作业装置不能保持确定位置	油缸活塞密封圈损坏内漏 锁阀失灵	换密封圈 修理
	刮刀作业时颤动	刮刀滑道配合间隙过大 回转圈支承间隙过大	调整 调整
	刮刀不能回转	驱动马达损坏 回转支承滑道卡住	清洗 修理
	刮刀不能侧伸	刮刀导向装置阻塞 中央回转接头漏油	清洗 修理
液压系统	系统压力不足或完全无压力	泵严重磨损,内漏严重 油温过高,引起油粘度下降 溢流阀工作不正常或堵塞,弹簧失效	更换 降低油温 修理

4. 综合故障的诊断与排除

1)全液压转向系

全液压转向系由于使用过久、磨损、密封件老化、维护不当或使用不当时,会出现故障,其表现为堵、漏、损坏或调整不当,导致转向效果恶化。

(1)转向失灵。

①现象。转向失灵是指轮式机械在转向时,要较大幅度地转动转向盘才能控制行驶方向,使转向轮转向迟缓无力,有时甚至不能转向。

②原因分析。全液压转向系的转向失灵故障的原因是:

a. 液压系统堵塞。

b. 液压系统泄漏。液压系统泄漏可分外泄漏和内泄漏。

c. 转向器片状弹簧折断或弹性不足。当转向器片状弹簧失效时,转向盘不能自动转回中间定位,导致转向失灵。

d. 液压转向系统内液压元件部分或完全丧失工作能力，如动力元件液压泵损坏，会影响液压系统内压力，从而导致转向失灵。

e. 液压转向系统内流量控制阀的流量和压力调整不当，使压力调整过低，造成转向不灵或失灵。

f. 转向阻力过大。

③诊断与排除：

a. 检查液压转向系统外观是否有泄漏，如有泄漏，应对症排除。

b. 检查流量调节阀，将其调整螺母旋转 0.5 ~ 1 圈后，再测试转向灵敏度，若恢复正常，说明流量调节阀调整不当。若仍不正常，应检查流量控制阀的阀座是否有杂质或有磨损而关闭不严，使油液瞬时全部返回油箱，而导致转向失灵。

c. 如果是液压油温度高时出现转向失灵，可能是油液粘度不符合要求或液压元件磨损过甚，应更换液压油或液压元件。

d. 若转动转向盘时，转向盘不能自动回到中间位置，可能是转向器片状弹簧弹力不足或折断，应将转向器分解检查。

e. 转动转向盘时压力振摆明显增加. 甚至不能转动，可能是转向器传动销折断或变形，应分解转向器进行检查。

f. 如果转向盘自转或左右摆动，可能是转子与传动杆相互位置错位而致，应分解转向器予以排除。

g. 如果液压转向系统油液显著减少或制动系统有大量油液，则可能是接头密封圈损坏，应予以更换。

h. 检查轮式机械的转向阻力是否过大。用手抓住转向横拉杆来回周向转动，若转不动，表明横拉杆接头装配过紧；将转向油缸的活塞杆与转向节的连接部位拆开，然后用手扳动车轮绕主销转动，若转不动则是主销与衬套装配过紧使转向阻力增大；还应检查轮胎气压是否严重不足，根据检查的原因，对症排除。

(2)转向沉重。

①现象。全液压转向的轮式机械突然感到转向沉重或转动转向盘很费力。

②原因分析：

a. 油液粘度过大，使油液流动压力损失过多，导致转向油缸的有效压力不足。

b. 油箱油位过低。

c. 液压泵供油量不正常，使供油量小或压力低。

d. 转向液压系统内渗入空气。

e. 液压转向系统中溢流阀压力低，导致系统压力低。

f. 溢流阀被脏物卡住或弹簧失效，密封圈损坏。

g. 转向油缸内漏太大，使推动油缸活塞的有效力下降。

③诊断与排除：

a. 若快转与慢转转向盘均感觉沉重，并且转向无压力，则可能是油箱液面过低、油液粘度过大或钢球单向阀失效造成的。应首先测量液压油箱油位，并检查液压油的粘度，如果油液粘度过大，应更换粘度合适的液压油。如果油位及油液粘度均正常，则应分解转向器检查单向阀

是否有故障，并视情况予以排除。

b. 若慢转转向盘轻，快转转向盘感觉沉，则可能是液压泵供油量不足引起的，在油位高度及油液粘度合适时，应检查液压泵工作是否正常，如出现液压泵供油量小或压力低，则应更换液压泵。

c. 若轻载时转向轻，而重载时转向沉重，则可能是转向器中溢流阀压力低于工作压力，或溢流阀被脏物卡住或弹簧失效等导致的，应首先调整溢流阀工作压力，调整无效时分解清洗溢流阀，如弹簧失效、密封圈损坏应予以更换。

d. 若转动转向盘时，液压缸有时动有时不动，且发出不规则的响声，则可能是转向系统中有空气或转向油缸的内泄漏太大造成的，应打开油箱盖，检察油箱中是否有泡沫。如油中有泡沫，应先检查吸油管路有无漏气处，再检查各管路连接处，并察看转向器到液压泵油管有无破裂，如各连接处均完好，则应排除系统中的空气。如排除空气后，转向油缸仍时动时不动，则应检查油缸活塞的密封情况，必要时要更换其密封元件。

(3) 自动跑偏。

①现象。所谓自动跑偏，是指轮式工程建设机械在行驶中自动偏离原来行驶方向的现象。

②原因分析：

a. 转向器片状弹簧失效或断裂，使转向阀难以自动保证中间位置，从而接通转向油缸某一腔的油路使转向轮得到转向动力而发生自动偏转。

b. 转向油缸某一腔的油管漏油。当转向盘静止不动时，转向阀处于中间位置而封闭了转向油缸两腔的油路，油缸活塞两端压力相等，活塞不动，即转向车轮不摆动，呈直线行驶或等半径弯道行驶。如果油缸两腔的某一腔因油管接头松动或破裂而漏油，会使油缸活塞两端油压不相等，使活塞移动，则转向轮自动跑偏。

c. 左右转向轮的转向阻力不等，导致轮式机械自动跑偏。如果某一侧转向轮由于制动拖滞，轮胎气压不足、轮毂轴承装配预紧度过大等致使转向阻力大于另一侧转向轮时，使轮式机械行驶时自动跑偏。

③诊断与排除：

a. 观察与转向油缸连接的管路，若有漏出的油迹，应顺油迹查明漏油的原因并予以排除。

b. 检查轮胎气压，若轮胎气压严重不足，应予以充足。

c. 用手摸制动鼓或轮毂，若有烫手的感觉，说明该转向轮有制动拖滞或轮毂轴承装配过紧等故障，应予以排除。

d. 转动转向盘，松手后转向盘不自动回弹，表明转向器中片状弹簧可能折断，应分解转向器查明原因并予以排除。

(4) 转向器漏油。

①现象。转向器阀体、配油盘、定子及后盖结合面等处有明显漏油痕迹。

②原因分析：

a. 转向器阀体、配油盘、定子及后盖的配合面间有异物。

b. 转向器结合螺栓紧固力不足或不均匀。

c. 转向器内各密封圈损伤或老化。

d. 限位螺钉处垫圈不平。

③诊断与排除：

a. 察看漏油痕迹并顺油迹查明漏油部位，如果漏油部位是阀体、配油盘、定子及后盖结合面处，可先用扳手检查结合螺栓的松紧度。若螺栓太松，且拧紧后不再漏油，则故障在此。

b. 若螺栓不松，可将后盖上的所有螺栓拧松，然后按交叉的顺序分次拧紧。如不再漏油，说明故障为结合螺栓未按规定顺序拧紧。

c. 若螺栓按规定顺序拧紧后仍漏油，说明结合面间有脏物或接合面不平或密封圈硬化、老化、损坏，此时应分解转向器，如结合面间有脏物，应进行清洗；密封圈有损伤、老化应换新件，并检查限位螺钉处的垫圈，如不平应磨平或更换垫圈。

(5)无人力转向。

①现象。动力转向时转向油缸活塞到极端位置驾驶员终点感不明显，人力转向时转向盘转动而液压缸不动。

②原因分析：

a. 转子泵的转子与定子的径向间隙过大；

b. 转子与定子的轴向间隙超过限度；

c. 转向阀的阀芯、阀套与阀体之间的径向间隙超过限度；

d. 转向器销轴断裂；

e. 转向油缸密封圈损坏；

f. 液压转向系统连接油管破裂或接头松动；

g. 液压管路堵塞。

③诊断与排除：

a. 首先检查液压转向系统的连接管路有无破裂，接头有无松动，如有漏油处，说明管路破裂或接头松动，应更换油管，拧紧接头。

b. 若管路完好，可将转向油缸的一管接头松动，向左(右)转动转向盘，观察油管接头有无油液流出，如果没有油液流出，说明液压管路有堵塞处，或转子与定子轴向、径向配合间隙超过限度，或阀芯、阀套与阀体之间的径向间隙过大，此时应拆下并分解转向器，按技术要求检测各部件配合间隙及结合表面，如间隙超过规定，应镀铬、光磨修复，如表面轻微刮伤，可用细油石修磨，如出现沟槽或严重刮伤应更换；如各部件检测值在规定范围内. 则应清洁系统油道。

c. 若上述检查完好，则故障可能在转向油缸，应将油缸拆下并分解，检查密封圈是否损坏，活塞杆是否碰伤，导向套筒有无破裂等。视检查结果予以排除。

(6)转向盘不能自动回正。

①现象。转向盘在中心位置压力降增加或转向盘停止转动时，转向器不卸荷。

②原因分析：

a. 转向轴与转向阀芯不同心；

b. 转向轴顶死转向阀芯；

c. 转向轴转动阻力过大；

d. 转向器片状弹簧折断；

e. 转向器传动销变形。

③诊断与排除：

a. 将转向轮顶起，发动机低速运转，转动转向盘，若转向阻力大，可将发动机熄火，两手抓住转向盘上下推拉，如没有任何间隙感觉，且上下拉动很费力，说明转向轴顶死转向阀芯或转向轴与转向阀芯不同心，应重新装配并进行调整。

b. 若经调整后转向盘仍不能自动回正，则可能是片状弹簧折断，或传动销变形，应分解转向器，分别检查。片状弹簧变形、弹性减弱或折断应进行更换，传动销变形应校正或更换，绝不允许用其他零件代替。

2）轮式机械行走系

悬架发生故障时一般都伴有异响、噪声和振动，其原因不仅在悬架本身.而且还与轮胎和转向、制动、传动系以及减振器有关，进行故障诊断时应正确判断故障是在何种行驶状态下产生的，并且对异响、振动产生的相关部位进行检查.以确定故障范围。

（1）异响。

①现象。轮式机械行驶过程中，从前后悬架发出异常声音。

②诊断、分析与排除：

a. 减振器有些轮式机械为加速振动的衰减、改善驾驶员的乘坐舒适性，在悬架中安装有减振器。当减振器出现以下故障时，可导致悬架出现异响，应对症予以排除：

- 减振器工作不良；
- 减振器安装松动，应予以紧固；
- 减振器衬套或缓冲橡胶磨损严重。

b. 转向器故障转向器调整松动以及在车架上安装松动，也会导致悬架异响，应予以调整和紧固。

c. 前车轮轴承松动，悬架各连接处松脱及润滑不良，也会导致异响，应视情况予以排除。

（2）乘坐性恶化。

①现象。在作业和行驶过程中，对路面凹凸不平产生的振动不能吸收，使乘坐性能受到破坏，而使乘坐舒适性下降。

②诊断、分析与排除：

a. 减振器工作不良或失效，可导致乘坐性恶化，应予以维修或更换。

b. 轮胎气压太高或轮胎型号、尺寸不对，导致乘坐性恶化，应予以调整或更换。

c. 前轮定位失准车轮定位失准，尤其是主销后倾角不对时，会导致轮式机械直线行驶稳定性下降，应进行检查并调整。

d. 机械超载或机械载荷分布不均匀，也会使转向轮定位的功能减弱，应避免超载并力求装载分布均匀。

e. 前悬架球头销或轴衬套、螺钉衬套粘结以及前悬架转向拉杆润滑不良，也会减弱转向轮定位的作用，应进行拆检排除或更换。

（3）行驶不稳定。

①现象。机械在行驶过程中出现行驶跑偏或左右摇摆、机械振动大等持续发生的行驶不稳定现象。

②诊断、分析与排除：

a. 减振器衰减或损坏，应进行更换。

b. 轮胎胎压不正确或不均匀、轮胎大小不同或过度磨损,应进行调整或更换。

c. 机械超载或机械载荷不均匀会导致行驶不稳定,应避免超载并力求装载均匀。

d. 前轮轴承调整过紧、前轮定位不正确也会出现行驶不稳定,应进行调整。

e. 悬架球铰过紧,应进行重新调整。

f. 后桥壳弯曲、车架不正会造成行驶不稳定,应使车架平正,或更换相关零件。

(4)轮胎异常磨损。轮胎异常磨损是缩短轮胎使用寿命的主要原因,而轮胎的磨损情况也是机械其他部分工作好坏的标志。

①胎面中央部分过度磨损:

a. 现象　胎面中央部分进行工作,形成早期磨损。

b. 分析、诊断与排除　胎面中央部分过度磨损的主要原因是充气过量,导致轮胎胎压过高,使单位接地面积的负荷过大,加速胎面中央部分的磨损。分析诊断时,应使用轮胎压力表检查轮胎的充气压力,而不能只凭眼睛观察。

②胎面两肩磨损与胎壁磨损:

a. 现象　轮胎使用一段时间后,胎面两肩磨损,胎壁擦伤。

b. 原因分析及诊断排除　胎面两肩磨损的原因是充气不足,轮胎气压太低。当轮胎气压太小时,胎面的两肩便与路面接触过多,从而形成早期磨损。诊断时必须用轮胎压力表检查。

胎壁擦伤大多发生在双胎并装使用时,由于胎压不足或机械超载、胎侧变形较大,使两胎相互接触发生摩擦而使胎壁擦伤。

③胎面胎侧锯齿状磨损:

a. 现象　轮胎使用一段时间后,胎面胎侧呈锯齿状磨损。

b. 原因分析及诊断排除　该故障的原因有:

• 前束调整不正确,过大或过小。若胎面由外侧向里侧呈锯齿状磨损,说明前束过大。反之,胎面由里侧向外侧呈锯齿状磨损,则说明前束过小,应根据情况进行调整。

• 胎侧呈锯齿状磨损,多见于有块状花纹的轮胎,大多是因为轮胎长期超载或前轮定位失调引起的,使轮胎在制动力的作用下经常与路面单向摩擦,久而久之出现锯齿状。

④单边磨损:

a. 现象　轮胎胎面的内边或外边花纹的磨损比另一边的快。

b. 原因分析及诊断　轮胎单边磨损的原因如下:

• 前轮定位不正确,特别是车轮外倾角过大时,使车轮朝外倾斜太多,导致轮胎单边负荷过重,应重新进行调整。

• 路面路拱过大,也会使轮胎单边负荷过大而导致单边磨损。

3)气液综合式制动装置

(1)制动不灵或失灵。

①现象。踩下制动踏板后其制动效果不理想或机械无减速感觉。

②原因分析。制动不灵主要是由制动器的制动摩擦块与制动盘的摩擦力减小或消失,或者摩擦系数减小所导致的,其主要原因有以下几点:

a. 空气压缩机因磨损或气门关闭不严,造成能量转换效率降低,输出的气压不足。

b. 压力控制阀调整压力过低,使空压机输出的气体压力低。

c. 储气筒或所连接的管路漏气，如储气筒进气口单向阀密封不良、制动阀进气门被污物堵塞关闭不严、压力控制阀漏气等，造成供给的气体压力下降。

d. 空气滤清器堵塞，造成空压机充气不足而供能不良。

e. 油水分离器冬季时被分离出的水冻结，使供能气路堵塞，使制动力下降。

f. 加力器的活塞密封不良而漏气，使作用在活塞上的气体压力减小，液压制动总缸输出的油液压力也减小，使制动力减小。

g. 液压制动总缸内油液不足、皮碗漏油或管路漏油，使制动摩擦衬块压向制动盘的力减小，即制动力减小。

h. 制动轮缸密封件损坏漏油，使制动力下降。

i. 液压制动油路泄漏或系统内有空气时，导致制动不灵。

j. 制动器摩擦系数减小，使制动力减小。

③诊断与排除：

a. 检查制动系供能装置、制动阀和气推油加力器故障。其气压部分与气压制动装置基本相同，进行故障诊断与排除时参看气压制动装置。

b. 如果冷车时制动效果良好，热车时制动效果变差，应检查制动盘温度，如果制动盘有烫手感觉，则可能是制动系统内有油蒸气，应排除制动器内的蒸气或停车冷却。

排除液压部分气体的方法是：踩下制动踏板，松开制动轮缸上的放气螺塞，将气体排出，若一次排不完，可先将放气螺塞关闭，然后放松制动踏板，再重复以上动作，直至放出的油液无气泡为止。

c. 检查液压制动总缸的油液储存量，如果制动油液短缺，应添加油液。

d. 检查液压制动系是否有漏油，如有泄漏，应根据油迹查明漏油部位和原因，并予以排除。

e. 若制动盘有油污和水分，应查明来源并予以排除。

(2)制动跑偏。

①现象。机械制动时偏离原来行驶方向。

②原因分析：

a. 某车轮制动管路中进入空气；

b. 两侧车轮制动器制动块与制动盘之间的间隙不相等；

c. 两侧车轮制动器摩擦衬块材质不同；

d. 某车轮的摩擦衬块油污或水湿；

e. 两侧车轮轮胎气压不一致。

③诊断与排除。根据所分析的原因，气压制动部分故障与气压制动装置基本相同，诊断与排除时可参看前述气压制动装置，制动器故障的诊断与排除可参看制动不灵的诊断方法。

(3)制动拖滞。

①现象。同气压制动装置。

②原因分析。全部车轮均有拖滞，多为制动阀故障。单个车轮拖滞，多为制动器及制动管路故障，原因分析可参看气压制动装置。

③诊断与排除。制动阀故障的诊断与排除参看气压制动装置，制动器及制动管路故障参看制动不灵故障的诊断与排除。

课题四　挖掘机施工技术与故障排除

一、概述

1. 用途及工作对象

挖掘机械是土石方施工工程中的主要机械设备之一。

各种类型与功能的挖掘机械,在国民经济建设的许多行业被广泛地采用,如工业与民用建筑、交通运输、水利电力工程、农田改造、矿山采掘以及现代化军事工程等行业的机械化施工中,被广泛使用。据统计,工程施工中约有60%以上的土石方量是靠挖掘机械来完成的。在各类工程施工中,挖掘机主要用于完成下列工作:

(1)开挖建筑物或厂房基础;

(2)挖掘土料,剥离路面覆盖层、采矿场覆盖层、大面积的土石方开挖;

(3)采石场、隧道内、地下厂房和堆料场中的装载作业;

(4)开挖新路基、沟渠、运河和疏浚水道;

(5)更换工作装置后可进行浇筑、起重、安装、打桩、夯土等作业。

2. 国内外水平及发展趋势

我国的挖掘机生产起步较晚,1954年诞生了第一台单斗挖掘机,到20世纪80年代末,挖掘机生产厂家已有30余家,生产品种达40种以上,中型和小型液压挖掘机已形成系列,斗容有$0.1m^3$、$0.11m^3$、$0.15m^3$、$0.16m^3$、$0.2m^3$、$0.25m^3$、$0.4m^3$、$0.6m^3$、$0.8m^3$、$1m^3$、$1.6m^3$和$2.5m^3$等12个等级20多种型号;还生产斗容为$0.5m^3$、$0.6m^3$、$1.0m^3$、$2.0m^3$、$4.0m^3$以及大型矿用$10m^3$、$12m^3$机械传动单斗挖掘机、专用$1m^3$隧道挖掘机、$14m^3$长臂挖掘机和$4m^3$船用单斗挖掘机、$2.5m^3$挖掘装载机等,以及生产率为$400 \sim 700m^3/h$的斗轮挖掘机、$1000m^3/h$的排土机等。近年还开发了许多新产品,如斗容量为$0.25m^3$的轮船式液压挖掘机,斗容量为$0.4m^3$、$0.6m^3$、$0.8m^3$的水陆两用挖掘机。引进德国技术生产的有R 942、H55、H85型液压挖掘机,引进日本小松技术生产的PC300-PC400、PC500型全液压挖掘机等,生产率为$1500 \sim 2000m^3/h$。

国外挖掘机的生产正向大型化、微型化、多能化和专用化的方向发展。在美国、日本、德国、法国、俄罗斯等挖掘机生产国,主要生产斗容量$3.5 \sim 4.0m^3$的半液压式或液压式单斗挖掘机。特大型挖掘机也已于20世纪80年代末开始生产,如美国马利昂公司生产的斗容量为$50 \sim 150m^3$的剥离用挖掘机、斗容量$132m^3$的步行式拉铲;B-E公司(布比赛路斯-伊利公司)生产的斗容量$168.2m^3$的步行式拉铲,斗容量$107m^3$的剥离用挖掘机,是目前世界上最大的挖掘机。

为满足市政建设和农村建设的需要,国外生产了斗容量在$0.25m^3$以下的微型挖掘机,最小的斗容量仅$0.01m^3$。

另外,数量最多的中型机和小型机趋向于一机多能,配备了多种工作装置,除正铲、反铲外,还发展了起重、抓斗、平坡斗、装载斗、耙齿、破碎锥、麻花钻、电磁吸盘、振捣器、推土板、冲击工具、集装叉、高空作业架、绞盘与拉铲等几十个品种,以满足各种施工情况的需求。

挖掘机的发展方向,总的来说就是向多品种、高质量、多功能、高效率的方向发展,重视采

用新技术、新工艺、新结构和新材料，加快标准化、系列化、通用化发展步伐。

3. 分类、特点及适用范围

1）分类

挖掘机根据其作用分类如表 6-4-1 所示，主要形式如图 6-4-1、图 6-4-2、图 6-4-3 所示。

挖掘机分类表　　表 6-4-1

<table>
<tr><td rowspan="28">挖掘机</td><td rowspan="22">周期作业式单斗挖掘机</td><td rowspan="9">按工作装置的连接方式分</td><td rowspan="4">工作装置刚性连接的挖掘机</td><td>正铲挖掘机</td></tr>
<tr><td>反铲挖掘机</td></tr>
<tr><td>刨铲挖掘机</td></tr>
<tr><td>刮铲挖掘机</td></tr>
<tr><td rowspan="5">工作装置挠性连接的挖掘机</td><td>拉铲挖掘机</td></tr>
<tr><td>抓斗挖掘机</td></tr>
<tr><td>钓钩起重机</td></tr>
<tr><td>打桩机</td></tr>
<tr><td>夯土机</td></tr>
<tr><td rowspan="5">建筑型单斗挖掘机</td><td rowspan="3">履带式</td><td>标准式</td></tr>
<tr><td>长宽式</td></tr>
<tr><td>重型</td></tr>
<tr><td>轮胎式</td><td>—</td></tr>
<tr><td>汽车式</td><td>—</td></tr>
<tr><td>采矿型单斗挖掘机</td><td>—</td><td>—</td></tr>
<tr><td rowspan="3">剥离型单斗挖掘机</td><td rowspan="2">履带式</td><td>双履带式</td></tr>
<tr><td>多履带式</td></tr>
<tr><td>步行式</td><td>—</td></tr>
<tr><td rowspan="2">塔索型单斗挖掘机</td><td>主塔移动式</td><td>—</td></tr>
<tr><td>主塔固定式</td><td>—</td></tr>
<tr><td rowspan="2">隧道挖掘机(组)</td><td>短臂式</td><td>—</td></tr>
<tr><td>伸缩臂式</td><td>—</td></tr>
<tr><td rowspan="6">连续作业式多斗挖掘机</td><td>链斗挖掘机</td><td colspan="2"></td></tr>
<tr><td>链斗挖沟机</td><td colspan="2"></td></tr>
<tr><td>成形断面挖沟机</td><td colspan="2"></td></tr>
<tr><td>轮斗式挖掘机</td><td colspan="2"></td></tr>
<tr><td>滚切式挖掘机</td><td colspan="2"></td></tr>
<tr><td>隧道联合挖掘机</td><td colspan="2"></td></tr>
</table>

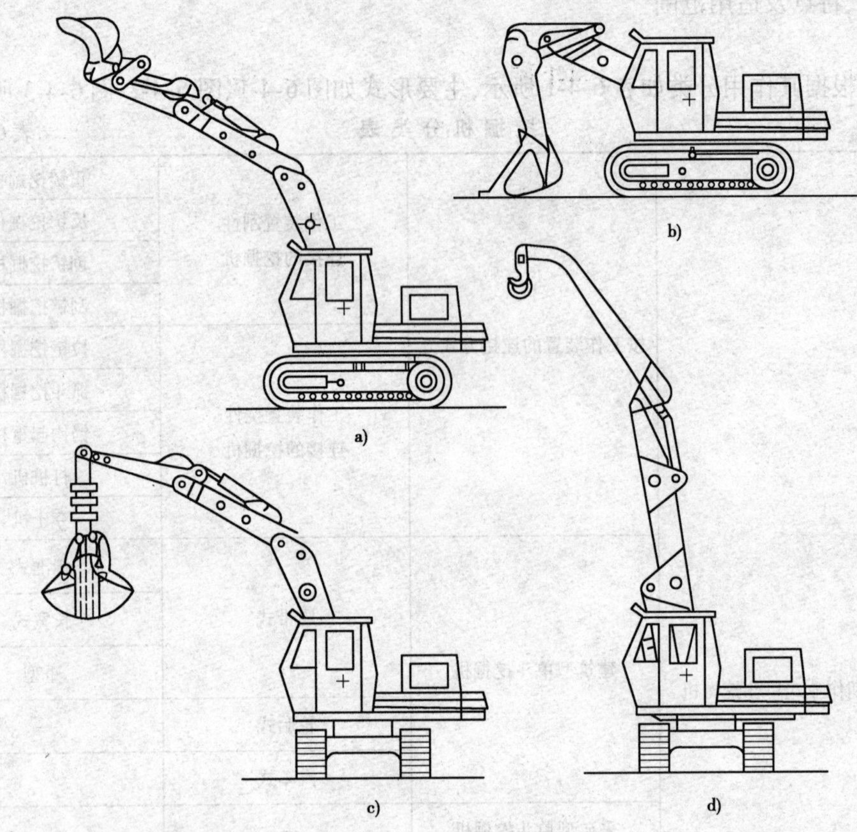

图6-4-1　液压式单斗挖掘机工作装置主要形式图

a)反铲;b)正铲或装载;c)抓斗;d)起重

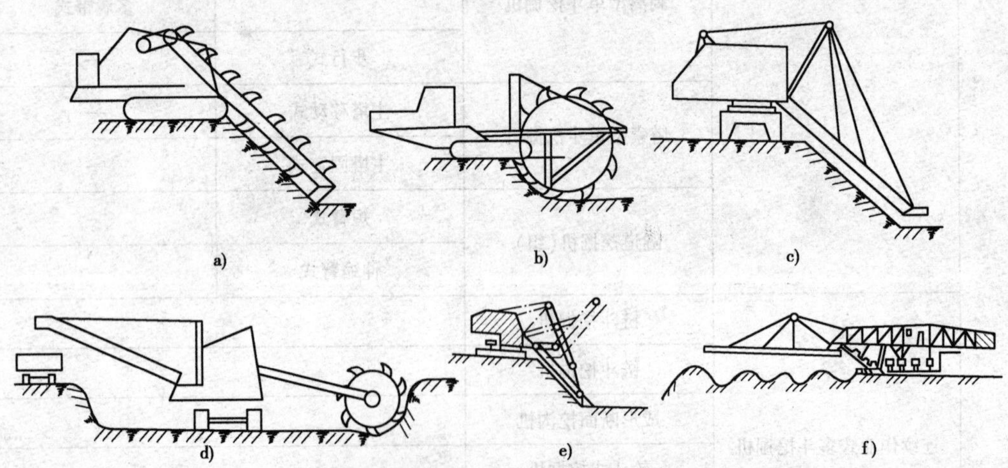

图6-4-2　多斗式挖掘机工作装置主要形式图

a)链斗式挖沟机;b)斗轮式挖沟机;c)横向链斗式多斗挖掘机;d)斗轮式挖掘机;e)小型横向挖掘链斗式多斗挖掘机;f)堆弃式多斗挖掘机

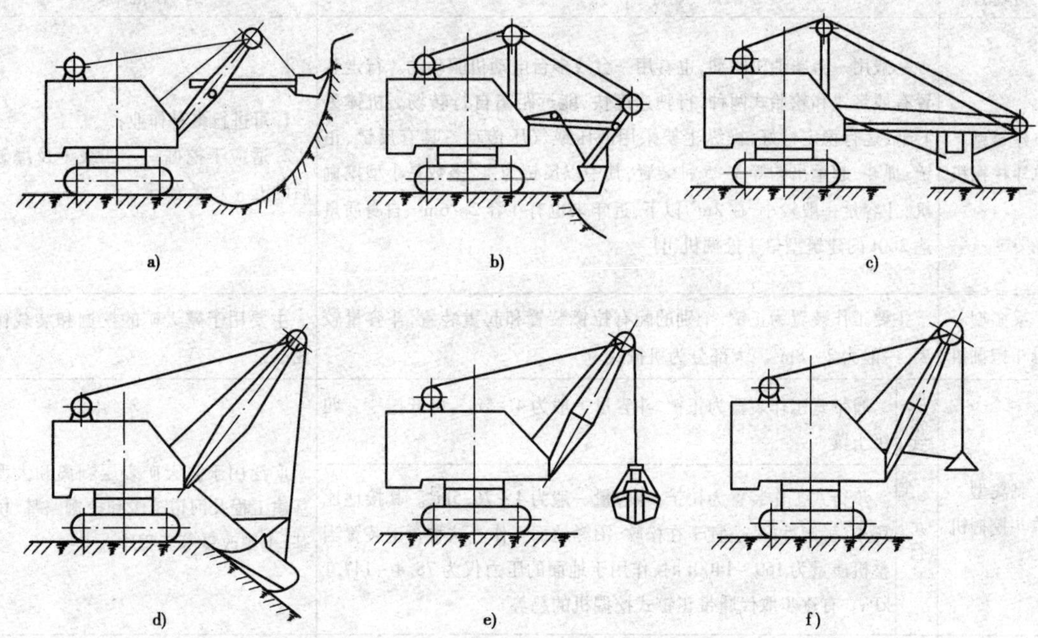

图 6-4-3　机械式单斗挖掘机工作装置主要形式图

a)正铲;b)反铲;c)刨铲;d)拉铲;e)抓斗;f)打桩

在以上各种类型的挖掘机中,单斗反铲挖掘机应用最广,如图 6-4-4 所示。

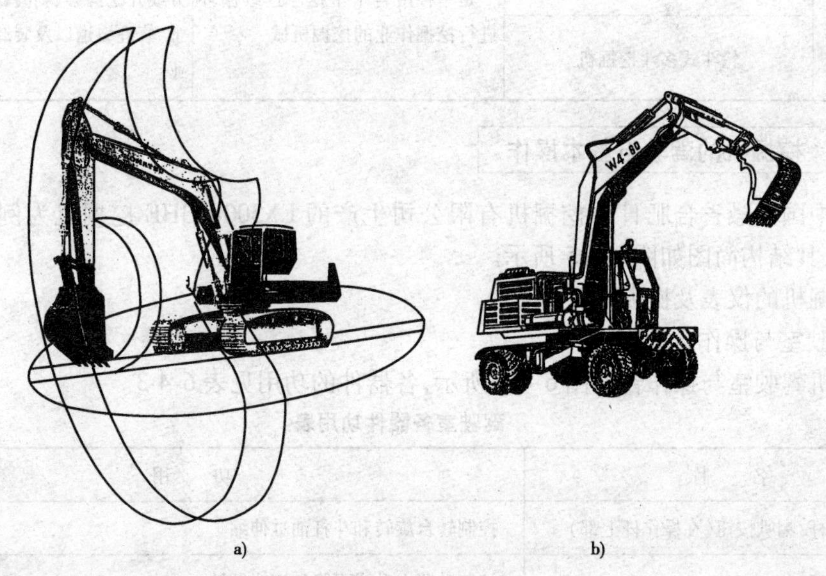

图 6-4-4　反铲式挖掘机

a)全液压履带式反铲挖掘机;b)轮胎式反铲挖掘机

2)特点及适用范围(见表 6-4-2)

几种常见挖掘机的特点及适用范围　　表 6-4-2

<table>
<tr><th>机型</th><th colspan="2">特　点</th><th>适用范围</th></tr>
<tr><td>建筑型
单斗挖掘机</td><td colspan="2">一般用一台柴油机驱动,也有用一台或多台电动机驱动的。行走装置有履带式和轮胎式两种,行驶速度快,能远距离自行转场。机体重心低,运行稳定性好,操纵主要采用液压或气压传动。具有反铲、正铲、抓斗、起重吊钩等 3 ~ 5 种装置,其中以反铲为主,多数是小型挖掘机,斗容量一般较小,在 $2m^3$ 以下,近年来也有斗容 2 ~ $6m^3$、自身质量达 200t 的建筑型单斗挖掘机出厂</td><td>1. 可进行多种作业;
2. 适应于挖掘一 ~ 四级土及爆破后的五 ~ 六级岩石</td></tr>
<tr><td>采矿型
单斗挖掘机</td><td colspan="2">主要工作装置为正铲,个别的配有拉铲装置和起重装置,斗容量较大,一般为 2 ~ $8m^3$。大部分为机械式</td><td>主要用于露天矿的挖掘和装载作业</td></tr>
<tr><td rowspan="2">剥离型
单斗挖掘机</td><td>履带式</td><td>履带式工作装置为正铲,斗容量一般为 4 ~ $5m^3$,可开挖一 ~ 四级土壤</td><td rowspan="2">广泛用于露天矿表层剥离和大型基建工程及河道疏浚和挖掘路基、桥基、土壤改良等工程中</td></tr>
<tr><td>步行式</td><td>步行式工作装置为拉铲,斗容量一般为 4 ~ $76.5m^3$。其接地比压小,稳定性好,适宜于在松软、沼泽地面工作。这种行走装置当整机质量为 160 ~ 1400t 时,作用于地面的压力仅为 78.4 ~ 147.1 kPa。有逐步取代履带正铲式挖掘机的趋势</td></tr>
<tr><td>隧道挖掘机</td><td colspan="2">具有特种工作装置和较小的转台尾部回转半径,挖掘和装载一 ~ 四级土壤或爆破后的五、六级岩石</td><td>专用于隧道、坑道、地铁等狭窄的工作环境</td></tr>
<tr><td rowspan="2">多斗挖掘机</td><td>链斗式多斗挖掘机</td><td rowspan="2">是一种由若干个挖斗连续循环进行挖掘作业的挖掘机械</td><td rowspan="2">主要用于四级以下土壤中挖取土方或开挖沟渠、剥离露天矿场上的浮土、修理坡道以及装卸松散物料等作业</td></tr>
<tr><td>轮斗式多斗挖掘机</td></tr>
</table>

二、挖掘机的驾驶与基本操作

现以中国安徽省合肥日立挖掘机有限公司生产的 EX300-3HHE 挖掘机为例来介绍挖掘机的驾驶,其结构简图如图 6-4-5 所示。

1. 挖掘机的仪表及操纵装置

1) 驾驶室与操作台

挖掘机驾驶室与操作台如图 6-4-6 所示,各器件的功用见表 6-4-3。

驾驶室各器件功用表　　表 6-4-3

名　称	功　用
1. 左控制杆/喇叭按钮(在操作杆上部)	控制转台旋转和斗杆油缸伸缩
2. 右控制杆	控制动臂上升或下降和铲斗翻转
3. 先导控制开关杆	切断(停机后)或接通(作业前)至先导控制阀的液压先导压力
4. 监视器和开关盘	

续上表

名　称	功　用
5. 后控制台	
6. 左控制台	
7. 左行走操作杆	控制挖掘机行走与转向
8. 左行走踏板	控制挖掘机行走与转向
9. 右行走踏板	控制挖掘机行走与转向
10. 右行走操作杆	控制挖掘机行走与转向
11. 驾驶室门开锁杆	

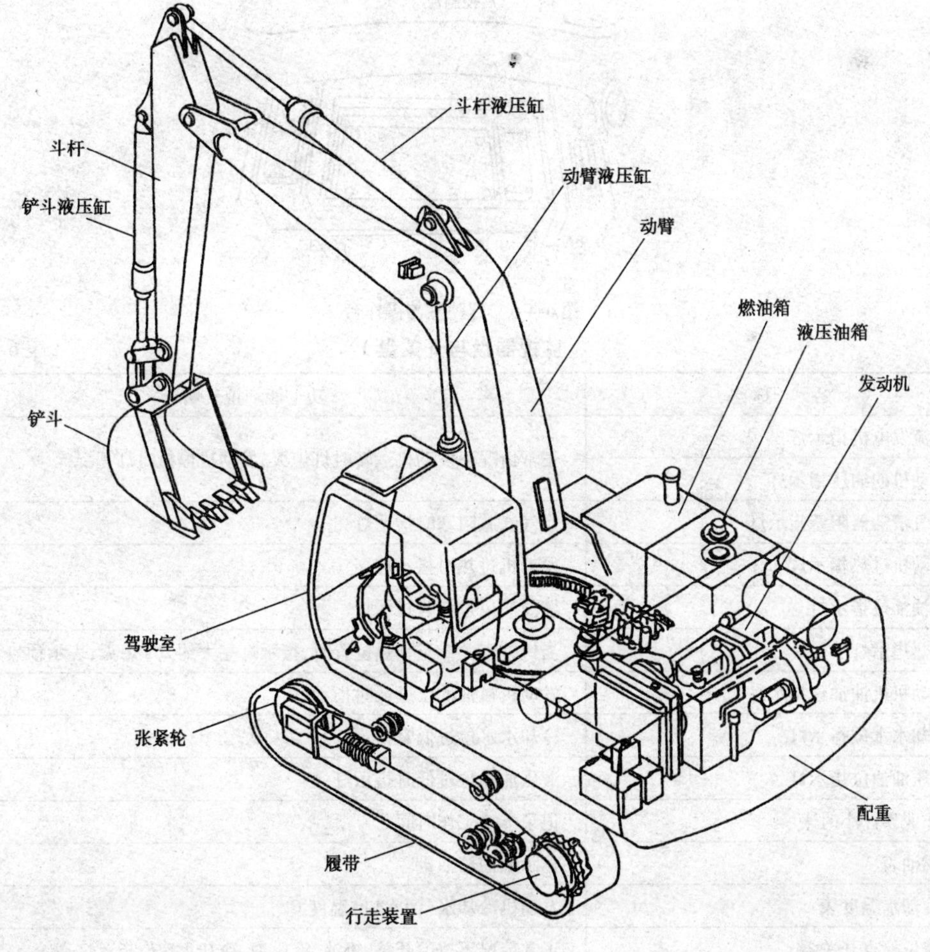

图 6-4-5　挖掘机结构简图

2）监视盘和开关盘

挖掘机监视盘和开关盘见图 6-4-7，各器件的功用见表 6-4-4、表 6-4-5。

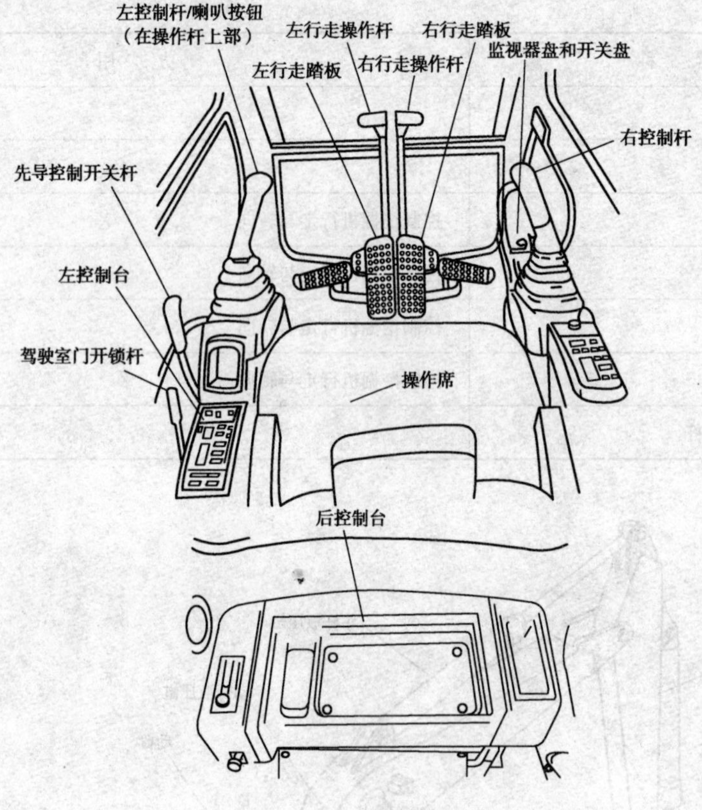

图6-4-6　驾驶室与操作台

监视器盘与开关盘1　　表6-4-4

名　称	功 能 说 明
1. 交流发电机指示灯	正常情况下发动机运转时灯熄灭，发动机停机时灯亮
2. 发动机的油压指示灯	
3. 空气清洁器阻塞指示灯	空气滤芯阻塞时指示灯亮
4. 发动机过热指示灯	发动机过热时指示灯亮
5. 燃油油位指示灯	燃油油位过低时指示灯
6. 预热指示灯	当钥匙开关专至预热位置时，指示灯亮大约20s熄灭，表示预热完成
7. 发动机机油油位指示灯	发动机机油油位过低时指示灯
8. 冷却水水位指示灯	冷却水水位过低时指示灯
9. 液压油油位指示灯	液压油油位过低时指示灯
10. 作业累计小时表	记录本机工作时间
11. 燃油表	显示燃油箱油量
12. 冷却水温度表	发动机冷却水（回水口）温度℃
13. 液位检查开关器	正常情况下按下开关，机油、液压油、冷却水液位指示灯亮
14. 蜂鸣停止开关与蜂鸣器	发动机机油压力低，水温高，蜂鸣器将鸣响（机油压力低，发动机将自动熄灭，且关不掉蜂鸣器）

续上表

名　称	功 能 说 明
15. 洗涤开关	开,向挡风玻璃喷洗涤液
16. 刮水开关	开,刮水器摆动
17. 灯开关	控制工作灯、头灯、仪表灯亮和熄灭
18. 头灯指示灯	头灯亮时,指示灯亮
19. 作业灯指示灯	作业时,指示灯亮
20. 间隙刮水指示灯	刮水器间隙工作时,指示灯亮
21. 连续刮水指示灯	刮水器连续工作时,指示灯亮

开　关　盘　2　　表 6-4-5

动力方式(发动机速度)选择器(E-P 控制):用于挖掘机作业时选择最佳的发动机速度			
名　称	功 能 说 明		
1. 减速开关 2. 加速开关	要逐渐减小发动速度时,按动此开关 要逐渐增加发动速度时,按动此开关		
	特点	作业要求	发动机速度
3. 强力(P)方式开关	高产量	高速高产作业	2200r/min
4. 经济(E)方式开关	高效率	一般挖掘装载作业	1800r/min
5. 轻(L)方式开关	高精度,低噪声	轻量挖掘装载作业	1450r/min
6. 低速慢车(I)方式开关	省燃料,低噪声	作业暂停	800r/min
7. 强力(P)方式指示灯 8. 经济(E)方式指示灯 9. 轻(L)方式指示灯 10. 低速慢车(I)方式指示灯	选择相对应的动力方式时,指示灯点亮		
11. 液压暖机开关 12. 液压暖机指示灯	如果液压油温为 30℃以下操作机器时,液压元件可能严重损坏,因此在操作机器之前,要预热液压油至规定温度		
行走方式开关:挖掘机行走时,可利用行走方式开关设定行走速度 注意:每当改变行走方式速度时,须使机械停驶			
13. 行走加速开关 14. 行走减速开关 15. 行走方式指示灯 16. 行走方式指示灯 17. 行走方式指示灯	 高速 中速 低速		
自动空转开关:按下自动空转开关,当控制杆放在中立位置时,几秒钟之后,自动慢车装置将自动地减低发动机速度,如果任意控制杆被操作,发动机速度将改变至动力选择器设定值			
18. 自动慢车开关 19. 自动慢车指示灯	装置工作时,指示灯应亮		

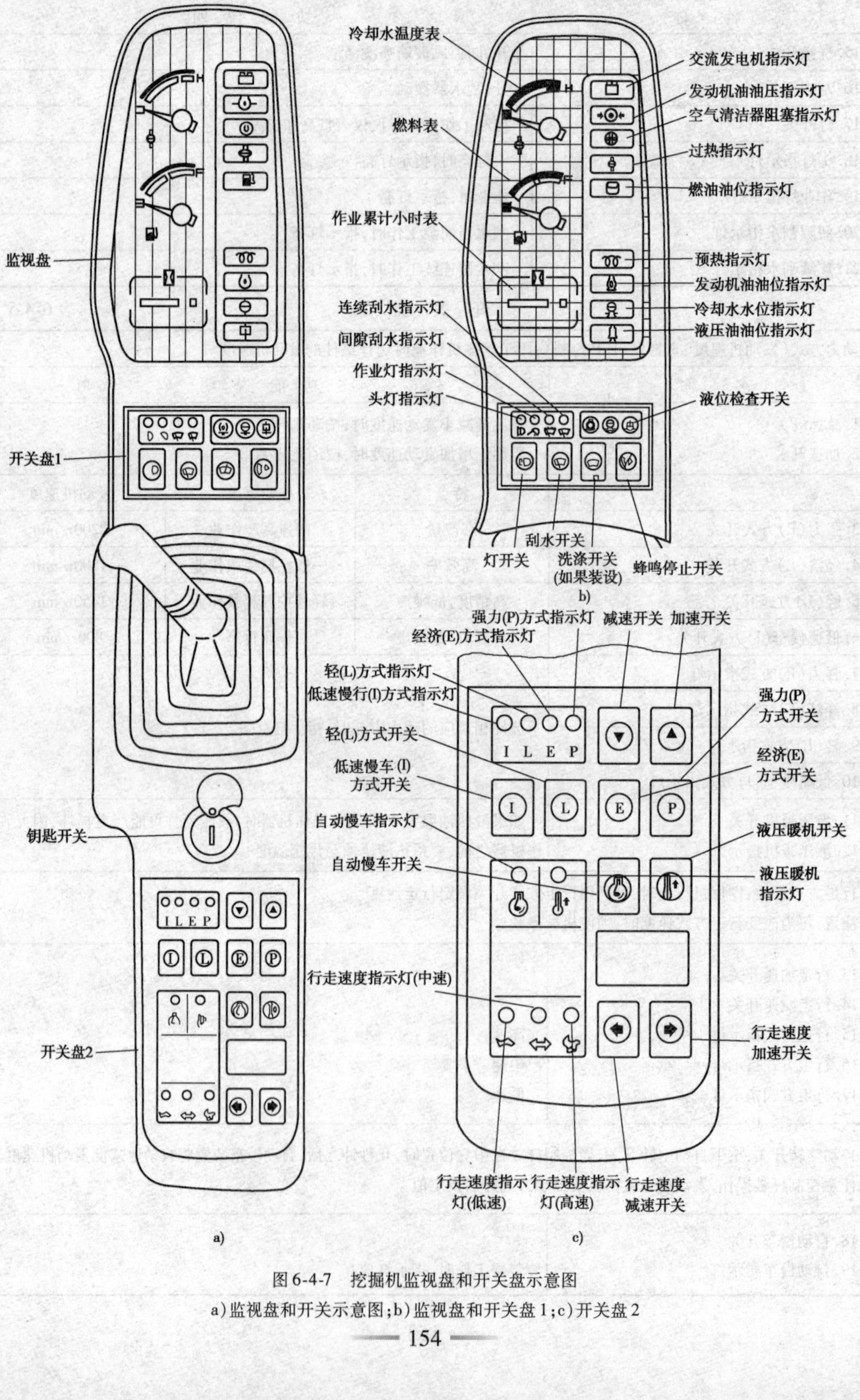

监视盘
开关盘1
钥匙开关
开关盘2

a)

冷却水温度表
燃料表
作业累计小时表
连续刮水指示灯
间隙刮水指示灯
作业灯指示灯
头灯指示灯
交流发电机指示灯
发动机油油压指示灯
空气清洁器阻塞指示灯
过热指示灯
燃油油位指示灯
预热指示灯
发动机油油位指示灯
冷却水水位指示灯
液压油油位指示灯
液位检查开关
灯开关
刮水开关
洗涤开关（如果装设）
蜂鸣停止开关

b)

强力(P)方式指示灯
经济(E)方式指示灯
轻(L)方式指示灯
低速慢行(I)方式指示灯
减速开关
加速开关
I L E P
轻(L)方式开关
低速慢车(I)方式开关
强力(P)方式开关
经济(E)方式开关
自动慢车指示灯
自动慢车开关
液压暖机开关
液压暖机指示灯
行走速度指示灯(中速)
行走速度加速开关
行走速度指示灯(低速)
行走速度指示灯(高速)
行走速度减速开关

c)

图6-4-7　挖掘机监视盘和开关盘示意图

a）监视盘和开关示意图；b）监视盘和开关盘1；c）开关盘2

2. 挖掘机的基本操作

1)挖掘机的基本操作内容及步骤见表6-4-6。

挖掘机的基本操作内容及步骤　　表6-4-6

<table>
<tr><th>项 目</th><th colspan="2">操 作 步 骤</th></tr>
<tr><td>驾驶前的准备</td><td colspan="2">1. 安全驾驶常识、设备使用说明书的学习,按使用说明书的要求,进行起动前的检查
2. 操纵手动控制阀,切断先导控制回路,以防止柴油机带载起动和发生意外事故
3. 主泵吸油油路上的球阀必须放在接通位置,以防止各油路吸空
4. 检查燃油箱、液压油箱油位,不足时添加
5. 检查履带张紧度是否符合要求
6. 检查周围环境,清除施工范围内的障碍物
7. 起动发动机,并使其进入正常运转状态
8. 检查各仪表,并确认发动机机油油压指示灯的指示值为正常
9. 严格遵守安全操作规程,避免安全事故发生</td></tr>
<tr><td rowspan="5">挖掘机的行走</td><td colspan="2">全液压挖掘机的行走与制动器松开是由并联于左右行走电动机的梭阀控制的。标准的行走位置是张紧轮在挖掘机的前部,行走电动机在后部,如果位置相反则行走踏板的控制作用将相反。行走前一定要核实行走电动机的位置</td></tr>
<tr><td>向前直线行走:</td><td>用脚尖同时踏下两个踏板的前部或向前推两个行走杆</td></tr>
<tr><td>向后直线行走:</td><td>用脚跟同时踏下两个踏板后部或向后拉两个行走杆</td></tr>
<tr><td>逆时针旋转:</td><td>用右脚尖踏下右踏板前部,同时用左脚跟踏下左踏板后部或向前推右行走杆,向后拉左行走杆(如图6-4-8所示)</td></tr>
<tr><td>顺时针旋转:</td><td>用右脚跟踏下右踏板后部,同时用左脚尖踏下左踏板前部或向前推左行走杆,向后拉右行走杆(如图6-4-9所示)</td></tr>
<tr><td>用单边履带转向</td><td colspan="2">向左前方转向,用右脚尖踏下右踏板前部;向右前方转向,用左脚尖踏下左踏板前部(也可用行走杆完成)。注意:为了保护履带部件,应尽量避免向后行驶转向(如图6-4-10所示)</td></tr>
<tr><td>中立位置与行走制动</td><td colspan="2">行走踏板和拉杆处于中立时,行走制动会自动地刹住挖掘机。当松开踏板,它们会自动复位,挖掘机将立即停下来。机器在斜坡上行走时,有制动限速阀防止溜坡,使机器不超过最大行走速度。注意:当机器长时间停留在斜坡上时,行走制动必须进一步采取措施,确保安全;一般不允许机器在斜坡上长时间停留</td></tr>
<tr><td>柴油机熄火停车</td><td colspan="2">1. 柴油机熄火前,要把挖掘机停放在安全平坦的地方,并降下作业装置至地面
2. 将自动空转开关关掉,让发动机空转3min(禁止满负荷工况下突然熄火),然后转钥匙开关至OFF(关),此时发动机熄火
3. 拔出开关钥匙,充电指示灯熄灭;关闭电源总开关
4. 把先导控制开关杆拉到LOCK(锁住)位置,按班后维护规范进行维护</td></tr>
</table>

2)挖掘机工作装置的基本作业

挖掘机工作装置的基本作业如图6-4-11所示。

(1)反铲作业时,从动轮应在前面,驱动轮在后面。

(2)动臂提升与下降。操纵右手柄到 a 位置(右后),动臂上升;操纵右手柄到 b 位置(右前),动臂下降。

(3)铲斗油缸的操纵。操纵右手柄到 c 位置(右外),反铲铲斗上翻转;操纵右手柄到 d 位

置(右内),反铲铲斗下翻转。

(4)若按45°方向操纵右手柄,将会引起相应的动臂与铲斗两个动作同时进行。

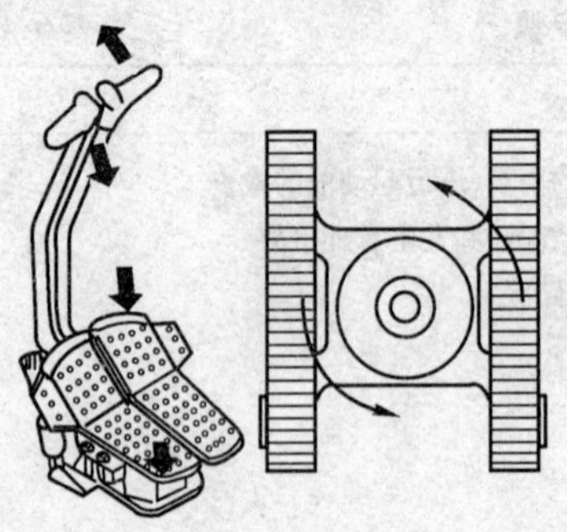

图6-4-8　逆时针旋转

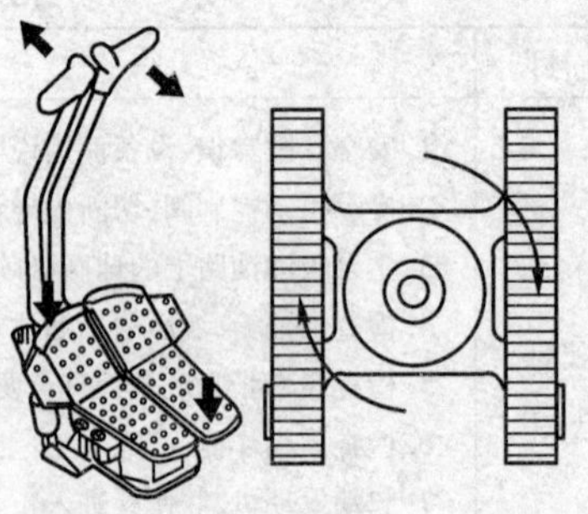

图6-4-9　顺时针旋转

bd(右前内):动臂下降,铲斗下翻转;*ad*(右后内):动臂上升,铲斗下翻转;

bc(右前外):动臂下降,铲斗上翻转;*ac*(右后外):动臂上升,铲斗上翻转。

(5)斗杆油缸的操纵。操纵左手柄到*g*位置(左前),斗杆向外摆动;操纵左手柄到*h*位置(左后),斗杆向内摆动。

(6)转台回转操纵。操纵左手柄到*e*位置(左外),上部平台向左回转;操纵左手柄到*f*位置(左内),上部平台向右回转。

(7)若按45°方向操纵左手柄,将会引起相应的斗杆与转台两个动作同时进行。

ge(左前内):斗杆向外摆动,转台左转;*he*(左后外):斗杆向内摆动,转台左转;

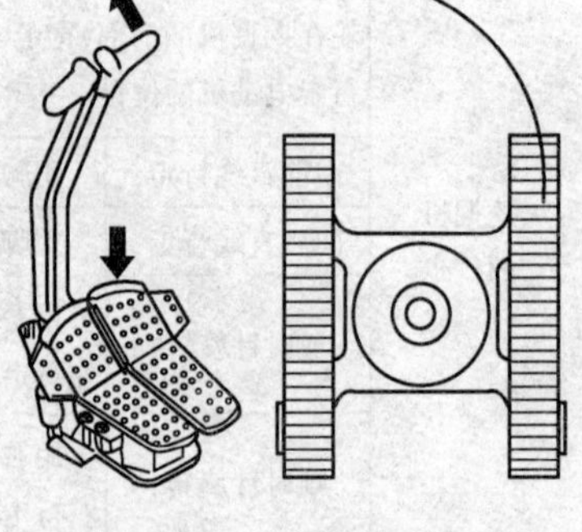

图6-4-10　用单边履带转向

gf(左前内):斗杆向外摆动,转台右转;*hf*(左后内):斗杆向内摆动,转台右转。

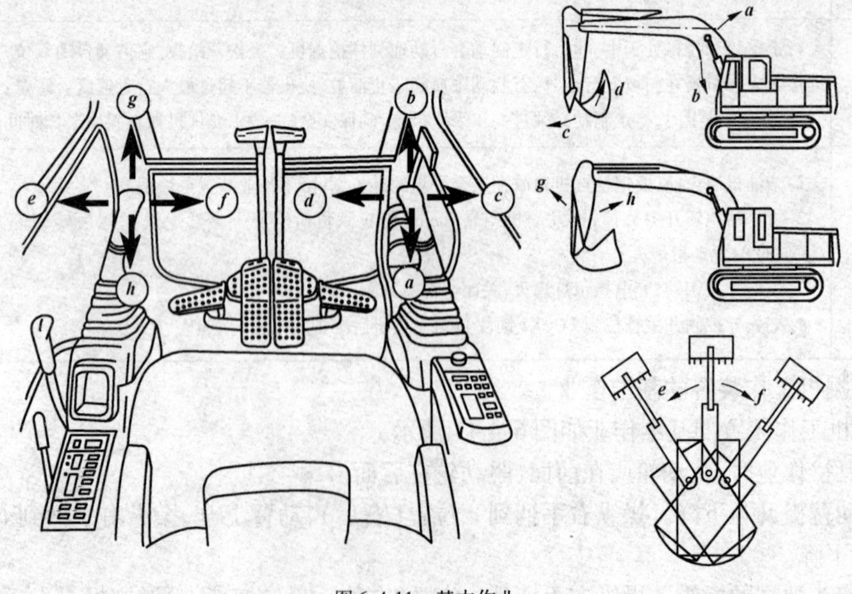

图6-4-11　基本作业

(8)制动。放开操纵手柄时,它将回到中间位置,挖掘机的功能将停止。

三、挖掘机的施工技术

1. 准备工作

(1)施工前必须对行驶道路、挖填方区域进行平整,作好降排水及清理障碍后的处理工作,为机械安全创造条件。

(2)将机械开进作业面,首先考虑地面坚实,另外要考虑运输设备进出现场及停车位置。

(3)同施工组织设计或工程负责人进行技术交流。

(4)作好挖掘机起动前的准备工作,试做一、二个工作循环动作,同时注意各部位有无异常现象。当一切正常后,方可进行施工作业。

2. 挖掘作业

大多数液压挖掘机都采用双手柄,以便于各种复合动作。液压挖掘机的作业循环主要分为,挖掘—回转—卸土—返回 4 个步骤。在每一个步骤中都有可能有复合动作,即铲斗转动和斗杆收放,动臂升降和转台回转。

1)反铲挖掘作业法(如图 6-4-12 所示)

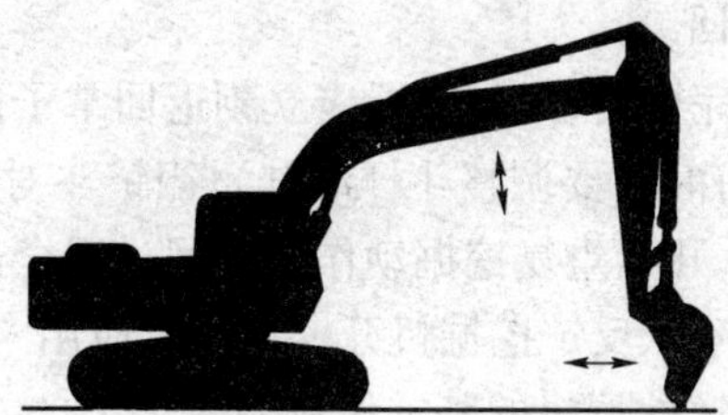

图 6-4-12　反铲作业法

(1)铲斗挖掘。基本方法是动臂斗杆液压缸置于一定的位置不动,只操作铲斗油缸挖掘手柄,使铲斗转动切削土壤。

(2)斗杆挖掘。动臂和铲斗油缸置于一定位置,然后操作斗杆油缸控制手柄,使斗杆连同铲斗一同转动切削土壤。采用斗杆挖掘时,为了使挖掘阻力更小,更利于斗尖插入土层中,应使铲斗转至斗底线与斗尖推动轨迹圆成切线的位置,才不会产生铲斗切削角度过大或斗底挤压土的现象。

(3)复合挖掘。铲斗油缸与斗杆油缸的配合动作进行挖掘。有采取两组液压缸顺序动作的挖掘方式,也有同时动作的挖掘方式。

(4)平整作业。略前垂直位置放置斗杆,并使铲斗转向后方。慢慢升高动臂的同时,操作斗杆收入功能,一旦斗杆移过垂直位置,便慢慢地降低动臂,使铲斗保持稳定的平面运动。

反铲工作面有正挖掘工作面和侧挖掘工作面两种,还可以挖掘垂直基坑和修整边坡。挖掘作业时为保证挖掘作业的合理性和科学性,应注意以下几点:

①根据机型的作业条件设计工作区域范围。

②停机位置应保证每次挖掘满斗率高,铲斗行程又不大,并尽可能减少移机次数。

③合理确定运输车辆的停置点,它将决定每一挖掘循环的回转角,直接影响工作周期和生产率。

④合理安排工作的推移路线或掌子面的开挖顺序。要充分利用工作面的宽度和高度,合理确定铲斗取土顺序及调集土壤的可能性。

⑤铲斗一般要从掌子面的根部开始挖掘,并尽量用铲斗挖掘,一定要通过铲斗转动来调整切削角和装满斗。

在挖掘过程中要求装满斗的时间要短,因此,必须落斗合理,增加切削厚度和提高挖掘的速度。增加切削厚度对挖掘阻力的影响不大;但提高挖掘速度会大大增加挖掘阻力。

2)回转作业

回转过程是在铲斗装满后,工作装置从掌子面旋转到卸土地点的过程。这一过程要求铲斗底部一经离开掌子面,便提升动臂(或同时调整斗杆油缸)与调整铲斗转角,以适应所要求的卸土高度。当铲斗回转接近装土车辆时,松开回转手柄,然后便用回转制动器慢慢地制动住转台,并同时卸土。应当注意铲斗回转到装土车辆上空时,回转速度要慢(一般是惯性滑动),制动不能过猛,避免斗中石块抛洒出来砸在车辆上造成事故。

3)卸土

当工作装置基本停稳后,翻转铲斗卸土。卸土操作时,要求铲斗中的土石卸下时的土堆中心对准车辆车斗中部。要特别注意掌握铲斗的卸土高度,切不可高抛高卸,以防砸坏车辆。

4)返回

卸土完毕后,工作装置应立刻返回掌子面。返回过程中,铲斗翻转,然后一边回转一边下降动臂(有时还要调整斗杆油缸),当铲斗对准第2次取土点时,应尽快调整好切削角,使铲斗切入土中,开始重复挖掘动作。返回过程全部采用复合动作,动作要协调,快而准确。

3. 全液压反铲挖掘机开挖方法及应用

1)反铲挖掘机的基本作业方式

反铲挖掘机的基本作业方式有沟端挖掘、沟侧挖掘、直线挖掘、曲线挖掘、保持一定角度挖掘、超深沟挖掘和沟坡挖掘等。

(1)沟端挖掘。挖掘机从沟槽的一端开始挖掘(图6-4-13a),然后沿沟槽的中心线倒退挖掘,自卸车停在沟槽一侧,挖掘机动臂及铲斗回转40°~45°即可卸料。如果沟宽为挖掘机最大回转半径的两倍时,自卸车只能停在挖掘机的侧面,动臂及铲斗要回转90°方可卸料。若挖掘的沟槽较宽,可分段挖掘(图6-4-13b),待挖掘到尽头时调头挖掘毗邻的一段。分段开挖的

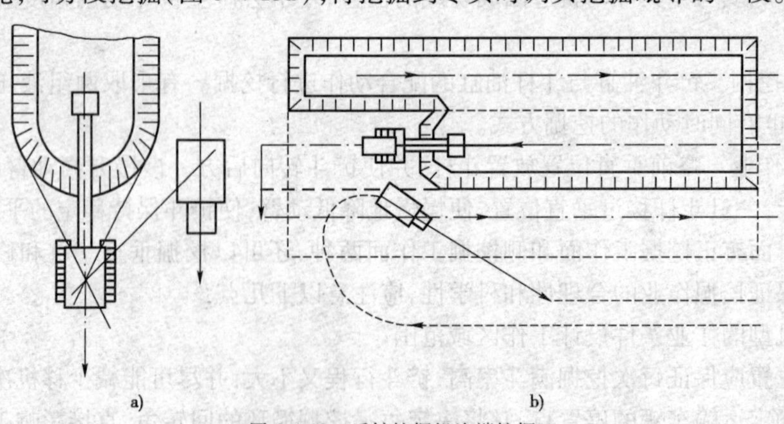

图6-4-13　反铲挖掘机沟端挖掘

a)沟端开挖;b)沟侧分段开挖

每段挖掘宽度不宜过大，以自卸车能在沟槽一侧行驶为原则，这样可减少作业循环的时间，提高作业效率。

(2)沟侧挖掘。沟侧挖掘与沟端挖掘不同的是，自卸车停在沟槽端部，挖掘机停在沟槽一侧，动臂及铲斗回转小于90°可卸料(见图6-4-14)。沟侧挖掘的作业循环时间短、效率高，但挖掘机始终沿沟侧行驶，因此挖掘过的沟边坡较大。

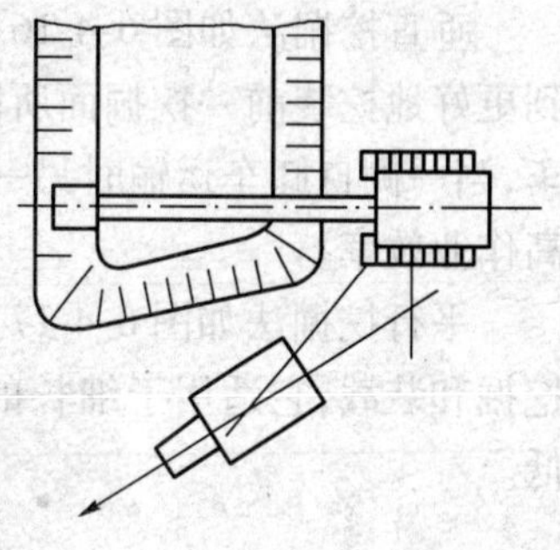

图6-4-14　反铲挖掘机沟侧挖掘

(3)直线挖掘。当沟槽宽度与铲斗宽度相同时，可将挖掘机置于沟槽的中心线上，从正面进行直线挖掘。挖到所要求的深度后再后退挖掘机，直至挖完全部长度。利用这种挖掘方法挖掘浅沟槽时挖掘机移动的速度较快，反之则较慢，但都能很好地使沟槽底部挖得符合要求。

(4)曲线挖掘。挖掘曲线沟槽时可用短的直线挖掘相继连接而成。为使沟廓有圆滑的曲线，需要将挖掘机中心线稍微向外偏斜，同时挖掘机缓慢地向外移动。

(5)保持一定角度的挖掘。保持一定角度的挖掘方法通常用于铺设管道的沟槽挖掘，多数情况下挖掘机与直线沟槽保持一定的角度，而曲线部分很小。

(6)超深沟挖掘。当需要挖掘面积很大，深度也很大的沟槽时，可采用分层挖掘方法或正、反铲双机联合作业，如图6-4-15所示。

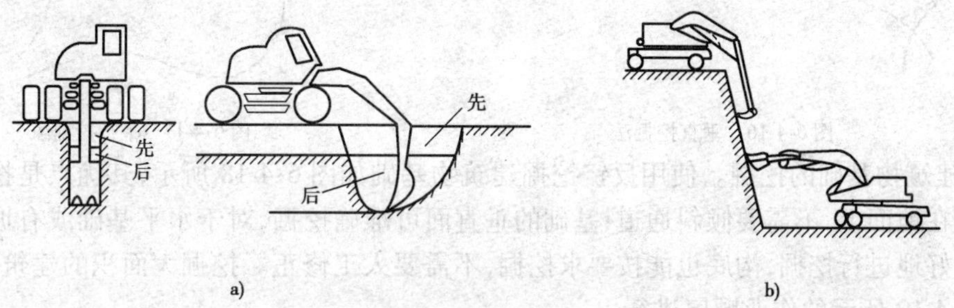

图6-4-15　超深沟挖掘

a)分层挖掘；b)双机联合挖掘

(7)沟坡挖掘。挖掘沟坡时将挖掘机位于沟槽一侧，最好用可调的加长斗杆进行挖掘，这样可以使挖出的沟坡不需要做任何修整。

2)液压挖掘机作业方式的应用

上述反铲挖掘机的作业方式可用于路堑挖掘、填筑路堤、平面挖掘、建筑物基础的挖掘和沟槽挖掘等工程施工。

(1)挖掘路堑。反铲挖掘机布置在路堑的附近，根据情况选择沟端挖掘或沟侧挖掘方法进行施工。用自卸车与挖掘机配合，将挖掘的土壤移运至卸土场。

(2)填筑路堤。反铲挖掘机与自卸车配合可进行填筑路堤作业，挖掘机在取土场按照上述挖掘方法取土即可。

挖掘路堑和填筑路堤施工中，自卸车配合反铲挖掘机作业时所需要的车辆数，除与挖掘机、自卸车的性能有关外，还与运输距离、道路状况、驾驶员操作技术等因素有关，一般可用估算法求出，然后通过具体作业予以落实。在此过程中，以满足挖掘机不中断作业、又不让自卸

车停滞为原则。

(3)平面挖掘。反铲挖掘机进行平面挖掘作业时可采用垂直挖掘法或平行挖掘法。

垂直挖掘法如图6-4-16所示,挖掘机垂直于工作面进行挖掘。图中工作面重叠A是考虑到更好地挖装前一挖掘面所散落的土壤。垂直挖掘法的优点是,挖掘机的两侧均可停放自卸车,当一侧自卸车运输时另一侧自卸车进行装载,并且挖掘机回转角度不超过90°,有利于提高作业效率。

平行挖掘法如图6-4-17所示,反铲挖掘机后退方向与工作面扩展方向平行,可进行直线挖掘和装载,它适用于细长的挖掘作业。由于自卸车只能在一侧进行装载,因此生产效率较低。

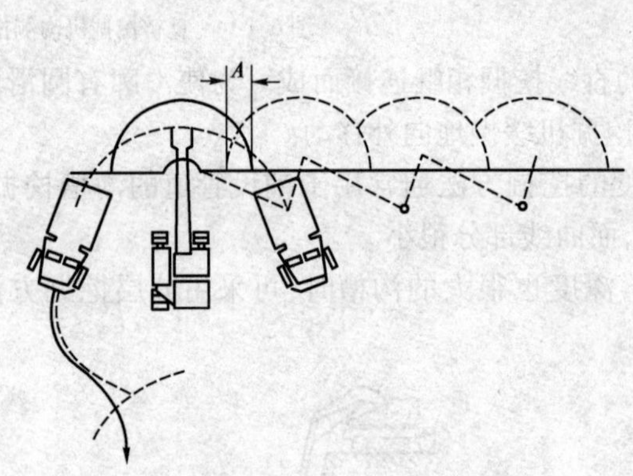

图6-4-16 垂直挖掘法

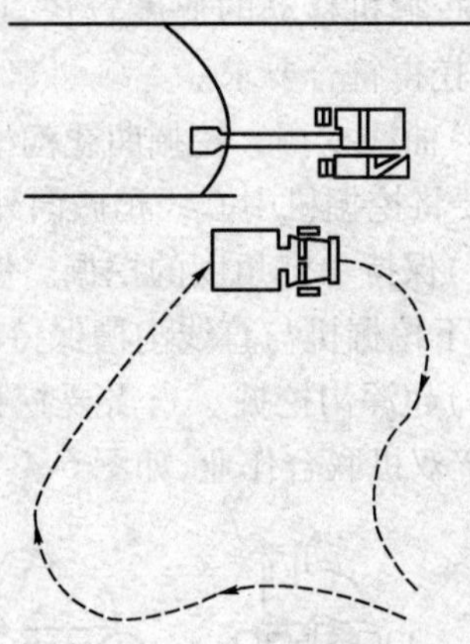

图6-4-17 平行挖掘法

(4)建筑物基础的挖掘。使用反铲挖掘建筑物基础如图6-4-18所示,其优点是挖掘机和自卸车均在地面上,不需要倾斜通道;基础的垂直面可准确挖掘,对于水平基础或有坡度的基础都能很好地进行挖掘,沟底也能按要求挖掘,不需要人工修正。挖掘大面积的建筑物基础,可按图6-4-19所示的作业顺序进行。

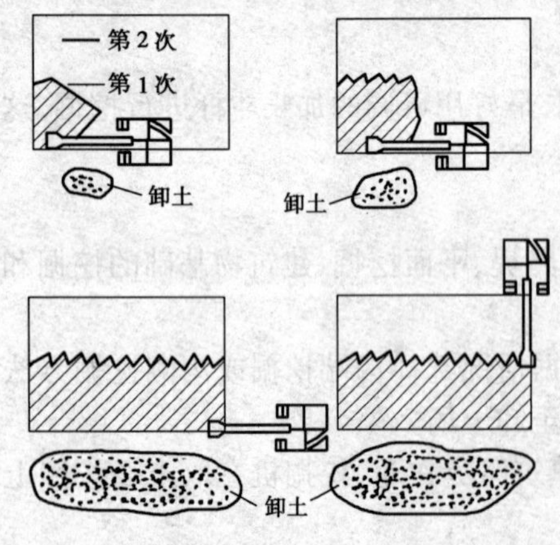

图6-4-18 平行挖掘法

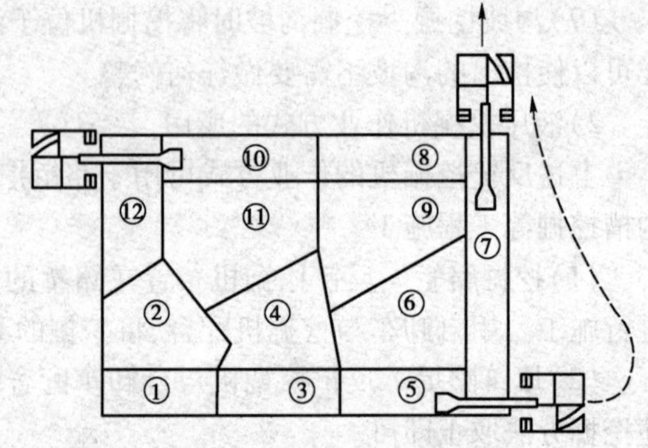

图6-4-19 反铲挖掘大面积建筑物基础的作业顺序

(5)挖掘沟槽。反铲挖掘机进行沟槽挖掘作业是最适合的。挖掘沟槽时注意沟槽底部的水平度和挖掘机应有的后退移动,这样才能达到施工要求而不需要人工修整。反铲挖掘机挖

掘沟槽有浅沟的垂直挖掘法、浅沟的平行挖掘法和深沟的垂直挖掘法等3种施工方法。

①浅沟的垂直挖掘法。挖掘机的动臂几乎呈水平状态，在挖掘机后退的过程中同时也完成挖掘工作，如图6-4-20所示。采用这种挖掘法作业循环时间很短，但铲斗每次装满效率低。挖掘坚硬土壤时须与作业面成垂直状态，以保证有较大的挖掘力。

②浅沟的平行挖掘法。这种挖掘方法是反铲挖掘的前进方向和沟槽的中心线平行，动臂与机体(行走机构)成直角，并配合以挖掘机的移动，挖掘方法与上述垂直挖掘法相同，如图6-4-21所示。

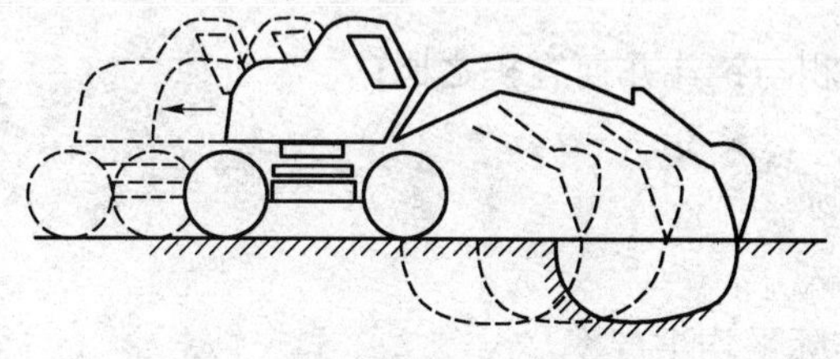

图6-4-20　浅沟的垂直挖掘

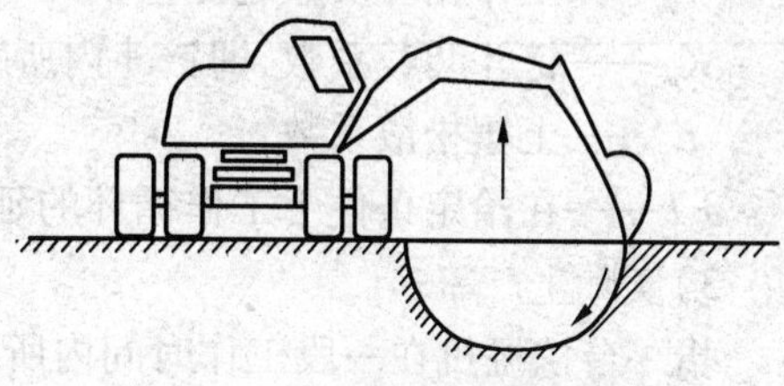

图6-4-21　浅沟的平行挖掘

③深沟的垂直挖掘法。深沟的垂直挖掘可采用两种作业方式：一种与浅沟的平行挖掘法相同；另一种是分层分段挖掘(参阅图6-4-15)，先挖浅沟，当挖掘机沿沟槽方向前进、挖到长度约为挖掘机长度的1/2时，再挖到所规定的深度。挖掘时使动臂下降，斗杆几乎与作业面垂直，并配合以挖掘机的后退移动。这种分层分段挖掘方法用斗杆挖掘较方便，容易装满铲斗，驾驶员在驾驶室内也容易掌握斗杆的动作。由于主要依靠斗杆挖掘，因此挖掘作业循环时间较长。又因为挖掘机需频繁地前进和后退，故松软地带不宜采用这种挖掘方式。

四、挖掘机作业能力的计算

1. 挖掘机生产率的计算

作业能力是挖掘机的主要技术经济指标之一，表示在单位时间内，铲斗从工作面中挖出并卸到运输车辆上或卸土堆的土方实际体积。

1)理论生产率

理论生产率是指一台挖掘机在“计算条件”下连续工作1h的生产率。

$$Q = 60qn = \frac{3600q}{T} \tag{6-4-1}$$

式中：Q——理论生产率，m^3/h；

q——铲斗几何容量，m^3；

n——每分钟工作循环次数的理论值，次/min；

T——每一工作循环的延续时间，s。

$$T = t_1 + t_2 + t_3 + t_4 \tag{6-4-2}$$

式中：t_1——挖掘时间，s；

t_2——工作装置满斗从挖掘面回转到卸载处的时间，s；

t_3——卸载时间，s；

t_4——工作装置空斗从卸载处回转到挖掘面的时间，s。

2)技术生产率

指在“给定条件”下连续工作一小时所能获得的最大生产率。

$$Q_j = 60qn\frac{K_nK_m}{K_s} = 60qn_j\frac{K_m}{K_s} = \frac{3600q}{t_j}\frac{K_m}{K_s} \quad (6\text{-}4\text{-}3)$$

式中：Q_j——技术生产率，m^3/h；

n_j——在“给定条件”下每分钟的最大可能工作循环次数，$n_j = nK_n$；

K_n——循环时间影响系数，即在给定条件下每分钟工作循环次数与在计算条件下每分钟工作循环次数之比值；

K_m——铲斗装载系数，即铲斗内所装土壤体积与铲斗几何容积之比；

K_s——土壤松散系数；

t_j——在给定条件下工作循环的延续时间。

3)实际生产率

指一台挖掘机在一段工作时间内所得到的实际平均生产率。

$$Q_s = Q_jK_1K_s \quad (6\text{-}4\text{-}4)$$

式中：Q_s——实际生产率，m^3/h；

Q_j——技术生产率，m^3/h；

K_1——机械利用系数，按施工定额确定，即纯工作时间与规定使用时间之比；

K_s——驾驶员操作影响系数，根据驾驶员操作熟练程度决定，取 $K_s = 0.81 \sim 0.98$。

2.影响生产率的因素分析

从上述有关的挖掘机作业方式、施工组织及生产率计算中可以看出，提高挖掘机的生产率可以从以下几个方面进行：

(1)正确进行施工组织设计。与挖掘机配合的自卸车数量及承载能力应满足挖掘机生产能力的要求，且自卸车的容量应为挖掘机铲斗容量的整数倍。同时尽量采用双放置装车法，使挖掘机装满一辆，紧接着又装下一辆，由于两辆自卸车分别停放在挖掘机铲斗卸土所能及的圆弧线上，这样铲斗顺转装满一车，反转又可装满另一车，从而提高装车效率。

(2)在施工组织中应事先拟定好自卸车的行驶路线，清除不必要的上坡道。对于挖掘机的各掘进道，必须做到各有一条空车回程道，以免自卸车进出时相互干扰。各运行道应保持良好状况，以利自卸车运行。

(3)挖掘机驾驶员应具有熟练的操作技术，并尽量采用复合操作，以缩短挖掘机作业循环时间。

(4)挖掘机的技术状况对其生产率有较大影响，特别是发动机的动力性。此外，斗齿磨损时铲斗切削阻力将增加60% ~90%，因此磨钝的斗齿应予以及时更换。

五、挖掘机的故障排除

1.液压挖掘机的周期性检查及维护

周期性检查及维护是液压挖掘机安全高效运行和延长使用寿命的基本保障，能对各种故障、缺陷及时发现和修理；避免进一步发展成重大故障，以至造成挖掘机严重损伤。以美国卡特匹勒公司生产的 EL240B 型液压挖掘机为例，其周期性检查和维护可参照表 6-4-7 ~ 表 6-4-11 进行。

每50工作小时进行　　表6-4-7

<table>
<tr><th>项目</th><th>作业项目</th><th colspan="2">技术要求及说明</th></tr>
<tr><td colspan="2">发动机</td><td colspan="2">参照第三单元进行</td></tr>
<tr><td colspan="2">电气设备及仪表</td><td colspan="2">参照第四单元进行</td></tr>
<tr><td rowspan="8">传动系统</td><td>1. 检查操纵杆和脚踏板联合操纵机构</td><td colspan="2">应确保动作灵活，到位准确</td></tr>
<tr><td>2. 检查各操纵杆、钮(或键)</td><td colspan="2">应确保动作灵活，到位准确；钮或键应工作正常</td></tr>
<tr><td rowspan="6">3. 检查终传动装置、回转传动装置</td><td colspan="2">如有渗漏，应予以排除，必要时补足润滑油</td></tr>
<tr><td colspan="2">终传动、回转传动装置用油规格参考下表所列：</td></tr>
<tr><td>规格</td><td>温度范围(℃)</td></tr>
<tr><td>SAE 10W</td><td>-20～0</td></tr>
<tr><td>SAE30</td><td>-10～40</td></tr>
<tr><td>SAE50</td><td>0～50</td></tr>
<tr><td rowspan="3">行走机构</td><td>1. 检查行走机构的渗漏情况</td><td colspan="2">托带轮、支重轮和导向轮应无渗漏，如有，应予以消除</td></tr>
<tr><td>2. 检查行走机构的磨损情况</td><td colspan="2">检查托带轮、支重轮和导向轮的导轨表面、履带板及驱动轮有无过度磨损和松动的螺栓，如有应予以更换或拧紧</td></tr>
<tr><td>3. 检查履带总体情况</td><td colspan="2">在开阔地上缓慢行走，倾听机械各部位有无异响，如有，应查明原因并予以排除</td></tr>
<tr><td rowspan="4">液压系统</td><td>1. 检查液压油油面</td><td colspan="2">应在斗杆和铲斗油缸杆处于完全伸出状态，铲斗平置于地面时进行检查。冷机时，液压油面应保持在油箱壁温度指示计的低温范围内打开排放塞，释放气罐中的空气；必要时添加液压油</td></tr>
<tr><td>2. 检查液压油箱、液压油缸、油管及管接头</td><td colspan="2">排除渗漏。接头如有松动，应按规定力矩拧紧</td></tr>
<tr><td>3. 液压制动器</td><td colspan="2">制动应灵敏可靠</td></tr>
<tr><td>4. 检查各油缸及连杆的损坏或磨损情况</td><td colspan="2">损坏或磨损过度，应于修复或更换</td></tr>
<tr><td rowspan="3">整机</td><td>1. 清洁</td><td colspan="2">清除发动机及其周围的污垢，并擦洗玻璃窗</td></tr>
<tr><td>2. 检查座位安全带</td><td colspan="2">安全带每边的搭扣或防滑卡子、各连接元件如有损坏，应予以更换。安全带不论外观质量如何，至少每三年更换一次</td></tr>
<tr><td>3. 润滑</td><td colspan="2">按润滑表规定执行</td></tr>
</table>

每200工作小时进行　　表6-4-8

<table>
<tr><th>项目</th><th>作业项目</th><th>技术要求及说明</th></tr>
<tr><td colspan="3">完成本级维护作业项目外的例保项目</td></tr>
<tr><td colspan="2">发动机</td><td>参照第三单元进行</td></tr>
<tr><td colspan="2">电气设备及仪表</td><td>参照第四单元进行</td></tr>
<tr><td rowspan="2">传动系统</td><td>1. 检查终传动润滑油油面</td><td>确保油面位于检查油塞口的底部，油不足时，应予以添加。新机械或大修出厂的机械首次工作100h后，更换润滑油</td></tr>
<tr><td>2. 检查回转传动装置润滑油油面</td><td>确保油面保持在油标尺上的两标记之间，油不足时，应予以补足。新机械或大修出厂的机械首次工作100h后，更换润滑油</td></tr>
</table>

续上表

项目	作业项目	技术要求及说明
行走机构	调整履带张紧度	将一根平直长杆置于导向轮和前托带轮上部的履带上，从履带板齿顶到直杆的底边测量，最大下沉量应为 40～50mm。放松履带时，高压油嘴最多拧松一圈；拧紧力矩应为 35 N·m
回转机构	1. 润滑回转装置轴承	向油嘴注入润滑油，直到密封表面挤出旧润滑脂为止
	2. 检查回转装置的转动情况	如有异响或松动，应予以排除
工作装置	1. 铲斗齿	铲斗齿磨损出现孔眼后，应及时更换或翻转 180°后再用，安装时要确保垫圈进入固定销沟槽内
	2. 边铲角	视磨损情况更换新件或翻转后继续使用
整机	润滑	按润滑表规定执行

每 600 工作小时进行 表 6-4-9

项目	作业项目	技术要求及说明
完成本级维护作业项目外的一级维护项目		
发动机		参照第三单元进行
电气设备及仪表		参照第四单元进行
回转机构	1. 检查回转装置内齿轮的润滑和轮齿的磨损情况	检查回转装置齿轮润滑情况，必要时注入新脂；检查轮齿磨损情况，如磨损过度或损坏，应予以修复或更换。共计 12 个润滑点，每转动 30°检查一处，按气温条件选用合适的润滑脂注入
	2. 更换回转装置润滑油	每 1000 工作小时更换符合要求的新油至油标尺上下两标记之间
液压系统	1. 清洗滤网	卸下滤网，浸入不易燃的溶液中刷洗后吹干；同时检查密封圈，如磨损过度或有破损，应更换新件。拆卸前必须彻底清洁外表面
	2. 更换回油滤清器	更换损坏的密封圈
	3. 更换排放滤清器	更换位于液压油箱后的排放滤清器
	4. 更换辅助滤清器芯	更换损坏的密封圈；清洗滤清器壳体。装复后缓慢开动机器 10～15min，均匀操纵各液压缸动作几个循环，然后将机器回转到规定的停机位置，检查有无渗漏，如有应予以排除。发动机熄火后检查液压油箱油面，不足时加足
整机	润滑	按润滑表规定执行

每 1800 工作小时进行 表 6-4-10

项目	作业项目	技术要求及说明
完成本级维护作业项目外的二级维护项目		
发动机		参照第三单元进行
电气设备及仪表		参照第四单元进行
传动系统	更换终传动装置润滑油	按规定更换润滑油
行走机构	1. 检查支重轮、托带轮、导向轮等的磨损情况	如有损坏，应予以修复或更换
	2. 检查履带板的磨损情况	如磨损严重，应予以修复或更换

续上表

项目	作业项目	技术要求及说明
液压系统	1. 清洗油泵、液压管道和液压油箱,更换液压油	排净旧油,再用蒸汽清洗。清洗干净后,加入规定牌号的新液压油
	2. 清洗放油塞和各液压油滤清器、滤芯和滤网	在不易燃的溶液中清洗,待干燥后装复
	3. 检查各密封圈	如有损坏,应及时更换
	4. 检查系统密封性能	如有渗漏,应查明原因,予以排除
工作装置	1. 检查斗齿	磨损严重者更换
	2. 检查铲斗及杆臂	如有开焊、开裂等情况,应予以焊修
整机	1. 检查机架	如有损坏应修复
	2. 检查外部各附件	如有损坏应修复或更换
	3. 检查各连接件	松动者紧固,损坏者更换
	4. 清洁外表	清洁全机,保持机容整洁
	5. 补漆	对局部脱漆部位进行补漆
	6. 润滑	按润滑表规定执行

润 滑 表 表6-4-11

序号	润滑部位	润滑点数	润滑周期(工作小时)	油脂种类	备注
1	发动机油底壳	1	10 250	发动机油	检查加足 换油
2	液压油箱	1	10 2000		检查加注 更换
3	斗杆油缸活塞杆	1	10	润滑脂	加注
4	铲斗油缸头	2	10		
5	铲斗油缸活塞杆	1	10		
6	铲斗连杆	4	10		
7	动臂油缸头	4	50		
8	动臂下轴承	2	50		
9	动臂油缸活塞杆	2	50		
10	斗杆油缸头	1	50		
11	动臂和斗杆连接轴销	1	50		
12	最终转动装置	2	100 250 2000	齿轮油	首次换油 检查加注 更换
13	回转传动装置	1	100 250 1000	齿轮油	首次换油 检查加注 更换
14	回转轴承	1	250	润滑脂	加注
15	回转装置内齿轮	12	500		检查加注

2. 液压挖掘机的故障诊断与排除

以日立 EX 系列挖掘机为例说明全液压控制挖掘机液压系统故障诊断与排除。

(1)操纵控制杆时,所有运动机构不运动,故障诊断及排除流程如图 6-4-22 所示。

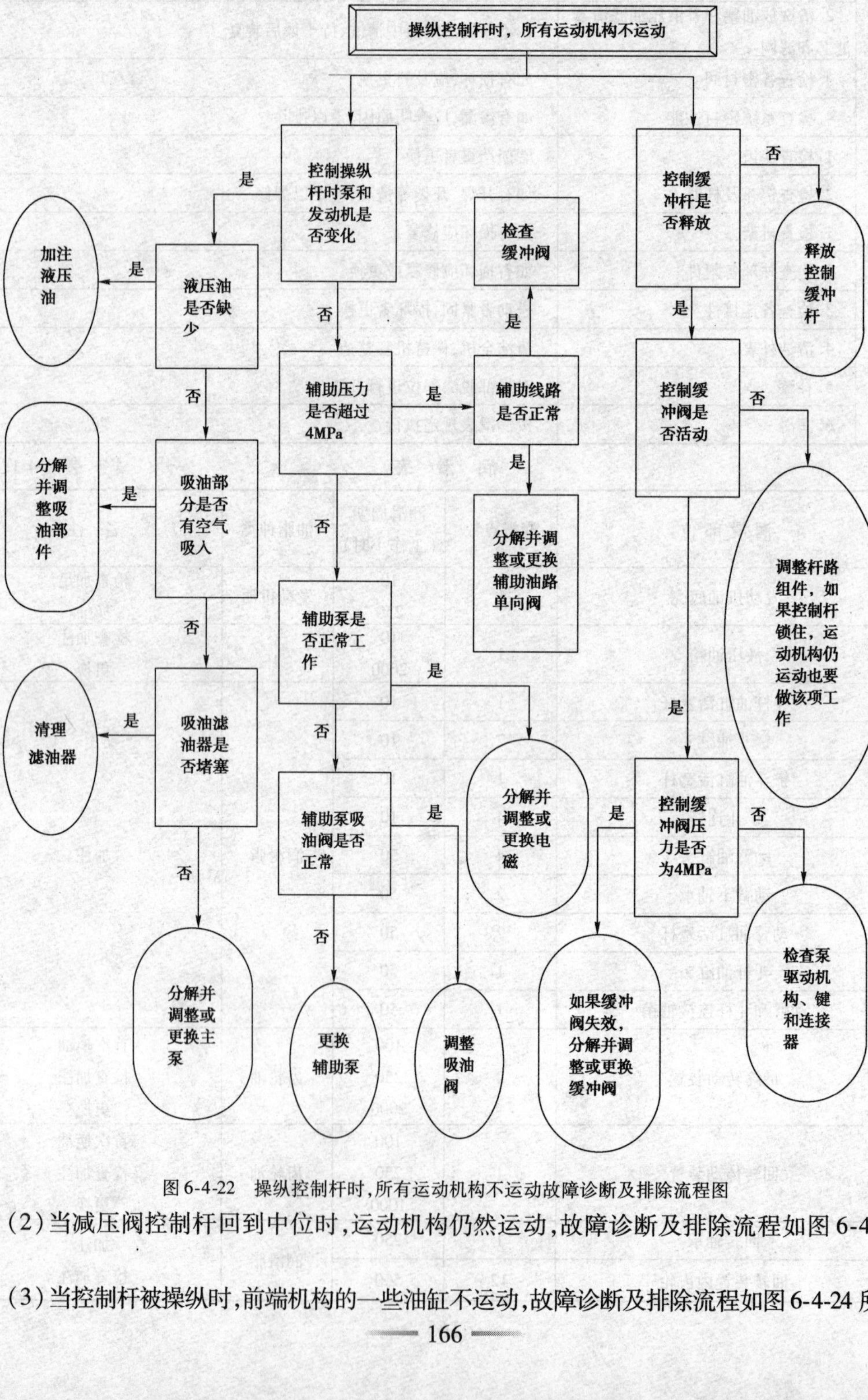

操纵控制杆时，所有运动机构不运动

控制操纵杆时泵和发动机是否变化

是

液压油是否缺少

是

加注液压油

否

吸油部分是否有空气吸入

是

分解并调整吸油部件

否

吸油滤油器是否堵塞

是

清理滤油器

否

分解并调整或更换主泵

否

辅助压力是否超过4MPa

是

辅助线路是否正常

是

检查缓冲阀

是

分解并调整或更换辅助油路单向阀

否

辅助泵是否正常工作

是

分解并调整或更换电磁

否

辅助泵吸油阀是否正常

是

调整吸油阀

否

更换辅助泵

控制缓冲杆是否释放

否

释放控制缓冲杆

是

控制缓冲阀是否活动

否

调整杆路组件，如果控制杆锁住，运动机构仍运动也要做该项工作

是

控制缓冲阀压力是否为4MPa

是

如果缓冲阀失效，分解并调整或更换缓冲阀

否

检查泵驱动机构、键和连接器

图 6-4-22 操纵控制杆时,所有运动机构不运动故障诊断及排除流程图

(2)当减压阀控制杆回到中位时,运动机构仍然运动,故障诊断及排除流程如图 6-4-23 所示。

(3)当控制杆被操纵时,前端机构的一些油缸不运动,故障诊断及排除流程如图 6-4-24 所示。

当减压阀式控制杆回到中位时，运动机构仍运动
锁定控制杆，这种现象是否停止
是
更换或分解并调整控制阀
否
控制杆置于中位，泵的控制压力是否上升到正常值(2.9~3.5MPa)
是
运动机构内部渗漏
否
控制阀滑阀不正常，弹簧断裂，弹簧螺栓松动，滑阀卡滞

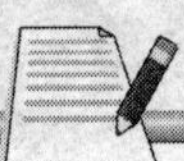

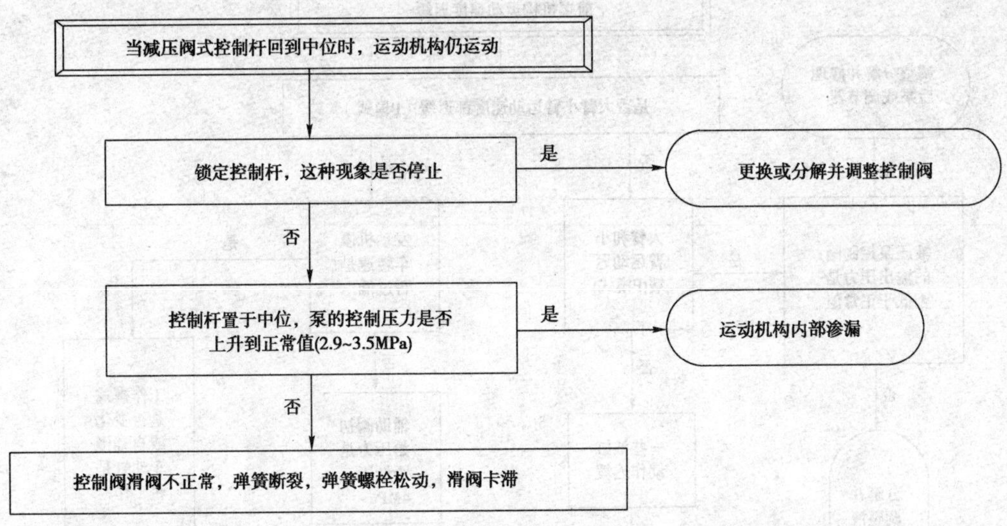

图 6-4-23　当减压阀控制杆回到中位时，运动机构仍然运动故障诊断及排除流程图

操纵控制杆时，一些油缸不运动
自动慢车是否工作
是
超载安全阀是否异常
是
更换超载安全阀
否
分解并修理，清理或更换活塞杆密封
否
是否有辅助压力油进入控制阀辅助腔内
是
分解并清理或更换控制阀滑阀
否
辅助压力是否达到4MPa的正常压力
是
分解并清理或更换流量调节滑阀或辅助管路
否
供给辅助阀的初始压力是否达到4MPa
是
分解并清理或更换辅助阀
否
分解并清理辅助管路滤油器

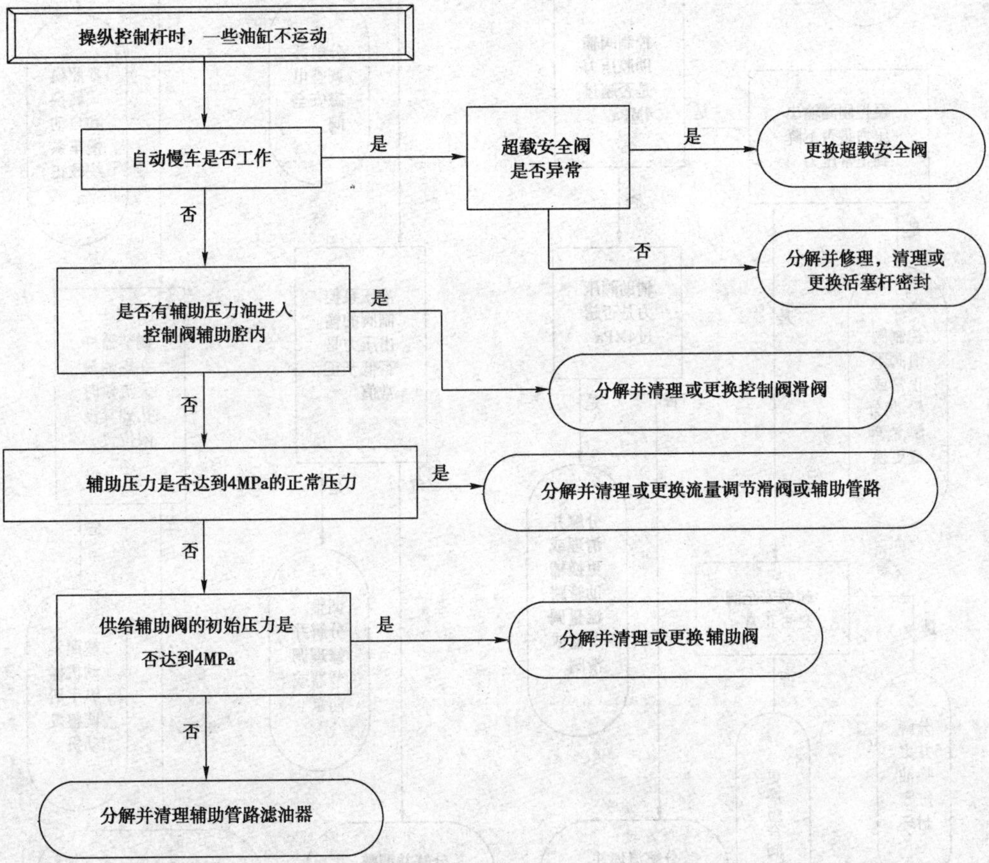

图 6-4-24　当控制杆被操纵时，前端机构的一些油缸不运动故障诊断及排除流程图

(4)前端机构运动速度迟缓，故障诊断及排除流程如图 6-4-25 所示。

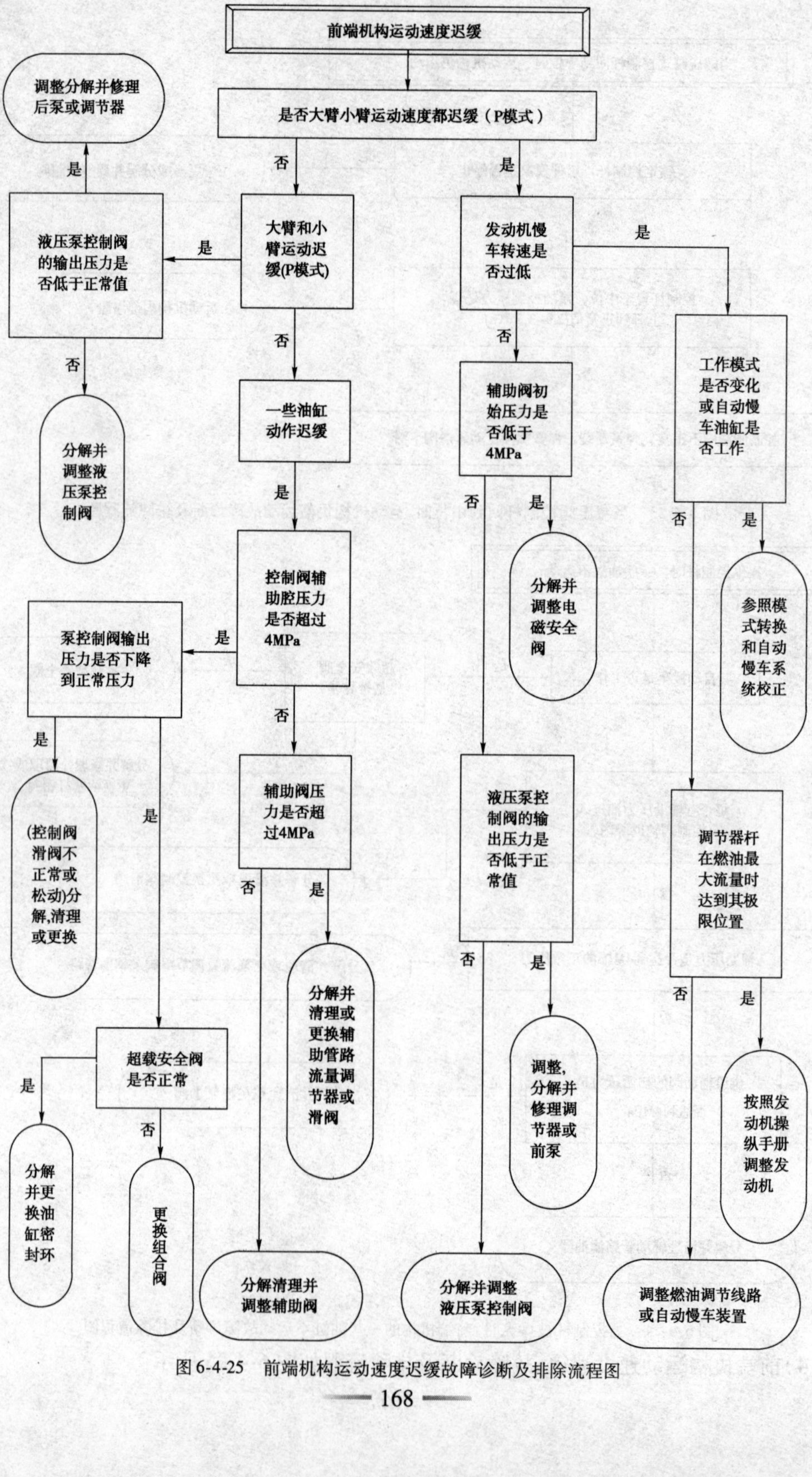

前端机构运动速度迟缓

是否大臂小臂运动速度都迟缓（P模式）

否 → 大臂和小臂运动迟缓(P模式)

是 → 液压泵控制阀的输出压力是否低于正常值

是 → 调整分解并修理后泵或调节器

否 → 分解并调整液压泵控制阀

否 → 一些油缸动作迟缓

是 → 控制阀辅助腔压力是否超过4MPa

是 → 泵控制阀输出压力是否下降到正常压力

是 → (控制阀滑阀不正常或松动)分解,清理或更换

是 → 超载安全阀是否正常

是 → 分解并更换油缸密封环

否 → 更换组合阀

否 → 辅助阀压力是否超过4MPa

是 → 分解并清理或更换辅助管路流量调节器或滑阀

否 → 分解清理并调整辅助阀

是 → 发动机慢车转速是否过低

否 → 辅助阀初始压力是否低于4MPa

是 → 分解并调整电磁安全阀

否 → 液压泵控制阀的输出压力是否低于正常值

是 → 调整,分解并修理调节器或前泵

否 → 分解并调整液压泵控制阀

是 → 工作模式是否变化或自动慢车油缸是否工作

是 → 参照模式转换和自动慢车系统校正

否 → 调节器杆在燃油最大流量时达到其极限位置

是 → 按照发动机操纵手册调整发动机

否 → 调整燃油调节线路或自动慢车装置

图 6-4-25　前端机构运动速度迟缓故障诊断及排除流程图

(5)前端机构没有挖掘力,故障诊断及排除流程如图6-4-26所示。

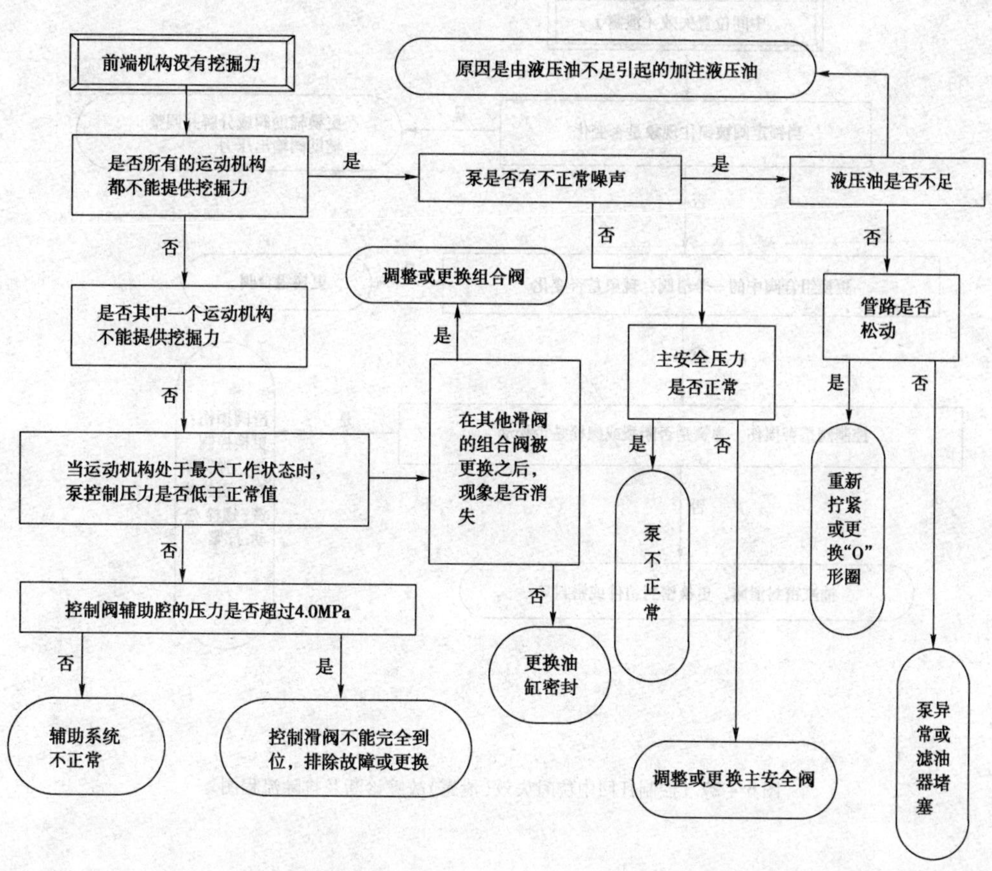

图6-4-26　前端机构没有挖掘力故障诊断及排除流程图

(6)控制杆回中位时失效(泄露),故障诊断及排除流程如图6-4-27所示。

(7)控制杆工作位置失效,故障诊断及排除流程如图6-4-28所示。

(8)回转机构不运动故障诊断及排除流程如图6-4-29所示。

(9)回转机构没有回转动力,故障诊断及排除流程如图6-4-30所示。

(10)回转机构回转不平稳故障诊断及排除流程如图6-4-31所示。

(11)行走机构不运动,故障诊断及排除流程如图6-4-32所示。

(12)行走机构没有动力,故障诊断及排除流程如图6-4-33所示。

(13)行走方向不稳,故障诊断及排除流程如图6-4-34所示。

(14)行走速度缓慢,故障诊断及排除流程如图6-4-35所示。

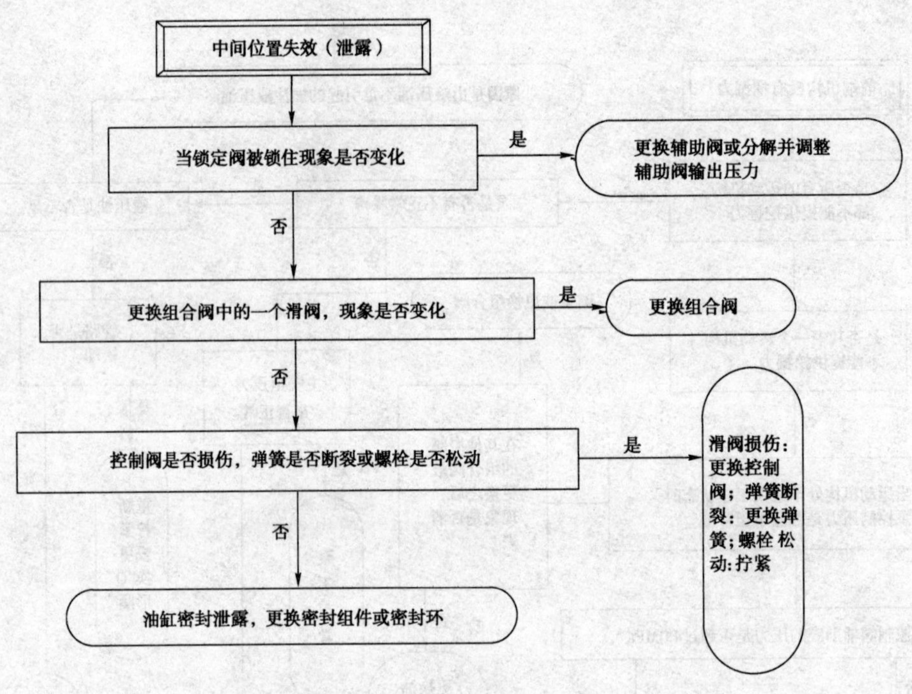

图 6-4-27　控制杆回中位时失效（泄露）故障诊断及排除流程图

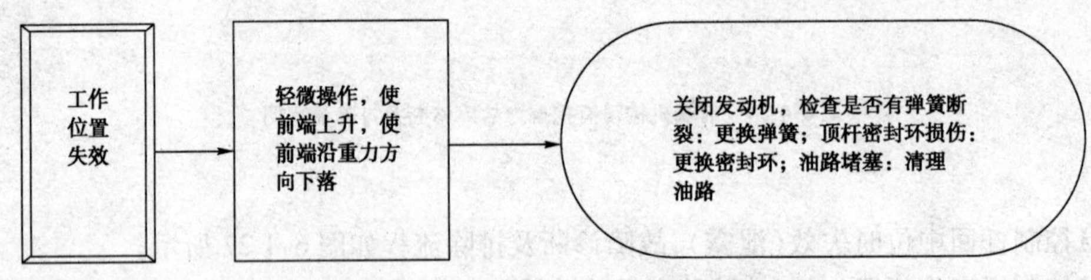

图 6-4-28　控制杆工作位置失效故障诊断及排除流程图

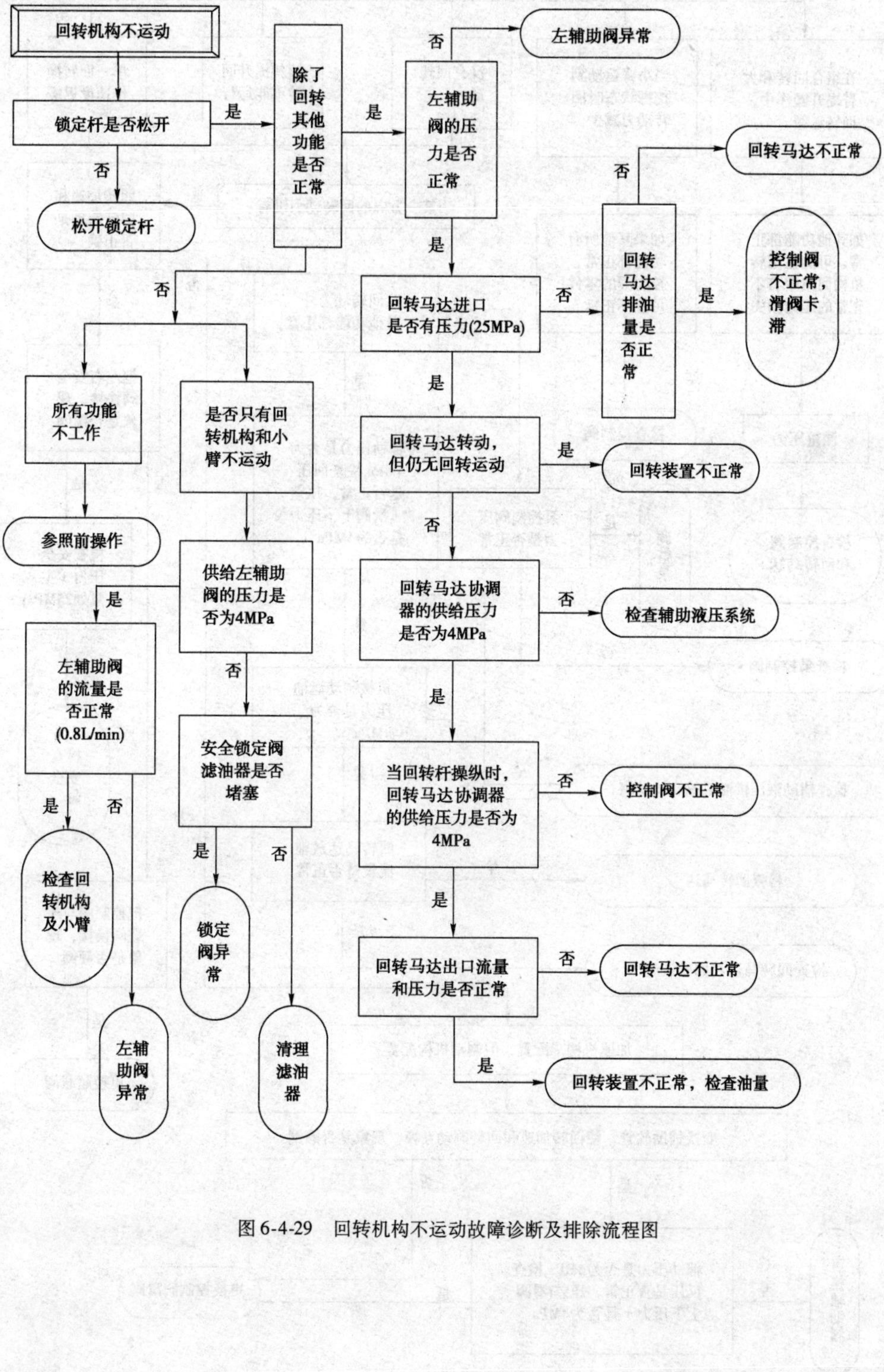

图 6-4-29　回转机构不运动故障诊断及排除流程图

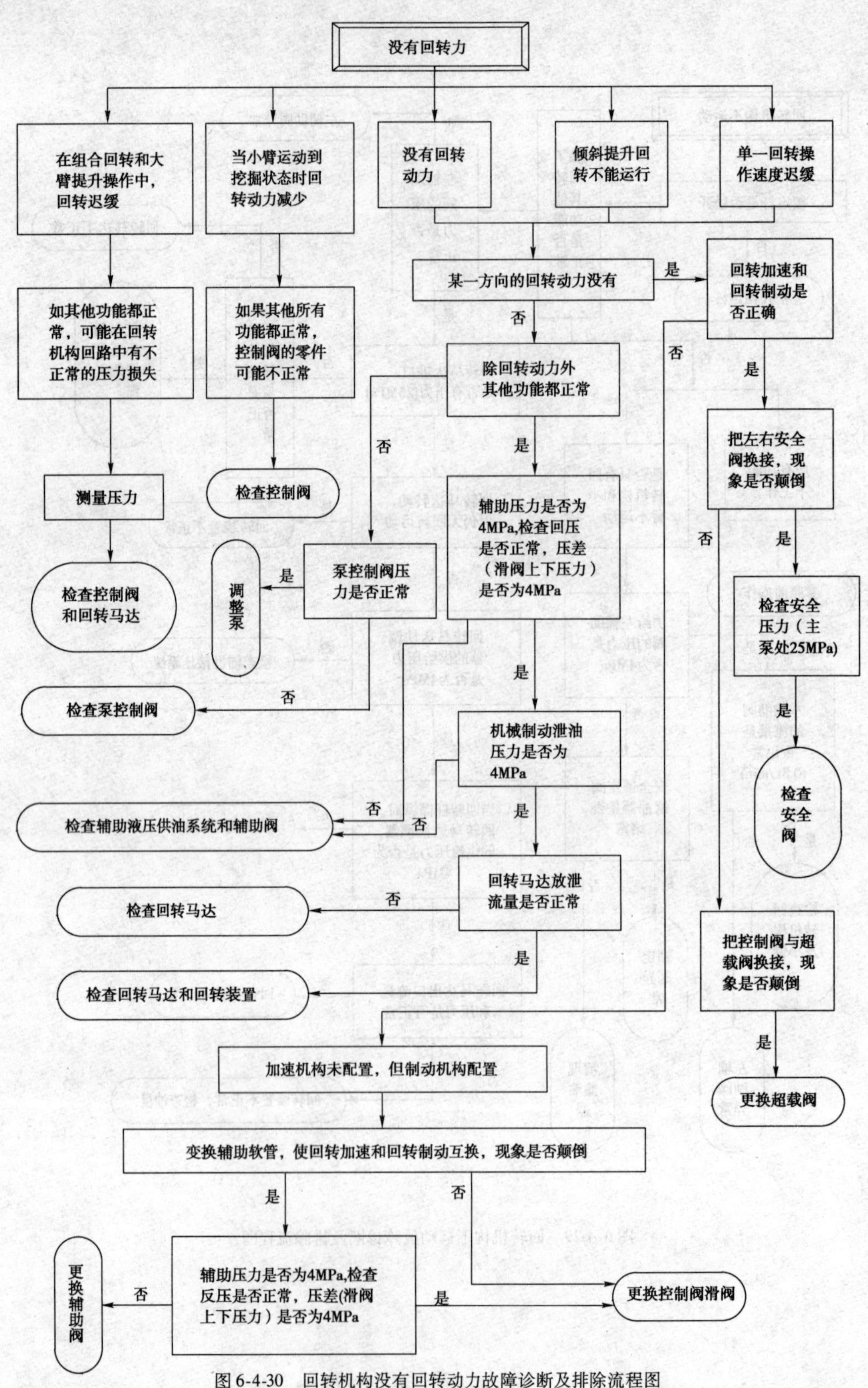

图 6-4-30　回转机构没有回转动力故障诊断及排除流程图

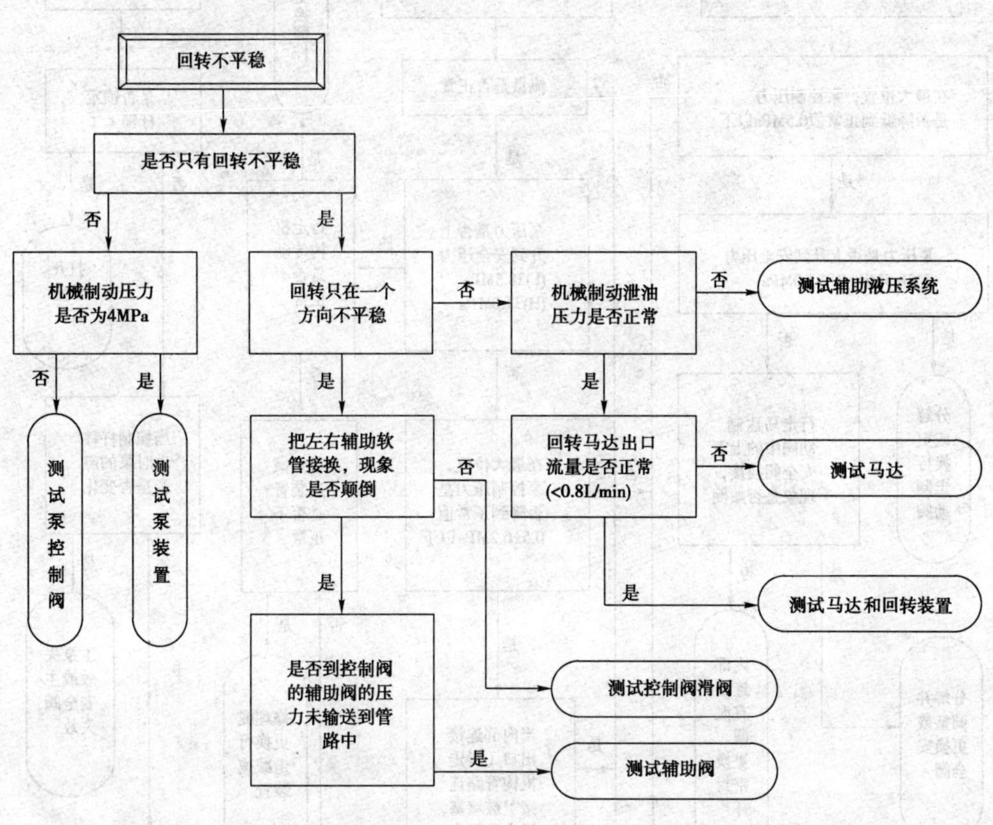

图 6-4-31　回转机构回转不平稳故障诊断及排除流程图

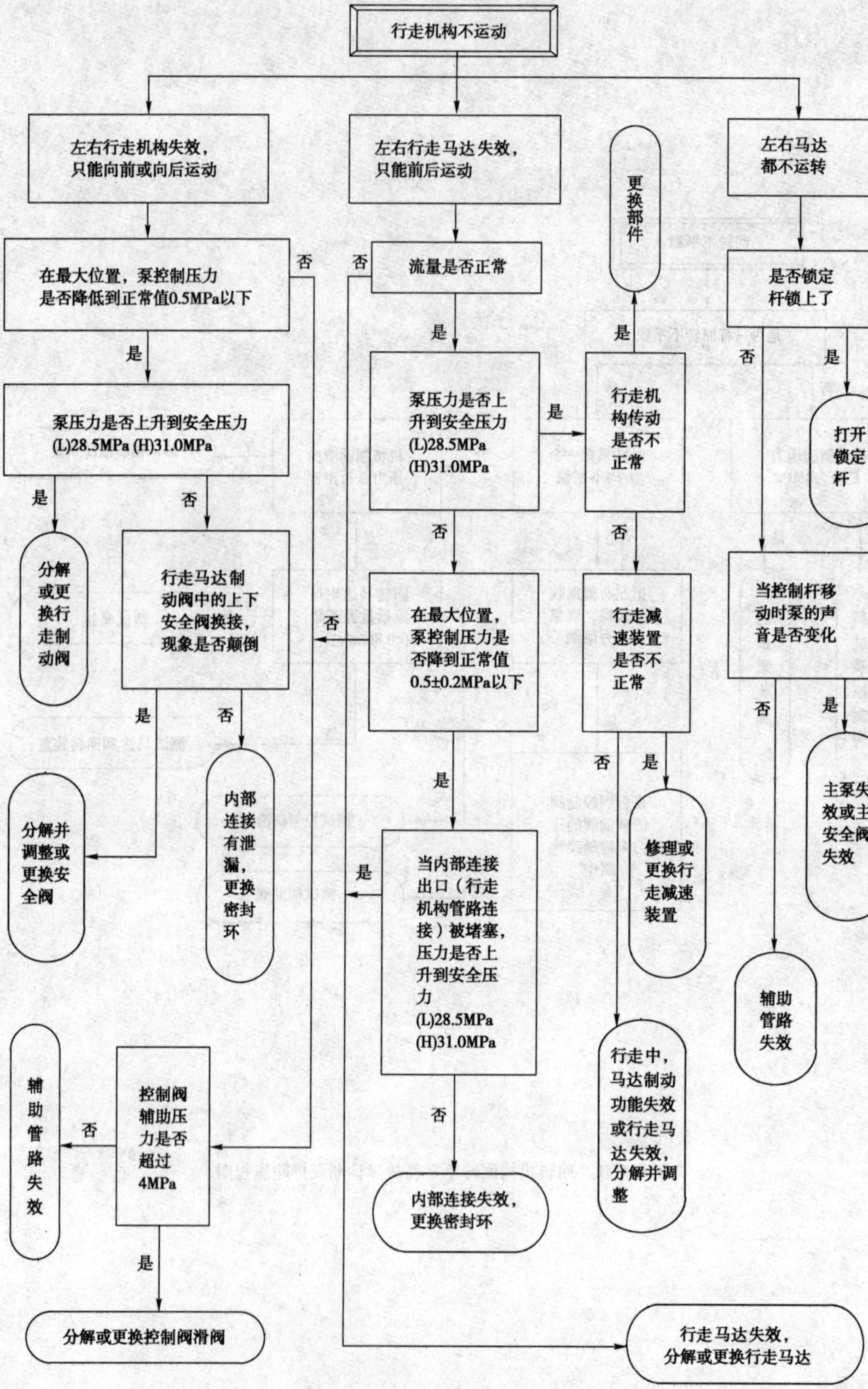

行走机构不运动

左右行走机构失效，只能向前或向后运动

在最大位置，泵控制压力是否降低到正常值0.5MPa以下

是

泵压力是否上升到安全压力(L)28.5MPa (H)31.0MPa

是

分解或更换行走制动阀

否

行走马达制动阀中的上下安全阀换接，现象是否颠倒

是

分解并调整或更换安全阀

否

内部连接有泄漏，更换密封环

否

控制阀辅助压力是否超过4MPa

否

辅助管路失效

是

分解或更换控制阀滑阀

左右行走马达失效，只能前后运动

流量是否正常

否

是

泵压力是否上升到安全压力(L)28.5MPa (H)31.0MPa

是

行走机构传动是否不正常

是

更换部件

否

行走减速装置是否不正常

是

修理或更换行走减速装置

否

行走中，马达制动功能失效或行走马达失效，分解并调整

否

在最大位置，泵控制压力是否降到正常值0.5±0.2MPa以下

否

是

当内部连接出口（行走机构管路连接）被堵塞，压力是否上升到安全压力(L)28.5MPa (H)31.0MPa

是

否

内部连接失效，更换密封环

行走马达失效，分解或更换行走马达

左右马达都不运转

是否锁定杆锁上了

是

打开锁定杆

否

当控制杆移动时泵的声音是否变化

是

主泵失效或主安全阀失效

否

辅助管路失效

图6-4-32　行走机构不运动故障诊断及排除流程图

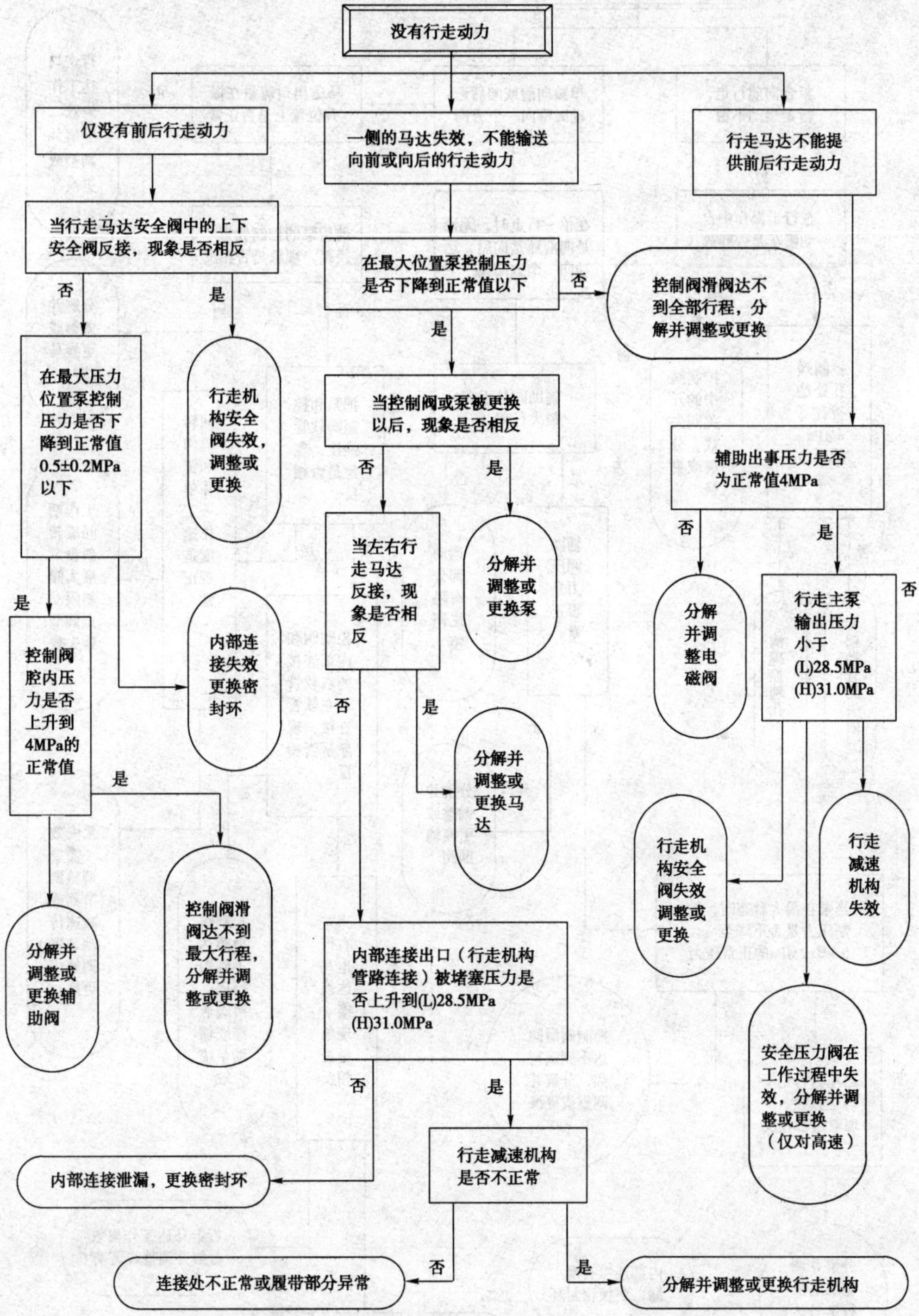

没有行走动力

仅没有前后行走动力

一侧的马达失效，不能输送向前或向后的行走动力

行走马达不能提供前后行走动力

当行走马达安全阀中的上下安全阀反接，现象是否相反

在最大位置泵控制压力是否下降到正常值以下

否

控制阀滑阀达不到全部行程，分解并调整或更换

否

是

是

在最大压力位置泵控制压力是否下降到正常值0.5±0.2MPa以下

行走机构安全阀失效，调整或更换

当控制阀或泵被更换以后，现象是否相反

辅助出事压力是否为正常值4MPa

否

是

否

是

当左右行走马达反接，现象是否相反

分解并调整或更换泵

分解并调整电磁阀

行走主泵输出压力小于(L)28.5MPa (H)31.0MPa

否

是

内部连接失效更换密封环

控制阀腔内压力是否上升到4MPa的正常值

否

是

分解并调整或更换马达

是

行走机构安全阀失效调整或更换

行走减速机构失效

分解并调整或更换辅助阀

控制阀滑阀达不到最大行程，分解并调整或更换

内部连接出口（行走机构管路连接）被堵塞压力是否上升到(L)28.5MPa (H)31.0MPa

安全压力阀在工作过程中失效，分解并调整或更换（仅对高速）

否

是

行走减速机构是否不正常

内部连接泄漏，更换密封环

否

是

连接处不正常或履带部分异常

分解并调整或更换行走机构

图 6-4-33　行走机构没有动力故障诊断及排除流程

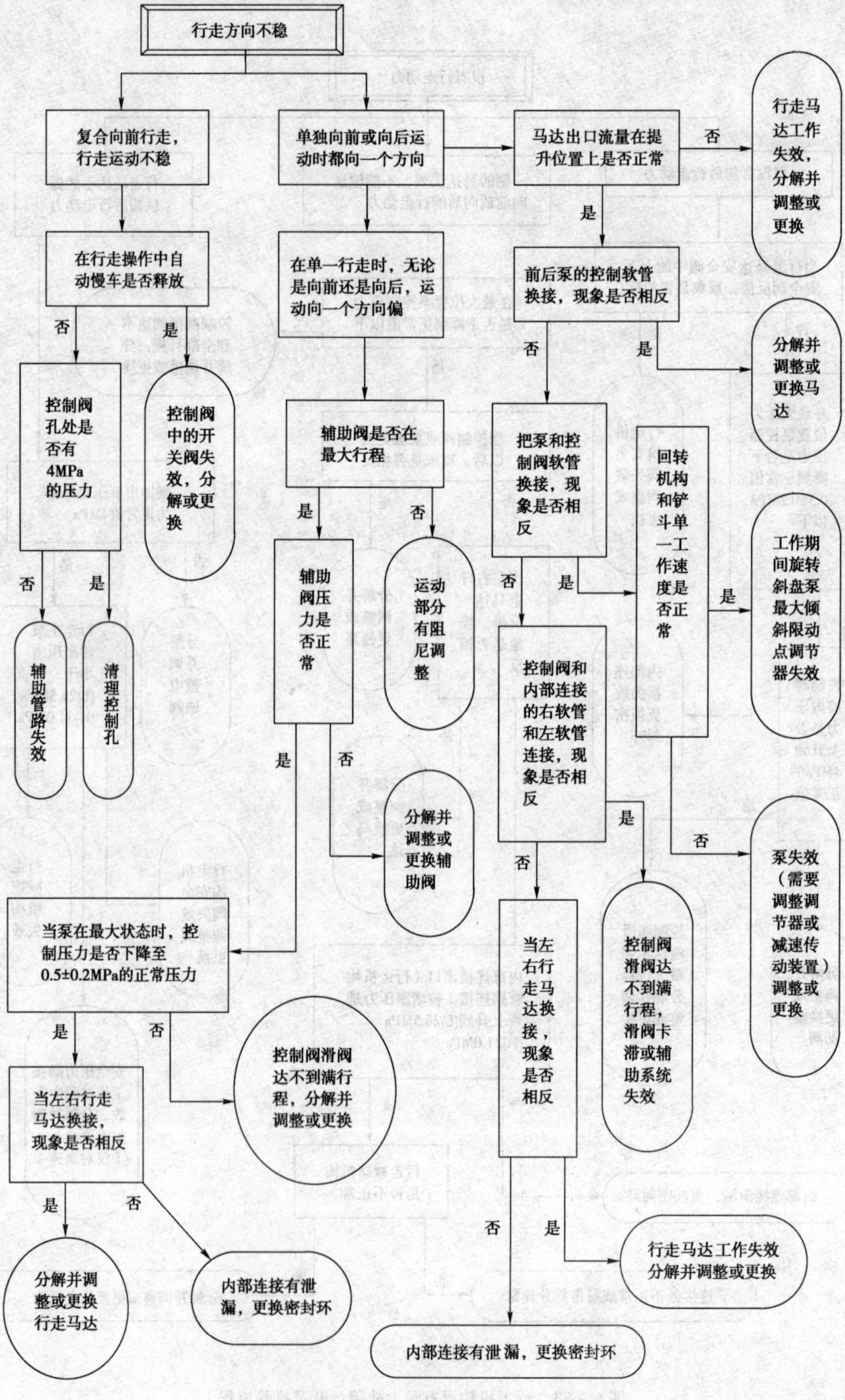

行走方向不稳

- 复合向前行走，行走运动不稳
  - 在行走操作中自动慢车是否释放
    - 否：控制阀孔处是否有4MPa的压力
      - 否：辅助管路失效
      - 是：清理控制孔
    - 是：控制阀中的开关阀失效，分解或更换
- 单独向前或向后运动时都向一个方向
  - 在单一行走时，无论是向前还是向后，运动向一个方向偏
    - 辅助阀是否在最大行程
      - 是：辅助阀压力是否正常
        - 是：当泵在最大状态时，控制压力是否下降至0.5±0.2MPa的正常压力
          - 是：当左右行走马达换接，现象是否相反
            - 是：分解并调整或更换行走马达
            - 否：内部连接有泄漏，更换密封环
          - 否：控制阀滑阀达不到满行程，分解并调整或更换
        - 否：分解并调整或更换辅助阀
      - 否：运动部分有阻尼调整
- 马达出口流量在提升位置上是否正常
  - 否：行走马达工作失效，分解并调整或更换
  - 是：前后泵的控制软管换接，现象是否相反
    - 是：分解并调整或更换马达
    - 否：把泵和控制阀软管换接，现象是否相反
      - 是：回转机构和铲斗单一工作速度是否正常
        - 是：工作期间旋转斜盘泵最大倾斜限动点调节器失效
        - 否：泵失效（需要调整调节器或减速传动装置）调整或更换
      - 否：控制阀和内部连接的右软管和左软管连接，现象是否相反
        - 是：控制阀滑阀达不到满行程，滑阀卡滞或辅助系统失效
        - 否：当左右行走马达换接，现象是否相反
          - 是：行走马达工作失效分解并调整或更换
          - 否：内部连接有泄漏，更换密封环

图6-4-34　行走方向不稳故障诊断及排除流程图

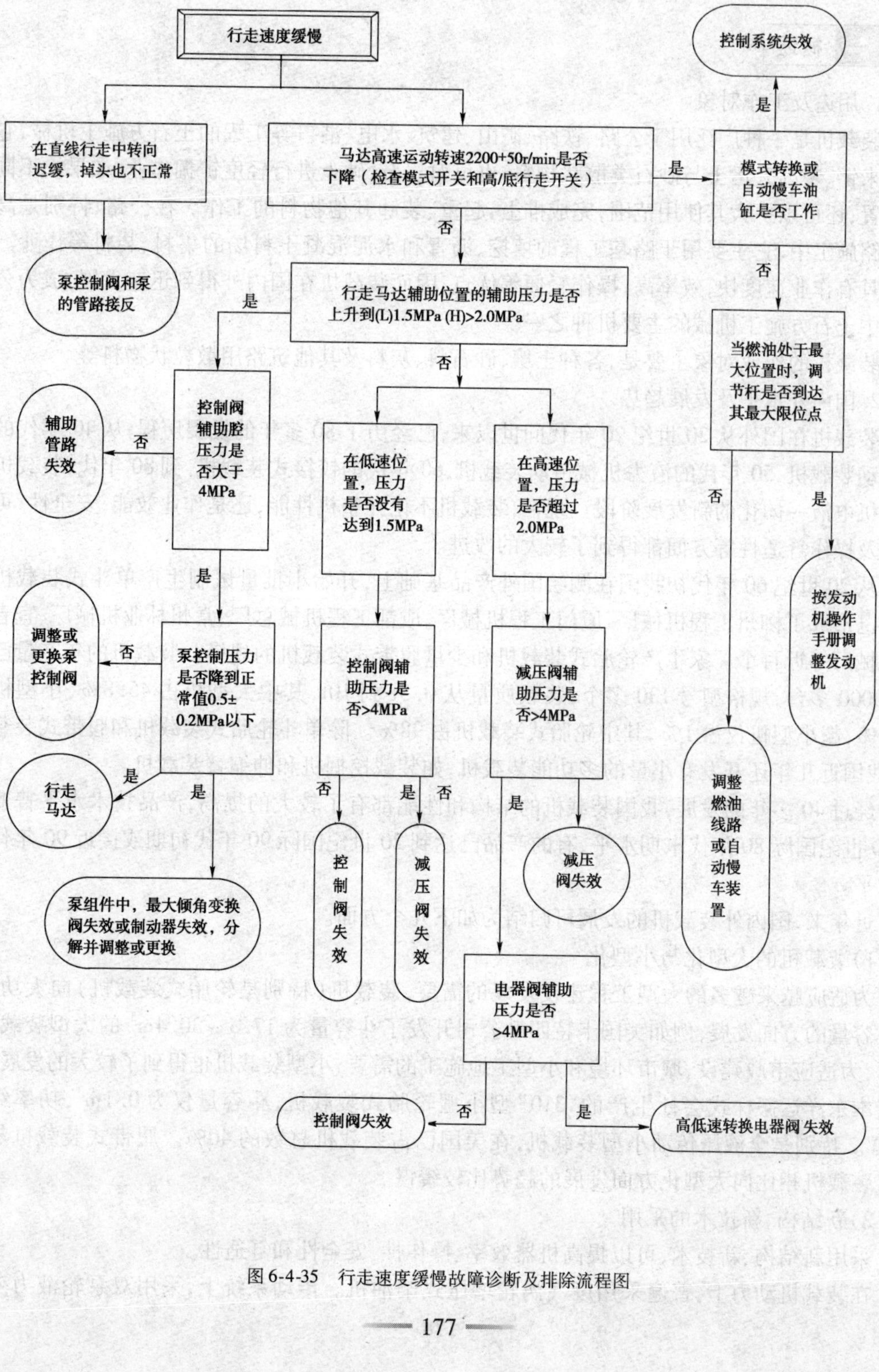

行走速度缓慢

在直线行走中转向迟缓，掉头也不正常

泵控制阀和泵的管路接反

马达高速运动转速2200+50r/min是否下降（检查模式开关和高/底行走开关）

是

模式转换或自动慢车油缸是否工作

是

控制系统失效

否

当燃油处于最大位置时，调节杆是否到达其最大限位点

是

按发动机操作手册调整发动机

否

调整燃油线路或自动慢车装置

否

行走马达辅助位置的辅助压力是否上升到(L)1.5MPa (H)>2.0MPa

是

控制阀辅助腔压力是否大于4MPa

否

辅助管路失效

是

泵控制压力是否降到正常值0.5±0.2MPa以下

否

调整或更换泵控制阀

是

行走马达

是

泵组件中，最大倾角变换阀失效或制动器失效，分解并调整或更换

否

在低速位置，压力是否没有达到1.5MPa

控制阀辅助压力是否>4MPa

否

控制阀失效

是　否

减压阀失效

在高速位置，压力是否超过2.0MPa

减压阀辅助压力是否>4MPa

是

减压阀失效

电器阀辅助压力是否>4MPa

否

控制阀失效

是

高低速转换电器阀失效

图 6-4-35　行走速度缓慢故障诊断及排除流程图

课题五　装载机施工技术与故障排除

一、概述

1. 用途及工作对象

装载机是一种广泛用于公路、铁路、矿山、建筑、水电、港口等工程的土石方施工机械，它主要用来铲、装、卸、运土与砂石类散状物料，也可对岩石、硬土进行轻度铲掘作业，如果换不同工作装置，还可以扩大其使用范围，完成推土、起重、装卸其他物料的工作。在公路、特别是高等级公路施工中，它主要用于路基工程的填挖、沥青和水泥混凝土料场的集料、装料等作业。由于它具有作业速度快，效率高，操作轻便等优点，因而装载机在国内外得到迅速发展，成为公路建设中土石方施工机械的主要机种之一。

装载机的作业对象主要是，各种土壤、砂石料、灰料及其他筑路用散粒状物料等。

2. 国内外水平及发展趋势

装载机在国外从 20 世纪 20 年代问世以来，已经历了 80 多年的发展历程：从 40 年代的四轮驱动装载机，50 年代的液力机械传动装载机，60 年代的铰接式装载机，到 80 年代，装载机进入了机电液一体化的新发展阶段。现在，装载机不论在整机性能，还是作业效能、安全性、可靠性以及操作舒适性等方面都得到了较大的改进。

从 20 世纪 60 年代初我国在测绘国外产品基础上，开始小批量试制生产单斗式装载机到现在已形成了柳州工程机械厂、厦门工程机械厂、成都工程机械总厂、常州林业机械厂、宜春工程机械厂等近百个厂家生产轮胎式装载机和少量履带式装载机的规模。装载机的年产量已达到 20000 多台，规格型号 130 多个，装载质量从 0.3t 到 10t，其中大型机占 45.8%，小型机占 18.9%，超小型机仅占 1%，其中轮胎式装载机占 98%。除单斗轮胎式装载机和履带式装载机外，我国近几年还开发有小量的多功能装载机，如装载挖掘机和伸缩臂装载机。

经过 40 多年的发展，我国装载机的结构和性能都有了较大的提高，产品技术水平普遍达到 20 世纪国际 80 年代末期水平，有的产品已达到 20 世纪国际 90 年代初期或接近 90 年代末期水平。

近年来，国内外装载机的发展可归结为如下几个方面。

1）装载机的大型化与小型化

为适应越来越多的大型工程建设发展的需要，装载机（特别是轮胎式装载机）向大功率、大斗容量的方向发展，例如美国卡特匹勒公司开发了斗容量为 17.5 ~ 30.4m^3 的大型装载机。同时，为适应市政建设、城市环境和小型工地施工的需要，小型装载机也得到了较大的发展，例如日本东洋运搬株式会社生产的“310”型小型轮胎式装载机，斗容量仅为 0.1m^3，功率约为 10kW。特别是全液压传动小型装载机，在美国已占装载机总数的 40%。履带式装载机与轮胎式装载机相比向大型化方向发展的趋势比较缓慢。

2）新结构、新技术的采用

采用新结构、新技术，可以提高机器效率、操作性、安全性和舒适性。

在装载机动力上，普遍采用废气涡轮增压式柴油机。传动系统上，采用双泵轮液力变矩

器，使发动机功率和装载机的牵引力随作业工况获得比较理想的匹配；有的装载机（例如日本神户制钢所的 LK1500 装载机）在发动机和变矩器之间安装了一个"奥米伽"离合器，使离合器传递转矩可在 0% ~100% 范围内变化；也有的装载机上采用了新型差速器，如转矩比例式差速器、防滑差速器、限制滑动差速器，在变速器上采用了涡轮变速器（如美国克拉克 475C 装载机）。传动方式也有发展，出现了电动轮装载机。制动系统上，国外已使用封闭结构油冷湿式多片制动器、双泵双管制动系统等。驾驶室装有 ROPS 和 FOPS 以及空调和隔音设备等。这些新结构、新技术使机械始终保持在最佳工作状态，工作安全、可靠、舒适，并充分发挥操作人员的最大效能，提高机器的综合性能。

3）向机电液一体化、电子化方向发展

随着电子技术、计算机技术的进步与不断发展，为保证机器的可靠性、安全性和节省能量，进入 20 世纪 80 年代以来，国外已将一些电子技术、智能技术用在装载机等一些工程机械上，以提高机器的各种性能和作业质量。例如日本在 80 年代后期已将 HST 的计算机控制用在履带式装载机上，开发了电子液压控制系统。

4）装载机的轮胎化

由于轮胎式装载机具有质量轻、速度快、机动灵活、效率高、维修方便等一系列优点，所以国内外，轮胎式装载机的发展较快，轮胎式装载机在品种规格、数量上都远比履带式装载机多（见图 6-5-1）。

3. 装载机的分类、特点及适用范围

常用单斗装载机的分类、特点及适用范围见表 6-5-1。

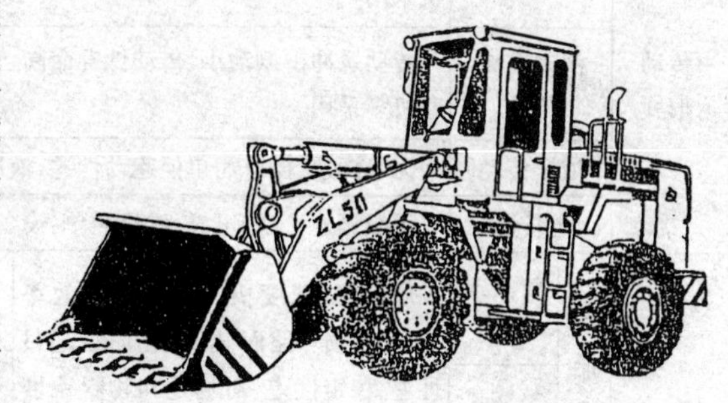

图 6-5-1　轮式装载机

单斗装载机的分类、特点及适用范围　　表 6-5-1

分类形式	分　类	特点及适用范围
发动机功率	小型	功率 <74kW
	中型	功率 74 ~147kW
	大型	功率 147 ~515kW

续上表

<table>
<tr><th>分类形式</th><th colspan="2">分　类</th><th colspan="2">特点及适用范围</th></tr>
<tr><td rowspan="4">传动形式</td><td colspan="2">机械传动</td><td colspan="2">结构简单、制造容易、成本低、使用维修较容易，传动系冲击振动大，功率利用差，仅在小型装载机采用</td></tr>
<tr><td colspan="2">液力机械传动</td><td colspan="2">传动系冲击振动小、传动件寿命高、车速随外载自动调节、操作方便、减少驾驶员疲劳，大中型装载机多采用</td></tr>
<tr><td colspan="2">液压传动</td><td colspan="2">无级调速、操作简单但起动性差，液压元件寿命较短，仅在小型装载机上采用</td></tr>
<tr><td colspan="2">电传动</td><td colspan="2">无级调速、工作可靠、维修简单，设备质量大、费用高，大型装载机上采用</td></tr>
<tr><td rowspan="3">行走系结构</td><td rowspan="2">轮胎式</td><td>铰接式车架</td><td rowspan="2">质量轻、速度快、机动灵活、效率高、不易损坏路面，接地比压大、通过性差、稳定性差、对场地和物料块度有一定要求，应用范围广泛</td><td>转弯半径小、纵向稳定性好，生产率高，不但适用路面，而且可用于井下物料的装载运输作业</td></tr>
<tr><td>整体式车架</td><td>车架是一个整体，转向方式有后轮转向、全轮转向、前轮转向及差速转向，仅小型全液压驱动和大型电动装载机采用</td></tr>
<tr><td colspan="2">履带式</td><td colspan="2">接地比压小、通过性好、重心低、稳定性好、附着性能好、牵引力大、比切入力大，速度低、灵活机动性差、制造成本高、行走时易损路面、转移场地需拖运，用在工程量大，作业点集中，路面条件差的场合</td></tr>
<tr><td rowspan="3">装载方式</td><td colspan="2">前卸式</td><td colspan="2">前端铲装卸载，结构简单、工作可靠、视野好，适用于各种作业场地，应用广</td></tr>
<tr><td colspan="2">回转式</td><td colspan="2">工作装置安装在可回转 90°～360°的转台上，侧面卸载不需调车，作业效率高，结构复杂、质量大、成本高、侧稳性差，适用狭小的场地作业</td></tr>
<tr><td colspan="2">后卸式</td><td colspan="2">前端装料，后端卸料，作业效率高，作业安全性差，应用不广</td></tr>
</table>

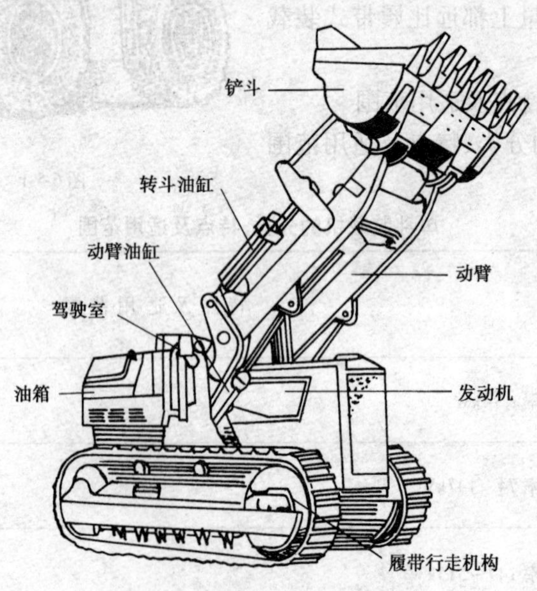

图 6-5-2　履带式装载机结构图

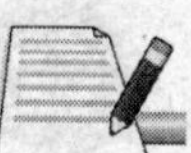

二、装载机的驾驶与基本操作

1. 装载机的仪表及操纵装置

驾驶员在驾驶装载机之前，必须熟悉驾驶室内的仪表和操纵装置。这些仪表和操纵装置因车型而异，但其功用和使用方法基本相似。为了正确无误地使用装载机进行各种作业，下面就以中国厦门工程机械股份有限公司制造的 ZL-50 装载机为例作简要图示介绍，其仪表与操作台示意图如图 6-5-3 所示；各仪表和操纵装置的功用如表 6-5-2 所示，操作简图如图 6-5-4 所示。

熔断器
变矩器油温表
发动机水温表
转向指示灯
计时表
发动机油温表
变速器压力表
电锁
电流表
气压表
发动机油压表
电源指示灯
选择阀
顶灯开关
节气门踏板
后照灯开关
仪表灯、前照灯、雾灯开关
转向指示灯开关
制动踏板
动臂油缸操纵杆
变速操纵杆
铲斗油缸操纵杆
手制动操纵杆
柴油机停车拉手
前后桥操纵杆
电源总开关

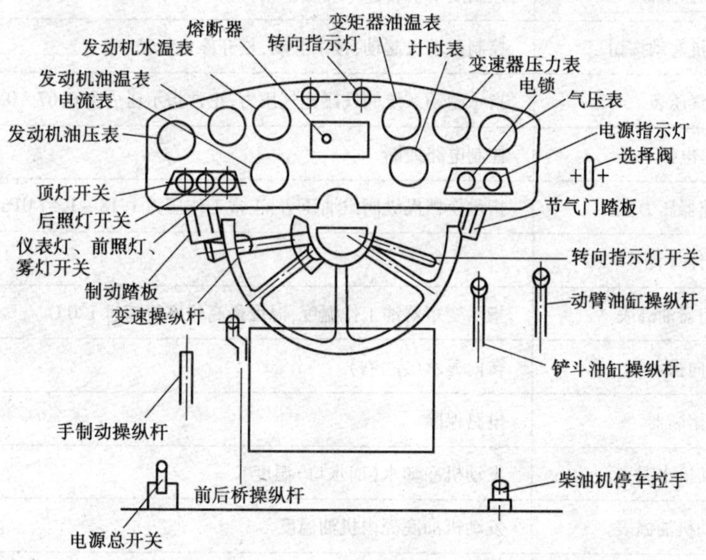

图 6-5-3　仪表与操作台

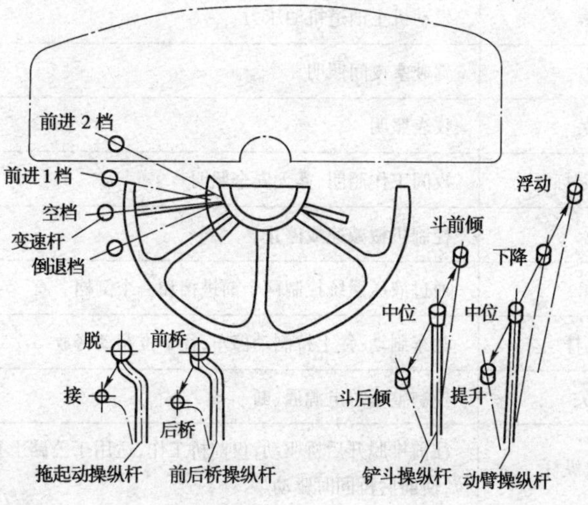

前进 2 档
前进1档
空档
变速杆
倒退档
浮动
斗前倾
下降
中位
中位
脱
前桥
接
后桥
斗后倾
提升
拖起动操纵杆
前后桥操纵杆
铲斗操纵杆
动臂操纵杆

图 6-5-4　操作简图

2. 装载机的基本操作

装载机的基本操作内容及步骤以及正常使用的主要数据如表 6-5-3、表 6-5-4 所示。

装载机各仪表及操纵装置的功用表　　表 6-5-2

序号	名　称	功　能
1	柴油机停油拉手	使发动机停止供油而熄火
2	铲斗油缸操纵杆	控制铲斗外翻和内翻,并可自动回中位
3	动臂油缸操纵杆	控制动臂提升、停止(中位)、下降和浮动
4	转向指示灯开关	左、中、右
5	加速踏板	控制发动机转速
6	发动机起动按钮	控制起动机起动:按下起动,松开停止起动
7	气压表	指示制动系统储气罐充气压力,正常指示压力为 0.67 ~ 0.69MPa
8	电锁	控制电路通断
9	变速器压力表	指示换档操纵阀出油压力,正常工作压力 1.18 ~ 1.57MPa
10	计时表	
11	变矩器油温表	指示变矩器油工作温度,温度最高位不得超过 120℃
12	转向指示灯	转向显示(左、右)
13	熔断器	电路保险
14	发动机水温表	发动机冷却水(回水口)温度℃
15	发动机油温表	发动机油底壳内机油温度℃
16	电流表	电量指示“(－)”电池放电“(＋)”电池充电
17	机油压力表	发动机主油道机油压力
18	顶灯开关	驾驶室夜间照明
19	仪表灯开关	仪表照明
20	后照灯、前照灯、雾灯开关	夜间工作照明,雾天安全照明
21	制动踏板	控制机械减速或停止
22	变速操纵杆	通过液压系统控制两个前进档和一个倒档
23	手制动操纵杆	驻车制动:往上拉制动停车,往下推制动释放
24	电源总开关	控制整车总电源通、断
25	前后桥驱动操纵杆	往前推脱开后桥驱动,仅前桥工作,适用于公路上行驶时使用。作业时往后拉,使前后桥同时驱动
26	选择阀开关	机械在上坡或下坡行驶作业中,此阀处于关闭状态,制动时不改变变速阀油路;机械在正常行驶及作业中,此阀处于开启状态,制动时将改变变速阀油路,使之处于空档

装载机的基本操作内容及步骤表　　表 6-5-3

项目	操作步骤
驾驶前的准备	1. 安全驾驶常识、设备使用说明书的学习，按要求机况检查。 2. 起动前的准备。 3. 周围环境检查及障碍物清除等。
发动机起动	1. 起动前应将变速杆置于空档位置，操纵阀杆置于中间位置，推下手制动杆，接通电源开关，微踏下加速踏板，按下起动按钮。一次按下起动按钮时间不得超过 5s，5s 内如不能起动，应立即放开电钮，停歇 3～5min 后，再做第 2 次起动，如连续 3～4 次仍无法起动，则应检查原因后，再起动。 2. 起动后应使发动机在低速，中速和额定转速下进行预热，并密切观察仪表的指示
驾驶姿势	1. 正确的驾驶姿势不仅能减轻驾驶员的疲劳程度，还便于瞭望车辆各方位的情况，便于观察仪表和运用各操纵杆件。有利于安全、持久、灵活地驾驶装载机。 2. 驾驶员上车后，身体对正转向盘坐稳，头部端正，两眼平视，座位高低调整到以左脚操纵制动踏板时能自然踩到底为准。左脚经常放在制动踏板的左下方，以便快速操纵制动踏板，右脚放在加速踏板上，驾驶时应保持精力充沛、思想集中和操纵松弛自如姿势。工作时，一手握转向盘，一手握操纵手柄，两眼注视前方，根据需要及时准确进行操纵。
变速	1. 低速档扭力大，速度慢，适宜起步、上坡和作业时使用。高速档适用于运距较长或道路平坦情况下使用。 2. 行驶时，根据路况及时调整转向盘，保持正确的行驶方向，通过控制加速踏板和换档调整车速，且换档时应平稳拨动变速杆。 3. 变速杆由 1 档加到 2 档时，可直接加档；改变行车方向时，必须在停车后进行。
动臂升降	驾驶员根据作业要求，操纵动臂操纵杆向后拉，动臂上升；动臂操纵杆处于中位位置，动臂停止动作；向前推，动臂下降，继续向前推，动臂浮动（随地面高低浮动）。
铲斗翻转	操纵铲斗操纵杆向后拉铲斗内翻转；操纵杆回中位，铲斗停止翻转；向前推，铲斗外翻转。
停机	1. 踏下制动踏板，使装载机停车，拉动手制动，将变速杆置于空档，将铲斗放平落地。 2. 逐渐降低发动机转速至怠速，运转几分钟后，拉动熄火拉钮，使发动机熄火，然后断开电源总开关。 3. 坡道上停车应在轮胎的后（或前）方垫上楔型防滑物。

装载机正常使用的主要数据　　表 6-5-4

部位名称	技术标准
发动机	1. 正常工作水温：80～90℃ 2. 机油温度：45～80℃ 3. 机油压力表读数：正常工作时 0.08～0.45MPa
变速器、变矩器	油压：1.00～1.57MPa；最高油温≤110℃
制动系统	最低气压：0.44MPa；工作气压：0.64～0.76MPa
电流表指示	发动机起动时，指针向左"（－）"摆动表示蓄电池放电；指针往右"（＋）"摆动表示发电机向蓄电池充电，且充电电流不应 > 10A

3. 使用装载机的注意事项

（1）使用和操作装载机之前必须熟读与该型号装载机有关的各种技术文件和资料，了解机器的性能与结构特点。掌握每根操纵杆和操纵手柄及各种仪表的位置和作用以便合理使用机器，提高使用寿命和劳动生产率。

(2)使用的柴油必须纯洁并经过72h的沉淀，柴油牌号应符合规定的质量要求。

(3)变速器、变矩器、液压系统、柴油机等必须按《使用说明书》的要求清洁用油。

(4)发动机起动后，空运转待水温达到55℃及气压表达到4.5kg/cm后再起步行驶。

(5)一般气温5℃以下，发动机起动前应用热水或蒸汽进行预热，待预热到30~40℃以上再起动。

(6)山区行驶可接通拖起动操纵杆，以防止发动机熄火及保证液压转向，拖起动必须正向行驶(ZL50装载机可接通"三合一"机构操纵杆)。

ZL50装载机在3°~4°的长坡道上向下运行时，可采用排气制动。先接通"三合一"操纵杆，此时，发动机熄火，由车轮带动发动机起制动作用。需停止排气制动时，可打开停车操纵杆，靠机器惯性再起动发动机。

(7)高速行驶用两轮驱动，低速铲装用四轮驱动，接脱后驱动桥时，必须在停车后进行。

(8)当操纵动臂与转斗达到需要位置后，应使操纵阀杆置于中间位置。

(9)作业时发动机水温不超过90℃，变矩器油温不超过120℃，由于重载作业油温超过允许值时应停车冷却。

(10)不得将铲斗提升到最高位置运输物料，运载物料时应保持动臂下交点离地400~500mm，以保证稳定行驶。

三、装载机的施工技术

1.铲装作业

装载机的铲装作业循环由铲装、运输、卸料和空回4个过程组成。

1)作业准备

(1)接通四轮驱动。

(2)挂上1档进行作业。

(3)清理作业场地，填平凹坑、铲除尖石等损坏轮胎和妨碍作业的障碍物。

2)铲装方式

根据物料种类、状态及位置的不同，可采用如下3种铲装方式。

(1)松散物料的铲装作业。使装载机以前进1档速度驶近料堆，铲斗底面与地面平行。当距离料堆1m时，下降动臂并将铲斗放至接触地面处，徐徐踩下加速踏板前进使铲斗斗齿插入料堆中，再驶离工作面(装满斗后的装载机应尽量快后退，绝不允许继续往料堆方向前进)。当遇到阻力很大时，采用操纵铲斗或稍举动臂的方法以达到装满为止，其装载过程如图6-5-5所示。

(2)铲装停机面以下物料(挖掘)。铲装时先放下铲斗并转动使其与地面成一定的铲土角(硬质地面10°~30°，软地面5°~10°)，然后前进，使铲斗切入土内(见图6-5-6)。切土深度一般保持在150~200mm左右，直至铲斗装满。装满收斗后，将铲斗举升到运输位置，再驶离工作面，运至卸料处。对于难铲装的土壤，可操纵动臂或铲斗使铲斗稍改变一下铲土角。

(3)铲装土丘作业。装载机铲装土丘时可采用分层铲装或分段铲装法。分层铲装时装载机向工作面前进(铲斗稍稍前倾)，随着铲斗切入工作面，慢慢提升动臂，在铲斗刀刃离开料堆

后,将铲斗转至运输位置,如图 6-5-7 所示。

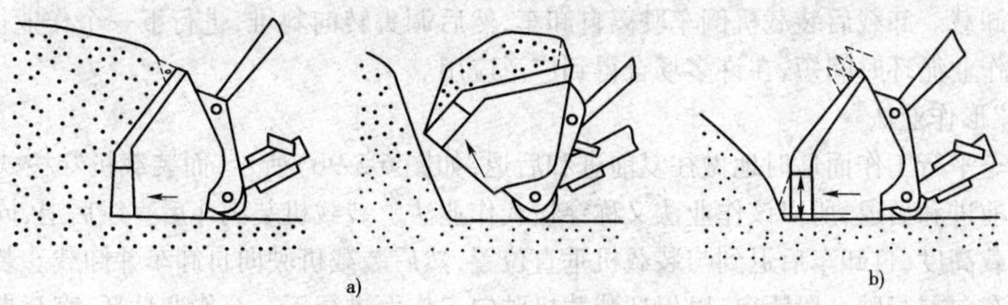

图 6-5-5　装载机铲装松散物料

a)边前进边收斗,装载后,举升至运输位置;b)操纵铲斗或动臂

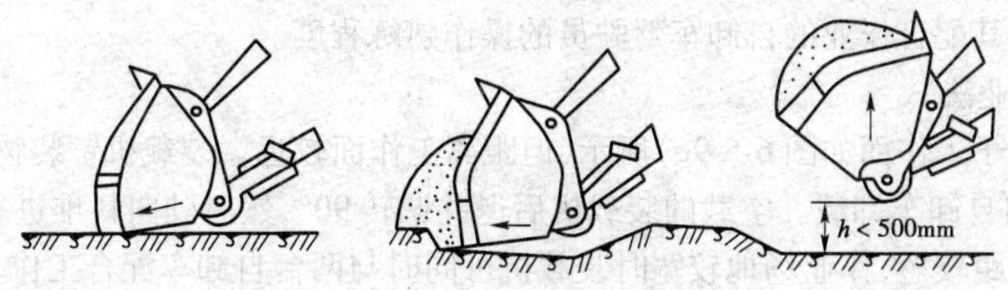

图 6-5-6　装载机铲装停机面以下土壤

如果土壤较硬,也可以采用分段铲装法,这种方法的特点是铲斗依次进行插入动作和提升动作。其过程是铲斗稍稍前倾,从坡角插入,随着铲斗插入工作面 0.2 ~ 0.5m 深,边继续慢速切入,边间断提升(微量)动臂,边翻转铲斗直至装满斗。这种方法,由于插入不深,而且插入后又有提升动作的配合,所以插入阻力小,作业比较平稳,但其操作水平要求较高如图 6-5-8 所示。

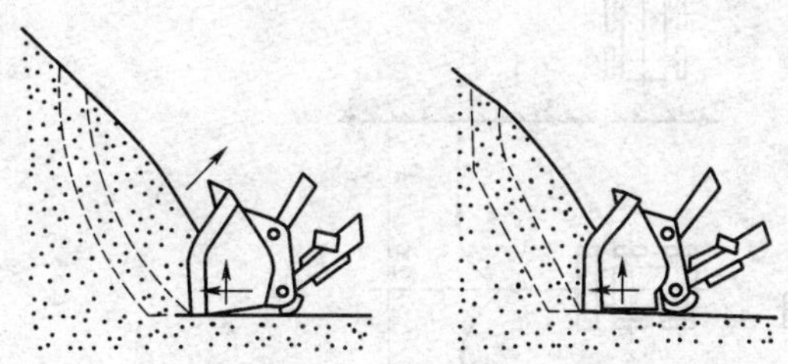

图 6-5-7　装载机分层铲装法

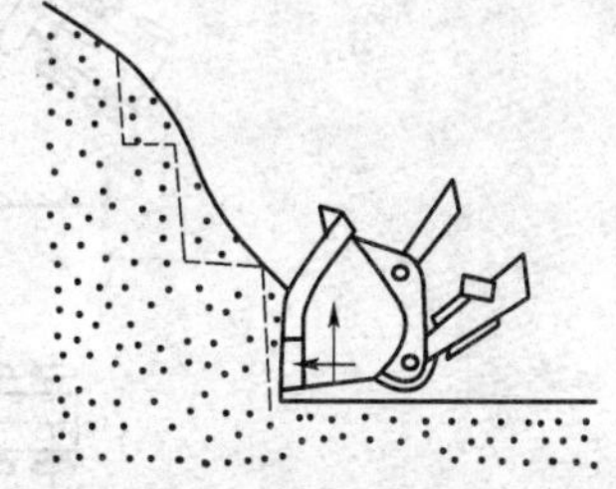

图 6-5-8　装载机分段铲装作业

铲装作业过程中,如遇到物料阻力过大,不要任意加大节气门作业。通常当轮胎即将打滑时,装载机发出的力最大,此时就不能再加大节气门作业,否则,容易损坏发动机,且浪费燃料。动臂升降和铲斗翻转的快慢决定于发动机节气门的大小及操作各手柄的快慢,因而在发动机节气门大小固定的情况下,可以用微动手柄来达到使动臂或铲斗微动的目的。

2. 施工技术

装载机生产率在很大程度上与其作业方式有关。常用的作业方式有如下 4 种(如图 6-5-9 所示)。

1)"V"形作业法

自卸运输车与工作面呈 50° ~ 55°布置,如图 6-5-9a)所示,而装载机的工作过程则根据本身结构形式而有所不同。装满斗后，倒车驶离工作面，并掉头 50°~55°垂直于自卸车，然后驶向自卸车卸载。卸载后装载机倒车驶离自卸车，然后调头转向料堆，进行下一个作业循环。V 形作业法作业循环时间短，在许多场合得到广泛应用。

2)"I"形作业法

自卸车平行工作面适时地做往复前进和后退，如图 6-5-9b)所示，而装载机穿梭式地垂直于工作面前进和后退，所以该作业法又称穿梭式作业法。装载机装满斗后直线后退，同时举升铲斗到卸载高度，自卸车后退到与装载机垂直位置，然后装载机驶向自卸车并卸载。装载机卸载后自卸车向前行驶一段距离，以保证装载机驶向工作面进行下一个作业循环，直至自卸车装满为止。"I"形作业法省去了装载机的调头时间，对于不易转向的履带式及整体车架轮式装载机比较适用，但增加了自卸车前进、后退的次数。因此，采用这种作业方式的装载机，作业循环时间取决于与其配合作业的自卸车驾驶员的操作熟练程度。

3)"L"形作业法

自卸车垂直于工作面如图 6-5-9c)所示，但距离工作面较远。装载机铲装物料后倒退并调头 90°，然后驶向自卸车卸载。空载的装载机后退并调转 90°，然后驶向料堆进行下一次铲装。这种作业方式运距较短，作业场地较宽时装载机可同时与两台自卸车配合工作。

4)"T"形工作法

自卸车平行于工作面，如图 6-5-9d)所示，但距离工作面较远。装载机铲装物料后倒退并调转 90°，然后再向反方向调转 90°驶向自卸车。

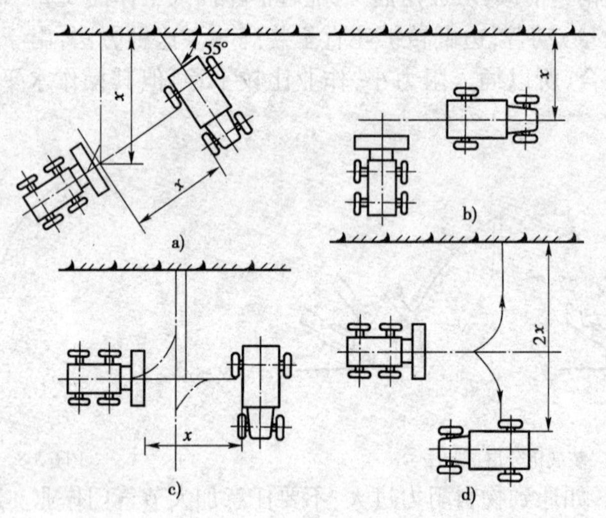

图 6-5-9　作业方式

a)"V"形作业法；b)"I"形作业法；c)"L"形作业法；d)"T"形作业法

根据作业场地情况，合理选择装载机的作业方式对其生产效率影响很大。选择作业方式的一般原则是，根据料场及料堆的大小，尽量做到装载机作业时的来回行驶距离短，转弯次数少。装载机的斗容量应与自卸车的车箱容积或装载重量相匹配，通常以 2~4 斗装满一车为宜。

3. 其他作业

1)卸载作业

装载机驶向自卸车或指定货场，并对准车箱或货台，逐渐将动臂提升到一定高度(使铲斗前

翻不致碰到车箱或货台)，操纵铲斗手柄前倾卸料(适当控制手柄，以达到逐渐卸料的目的)卸料时要求动作轻缓，以便减轻物料对自卸车的冲击。如果物料粘附在铲斗中，可往复扳动操纵手柄，让铲斗振动，使物料脱落。卸料完毕后，收斗倒车，然后使动臂下降进行下一个作业循环。

2)推土作业

下降动臂，铲斗平贴地面，使轮胎略有浮起之感，发动机中速运转，向前推进如图6-5-10所示。在前进中遇有阻力时，可稍微提起动臂后继续前进。因此，动臂操纵手柄应在上升与下降之间随时调整。不能扳到上升或下降的任一固定位置。同时，不准推动铲斗手柄，以保证推土作业顺利完成。

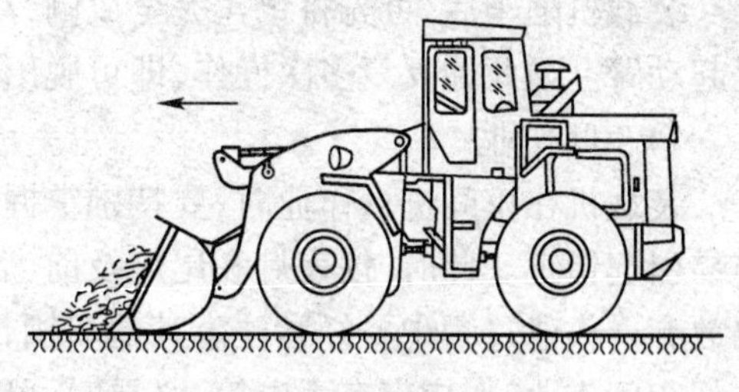

图6-5-10　推土作业

3)刮平作业

铲斗反转到底，使刀板触及地面。

硬质地面，动臂操纵杆应放在浮动位置，软质地面则应放在中间位置，变速杆接到后退档，用铲斗刮平地面如图6-5-11所示。为了进一步加工地面，还可以进行精平，将铲斗内装上一些松软土壤，水平放在地面上，向左右缓慢蛇行，边走边压实，可弥补刮平后缺陷。与此方法类似的还有拖平作业，如图6-5-12所示。

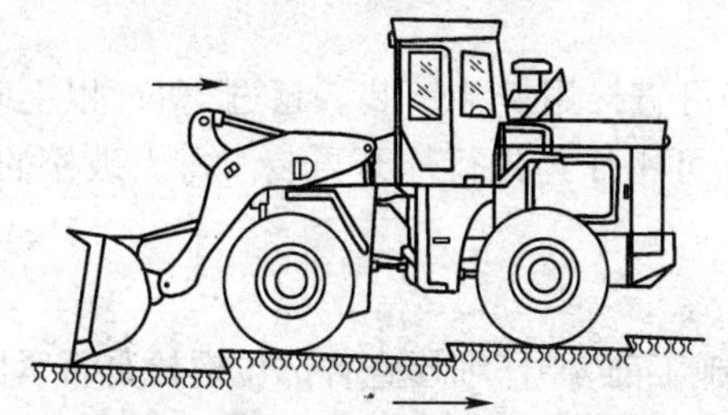

图6-5-11　刮平作业

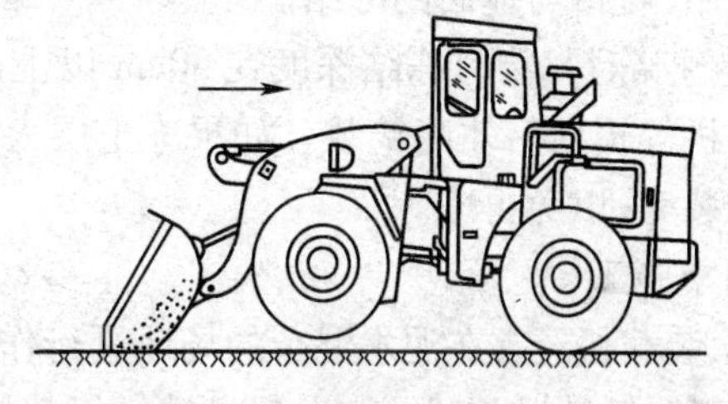

图6-5-12　拖平作业

4)压实作业

地面压实作业包括撒土、摊平、碾压与夯实等几道工序。

撒土时，土壤装入铲斗后，在斗底离地80cm处将铲斗向上翘起10°~15°，然后操纵变速杆，快速反复抖动，把所装土壤平均撒布在路面上。

撒土后，可利用机械自重前进、后退、往返行驶，进行碾压。经过撒土、摊平、碾压之后，即可夯实(用机体自重和斗底向地面拍打、夯实)。

4. 几种特殊作业工况的处理

1)在凹凸不平的路面行驶

在凹凸不平的路面行驶时，不能挂快速档，而须慢速缓行，采用四轮驱动。行驶速度过快会引起不正常的冲击，而影响机械寿命。如果装载作业要求经常往返行驶，即便浪费时间，也要先整理路面，这样才能提高作业效率。

2)在软土地带行驶

在软土地带行驶时，要由人先去试走一下，并检查轮胎充气压力是否足够。确认可行时，再先让装载机前轮进入软土，机体重心略向前移动后即停车。验证前轮是否下陷后，再继续前进。如果轮箍已被埋入,则不能再行驶。在软土地带行车时,应尽可能直线行驶,切忌急转弯。如遇轮胎打滑,可略后退,避开打滑处再前进。

3)处理陷车

装载机陷车后,可先将铲斗完全放倒,动臂全下放,使前轮浮起,再将机体后退,同时慢慢提起动臂。如此地反复多次操作,即可脱出。

4)夜间作业

装载机在夜间进行作业时,要特别掌握好行车速度,并与照明配合好。无论物料远近,都容易引起错觉。此时,仪表灯和尾灯及前、后照灯都要利用上。一切可以利用的场地照明都不要放弃。作业过程中要经常注意其他车辆,尽可能不要靠近。倒车时更要加倍注意。

夜间作业时,应带有手电筒,必要时,可发出故障信号,确保作业安全。

5)冬季施工

(1)做好低温条件下机械的预热发动工作。参照第五单元进行。

(2)预防冻土:冬季作业时,土壤或物料往往被冻结。这时可用松土机等进行必要的疏松工作;此外,应尽可能在冬季前安排薄土层区域施工,留下厚土层区域进行冬季施工;暂时可不施工的区段,应用草垫等保温材料加以覆盖,防止冻结;任务要求紧急时,可以安排多班连续作业,使土壤或物料没有冻结的机会;每班作业任务完成后,应将铲斗内的余料清除干净,同时还要注意轮胎、履带与地面的冻结。

(3)铲挖冻料:物料冻结深度在30cm以上时,仍可直接用铲斗铲装。超过30cm以上时,须用松土机等疏松后才能铲装。如果冻土层太厚,则可用炸药先行炸开再装。每天破松的冻土应当天装完,以免再冻。

6)雨季施工

雨季,装载机经常在泥水混杂的场地进行作业。施工前,要仔细检查各部位螺栓是否紧固。必要时涂以防锈油以防锈蚀。发现机械任何部位有积水,都必须及时排除。工作完毕要仔细清洗,检查零部件损坏情况、连接螺栓是否松动并要加足润滑油;要特别注意加油点、用具、油脂等处的清洁,检查轮胎轮毂及履带行走机构及最终传动部分是否有积水。发现问题及时解决。雨天还要注意检查空气滤清器的纸质滤芯,如发现堵塞、变质或损坏,应及时清除或更换。

雨季使用装载机必须注意防塌、防潮、防风、防滑等,确保安全作业。施工现场应保持平整,并准备一定的排水坡度,以防积水;雨后,应将局部坑凹处的积水排除干净。无法排水时,用抽水机将水抽出或备一个积水坑,将水引走;为了提高作业效率,应用炉渣等防滑材料铺垫道路。自卸汽车装车前,也可在车箱内撒铺一些炉渣。使土壤或物料不致粘在车厢上;卸料区需碾压时,应在当天下班前用推土机或装载机铲斗推平压实。以免雨后淋湿以致第二天无法作业。雨后路滑,装载机应与汽车保持一定距离,防止因路滑而造成撞车事故;山地施工要注意预防塌方;机械停放也不要距离坑边太近,以防翻车事故发生。

四、装载机生产率的计算

1. 装载机生产率的计算

1)装载作业生产能力计算

(1)装载机进行装载作业的生产能力可按式(6-5-1)计算

$$Q = \frac{3600q_o Kf\eta}{T_m} \tag{6-5-1}$$

式中：Q——生产能力，m^3/h；

q_o——铲斗容量，m^3；

K——铲斗系数，可按表6-5-5选取；

f——土量换算系数，可参照表6-5-6及表6-5-7；

η——作业效率，一般取 $\eta = 0.4 \sim 0.7$；

T_m——循环时间，s。

铲斗系数　　表6-5-5

物料土种类	K	备注
岩块 卵石	0.40 ~ 0.60	堆积状物料、容易铲装物料取上限值
砾质土	0.50 ~ 0.60	
砂	0.60 ~ 1.00	
普通土	0.50 ~ 0.90	
粘性土	0.40 ~ 0.60	

土量换算系数　　表6-5-6

q \ Q	原土量	松土量	压实后土量
原土量	1	L	C
松土量	1/L	1	C/L
压实后土量	1/C	L/C	1

注：1. Q 表示单位时间的作业量，m^3/h；

2. q 表示一个作业循环的标准作业量 m^3；

3. L、C 表示土量变化率，见表6-5-7。

土量变化率　　表6-5-7

名称		L	C
岩石	硬岩	1.65 ~ 2.00	0.30 ~ 1.50
	中硬岩	0.50 ~ 1.70	0.20 ~ 1.40
	软岩	1.30 ~ 1.70	0.00 ~ 1.30
	岩块、卵石	1.10 ~ 1.20	0.95 ~ 1.05
砾质土	砾	0.10 ~ 1.20	0.85 ~ 1.05
	砾质土	1.10 ~ 1.30	0.85 ~ 1.00
	紧固的砾质土	1.25 ~ 1.45	1.10 ~ 1.30
砂	砂	1.10 ~ 1.20	0.85 ~ 0.95
	岩块含卵石的砂	1.15 ~ 1.20	0.90 ~ 1.00
普通土	砂质土	1.20 ~ 1.30	0.85 ~ 0.95
	岩块含卵石的砂质土	1.40 ~ 1.45	0.90 ~ 1.00
粘性土等	粘性土	1.20 ~ 1.40	0.85 ~ 0.95
	砾质粘性土	1.30 ~ 1.40	0.90 ~ 1.00
	岩块含卵石的粘性土	1.40 ~ 1.45	0.90 ~ 1.00

循环时间 T_m 可按式(6-5-2)计算:

$$T_m = ml + t_1 + t_2 \tag{6-5-2}$$

式中:m——行走机构系数,s/m;

l——单程搬运距离,m;

t_1——铲斗举升时间,s;

t_2——装载、换档、准备等时间,s。

m,t_1,t_2 可由表6-5-8中选取。

循环时间算式中系数值 表6-5-8

系数	履带式		轮胎式		备注
	铲装堆积物	铲挖原积土	铲装堆积物	铲挖原积土	
m	2.0		1.8		
t_1	5~12	22~40	6~20	24~45	装载容易时取上限值
t_2	12~20		12~20		初算时取15s

(2)装载机进行装载作业的生产能力也可按式(6-5-3)计算:

$$Q = \frac{3600V_H \rho K_t K_m}{T_m} \tag{6-5-3}$$

式中:Q——生产能力,t/h;

V_H——额定斗容,m^3;

ρ——物料密度,t/m^3;

K_t——时间利用系数,一般取 $K_t = 0.75 \sim 0.85$;

K_m——铲斗装满系数,可按表6-5-9选取。

铲斗装满系数 表6-5-9

物料种类和状态	K_m	物料种类和状态	K_m
松散、成堆的砂和土	1.0~1.25	石块、卵石、砾石	0.45~0.65
松散、堆积的砂、砂壤土、粘土等	0.75~1	成堆碎石、硬粘质土、凝固砾质土	0.65~0.75

T_m 可根据作业方式和物料种类、状态确定:

"V"形作业:$T_m = 11 + d + 1.6X$

穿梭式作业:$T_m = 10 + d + 1.6X$

对于普通成堆的砂,$d=0$;碎石(20mm以下)砂、小砂砾,$d=2$;碎石(50mm以下)、天然状态小砂砾、粘土,$d=4$。X 为距离,单位m。d 为物料的种类对作业时间的影响常数。初步计算时可取 $T_m = 20$s。

2)轮胎式装载机配合搅拌设备上料的作业能力计算

作业能力可按式(6-5-4)计算:

$$Q = \frac{3600q_o K\eta}{T_m} \tag{6-5-4}$$

式中:Q——生产能力,m^3/h;

q_o——铲斗容量,m^3;

K——铲斗系数,取0.8;

η——作业效率,取0.6~0.8;

T_m——循环时间,s。

T_m 可按式(6-5-5)计算:

$$T_m = \frac{l_o}{v_1} + \frac{l_o}{v_2} + t \tag{6-5-5}$$

式中:l_o——料堆至搅拌机配料斗距离,m;

v_1——前进速度,取0.18~0.22,m/s;

v_2——返回速度,取0.24~0.25,m/s;

t——固定时间,即旋转、装斗、翻斗时间,一般取35s。

2.影响生产率的因素分析

从上述有关的装载机作业方式、施工组织及生产率计算中可以看出,要想提高装载机的生产率,必须做到以下几个方面:

(1)尽可能地缩短作业循环时间,减少停车时间。疏松的物料,用推土机协助装填铲斗,可在某些作业中,降低少量循环时间。

(2)运输车辆不足时,装载机应尽可能进行一些辅助工作。如清理现场,疏松物料等。

(3)若运输车辆的停车位置距离装载机在25m的合理范围内,装载机到运输车辆的运行距离对循环时间影响不大。运距为100~150m时,生产能力降低十分显著;在100~150m以上时,生产能力降低也不太明显。如图6-5-13所示。

(4)装载机与运输车辆的容量应尽量选配适当。

(5)作业循环速度不宜太快,否则不能装满斗。每个作业现场的装载作业应平稳而有节奏。

(6)大功率装载机宜做运岩石之用,小功率装载机宜做装运松散物料。

(7)根据实际情况估算的生产率,大约平均等于理论值的60%。

(8)行走速度要合理选择。装有物料的装载机从作业地点到汽车停车处,运距在16m和25~30m时,行走速度约为2.3~6.56 km/h,空回程时,可为2.5~6.85km/h,空行程为12.7~17.2km/h。一般来说,装载机行走速度增加1km/h,其生产能力就会提高12%~21%。如图6-5-14所示。

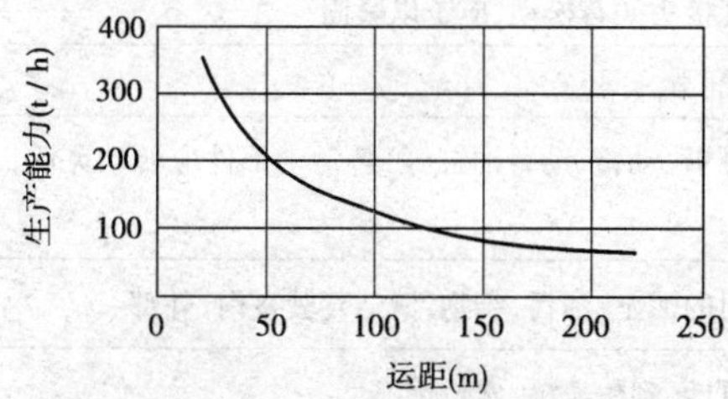

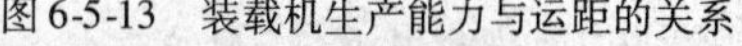

图6-5-13　装载机生产能力与运距的关系

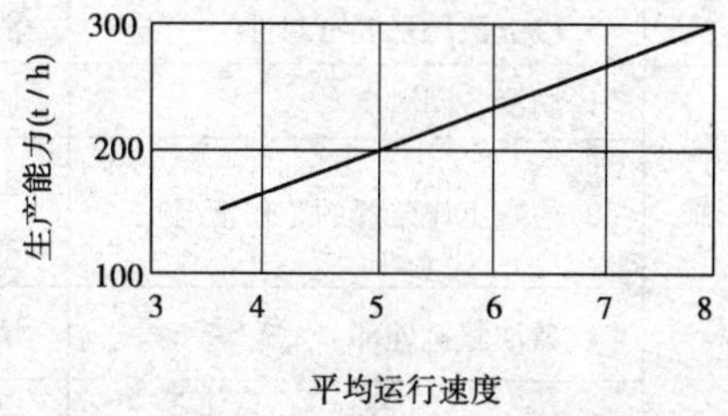

图6-5-14　装载机生产能力与行走速度的关系

五、装载机的故障排除

1.装载机的维修与维护

装载机的维修与维护可参照《筑养路机械维护规程》或相应机型的使用维修说明书的规

定执行，并严格遵守各种规定和使用要求，以保证装载机正常、安全、可靠地运行。

以 ZL50 型装载机为例，其维修与维护可参照表 6-5-10 ~ 表 6-5-15 进行。

每 50 工作小时进行 表 6-5-10

部位	作业项目	技术要求及说明
	发动机	参照第三单元进行
	电气设备及仪表	参照第四单元进行
传动系统	1. 检查液力变矩器、变速器	应工作正常，无异响及过热现象，否则，应找出原因，排除故障。油位应位于上、下油位开关之间，在起动发动机前，尤应注意检查，打开油位开关，如无油溢出，则应加油至油位开关有油溢出为止
	2. 检查传动轴	工作时，传动轴应无异响，连接螺栓如有松动，应予以紧固
	3. 检查液力变矩器、变速器油冷却系统	消除渗漏油现象，油路应畅通无阻
	4. 检查驱动桥、轮边减速器	应工作正常，无异响或漏油现象，否则，应查明原因，排除故障
转向系统	检查转向性能	转向动作应轻便、灵活、平顺、可靠，消除渗漏油现象，清除转向装置上粘附的泥土及油污
行走机构	检查轮胎及轮辋固定螺栓、螺母	轮胎外表应无异物扎入或嵌入，胎压正常，固定螺栓、螺母如有松动应予以紧固
制动系统	1. 检查制动性能	制动应灵敏、平稳、可靠
	2. 检查制动系统密封性	制动系统应无漏气、渗漏油现象；各管接头如有松动，应予以紧固
	3. 检查制动气压	观察气压表。制动气压应为 0.68 ~ 0.70MPa
	4. 检查制动助力器油量	油量不足时，应添加
	5. 检查储气筒及油水分离器	排放储气筒及油水分离器中的积水及油污
	6. 检查驻车制动器	制动器应制动有效，安全可靠
液压系统	1. 检查液压工作油箱油面	油量不足时，应予以添加
	2. 检查液压油泵、液压阀、液压油缸	工作时，液压油泵应工作正常，无异响；各液压阀应灵敏，工作可靠，油缸无内泄外漏现象。否则，应查明原因，排除故障
	3. 检查液压系统密封性	消除渗漏现象。管接头如有松动，应予以紧固
工作装置	1. 润滑各润滑点	加注润滑脂、进行润滑
	2. 检查工作装置的工作情况	工作装置（铲斗、摇臂、动臂、动臂油缸等）各活动部件应转动灵活，工作正常
整机	1. 清洁整机外部	清除整机外部粘附的泥土、油污、杂物，清洁驾驶室内、外部
	2. 检查各操纵杆	各操纵杆应操纵灵活，到位准确，定位可靠
	3. 检查整机外部连接螺栓、螺母	螺栓、螺母如有松动，应予以紧固，如缺损，应予以补充
	4. 检查各零部件	零部件如有损坏，应予以修复或更换；如有松动，应予以紧固
	5. 检查整机泄漏情况	机器应无漏油，漏水、漏气、漏电现象，否则，应查明原因，予以排除
	6. 润滑	按润滑表规定执行

每 200 工作小时进行　表 6-5-11

部位	作业项目	技术要求及说明
完成本级维护作业项目外的例保项目		
发动机		参照第三单元进行
电气设备及仪表		参照第四单元进行
传动系统	1. 检查变矩器、变速器油冷却系统	清洗滤油器滤芯，除去污物；散热器如有渗漏，应予以消除
	2. 检查前、后桥油位	油量不足时，应从左、右轮毂注油孔加油。油位应与桥壳油位螺孔下沿平齐
转向系统	检查转向器、随动杆等的固定螺栓	固定螺栓如有松动，应予以紧固
行走机构	检测轮胎气压	气压应为 0.28～0.30MPa，不足时充气
制动系统	1. 检查制动盘固定螺栓	螺栓如有松动，应予以紧固
	2. 检查油水分离器	排放油水分离器中的油污。当制动气路中的气压超过 0.9MPa 时，应调整油水分离器上的压力控制阀
	3. 检查储气筒内气压	停车后，30min 内储气筒内气压下降不超过 98kPa。否则，应查明原因排除故障
工作装置	检查工作装置（铲斗、动臂、摇臂、拉杆）及固定螺栓	检查各部件的焊缝有无开焊或变形，如有应及时修理。固定螺栓如有松动，应予以紧固，损坏的零部件应予以修复或更换
整机	1. 检查前、后车架及副车架	各部件焊缝如有开裂应予以补焊。如有变形损坏，应予以修复。固定螺栓如有松动，应予以紧固
	2. 润滑	按润滑表规定执行

每 600 工作小时进行　表 6-5-12

部位	作业项目	技术要求及说明
完成本级维护作业项目外的一级维护项目		
发动机		参照第三单元进行
电气设备及仪表		参照第四单元进行
传动系统	1. 检查变矩器-变速器内油的质量	检查油质。如油液中有污物或油液变质，应予清洗后更换新油。每 1200 工作小时必须换油一次。如油中含有金属碎屑时，则应查明原因，排除故障
	2. 检查前、后桥壳内的油质	检查油质，根据需要更换新油。每 1200 工作小时必须换油并消除渗漏油现象
	3. 检查传动系统各部件连接螺栓	螺栓如有松动，应予以紧固
转向系统	1. 检查转向器油位	油量不足时，应予以添加
	2. 检查转向器自由行程及随动杆	转向器转向效率应不低于 90%，随动杆安装距离应在 5.36mm 以上，转向器与随动杆均应工作正常。转向器自由行程超限时，应予以调整，随动杆万向节及球销磨损超限时，应予以更换

续上表

部位	作业项目	技术要求及说明
制动系统	1. 检查空气压缩机	空气压缩机应工作正常，制动系统压力稳定。若出现气压波动，应检查排气阀门，并进行研磨
	2. 检查制动助力器及盘式制动器	制动助力器及盘式制动器应功能可靠。当气压为0.68～0.70MPa时，出口油压应达到98MPa
	3. 检查制动性能	制动应灵敏可靠。在平直干燥的水泥路面上以25～30km/h速度行驶作点式制动时，应迅速出现制动现象，且车辆不跑偏
	4. 检查驻车制动器	制动器应功能可靠。制动摩擦片与制动鼓之间间隙为0.15～0.30mm，必要时进行调整；完全拉紧操纵杆进行制动时，机械应不能起步，并能在不小于8%的坡道上能停车；解除制动后，摩擦片不得与制动鼓接触
液压系统	1. 检查液压油箱油质	仔细检查液压油油质，必要时，更换液压油。每1200工作小时应清洗油箱及过滤器，除去污物后，更换液压系统液压油
	2. 检查液压管路及管接头	管路及管接头如有松动应予以紧固，液压软管如有损坏、开裂，应予以更换
	3. 检查液压油缸	液压油缸应无内泄外漏现象，必要时，拆卸油缸，更换磨损严重及损坏的液压元件
	4. 检查液压系统的工作情况	工作时，各液压系统应工作正常，最大工作压力应达到14.7MPa，不符合规定时，应查明原因，排除故障
	5. 检查液压系统各部位连接螺栓	各连接部位应连接可靠，螺栓如有松动，应予以紧固，消除渗漏现象
工作装置	检查铲斗	斗齿刃磨损严重时，可用铬钼型“堆-212”电焊条补焊；铲斗主切削板严重磨损时，可切割后更换，并用T507电焊条焊接。每1200工作小时检查各铰接点销轴、销套，磨损超限时（配合间隙超过0.80mm时），应予以修理或更换
整机	1. 检查前、后桥与车架的连接螺栓	连接螺栓如有松动，应予以紧固
	2. 检查装载机各部位	在空载和重载下进行各种动作，各部位应无异响和异常现象。在铲斗装满时，由最低位置上升到最高位置所需时间应不大于8s，否则，应查明原因，排除故障
	3. 润滑	按润滑表规定执行

每1800工作小时进行 表6-5-13

部位	作业项目	技术要求及说明
完成本级维护作业项目外的二级维护项目		
发动机		参照第三单元进行
电气设备及仪表		参照第四单元进行
传动系统	1. 检查变矩器、变速器工作情况	应工作正常，无异响及过热现象。变速器各离合器应无打滑现象，必要时进行拆检，各零部件磨损超限或损坏时，应予以更换
	2. 检查变矩器、变速器油的散热器	清洗散热器，除去污物，如有渗漏，应予以修复

续上表

部位	作业项目	技术要求及说明
传动系统	3. 检查前、后桥	工作时如有异响，应予以拆检，各零部件磨损严重或损坏时，应予以更换。主传动螺旋锥齿轮的啮合间隙为 0.20 ~ 0.40mm，使用限度为 0.55mm；被动螺旋锥齿轮与止推螺栓的铜套间隙为 0.25 ~ 0.30mm。啮合痕迹沿齿长、齿高方向均为 50%，位置沿齿高方向适中，沿齿长应靠近前(小)端，差速器齿轮应转动平顺，啮合间隙为 0.10 ~ 0.40mm
	4. 拆检传动轴	进行拆洗，传动轴花键与滑动叉花键的侧隙不大于 0.30mm，十字轴轴颈与滚针轴承的间隙不大于 0.13mm，万向节轴承与轴承座孔的间隙不大于 0.052mm，超限时，应予以更换
转向系统	检查转向性能	转向应轻便、灵活、平顺，无卡滞及渗漏油现象。必要时进行调整，转向角左、右各为 35°，当拆下转向垂臂、转向盘在中间位置时，其旋转力为 8.8 ~ 14.7N，当转向盘转到极限位置时，油压应为 12MPa。磨损严重或损坏的零部件应更换
制动系统	1. 检查空气压缩机	空气压缩机应工作正常。如工作 24h 后，在油水分离器及储气筒中聚积的机油超过 10 ~ 16cm^3 时，应查明窜油原因，及时维修；气阀应无漏气，活塞及活塞环磨损超限时，应予以更换
	2. 检查盘式制动器	盘式制动器应工作正常，摩擦片磨损超限时，应予以更换，制动活塞应功能可靠，密封良好，无渗漏现象
	3. 检查制动助力器；更换制动液	制动助力器应工作正常，密封件及弹簧应完好，无变形及损坏，否则应予以更换；更换制动液
	4. 检查制动性能	在平直、干燥的水泥路面上以 25km/h 速度制动时，其制动距离不大于 10m；以 30km/h 的速度行驶，点试制动，应迅速产生制动现象，且不跑偏
	5. 检查驻车制动	各零部件磨损严重或损坏时，应予以修复或更换，摩擦片磨损铆钉头距表面 0.5mm 或有严重烧蚀、粘有油污时，应予以更换
液压系统	1. 检查液压油泵、液压阀、油缸	在额定工作压力下，液压油泵、液压阀、油缸应无渗漏，油缸应伸缩平稳、无卡滞及爬行现象。动臂油缸在铲斗装入额定载荷的物料时，将发动机熄火，把分配阀置于封闭位置，其沉降量应小于 40mm/h
	2. 检查液力、液压系统工作压力	①变矩器-变速器：变矩器进口油压为 0.56MPa，出口油压为 0.28 ~ 0.45MPa；润滑系油压为 0.1 ~ 0.2MPa；变速器工作压力为 1.1 ~ 1.5MPa ②转向系统工作压力为 12MPa(120 kgf/cm^2) ③工作装置最大工作压力为 15MPa；双作用安全阀最大工作压力为 8MPa 油压不符合上述规定值时，应查明原因，排除故障，必要时予以调整

续上表

部位	作业项目	技术要求及说明
整机	1. 检查车架及副车架	车架轴座间隙大于0.25mm,副车架轴座间隙大于0.70mm时,应更换磨损的铜垫圈。销轴、销套磨损严重时,应予以更换。各零部件在车架及副车架上应固定可靠,无脱焊、脱铆现象,固定螺栓如有松动,应予以紧固
	2. 检查驾驶室	驾驶室应无变形,门窗关闭灵活密封良好,门锁、门把完好,座椅如有损坏应予以修复,固定螺栓如有松动,应予以紧固
	3. 检查紧固各部连接螺栓	螺栓如有松动,应予以紧固(如发动机及发动机罩、驾驶室、挡泥板、制动、转向、传动等)
	4. 检查喷漆表面	必要时进行补漆或整机喷漆
	5. 润滑	按润滑表规定执行

润 滑 表 表6-5-14

润滑部位	润滑点数	润滑周期(工作小时)	油品种类	备注
1. 工作装置	14	8	3号或4号钙基润滑脂(GB 491)	
2. 前传动轴	3	50		
3. 后传动轴	3	50		
4. 转向油缸销轴	4	50	锂基润滑脂	
5. 转向随动杆	2	50		
6. 动臂油缸销轴	2	50		
7. 转斗油缸后销轴	2	50		
8. 车架铰接销	2	50		
9. 副车架销	2	50		
10. 发动机油底壳	1	600	14号柴油机油	*11号柴油机油
11. 变矩器、变速器	1	1200	上炼8号液力传动油	
12. 前、后驱动桥	2	1200	20号或30号齿轮油 90号普通车辆齿轮油	SYB1103-62s
13. 转向器	1	1200	HL-30齿轮油	*IL-20齿轮油
14. 轮边减速器	2	1200		
15. 制动助力器	2	1200	201合成制动液	
16. 液压油油箱	1	1200	N68HM液压油	上稠50-1
17. 燃油箱	1	视需	0号或10号轻柴油	添加

注:*表示冬季用油。

油 品 容 量 表 表6-5-15

润滑部位	燃油箱	发动机油底壳	变矩器变速器	液压油油箱	前后驱动桥	前、后制动助力器
容量(L)	300	42	45	300	40	3.5

2. 装载机的故障诊断与排除

1)装载机常见故障

装载机常见故障产生的原因及排除方法如表6-5-16所示。

装载机常见故障产生的原因及排除方法表 表6-5-16

故障现象	产生原因	排除方法
一、铲斗及动臂均无动作	发动机常见故障	参照第三单元进行
	1.液压泵失效 ①泵轴折断或磨损 ②液压泵旋转不灵或咬死 ③滚柱轴承锈死卡住 ④外泄漏严重 ⑤固定侧板的高锡合金被严重拉伤或拉毛	检修或更换液压泵
	2.滤油器堵塞	清洗滤芯,并分析污物产生的原因及种类
	3.吸油管破裂或吸油及泵的管接头损坏或松动	重新更换或拧紧
	4.油箱油液太少	应加油至刻度处
	5.油箱通气孔堵塞	清洗通气孔,排除堵塞物
	6.多路阀中的主溢流阀损坏失效	检修或更换溢流阀
二、铲斗翻转力不够,即轻载时能翻转,重载时不能翻转	1.首先试验动臂升降,若动臂提升也无力,则故障原因是: ①多路阀中的主溢流阀故障 ②液压泵因磨损、性能下降 ③同故障一之3 ④同故障一之4	①检查维修主溢流阀 ②修理或更换液压泵 ③重新拧紧或更换 ④加油至刻度处
	2.若动臂举升正常,则故障原因是: ①铲斗操作阀泄露严重 ②铲斗控制油路上的过载阀出现故障,造成过载阀提前开启 ③铲斗液压缸故障 ④管路泄漏	①修理或更换 ②修理或更换过载阀 ③修理或更换液压缸 ④拧紧接头或更换相关元件
三、动臂走但举升力不够,轻载时可起升,重载时不起升或起升慢	1.首先检查铲斗翻转情况,若铲斗翻转无力,则故障原因及排除方法按照“故障现象”“二”中的“1”进行检查与排除	
	2.若铲斗翻转动作正常,则故障原因是: ①动臂操作阀泄露 ②动臂液压缸故障 ③管路漏油	①修理或更换控制阀 ②检查或修理液压缸 ③检查泄露部分,拧紧或更换

续上表

故障现象	产 生 原 因	排 除 方 法
四、铲斗翻转和动臂起升运动速度都缓慢	1. 液压泵磨损造成的容积效率降低	修理或更换齿轮泵
	2. 多路阀故障 ①主阀芯拉毛或硬物划伤 ②主阀弹簧失效 ③针阀及阀芯密封不严有泄露 ④调压弹簧失效	修理或更换多路阀
	3. 双泵单路稳流阀故障 ①阀芯划伤拉毛造成卡死 ②阀芯弹簧失效 ③单向阀阀芯卡死,未能开启	修理或更换双泵单路稳流阀
	4. 油箱油量少	加满至所需刻度
	5. 油温过高	参阅"故障现象""九"予以排除
	6. 多路阀中的主溢流阀故障 ①主阀芯弹簧失效不能复位 ②针阀及阀座密封不严 ③主阀芯及阀座密封不严	修理或更换多路阀
五、动臂起升速度缓慢但铲斗翻转速度正常	1. 动臂液压缸漏油	修理液压缸
	2. 多路阀中动臂操纵阀阀芯和阀杆之间泄露	拆开检查重新研磨或更换
	3. 动臂起升油路过载阀有泄露	参阅故障现象四之原因处理
六、铲斗翻转速度缓慢但动臂起升速度正常	参阅故障现象二,只需检查铲斗操纵阀和铲斗液压缸	
七、动臂液压缸不能锁紧,即操纵中位时,液压缸下沉较大	1. 动臂液压缸有内泄露现象	更换密封圈,检查缸体的变形量
	2. 阀杆复位不良,未能严格到中位	检查修理多路阀,必要时予以更换
八、操纵阀操纵杆沉重或操纵不动	1. 操纵连杆机构故障	仔细检查各连杆、铰接点的润滑、间隙情况
	2. 操纵阀阀杆弯曲变形、拉毛或产生液压卡紧	抽出阀杆、检查表面光洁度及其几何尺寸形位公差,清洗阀杆的均压槽,酌情修理或更换

续上表

故障现象	产生原因	排除方法
九、液压油油温过高	1. 环境温度过高或长期连续工作	按使用说明书要求操作
	2. 系统经常在高温下工作，溢流阀频繁打开	加强液压油散热作用
	3. 溢流阀调定压力过高	应检查调定压力是否正常，视情况检修溢流阀
	4. 液压泵体内有不正常摩擦	检查泵体、转子体及轴承找出异常摩擦的原因，修理或更换
	5. 液压油选用不当或变质	按说明书要求选用粘度合适的液压油，并定期更换液压油
	6. 液压油油量不足	加油至所需刻度
十、动臂缸动作不稳定有爬行现象	1. 液压泵吸入空气或系统低压管路有漏气处	检查漏气部位，拧紧并给动臂缸排气
	2. 动臂液压缸的杆端或缸底的连接轴销因磨损而松动	检修或更换轴销
	3. 动臂油路上装有单向截流阀的系统，单向节流阀中单向阀不密合，节流口时堵时通	拆开清洗并修理，视情况必要时更换

2）装载机典型故障分析

（1）装载机各档行走均无力、液力机械传动系统故障的原因和排除方法。

如果是在发动机及制动系无故障的情况下，装载机各档行走均无力，故障一般发生在液力机械传动系统。其主要是由液力变矩器传力不够、变速器的液压系统压力不足以及超越离合器打滑所致。其故障诊断及排除流程如图 6-5-15 所示。

（2）装载机变速器油位升高故障的原因和排除方法。其故障诊断及排除流程如图 6-5-16 所示。

（3）装载机变矩器齿轮室透气孔处向外窜油故障的原因和排除方法。其故障诊断及排除流程如图 6-5-17 所示。

（4）装载机液压系统温度过高故障的原因和排除方法。其故障诊断及排除流程如图 6-5-18 所示。

（5）装载机液压转向故障分析。现代装载机普遍采用全液压转向。全液压转向操纵轻便，转向灵活平稳。转向液压系统是装载机安全作业运行的保障，不允许有任何功能障碍。如果系统出现异常，转向功能下降，应立即停机分析故障，找出原因，恢复转向功能。

液压转向常见的故障有转向功能下降，转向系统转向不灵，转向油缸运动不平衡，转向系存在咬住现象，或铰接机架达不到规定的偏转角等。液压转向常见故障分析如图 6-5-19 所示。

装载机变矩器齿轮室透气孔处向外窜油故障的原因和排除方法。

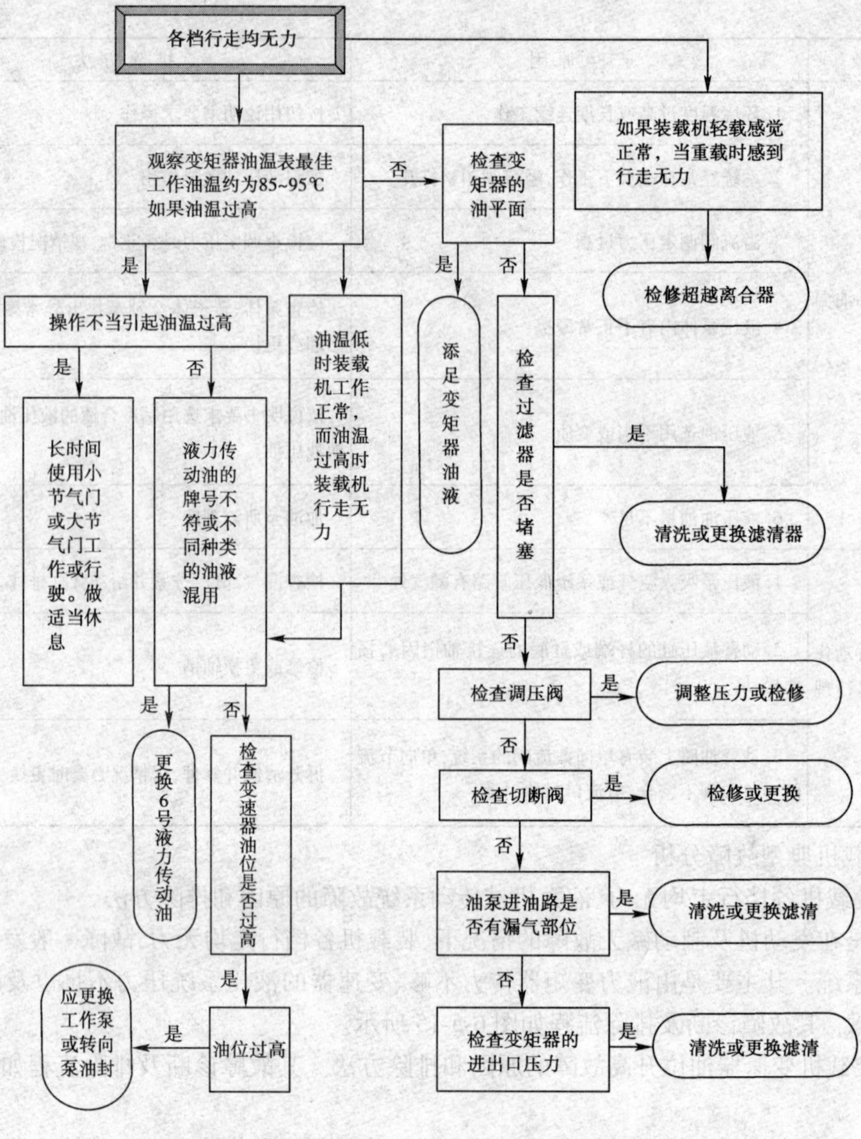

各档行走均无力

观察变矩器油温表最佳工作油温约为85~95℃如果油温过高

否

检查变矩器的油平面

如果装载机轻载感觉正常，当重载时感到行走无力

检修超越离合器

是

操作不当引起油温过高

油温低时装载机工作正常，而油温过高时装载机行走无力

是

添足变矩器油液

否

检查过滤器是否堵塞

是

清洗或更换滤清器

是

长时间使用小节气门或大节气门工作或行驶。做适当休息

否

液力传动油的牌号不符或不同种类的油液混用

是

更换6号液力传动油

否

检查变速器油位是否过高

是

油位过高

是

应更换工作泵或转向泵油封

否

检查调压阀

是

调整压力或检修

否

检查切断阀

是

检修或更换

否

油泵进油路是否有漏气部位

是

清洗或更换滤清

否

检查变矩器的进出口压力

是

清洗或更换滤清

图6-5-15　装载机各档行走均无力，液力机械传动系统故障诊断及排除流程图

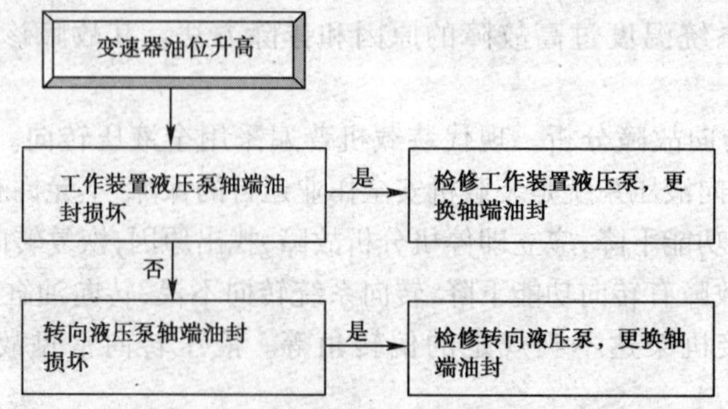

图6-5-16　装载机变速器油位升高故障诊断及排除流程图

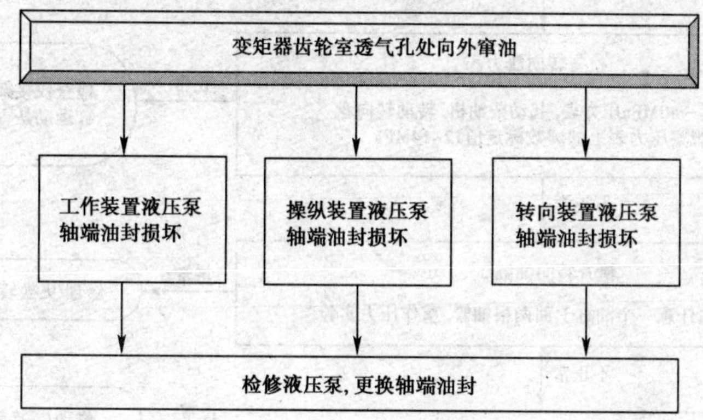

图 6-5-17　装载机变矩器齿轮室透气孔处向外窜油故障诊断及排除流程图

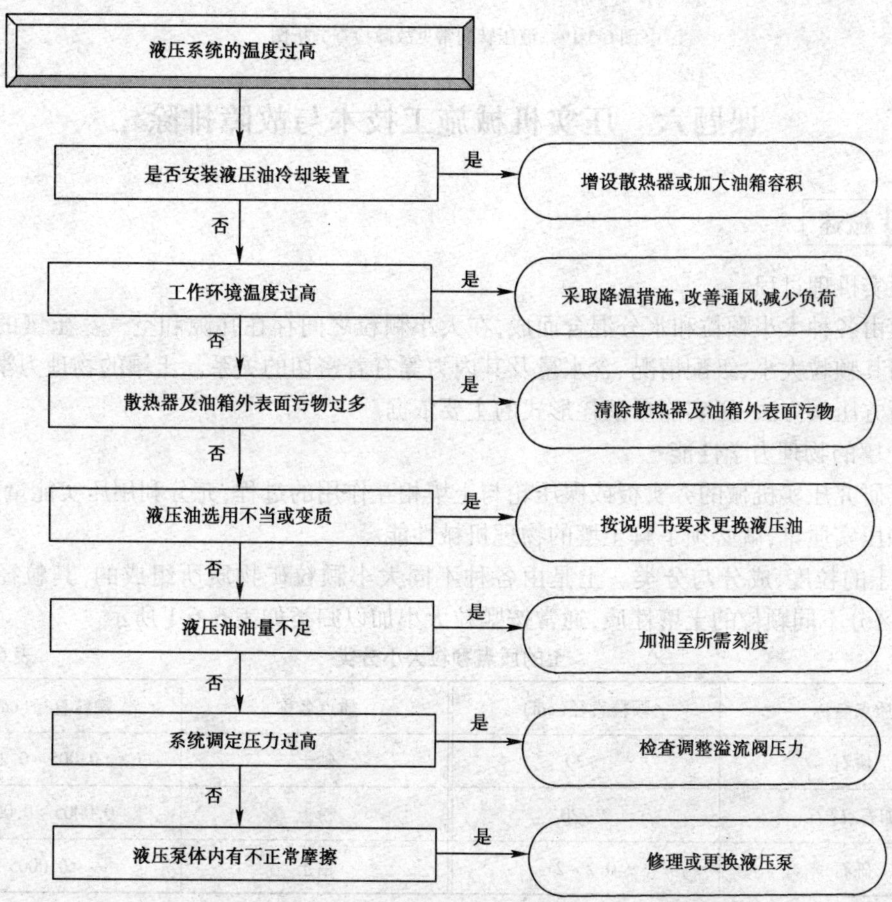

图 6-5-18　装载机液压系统温度过高故障的诊断及排除流程图

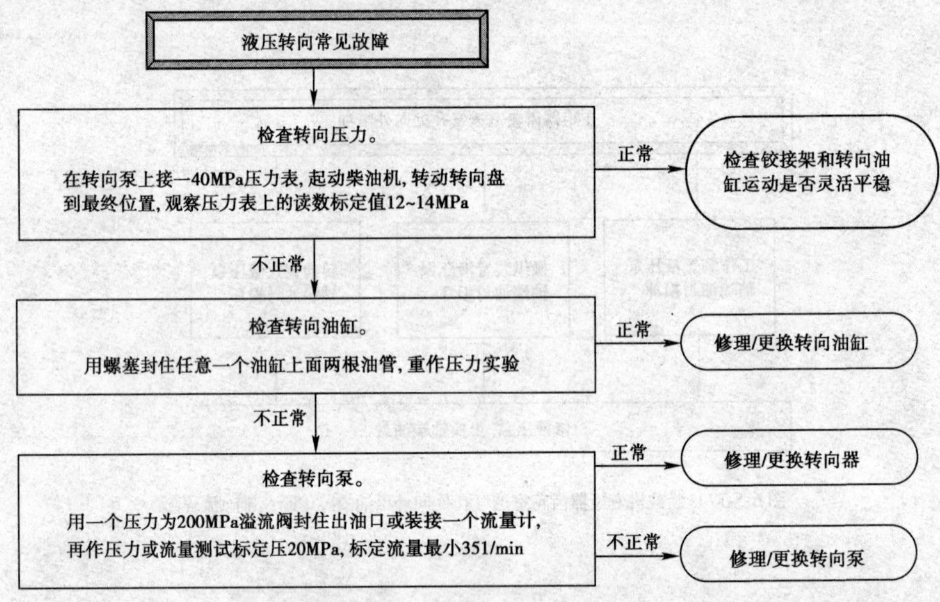

图 6-5-19　液压转向常见故障检查分析图

课题六　压实机械施工技术与故障排除

一、概述

1. 压实机理过程

土壤由各种大小颗粒和水分混合而成，在大小颗粒之间存在孔隙和空气。土壤的物理力学性能与其颗粒大小、级配情况、含水量及其内力等有着密切的关系。土壤的物理力学性能是研究土石方压实方法、压实能量消耗形式的主要依据。

1）土壤的物理力学性能

为了研究压实机械的夯实板或碾压轮与土壤相互作用的过程，充分利用压实能量，提高压实效果和压实质量，就必须了解土壤的物理机械性能。

（1）土的粒度、成分与分类。土是由各种不同大小颗粒矿物质所组成的，其粒径差异甚大，为了区分不同颗粒的土壤性质，通常按颗粒大小加以归类如表 6-6-1 所示。

土的质点颗粒大小分类　　表 6-6-1

质点名称	颗粒直径（cm）	质点名称	颗粒直径（cm）
块石	>20	砂土	0.005 ~ 0.2
卵石、碎石	2 ~ 20	粉土	0.0005 ~ 0.005
砾石	0.2 ~ 2	粘土	<0.0005

土壤中的粘土质点多少决定了地面的附着能力，因此地面也可以按粘土质点的含量多少来分类。土的质地分类见表 6-6-2。

土的质地分类　　表6-6-2

分类名称 \ 分类指标	>0.2cm颗粒含量（重量百分比）	0.005~0.2cm颗粒含量	<0.0005cm颗粒含量	塑性指数
砾石质土类	>10	—	—	
砂石类	<10	—	0~3	<1
亚砂石类	<10	>50	3~10	1~7
粉土类	<10	<50 <40	3~10 10~30	1~7 1~17
亚粘土类	<10	>40	10~30	7~17
粘土类	<10	<50	>30	>17

（2）土壤的收缩性与膨胀性。土壤的收缩和膨胀性一般指土壤吸水和失水的特性。在变负荷的作用下，土壤同样会表现出这种特征，如车轮沿地面滚动，受力土壤气孔中的水分受到挤压，有一些气孔流向另一些气孔，同时把气孔内的空气压缩并排除土体之外。载荷越大，则土壤中的湿度越低，土壤的多孔度也越低，因而土壤被压实的程度越高。

当载荷消失后，虽然地面将重新吸回被排走部分的水分，多孔度也将有所恢复，但毕竟恢复的过程是不完全可塑性的，所恢复的程度只是部分的和有限的。

（3）土壤的承载能力和土壤的密实度：

①土壤的承载能力。土壤的承载能力是指土壤在重载下的承载面积不发生损坏的能力。它用单位支承面积上均匀分布的安全载荷值大小来评价。

土壤支撑机械行走装置的能力可以用土在支承面上的最大容许压力来表示。通常，土在支承面上的最大容许压力由允许行走装置沉入土中6~12cm的条件来决定。干燥的密实粘土最大容许压力为11~15MPa；中等含水量的密实粘土最大容许压力为8~10MPa；饱和含水量的粘土和松散砂土的最大容许压力为3~5MPa；沼泽地的承载能力更低，只有2~3MPa。

②土壤的密实度与压实度。所谓土壤的密实度，是指单位体积内固体颗粒排列紧密的程度，也表示土质密实程度的一项机械特性。

密实度的大小，通常采用单位体积质量或固体体积率来表示。单位体积质量即土体的密度。土体质量有干、湿之分：湿质量为干土和所含水分的质量；干质量指干土质量，不包括所含水分。因此，单位体积所具有的湿质量称为湿密度；单位体积所具有的干土质量则称为干密度。湿密度 ρ_w 和干密度 ρ_d 可分别由式（6-6-1）和式（6-6-2）求出：

$$\rho_w = m_w/V \tag{6-6-1}$$

$$\rho_d = m_s/(1+\omega/100) = m_s/V \tag{6-6-2}$$

式中：m_w——土体或路面材料的湿质量，g；

m_s——干土质量，g；

V——土体或路面材料的体积，cm^3；

ω——土体或路面材料的含水量，%。

固体体积率是指单位体积内土体或路面材料的干密度与其颗粒密度的比值，土体颗粒密度为土体三相体的密度。固体体积率用百分率表示：

$$固体体积率 = \rho_d/\rho_s \times 100\% \tag{6-6-3}$$

式中:ρ_s——土体或路面材料的三相颗粒密度。

显然,对同一土体或路面铺筑材料而言,其干密度越大,则固体体积率也越大。

实际上,干密度与被压材料的性质有关,不同的被压材料其比重不同,因此在相同压实条件下,其干密度大小也有差异,故干密度大小不能作为压实程度的绝对标准。

土壤压实的程度用压实度来评价,它是衡量压实质量的标准,也是检验压实效果的重要指标。应用压实机械对路基、路面进行压实时,必须达到设计所规定的压实度的要求。

土体在压实力作用下,会得到相应的干密度。压实功能大、碾压遍数增加,干密度也相应增大。当干密度达到某一值时,压实度即可达到标准压实度(百分之百),此时的干密度则称之为标准干密度。标准干密度在工程单位可通过击实试验测得,不同的土体和路面铺筑材料,其标准干密度也不相同,因而不同性质的被压材料,其标准压实度也不相同。

压实度可定义为土体或其他被压材料经压实后,其干密度与该土体或路面材料的标准干密度之比(%),即

$$压实度 = (干密度 / 标准干密度) \times 100\% \tag{6-6-4}$$

其中,标准干密度,是按规定击实试验法得到的土体或路面材料的最大干密度。

对于某些路面材料,特别是不宜用击实试验法确定其最大干密度的材料,也可用固体体积率表示其压实的程度,或用规定的施工方法来控制压实度。

2)压实机理过程

用压实机械对路基或路面结构层材料进行压实时,在压实机具的短时静荷载、振动荷载或冲击载荷的作用下,将产生几种不同的物理过程。

用有粘性的细粒土(不含或含有很少量砾石颗粒的土)填筑路堤时,土通常包括两部分,一部分是由单个土颗粒粘聚在一起形成的大小土团或土块;另一部分是单个土颗粒。在粘性大的土中,往往主要是大小不一的土块,单个土颗粒也有大有小,因此,在通常情况下对这种路基土进行碾压时,产生的物理现象有:

①使大小土块重新排列和互相靠近。

②使单个土颗粒重新排列和互相靠近。

③使土块内部的土颗粒重新排列和互相靠近。

④使小颗粒进入大颗粒的孔隙中。

多种路面结构层材料通常主要是由各种不同粒径的单个颗粒组成的。在碾压过程中,主要发生的现象是颗粒重新排列、互相靠近和小颗粒进入大颗粒的孔隙中。产生这些不同物理过程的结果是增加单位体积内固体颗粒的数量,减少孔隙率,这个过程称作压实。

各种细粒土、天然砂砾土、红土砂砾,各种级配集料、填隙碎石以及无机结合料稳定土等路面材料,经过压实后,在单位体积内通常包括固体颗粒、水和空气三部分,常称为三相体。沥青混凝土实际上是三相体,只是以沥青代替了水。

在此三相体中,水和单个土颗粒是不可压缩的,空气只有在密闭容器内才是可压缩的,它在土体内也是不可压缩的。因此,要使单位体积内的固体颗粒增加,只有采取措施使土体内的空气和水排出。用机械碾压就是施工现场所采用的主要措施。

对于粘性细粒土的压实,仅是从孔隙中将空气挤出来,而不是将水挤出来。因为,一般碾

压机械的短时荷载或振动荷载是不能将粘性土中的水挤出来的。碾压得愈密实,单位体积内的固体颗粒愈多,空气愈少。这些三相体的压实过程可以一直进行到几乎土中的全部空气被排挤出。因此,在某一含水量时,土的理论最大密实度就是土中空气等于零,土接近于两相体。但实际上不可能通过压实完全消除土中的空气。

在砂的碾压过程中,砂颗粒组成的均匀程度对所能达到的密实度起着很大作用。由相同粒径颗粒组成的均匀砂的密实度与互相接触的砂粒的排列位置有关。

对粗粒料进行压实,其物理过程更为明显。当石块带有棱角时,压实前,其棱角相互支撑,孔隙较大如图6-6-1a)所示。压实时,由于产生交变应力,一些棱角将被碾碎嵌入孔隙内,使其密实度增加。如果是砂粒土,其粒径相同且呈球状,当处于最松排列时,每一颗砂粒与相邻颗粒有6个空间接触点,此时有48%的孔隙如图6-6-1b)。排列最紧密时,其相邻空间接触点将增加一倍,孔隙则降至26%如图6-6-1d)。

a)

b)

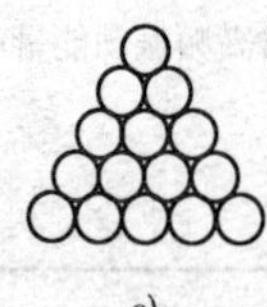
c)

d)

图6-6-1　土壤颗粒排列对空隙的影响

a)石块棱角相互支撑;b)相同粒径颗粒6个接触点排列示意图;c)相同粒径颗粒8个接触点排列示意图;d)相同粒径颗粒有12个接触点排列示意图

选用级配良好的砂质粘土,压实时,其细颗粒容易填充到粗颗粒的孔隙中,其密实度增长速度较快,土体内的空气和多余水分也容易有效排除。

3)影响压实效果的因素

(1)影响压实效果的因素参见表6-6-3。

影响压实效果因素表　　表6-6-3

影响因素	影响原因
被压材料及其级配情况对压实度的影响	1. 粗粒料易于压实,而且有足够的稳定性。粉砂的压实性能差些,但比粘土要好,只是水稳定性较差。最难于压实的土壤是粘土,它有高的粘聚性和不透水性。含有大量有机物的腐殖土,弹性很强,无法压实,不宜作为工程建筑材料使用 2. 集料的级配对碾压后所能达到的密实度有着明显的影响。为了提高工程结构物基础和路面结构层的强度和减少孔隙率,增加其在使用过程中的稳定性,则要求材料具有好的级配。特别是对用作基础层的集料,常规定有严格的级配范围 3. 另外,对路面各结构层的集料成分要求有足够的强度和硬度,以使能够抵抗碾压施工和行车荷载的破坏,要防止集料中的粗骨料被细化而导致路面变形
含水量对压实过程的影响	1. 当土壤的含水量不大时,土颗粒间的内摩擦阻力就大。当压实到一定程度后,此一压实功便不能继续克服土壤的变形抗力,压实所得的密实度也是有限的。若增加含水量时,由于水在颗粒间起到的润滑作用而使土壤的内摩擦阻力下降,因此用同样的压实功可得到较大的密实度。当含水量增加到超过某一界限后,虽然土壤的内摩擦阻力还会下降,但土壤中水的体积却在增加。由于水的不可压缩性,致使土壤的密实度反而下降了 2. 各种土壤的最佳含水量和最大干密度可参见表6-6-4

续上表

影响因素	影 响 原 因
压实能量及施力方法对压实度的影响	1. 通过击实试验证明，对于某一种土壤或路面材料，其最佳含水量和最大干密度也不是固定不变的。增加锤击次数能够使土壤的最佳含水量下降，而最大干密度增加。增大击锤重量，其压实能量大，所得的密实度要比标准击实法高，对于粒状料约高5%，粘性土壤约高10%，有时会更多，最佳含水量，重型击实比标准击实一般要低3%～8%（高等级公路，目前常采用重型标准击实法来测定土的最佳含水量和最大密实度）。 2. 在工地用压路机碾压时，能得出与击实试验相同的规律。随着压实功的加大（增加压路机重量或压实遍数），铺层材料的最佳含水量降低，最大干密度提高。 3. 采用静力压实时，土体密实度增长到一定程度后，将不再发生明显的变化。这是因为土体压实到一定程度，即达到一定的压实效果后，无法将压力波向深层继续延伸传递。只有选用振动压路机进行振动压实时，由于激振器高频振动能量的作用，所产生的振动压力波具有地震波的传播特性，可有效提高压实深度。

（2）各种土壤的最佳含水量和最大干密度参见表6-6-4。

各种土壤的最佳含水量和最大干密度　　表6-6-4

土壤类别	最佳含水量（%）	最大干密度（g/cm^3）	土壤类别	最佳含水量（%）	最大干密度（g/cm^3）
砂土	8～12	1.80～1.88	亚粘土	12～15	1.85～1.95
亚砂土	9～15	1.85～2.08	重亚粘土	16～20	1.67～1.79
粉土	16～22	1.61～1.80	粘土	19～23	1.58～1.70
粉质亚粘土	18～21	1.65～1.74			

2. 压实机械的用途

压实机械是一种利用机械自重或通过某种诱发力，在垂直或水平方向对地面持续重复加载，排除土内部的空气和水分，使之密实并处于稳定状态的作业机械。

在国民经济建设中，压实机械广泛用于公路、城市道路、铁路路基、机场跑道、港口、堤坝及建筑物基础等基本建设工程的压实作业。

在建设公路时，路基土壤和路面铺层都要进行逐层压实，公路才能使用。路基土壤压实的目的在于减小土壤的间隙，增加土壤的密实度，提高路基的抗压强度和稳定性，使其达到规定的承载能力。路面铺层压实的目的在于提高被压材料的密实度，使其达到规定的压实度，以抵抗在其上行驶车辆等物体的动力影响，以及雨雪的侵蚀。

在筑路过程中，路基和路面压实效果的好坏，将直接关系到公路的质量和使用寿命。

3. 压实机械的分类、压实性能与使用范围

1）压实机械的分类、压实性能与使用范围

压实机械的分类、压实性能与使用范围可参见表6-6-5。

压实机械的分类、压实性能与使用范围 表 6-6-5

<table>
<tr><th>类别</th><th colspan="2">种别</th><th>形式</th><th colspan="2">压实性能</th><th colspan="2">使用范围</th></tr>
<tr><td rowspan="10">压实机械</td><td rowspan="6">静力作用式</td><td rowspan="2">光轮压路机</td><td>拖式</td><td rowspan="6">是靠碾压轮自重及配重所产生的静压力直接作用于铺筑层上,使土壤等被压材料的固体颗粒相互靠紧,形成具有一定强度和稳定性的整体结构。但其压实功能有一定局限性,压实厚度亦受到一定限制,一般不超过20~25cm</td><td rowspan="2">其滚轮是一个圆柱形筒体,以压路机的自重保证压实作用,还可以通过增减配重适当调整其线压力,扩大其应用范围</td><td rowspan="2" colspan="2">轻型:压实人行道和修补路面,路基和路面的初步预压实
中型:路基和路面的中间压实及简易路面的最终压实
重型:中等级公路的路基和路面及沥青混凝土路面最终压实
超重型:高等级公路的路基及粘土和坚硬石料的压实</td></tr>
<tr><td>自行式</td></tr>
<tr><td rowspan="2">羊足压路机</td><td>拖式</td><td rowspan="2">有较大的单位压力与羊足的挤压力,压实深度大而均匀,并能挤碎土块,因而有很好的压实效果和较高的生产率</td><td rowspan="2" colspan="2">高等级公路的路基及粘土和坚硬石料的压实;不适用于砂土和沙砾土</td></tr>
<tr><td>自行式</td></tr>
<tr><td rowspan="2">轮胎压路机</td><td>拖式</td><td rowspan="2">机动性好,便于运输,进行压实工作时土壤与轮胎同时变形,全压力作用时间长,接触面积大,并有揉和的作用,压实效果好,不损坏被压材料的棱角,不压碎材料</td><td rowspan="2" colspan="2">适用于压实粘性土及非粘性土,如粘土、砂粘土、砂土和沙砾土等</td></tr>
<tr><td>自行式</td></tr>
<tr><td rowspan="4">动力作用式</td><td rowspan="2">振动压路机</td><td>拖式</td><td colspan="2">工作质量较大,通常由机车牵引作业,并具有结构简单、维修方便、激振力大、爬坡能力强、生产效率高等特点</td><td rowspan="2" colspan="2">见表 6-6-6</td></tr>
<tr><td>自行式</td><td colspan="2">机动灵活,工效高,压实效果好</td></tr>
<tr><td rowspan="2">夯实机械</td><td>振动式</td><td rowspan="2" colspan="2">体积小,质量轻</td><td rowspan="2">主要用于狭窄工作面的土层、石渣的压实</td><td>用于非粘性土、砾石、碎石的压实</td></tr>
<tr><td>冲击式</td><td>适用粘土、砂质粘土和灰土的夯实作业</td></tr>
</table>

2)滚压工作机构简图

参见图 6-6-2。

3)道路建筑材料和土壤用压实机械的分类

参见框图 6-6-3。

4)振动压路机的应用范围

参见表 6-6-6。

振动压路机应用范围 表6-6-6

<table>
<tr><td rowspan="2">质量和形式</td><td rowspan="2">块石</td><td colspan="2">沙砾石</td><td colspan="2">粉土、粉质土、</td><td colspan="2">粘土</td></tr>
<tr><td>优良级配</td><td>均匀粒级</td><td>粉质砂、粉质砾石、冰土</td><td>粉土、砂质粉土</td><td>低、中强度粘土</td><td>高强度粘土</td></tr>
<tr><td>3t以下光轮</td><td></td><td>□</td><td>□</td><td>□</td><td>□</td><td></td><td></td></tr>
<tr><td>3~5t光轮</td><td></td><td>○</td><td>○</td><td>□</td><td>□</td><td>□</td><td></td></tr>
<tr><td>5~10t光轮</td><td>□</td><td>○</td><td>○</td><td>○</td><td>□</td><td>□</td><td>□</td></tr>
<tr><td>10~15t光轮</td><td>○</td><td>○</td><td>○</td><td>○</td><td>□</td><td>□</td><td>□</td></tr>
<tr><td>振动凸块式</td><td></td><td></td><td>□</td><td>□</td><td>○</td><td>○</td><td>○</td></tr>
<tr><td>振动羊足式</td><td></td><td></td><td>□</td><td>□</td><td>□</td><td>○</td><td>○</td></tr>
</table>

注:○表示“适用”,□表示“可用”。

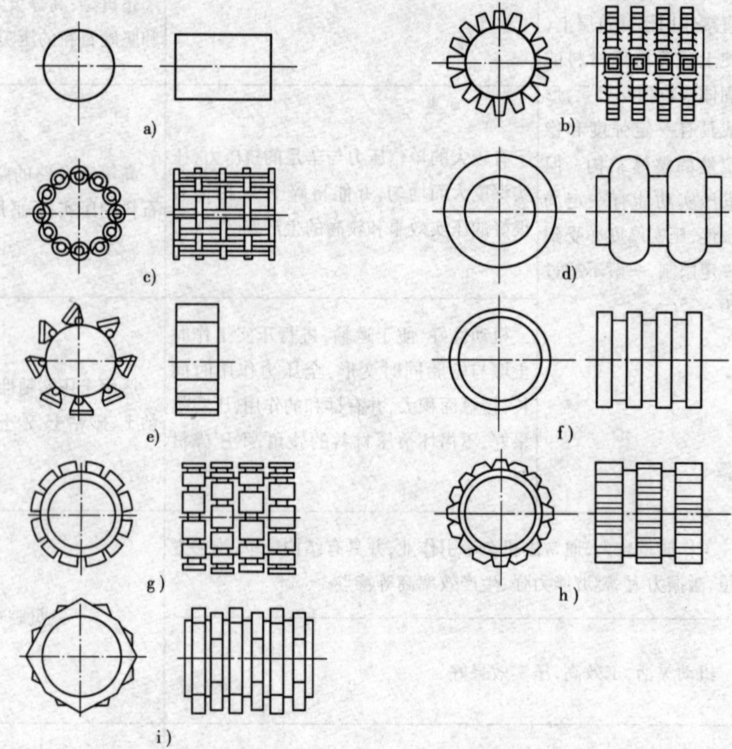

图6-6-2 滚压工作机构简图

a)光滚轮;b)羊角轮;c)格栅轮;d)气胎轮;e)铰接块板式滚轮;f)圆盘式滚轮;g)扇形块式滚轮;h)凸块式滚轮;I)多角圆片式滚轮

二、压路机的驾驶与基本操作

1. 压路机的驾驶

1)驾驶室与操作台

在驾驶压路机之前,必须熟悉驾驶室内的仪表和操纵装置,这些仪表和操纵装置因机型而异,但其功能和使用方法基本相同。下面就以CA系列振动压路机为例来阐述。

图6-6-4为CA25振动压路机操作台示意图,各仪表和操纵装置功用见表6-6-7。

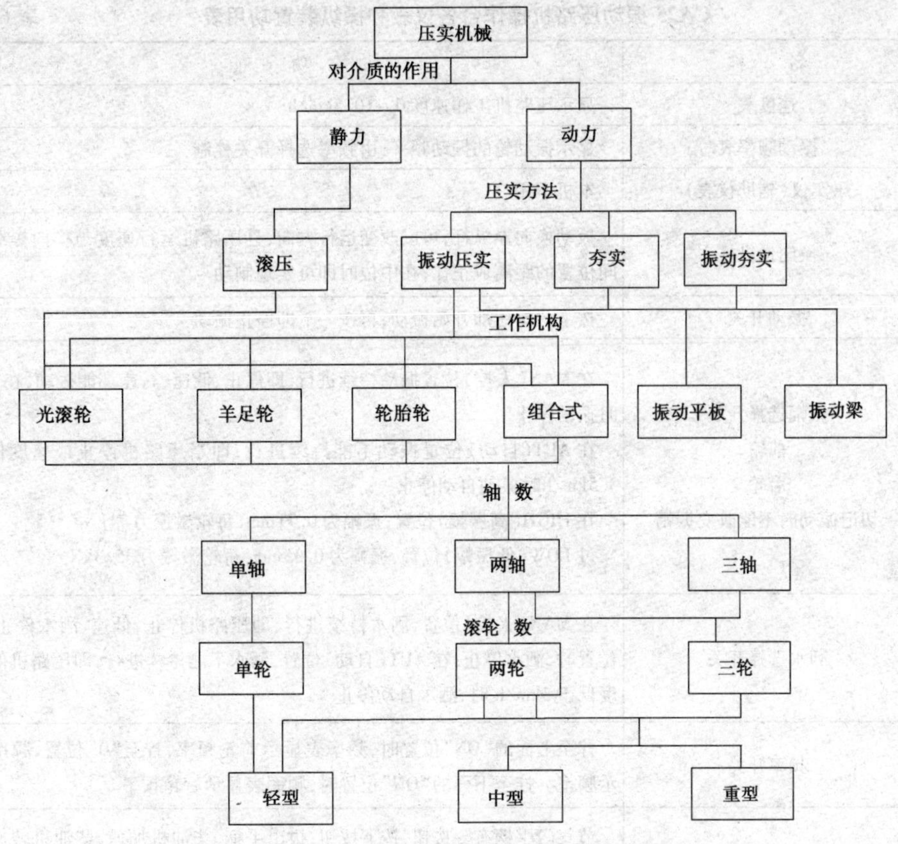

图 6-6-3　道路建筑材料和土壤用压实机械的分类框图

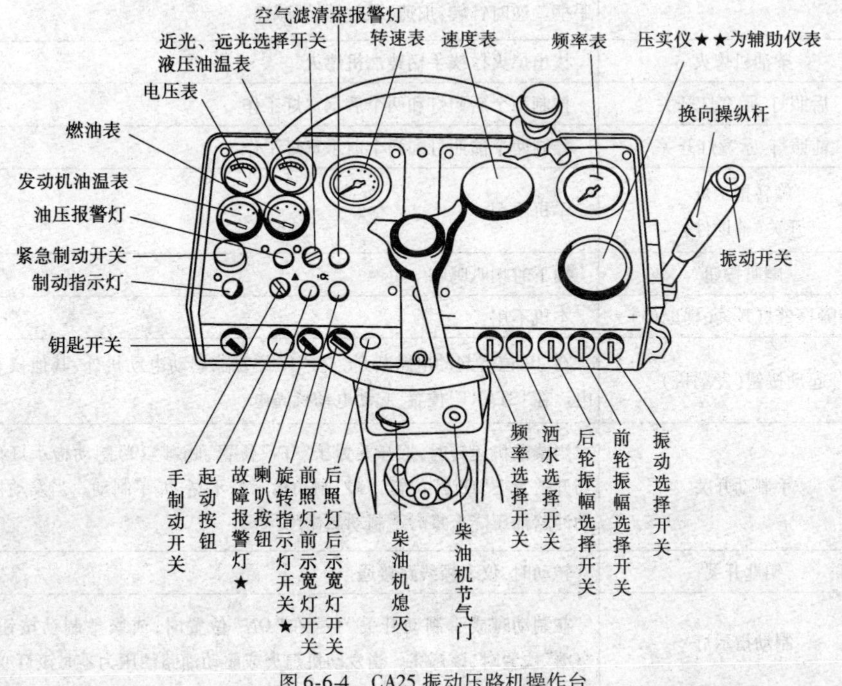

图 6-6-4　CA25 振动压路机操作台

CA25 振动压路机操作台各仪表和操纵装置功用表 表 6-6-7

序号	名　称	功　能
1	速度表	显示压路机工作速度 0～10.5km/h
2	振动频率表	显示振动轮的振动频率，由频率选择开关控制
3	压实仪（辅助仪表）	本机不用
4	换向操纵杆	扳动换向操纵杆，可以改变运行方向，且压路机运行速度与换向操纵杆到中间位置的距离成正比；在中位时即可实现制动
5	振动开关	按下此按钮即开始振动，再按一下即停止振动
6	振幅选择开关 前轮 后轮 切记振动时不能改变振幅	在 MAN（人控）位置振动持续进行，即停止、低速、高速都能振动，在“0”位置时振动停止 在 AUT（自动）位置振动不能持续进行，即当压路机停止或速度低于 2～3.5km/h时振动自动停止 在 HIGH（高振幅）位置，振幅为 0.71mm，每轮激振力 71kN 过 LOW（低振幅）位置，振幅为 0.35mm，每轮激振力 35.3kN
7	洒水选择开关	在 MAN（人控）位置，洒水持续进行，即压路机停止，低速、洒水停止；在“0”位置时，洒水停止；在 AUT（自动）位置，洒水不能持续进行，即压路机停止或速度低于 3km/h 时，洒水自动停止
8	频率开关	拧至上面的“ON”位置时，频率表显示前轮频率，拧至“0”位置，频率表不显示频率。拧至下面的“ON”位置时，频率表显示后轮频率
9	柴油机节气门	节气门手柄有一按钮，按下按钮，拔出手柄，柴油机加速，柴油机转速与手柄拔出距离成正比。按下按钮，推入手柄，柴油机减速。微动时，不按按钮，转动手柄。逆时针转：加速，顺时针转：减速
10	柴油机熄火	拔出熄火拉线手柄柴油机熄火
11	后照灯、示宽灯开关	控制两个后照灯和两个后示宽灯工作
12	前照灯、示宽灯开关	控制两个前照灯和两个前示宽灯工作
13	旋转指示灯 开关（辅助件）	本机不用
14	喇叭按钮	按下时喇叭鸣响
15	故障报警灯开关（辅助件）	本机不用
16	起动按钮（发动机）	在“0”位置起动电路断开。在“I”位置除起动电动机外，其他仪表电路都通电。在“START”位置，起动电动机通电
17	手制动开关	当柴油机运转时，把开关置于“ON”位置，此时“19”制动指示灯亮，既制动。当开关置于“OFF”位置，“19”制动指示灯不亮，即不制动。当发动机熄火或驱动油路油压降至零时手制动起作用
18	钥匙开关	转动时，仪表板线路接通
19	制动指示灯	在制动时或手制动开关“17”在“ON”位置时，或紧急制动按钮“20”置于“ON”位置时，该灯亮。当发动机熄火或驱动油路油压为零时该灯亦亮

续上表

序号	名　称	功　能
20	紧急制动开关	机械运行时,开关位于“OFF”位置,当遇到紧急情况时,将开关置于“ON”位置,起制动作用,压路机停止行驶
21	油压报警器	灯亮,表示润滑油压力太低,应立即停机检查或修理
22	发动机油温表	显示发动机机油温表
23	燃油表	显示燃油箱中燃油位置
24	电压表	显示电路系统的电压,正常范围为12～15V
25	液压油油温表	显示液压回路中的油温,正常范围为65～80℃。当数值超过85℃时要停机检查
26	近光、远光选择开关	控制前照灯远、近光束的选择
27	空气滤清器报警灯	当发动机高速运转时灯亮,表示空气滤清器堵塞,需要清洗或更换滤芯
28	转速表	显示发动机转速

2)压路机的基本操作

压路机的基本操作内容及步骤见表6-6-8。

压路机的基本操作内容及步骤　　表6-6-8

项目	操 作 步 骤
驾驶前的准备	1. 安全驾驶常识、设备使用说明书的学习 2. 机况检查 3. 周围环境检查和周围障碍物的清除 4. 起动发动机并使其进入正常运转状态 注意:起动发动机时,必须将换向杆置于中间位置
起步行驶	1. 加大节气门至柴油机转速为2400r/min 2. 试转动转向盘,检查转向功能是否正常 3. 松开手制动,同时手制动信号熄火 4. 将变速杆放到所需位置 5. 检查压路机前后两轮处及路面上是否有障碍物,然后根据行驶所需方向,向前或向后扳动换向操纵杆,压路机起步行驶 6. 检查制动系统是否可靠 7. 行驶过程中要检查各仪表指示值是否正常。油压报警灯、滤清器报警灯不应发亮。液压油温表指示在65～80℃之间,最高不超过85℃,发动机油温表的指针应在绿色区域。若指针在红色区域,表明发动机过热,必须停机
振动行驶	机械静止时不能开起振动。轮子振动时切勿改变其振幅,只能在关掉振动开关且稍微等几分钟后,才能转动振幅选择器 1. 压路机在运动时,操作振动开关进行振动。即先行驶,后起振,先停振,后停驶 2. 当需要改变压路机前后行进方向时,应先断开振动开关(有的机型能自动实现此过程)使振动停止,当方向改变后继续行驶时,再接通振动

续上表

项目	操 作 步 骤
制动和停车	1. CA25 系列压路机设有静液压制动、行车制动和驻车制动。正常情况下制动压路机应使用静液压制动装置,即将换向操纵杆放在中间位置,静压制动使压路机减速而停止(靠液压马达制动)。 2. 在危急情况下制动压路机使用行车制动(有的压路机设有紧急制动开关)。在制动过程中,要牢牢掌握转向盘,等机械停稳后松开紧急制动。 3. 当压路机停车后,特别是停在坡道上时必须拉紧驻车制动,对压路机实行制动的具体操作如下: ①操作振动开关停止振动 ②将换向操纵杆定到中间位置,使压路机停止 ③按下节气门使发动机在 800 ~ 1000r/min 的转速下运转几分钟 ④拉起停车拉钮,使发动机熄火 ⑤将电锁转至关闭位置,拉紧驻车制动
吊装	1. 在吊装压路机前,必须锁死铰接头以防在吊装时压路机转动 2. 将吊装铁链装在压路机的吊耳上,但要保证当通过吊链起吊时,压路机上所有零件将不被挤压 3. 钢丝绳或铁链等都必须符合规定 4. 吊装结束后,起动发动机前不要忘记把锁紧件松开

2. 压路机的基本作业方法

1)压路机压实运行程序

(1)道路碾压程序。压路机压实作业时应以路基或路面中心线为目标,从左右两边线开始逐趟压向中心线(压路机在纵向长度运行一次为一趟),直至压路机的主轮压到中心线为止,最后在路中加压那些主轮仍未按要求压到的地方。即先两边后中间。

(2)坡度碾压程序。自低向高处压实。

(3)大面积压实方法。自高向低处压实。

(4)每次碾压重叠量。二轮二轴:25 ~ 30cm,其碾压程序如图 6-6-5 所示。三轮二轴:1/3 ~ 1/2 压实轮宽度,三轮三轴:1/3 压实轮宽度,其碾压程序如图 6-6-6 所示。

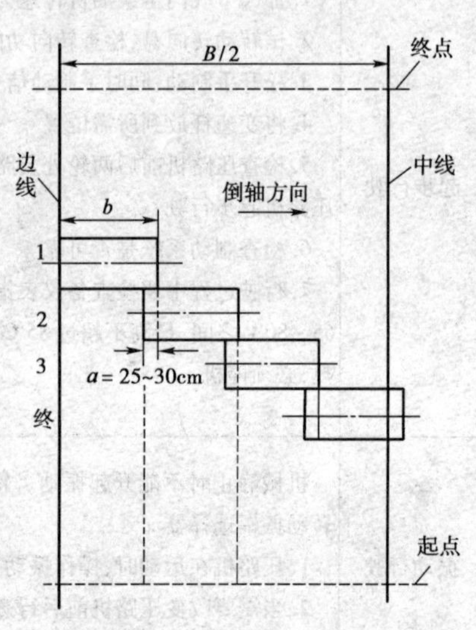

图 6-6-5　二轮压路机碾压程序

2)压路机的调车方法

使用压路机进行压实作业时,为进行下一个压实循环而进行的压路机横向移位叫倒轴。压路机的调车换向必须在碾压段以外进行。

(1)换向前调车。指压路机碾压运行到接近路段外时,在一定的距离内将压路机按主轮重叠宽度的要求向左或右移动,以达到倒轴的目的。具体做法是(以向左倒轴为例):在压路机接近路段终点时,向左打转向盘,待压路机向左侧移到规定距离后,向右回转转向盘,直到车身回正后,再向左移动转向盘将转向轮回正。停车之后,车身和转向轮都已经处于直线行驶状态。操纵换档,起步直线行驶再开始压实作业,即完成了倒轴调

车，如图 6-6-7 所示。

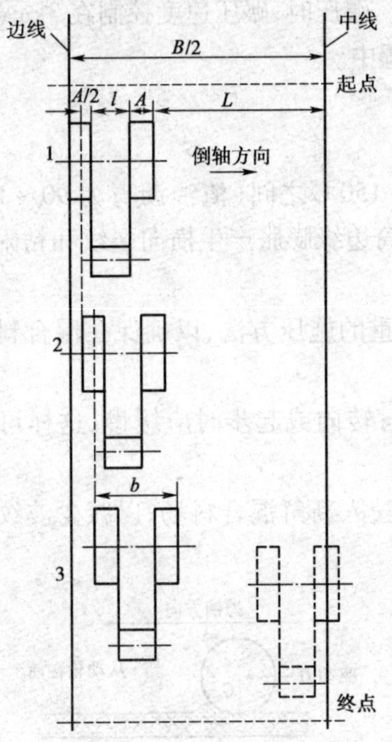

图 6-6-6　三轮压路机碾压程序

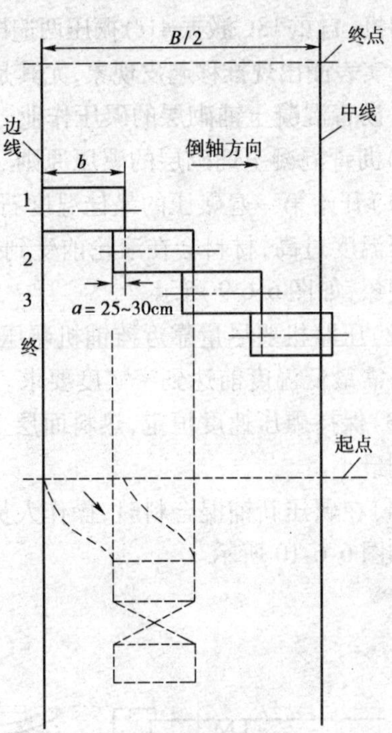

图 6-6-7　换向前调车

(2)换向后调车。换向后调车是指压路机运行至本压实路段外时，先停车变换方向后再经过 3 次调整转向盘使压路机至倒轴位置，如图 6-6-8 所示。

注意：这两种调车方法都存在一个共同的问题，就是如何确定调车工作段的长度。实际作业时，要视具体情况定。距离过大则碾压效率低；过短则转弯半径过小，对接触面(压路机轮与路面接触面)产生过大的挤压，影响施工质量。一般来讲，碾压路基时，其距离可短些，碾压路面时，其距离应长些。总的原则是：在不影响施工质量的情况下，其距离尽可能短些，以提高工作效率。

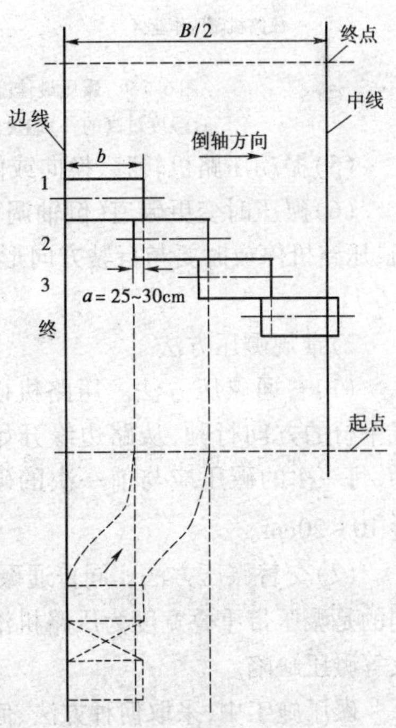

图 6-6-8　换向后调车

三、压路机的施工技术

1. 路基碾压作业

碾压原则：先两边，后中间；先轻后重，先慢后快，先静后动。

路基的碾压一般有路基土方的碾压、底基层石灰土的碾压和基层水泥稳定砂砾碾压等。高等级筑路施工中，上述筑路材料的碾压工艺流程(铺层厚度、压实机型、碾压顺序和遍数)均经试验确定，一般工序是先用 10 ~ 15t 中型压路机静碾压两遍，然后用中型振动压路机（自重10t，激振力25t）振动压实两遍，最后用重型振动压路机（自重18t，激振41t）振压两遍即可达到密实度。碾压时，碾压速度控制在3km/h之内，防止压实表面出现推移起皮现象，尤其是在最后碾压过程中。

2. 沥青混凝土铺砌层的碾压作业

1）沥青混凝土铺砌层的碾压原则

（1）开始第一遍碾压的最佳温度石油沥青为120～150℃之间（渣油沥青为90～110℃）。若碾压温度过高，材料会在滚轮前受到挤压，出现沿滚筒边缘膨胀产生横向裂纹和粘附于滚筒上的现象，如图6-6-9所示。

（2）压路机要尽量靠近摊铺机碾压，并采取先轻后重的施压方法，以确保在混合料冷却到低于所需最低温度前达到密实度要求。

（3）保持碾压速度恒定，热料面层上不要任意停车；转向或起步时应缓慢，这样可以把压痕减到最小。

（4）在碾压新铺混合料时，操作人员应先将驱动轮驶入新鲜混合料场，以减少波纹和断裂现象如图6-6-10所示。

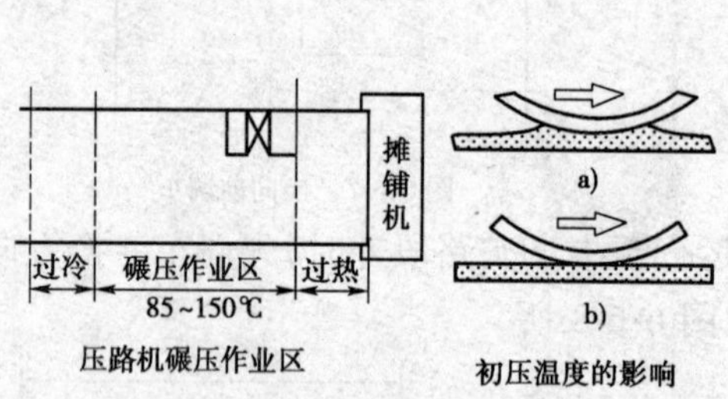

图6-6-9　碾压最佳温度

a）温度过高的；b）温度最佳

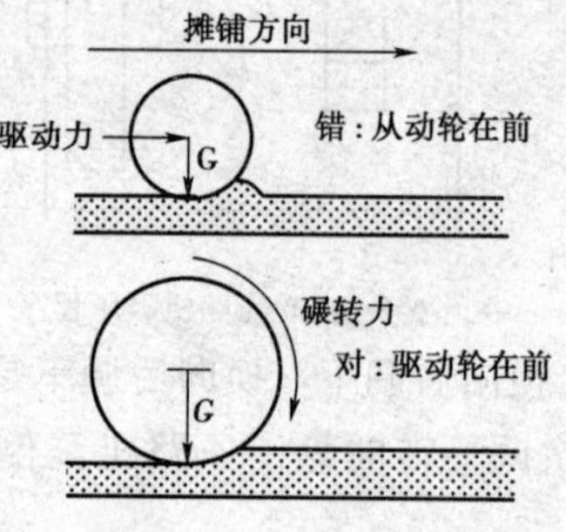

图6-6-10　碾压方向

（5）振动压路机转移、换向或停驶时要断开振源，等到压实作业时再接通。

（6）碾压时变更碾道（倒轴调车）要在碾压区较冷的一端进行；要避免在热沥青料层上停机；压路机停放时要与行驶方向形成一角度（图6-6-11）。

2）常规碾压方法

（1）普通碾压方法。压路机以与道路中心线平行的方向行驶，从路边缘开始逐渐移向路中，每一次的碾压应与前一次的碾压带大约重叠10～20cm。

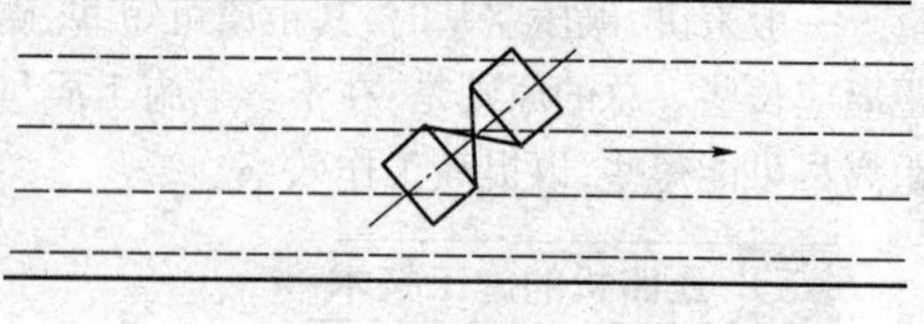

图6-6-11　压路机的停放

（2）交替碾压方法。同普通碾压方法基本相同，压路机也是从路边开始向中心线移动，不同的是碾压带重叠宽度为压路机滚轮宽度的50%。此种方法可减少混合料的推挤或出现波纹等碾压缺陷。

碾压施工中，采取何种方法、何种参数进行碾压，一般都由施工技术人员指定。在碾压过程中，为了确保正常的碾压温度范围，每碾压一次要向摊铺机靠近一次，这样可防止在整个铺

层宽度上相同地段换向造成压痕(图6-6-12)。在路拱或横坡上进行碾压,压路机一定要从最低边开始压,直到最高边结束,其目的是为保证压路机以压实后的材料作为支承边。

3)接缝的碾压

(1)横向接缝。进行横向接缝碾压应在开始时断开振动机构,此时压路机的大部分重量支承在旧料上,只有压路机主轮轮宽的100~200mm位于新料上,然后压路机逐步横移,直到全部轮宽进入新料,快要完成进入新料时方可接通振动机构,可采用搭板使压路机驶离铺层(图6-6-13)。

(2)纵向接缝的碾压。热料层与冷料层接缝的碾压可采用不同类型的压路机,其相应碾压方法也不同,但压路机的碾压速度都应该较低,其纵接缝处理工艺如图6-6-14所示。

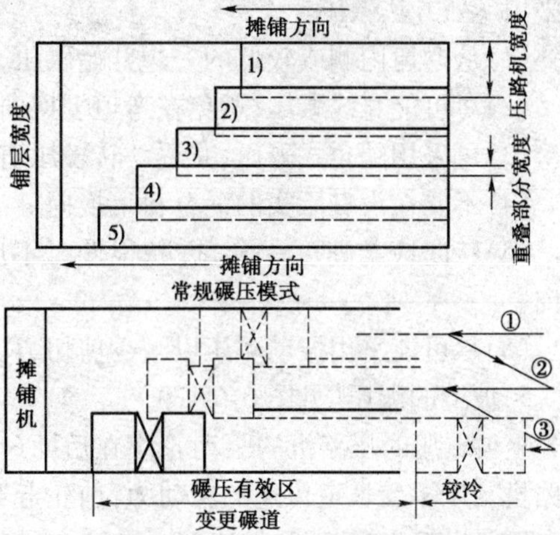

图6-6-12　碾压模式

如果采用静光轮压路机碾压,则在碾压开始时应将压路机的大部分支承在冷料层上,只将车轮一侧的100~200mm压在热料上进行碾压,并逐渐压向热料。如果采用振动压路机进行碾压,必须使压路机尽可能多地位于热沥青层上,只有100~200mm的轮宽压在冷料层上,然后进行振动碾压。

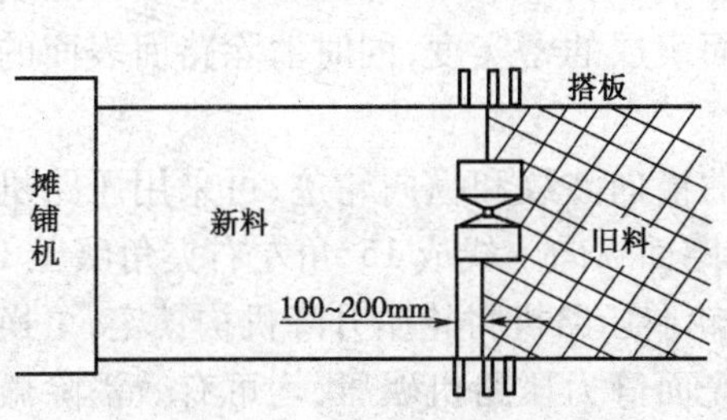

图6-6-13　横向接缝的碾压

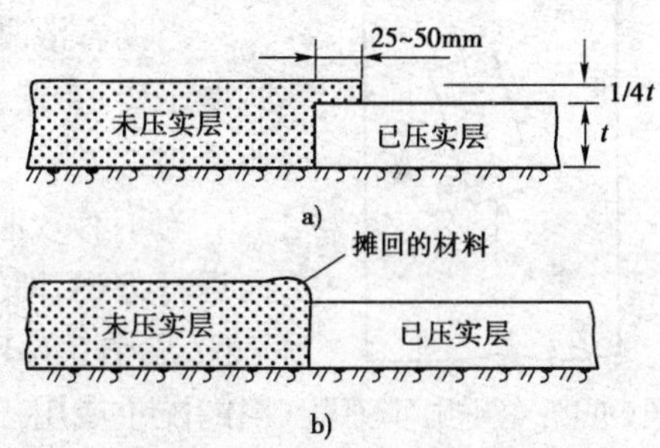

图6-6-14　分车道摊铺纵接缝处理工艺

热料层与热料接缝的碾压方法是:首先压实离中心结合缝两边约200mm以外的地方,然后压实中间剩余下来的混合料带,如图6-6-15所示。

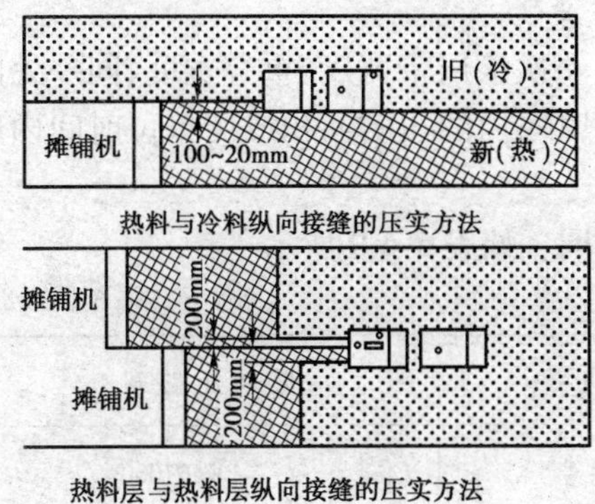

图6-6-15　纵向接缝的压实方法

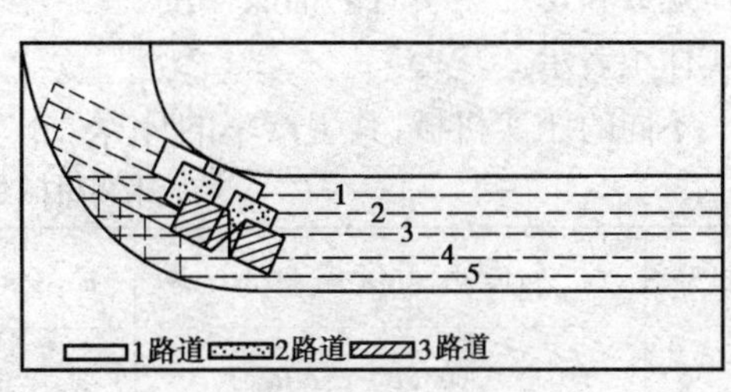

图6-6-16　弯道碾压

4)弯道及交叉路口的碾压(见图6-6-16)

碾压弯道或交叉路口时,容易在铺层料上产生剪切力,剪切力会导致材料产生位移,因此可采用下列方法碾压。

(1)从弯道内侧或较低的一边开始碾压,以利于形成一个良好的支承面。

(2)尽可能直线碾压,避免在弯道上换向。

(3)可采用缺角式碾压,并逐一转换压道。

(4)不要在没有压实的混合料上换向。

(5)转向应与速度配合,行驶很慢时不应较快转向。

(6)尽可能采用振动碾压以减少剪切力。

上坡碾压

下坡碾压

图6-6-17 坡道碾压

5)坡道的碾压(见图6-6-17)

上坡碾压时压路机的驱动轮应在后面(串联式压路机),以承受坡道传递的驱动力,前轮起预压作用,使混合料能够承受驱动轮产生的剪切力。压路机起步、停车和加速都要平稳,避免速度过高过低;此外先用静力预压,等到混合料温度降到接近下限(120℃)时,才能使用振动压实。下坡碾压时驱动轮应在后面,此外还应避免压路机的突然变速或制动,在很陡的坡上应先使用轻型压路机预压。

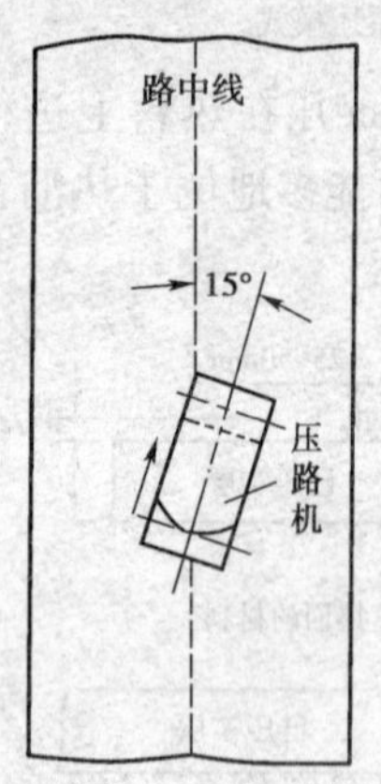

图6-6-18 终压时消除路面纵向轮迹的方法

6)消除路面横向波纹和纵向轮迹的方法

当沥青混凝土铺砌层达到压实标准后,应立即改用静力压实方式碾压2~4遍,以提高路面表层的密实度,同时清除路面表面的轮压痕迹。

为了有效地消除路面的横向波纹和纵向轮迹,可采用压路机斜向运行方案,即碾压方向与路面纵向中线成15°角左右夹角碾压1~2遍(见图6-6-18);也可用轮胎压路机将轮胎升降机构锁定,更换适当的配重或用三轮三轴式光面静力压路机碾压,均可有效消除微小裂纹和波纹缺陷。

四、压实机械生产率的计算

1. 压路机生产率的计算

压路机生产率大小主要决定于压路机的作业速度、每次滚压带宽度、重叠宽度、同一处的滚压遍数和每层压实后的铺层厚度,生产率可以用单位时间内的压实面积或用单位时间内的压实体积表示。

不同的压实机械,其生产率的计算公式和内容也不同。如表6-6-9所示。

压实机械生产率的计算公式　　表6-6-9

机型	静力式压路机	轮胎压路机	振动压路机
公式	$Q=\frac{3600(B-c)LHK_B}{(l/v+t)n}$	$Q=\frac{L(B-A)H_o k_B}{\left(\frac{l}{v}+t\right)n}$	$Q=C\frac{WvH1000}{n}$

续上表

机型	静力式压路机	轮胎压路机	振动压路机
参数含义	Q——压路机生产率，m^3/h； B——碾压带宽度，m； c——碾压带重叠宽度，m；一般 $c=0.15\sim0.25m$； L——碾压作业路段长度，m； H——铺层压实后的厚度，m； v——碾压行驶速度，m/s； t——转弯调头或换档时间，一般情况转弯 $t=15\sim20s$，换档 $t=2\sim5s$； n——碾压遍数； K_B——时间利用率。	Q——压路机生产率，m^3/h； L——碾压区段长，m； B——碾压带宽度，m； A——次一遍与前一遍的重叠量，$A=0.2m$； H_O——压实深度，m； k_B——工作时间利用系数； v——压路机的运行速度，m/h； t——自行式轮胎压路机的换向时间，$t_1=1\sim2s$；或拖式轮胎压路机的调头时间，$t_2=0.02h$； n——压路机沿同一地点碾压的遍数。	Q——压路机生产率，m^3/h； W——轮宽，m； v——压实速度，km/h； H——压实后厚度，m； n——压实遍数； C——效率系数； $C=\frac{实际生产率}{理论生产率}$ 如果压路机每小时工作 50min，标准重叠压实，效率系数 $C=0.75$

轮胎压路机对土壤的碾压遍数主要取决于土壤的种类，是随土壤粘性度的提高而增加如表 6-6-10 所示。

碾压各种土壤压路机的碾压遍数和胎内气压　　表 6-6-10

参数名称	土壤名称		
	砂土	亚砂土	粘土
胎内气压	0.2	0.3～0.4	0.5～0.6
所需碾压遍数	2～3	3～4	5～6

1）路基压实生产率

压实厚度的取值决定了压实生产率计算的准确性。压实厚度由材料的类别和规定必须达到的压实度大小决定。

表 6-6-11 中，给出了压实路基材料时，用不同振动压路机压实达到最小压实度为 90% 修正的葡氏压实度（对颗粒材料）或达到最小压实度为 95% 标准简化压实度（对粘性土）时的实际最大压实厚度。

压实厚度（压实后）表（m）　　表 6-6-11

压路机工作质量（压轮分配质量）	路基				基础	次基础
	回填石	砂、砾石	粉土	粘土		
拖式振动压路机						
6t	0.75	*0.60	*0.45	0.25	*0.30	*0.40
10t	*1.50	*1.00	*0.70	*0.35	*0.40	*0.60
15t	*2.00	*1.50	*1.00	*0.50	—	*0.80
6t（带凸块）	—	0.60	*0.45	*0.30	—	0.40
10t（带凸块）（″）	—	1.00	*0.70	*0.40	—	0.60

续上表

压路机工作质量（压轮分配质量）	路基				基础	次基础
	回填石	砂、砾石	粉土	粘土		
轮胎驱动振动压路机						
7t(3)	—	*0.40	*0.30	0.15	*0.25	*0.30
10t(5)	0.75	*0.50	*0.40	0.20	*0.30	*0.40
15t(10)	*1.50	*1.00	*0.70	*0.35	*0.40	*0.60
8t(4)（带凸块）	—	0.40	0.30	*0.20	—	0.30
11t(7)(″)	—	0.60	0.40	*0.30	—	0.40
15t(10)(″)	—	1.00	0.70	*0.40	—	0.60
两轮串联振动压路机						
2t	—	0.30	0.20	0.10	*0.15	0.20
7t	—	*0.40	0.30	0.15	*0.25	*0.30
10t	—	*0.50	*0.35	0.20	*0.30	*0.40
13t	—	*0.60	*0.45	0.25	*0.35	*0.45
18t（带凸块）	—	0.90	*0.70	0.40	—	0.60

注：* 表示最适合采用标记。

图 6-6-19 给出了不同形式的振动压路机连续工作时正常的生产率范围；提供了双轮振动的两轮串联振动压路机（压实 1 ~6 遍）和单轮振动的两轮串联振动压路机（压实 6 ~9 遍）的生产率，供选用压路机参考。

2）基础层和次基层压实生产率

表 6-6-11 同时给出了压实基础层和次基层时，达到最小压实度为 95% 修正的葡氏压实度的实际最大压实层厚度。图 6-6-20 表示连续压实基础层和次基层时的生产率范围。

3）小型压实设备生产率

表 6-6-12 给出了小型压实设备的压实厚度和相应的生产率。使用表 6-6-12 时，必须考虑土的性能多变的特点。

小型压实设备压实厚度（m）及生产率（m^3/h） 表 6-6-12

类型	工作质量（kg）	回填石		砂、砾石		粉土		粘土	
		压实层	生产率	压实层	生产率	压实层	生产率	压实层	生产率
振动平板夯	50 ~ 100	—	—	0.15	15	—	—	—	—
	100 ~ 200	—	—	0.20	20	—	—	—	—
	400 ~ 500	—	—	0.35	35	0.25	25	—	—
	600 ~ 800	0.50	60	0.50	60	0.35	40	0.25	20
振动冲击夯	75	—	—	0.35	10	0.25	8	0.20	6
手扶双轮振动压路机	600 ~ 800	—	—	0.35	10	0.25	8	0.20	6
两轮串联振动压路机	1200 ~ 1500	—	—	0.20	80	0.15	50	0.10	30

需要注意的是，在计算压实生产率时应考虑压路机的连续碾压能力，同时应考虑纵向和横向碾压的重叠度以及铺层接头引起压实作业效率降低等因素。

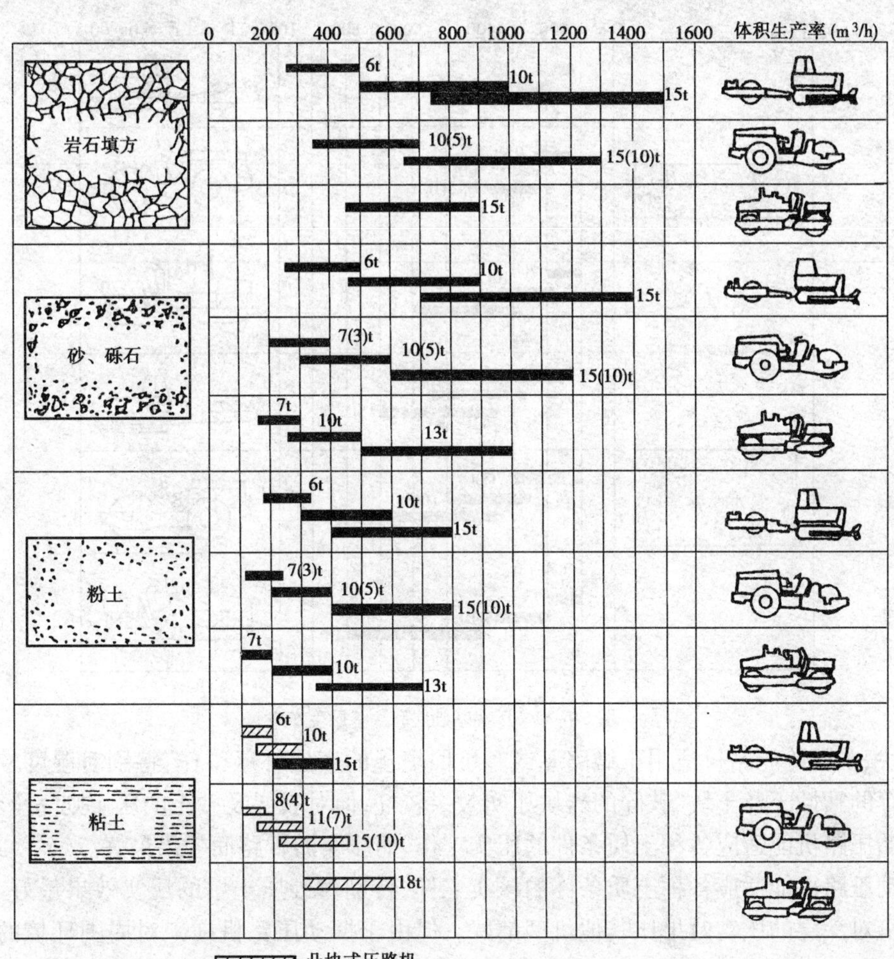

图 6-6-19　压实路基生产率

2. 压路机的选择

在公路等建设工程施工前，正确选择压实机械对于保证工程压实质量和工程进度是极为重要的。选择压实机械主要考虑的因素：被压材料的种类、性质、颗粒组成、含水量和施工试验所确定的铺层厚度，还有工程量、工期、施工条件、要求的压实度和各种压实机械的技术性能等。

1) 压实机械选择要点

(1) 对于粘性土的压实，可以选用凸块、羊脚、光轮和振动压路机。较均匀的砂质土选用轮胎压路机较好。而对于含有砂石、碎石和砾石的土，则采用振动压路机效果好。

(2) 当填土含水量较小且难以加水湿润时，采用重型的压实机械为宜；当填土含水量较大且干容量较低时，则宜采用轻型压实机械。

(3) 各种不同类型、不同规格的压实机械对各种施工条件的适应也各不相同。如重型光轮压路机常用于路基和垫层,而中、轻型的则多用于路面。它们对粘性薄层土壤的压实最为有效,但对含水量高的粘土或粒度均匀的砂土则不适用。

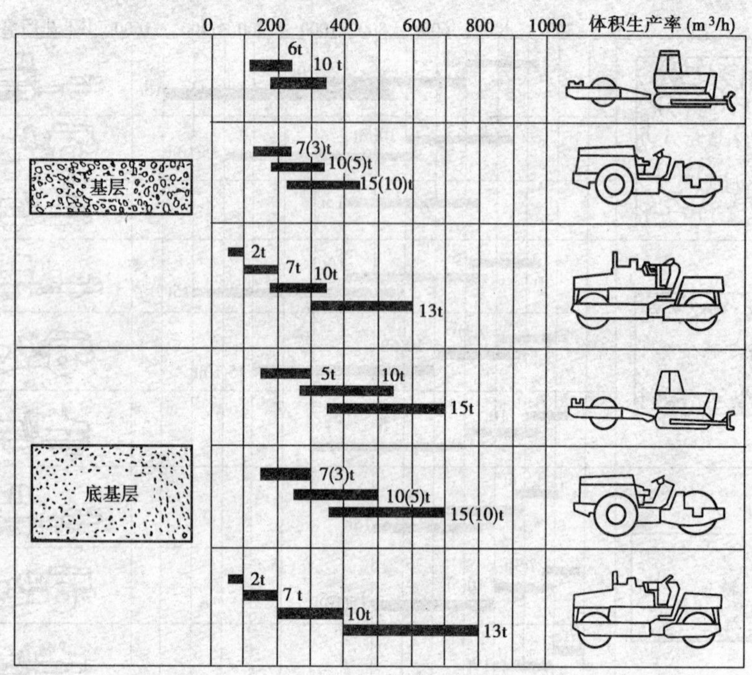

图 6-6-20　压实基础层和次基层生产率

凸块、羊脚轮压路机适用于做路基或基坑回填土的底层补压工作,特别对湿度较大、粒度大小不等的粘性土及土块、破碎的岩块压实效果较好,但对表层及砂土的压实则完全不适用。

轮胎压路机能适应各种土质条件的压实工作,而压实沥青路面效果最好。

振动压路机能适应各种土质条件的压实工作,特别对砂质土壤的压实效果最好。大型振动压路机对深层的压实效果比其他机型都好。但由于振动压路机施工对周围环境的影响大,因此不宜在对振动敏感的区域工作。

小型振动压路机和小型打夯机适用于小规模工程和狭窄的场合,对构筑物的回填土的压实效果也较好。

振荡压路机适用于高级路面的面层和基层压实,特别是在对沥青混凝土和水泥混凝土(RCC 材料)面层压实的密实度和表面平整度上优于其他压实机械。它还可在高架桥上或对振动敏感的区域进行压实工作,但振荡压路机压实的影响深度不如振动压路机。

(4)应考虑筑路机械整体配套情况:路基施工中拥有推土机、铲运机、挖掘机、装载机、运输车辆等;路面施工中拥有拌和机、平地机、摊铺机、沥青洒布机等。

一般而言,机械化施工程度高,则应选用压实功能大,作业效率高的压路机;机械化施工程度低,则可选用相应功能且经济的压路机。

(5)多数工程在实际施工中,用单一机型的压实机械往往难以完成整个工程的压实工序,通常需要采用大、中、小型配合或多机种组合进行压实。

总的来讲,选择何种压实机械施工,必须通过各方面的比较,在综合分析的基础上做出最

佳的选择。

2)压实机械选择图表

(1)按照工程压实作业类型选择压实机械可参阅表6-6-13。

按压实作业类型选择压实机械表 表6-6-13

压实作业类型	选择压实机械	使用要点
道路填土、江河筑堤、填筑堤坝等的压实	光轮压路机、轮胎压路机、羊脚、凸块压路机、振动压路机	适用于大面积而较厚的填土层压实。振动压路机在砂质成分多的地方使用效果特别好,羊脚、凸块压路机适用于粘性土质多的地方
填土坡面的压实	夯具、捣捧、拖式振动压路机、带有坡面压实附件的挖掘机	沿着坡面进行夯实时使用。压实场地小的工地使用夯具或担捧等,压实场地大的工地用拖式振动压路机捣棒
桥、涵填沟等基础的压实	夯具、捣棒	在面积受到限制的地方压实
沥青路表层的压实	轮胎压路机、振荡压路机、光轮压路机、振动压路机	大规模铺路工程,首先用轮胎压路机进行粗压实,然后用振荡压路机或光轮压路机进行滚压。简易铺路等小规模作业时只用振动压路或光轮压路机

(2)各类型压实机械压实各种材料的适用范围可参阅图6-6-21。

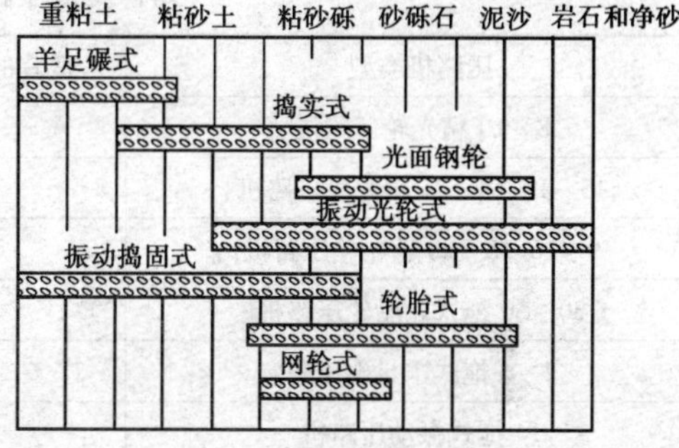

图6-6-21 各类型压实机械压实各种材料的适用范围

3. 影响生产率的因素分析

影响体积生产率的主要因素有碾压轮的宽度、碾压速度、碾压遍数和铺层厚度等。

影响面积生产率的主要因素有碾压轮的宽度、碾压速度和碾压遍数等。

1)碾压速度

碾压速度取决于土壤和被压材料的压实特性、压路机的压实性能与功能、对工程质量的要求以及压层的厚度和作业效率等。例如,粘性土变形滞后现象明显,故碾压速度不宜过高。对新铺层的压实,由于初压铺层变形量大,压路机的滚动阻力亦大,碾压速度低则有利于碾压作用力向深处传递。碾压速度高,虽然作业效率高,在一般情况下往往会降低压实质量;碾压速度低,压实厚度增大,压实质量提高,但作业效率低。

通常,压路机进行初压作业时,作业速度应低一些,在进行复压和终压时,压路机的碾压速度应适当提高。可参阅表6-6-14推荐的作业速度范围进行碾压:

压路机作业速度范围选择表 表6-6-14

机型	初压作业速度	复压和终压作业速度
静压式光轮压路机	1.5~2km/h	2~4km/h
轮胎式压路机	2.5~3km/h	3~5km/h
振动压路机	3~4km/h	3~6km/h

总之,压路机的碾压速度既不能过高,也不宜过低。碾压速度过高,会降低压实质量;碾压

速度过低会降低生产效率,增加施工成本。通过反复试验,不断总结经验,即可确定最佳碾压速度。

2)碾压遍数

所谓碾压遍数,是指压路机依次将铺筑层全宽压完一遍(相邻碾压轮迹应重叠0.2~0.3m),在同一地点碾压的往返次数。

碾压遍数的确定应以达到规定的压实度为准。一般情况,压实路基和路面基层,碾压遍数大约为6~8遍;压实石料铺筑层大约为6~10遍;压实沥青混合料路面大约为8~12遍。如采用振动压路机进行碾压。碾压遍数则可相应减少。

3)压实厚度

压实厚度是指铺筑层压实后的实际厚度。压实厚度是靠铺筑层松铺厚度来保证的,其厚度关系为:松铺厚度=松铺系数×压实厚度。其中松铺系数为压实干密度与松铺干密度的比值,该值需通过试验方法确定。根据土壤特性和施工作业方式,土壤的松铺系数一般为1.3~1.6。

压实厚度的确定与压路机的压实能力和作用力的影响深度有关。由压路机作用力的最佳作用深度决定的各种类型压路机适宜的压实厚度见表6-6-15。

几种类型压路机适宜的压实厚度 表6-6-15

压路机类型	适宜的压实厚度(mm)	碾压遍数	适应土壤种类
8~10 精光轮压路机	15~20	8~12	非粘性土
15~18、18~21 精光轮压路机	20~25	6~8	非粘性土
9~16、16~20 轮胎轮压路机	20~30	6~8	亚粘土、非粘性土
30~50 拖式轮胎轮压路机	30~50	4~8	各类土壤
2~6 拖式羊足碾压轮	20~30	6~10	粘性土
14 拖式振动压路机	100~120	6~8	砂砾土、碎石
10 振动压路机	50~100	4~6	非粘性土

4)振频和振幅

振动压路机的最佳压实效果主要依赖于振动轮产生的振动波迫使土壤产生共振,此时,土颗粒处于高频振动状态,被称为土壤的“液化现象”。土壤处于“液化”状态,土颗粒将向低位能方向流动,从而为压实创造了最有利的条件。

振频和振幅是振动压路机压实作业的重要性能参数。振动轮在单位时间内振动的次数称为振动压路机的振频。振幅是激振时振动轮跳离地面的高度。振频高,被压层的表面平整度较好;振幅大,激振力就越大,压力波传播的深度也越大。振动压实时,振频和振幅必须合理组合、协调工作,才能获得最佳的压实效果。

实践证明:压实厚铺层路基,选择低振频(25~30Hz)和高振幅(1.5~2mm),可获得较大的激振力和压实作用深度,提高作业效率。对薄铺层路面进行振动碾压,则应选择高振频(33~50Hz)和低振幅(0.4~0.8mm)组合,这样可以提高单位长度上的冲击次数,提高压实质量。碾压沥青路面时,若铺层厚度小于60mm,采用2~6t的中小型振动压路机,其振幅控制在0.35~0.6mm范围内效果更佳。这样可以避免混合料出现堆料、起波、粉碎骨料等现象。如

果沥青混合料铺层的压实厚度超过 100mm，则应选用高振幅（1.0mm）压实。为了防止沥青混合料过冷，错过最佳压实时间，应在摊铺作业后紧随进行碾压。

综上所述，为了提高施工进度，缩短工期，可以考虑适当提高压路机的吨位，选用大吨位压路机进行碾压，以减少碾压遍数或适当增加铺层厚度，提高压实生产率。

五、压路机的故障排除维护

1. 压路机的维护

周期性检查及维护是使压路机安全高效运行和延长使用寿命的基本保障，它能对各种故障、缺陷及时发现和修理从而避免进一步发展成重大故障，造成压路机严重损伤。以 CA 系列振动压路机为例，其周期性检查和维护分为压路机的例行维护（每天作业前、后的检查和维护）、200 工作小时维护、600 工作小时维护、1800 工作小时维修和维护，如表 6-6-16 ~ 表 6-6-19 所示。

每　班　进　行　　　　表 6-6-16

部位	作业项目	技术要求及说明
发动机		参照第三单元进行
电气设备及仪表		参照第四单元进行
液压系统	1. 检查液压油箱油位	把机器开到水平地段，从油箱上的液位表检查油位，如油位低于液位表顶 20mm 以上时，应用手油泵将油泵入油箱中，使油位达到液位表的标记位置
	2. 检查液压油箱、液压管路和管接头	消除渗漏现象。液压软管若有老化、损坏时，应予以更换
	3. 检查液压油泵、液压马达及油缸	液压油泵、液压马达应工作正常，无异响，油缸应无渗漏，否则，应查明原因，排除故障
	4. 检查液压油油温	观察液压油温表，油温应不高于 85℃，否则，查明原因，排除故障
转向系统	1. 检查转向性能	转向动作应平稳可靠，转向装置无卡滞及内泄现象，消除漏油
	2. 检查转向油缸	每 50 工作小时，润滑转向油缸连接件（销轴、销套）一次
制动系统	检查制动性能	制动应灵敏、平稳、有效，必要时进行调整
传动系统	1. 检查传动轴	每 50 工作小时，润滑传动轴万向节一次
	2. 检查前、后机架连接的铰接头	每 50 工作小时向铰接头加注润滑脂一次
	3. 检查分动器、变速器、后桥及轮边减速装置	分动器、变速器、后桥及轮边减速装置均应工作正常，无漏油现象
前轮（振动轮）	1. 检查前轮减速器（CA25D、CA25PD）	首次使用 50 工作小时后，应更换润滑油一次
	2. 检查前轮油位	每 50 工作小时检查一次前轮油位。油位应达到液位表中间位置。不足时，予以加足
	3. 检查前轮减振器橡胶块	每 50 工作小时进行一次检查，减振器应无裂纹及损坏，固定螺栓若有松动，应予以紧固。当发现减振器橡胶块有 3 ~ 25mm 深的裂纹时，应予以更换
	4. 检查前轮刮泥板	刮泥板口离前轮的距离为 10mm，必要时应进行调整
	5. 清洁前轮	每班工作结束后，应清除前轮外表面上粘附的泥土、油污

续上表

部位	作业项目	技术要求及说明
后轮动轮	1. 检查轮胎及紧固螺母	轮胎外表面应无异物扎入或嵌入，螺母若有松动，应用550N·m的力矩予以拧紧
	2. 检查轮胎气压	每50工作小时进行一次检查。充气气压应在0.1~0.15MPa范围内，不足时予以充足
整机	1. 清洁整机外部	清除整机外部粘附的泥土、油污；保持整机外观整洁
	2. 检查外部连接螺栓	螺栓若有松动，应予以拧紧或更换
	3. 检查整机泄漏情况	整机应无漏油、漏电现象
	4. 润滑	按润滑表规定进行

每 200 工作小时进行 表6-6-17

部位	作业项目	技术要求及说明
完成本级维护作业项目之外的例保项目		
发动机		参照第三单元进行
电气设备及仪表		参照第四单元进行
液压系统	1. 检查液压油冷却器	每100工作小时检查一次，确保空气能自由地流过冷却器。冷却器上如粘有油污及其他污物，应予以清除
	2. 检查液压油滤清器	更换滤清器
	3. 检查液压油箱	排放油箱中的水及沉淀物
转向系统	检查转向盘、转向器、转向油缸等转向机构	转向盘、转向器、转向油缸等转向机构应操纵轻便灵活，无卡滞、内泄及外漏现象
制动系统	1. 检查制动总泵中制动液液位及管接头	制动液液位应达到加油口底沿，不足时，应加足。管路、管接头如有松动，应予以紧固，消除渗漏
	2. 检查制动器	制动器功能应良好，制动性能可靠，制动鼓不发热，否则，应调整制动器
	3. 检查驻车制动器	必要时，按顺时针方向转动操纵杆上的旋钮，可调节制动器，调整至制动器操纵杆刚好完全拉出时为合适
传动系统	1. 检查变速器、分动器、后桥壳、轮边减速器的油位	变速器、分动器、后桥壳中的油位应与检查螺塞孔下沿齐平；轮边减速器端盖上的油位标记处于水平位置时，油位应与检查螺塞孔下沿齐平。润滑油不足时，应予以加足
	2. 检查传动轴	传动轴如有异响应查明原因，排除故障。连接螺栓若有松动，应予以紧固
前轮	检查前轮减速器油位（仅指CA25D和CA25PD机型）	每100工作小时进行检查。将机器开到水平地段，使加油螺塞转到前轮最高位置，拧下油位检查螺塞，油位应与检查螺塞孔下沿齐平，油不足时，应予以加足
后轮	检查轮胎胎面	胎面如有不正常磨损，应查明原因，进行检修
整机	润滑	按润滑表规定执行

每 600 工 作 小 时 进 行　　表 6-6-18

部位	作 业 项 目	技 术 要 求 及 说 明
完成本级维护作业项目之外的一级维护项目		
发动机		参照第三单元进行
电气设备及仪表		参照第四单元进行
液压系统	1. 更换液压油箱通气孔滤网	每 500 ~ 1000 工作小时应更换滤网，在尘埃浓度大的场所工作时，每 500 工作小时应更换滤网
	2. 检查液压转向油缸密封情况	目检，如有油液外漏或内泄，应卸下油缸，更换橡胶密封元件
	3. 检查液压油	从油箱底部采油样进行化验分析，达不到规定要求时，应更换液压油。换油前，必须清洗液压油箱（在不具备化验手段时，也可将油样滴在滤纸上，若呈现出均匀的淡黄色痕迹时，表明油清洁；若油滴中心留有暗斑，则表明油已不清洁或老化变质，应当换油。目检油样，油呈混浊状时，则表明油已失效，不能继续使用。）
转向系统	检查转向功能	发动机熄火时，左、右转动转向盘，仍有转向
制动系统	1. 检查行车制动器	检查制动摩擦片磨损情况，必要时，更换摩擦片，调整制动器
	2. 检查制动总泵及分泵、管路及管接头	制动总泵及分泵不得有渗漏现象，制动功能应正常。管路若有损坏，应予以更换，管接头若有松动，应予以紧固，消除渗漏现象
传动系统	1. 检查分动器、变速器、后桥及轮边减速器	工作时，应无异响或过热现象，消除漏油
	2. 拆检传动轴	拆洗检查传动轴，润滑万向节及传动轴花键
整机	润滑	按润滑表规定执行

每 1800 工 作 小 时 进 行　　表 6-6-19

部位	作 业 项 目	技 术 要 求 及 说 明
完成本级维护作业项目之外的二级维护项目		
发动机		参照第三单元进行
电气设备及仪表		参照第四单元进行
液压系统	1. 更换液压油箱中的液压油	在液压油处于热态时，放净油箱内的旧油及沉淀物，清洗液压油箱，换入新液压油。在拆装盖板时，要严防杂物进入油箱；装复盖板时，应涂以密封剂，保证密封良好。加注新油时，利用手摇泵通过滤清器将油泵入油箱，起动发动机使液压油充满液压系统之后再检查油位，油不足时，应予以加足（油箱容量为 175L）
	2. 检查液压油泵及液压马达	在额定工作压力下，液压油泵及液压马达工作时，不应有异响或渗漏现象
	3. 检查液压油缸	在额定工作压力下，液压油缸工作时应无爬行及漏油现象
	4. 检查液压系统的额定压力	液压系统额定工作压力转向系统为 14MPa；振动系统为 14MPa；驱动进给压力为 1.2 ~ 1.5MPa；驱动支路压力为 35MPa

续上表

部位	作业项目	技术要求及说明
转向系统	检查转向系统的油压	当转向盘转到极限位置时，转向系统的油压应小于14MPa。但应注意，在检测时，转向盘不应有极限位置停留
制动系统	1. 检查制动总泵及分泵	清洗、检修制动总泵及分泵。活塞与缸壁磨损严重时，应予以修复或更换，零部件如有损坏，皮碗及皮圈如有发胀或变形时，应予以更换
	2. 检查制动器	制动摩擦片若磨损严重，应予以更换；利用调整凸轮以调整制动器；当机器在行驶时进行制动，制动器应工作正常，制动鼓无过热现象
	3. 检查制动踏板自由行程	制动踏板自由行程若大于原设计规定值时，应查明原因，进行调整或检修
	4. 检查制动性能	机器在平坦道路上行驶时，急踩制动踏板，制动应能立即生效，松开制动踏板后，应能立即起步行驶，无拖滞及跑偏、侧移等现象
传动系统	更换分动器、变速器、后桥、轮边减速器润滑油	放净箱体内的旧油，清洗油箱。如齿轮磨损严重，轴承松旷或严重磨损，应予以更换，其他零件如损坏，也应予以更换。加注规定牌号的新润滑油到规定的油位高度，消除漏油现象
前轮	1. 更换前轮润滑油	每1000工作小时进行。将机器开到小坡度路面，使放油螺塞（也称加油螺塞）转到最低位置，拆下螺塞，放净旧油，再把机器升到水平地段，使螺塞转到最高位置，从螺塞孔加注规定牌号的新润滑油，油位应达到观察孔1/2高度位置
	2. 更换前轮减速箱中的润滑油（仅指CA25D及CA25PD机型）	每1000工作小时进行。将机器开到水平地段，使油位螺塞转到最低位置，拆下螺塞，放净旧油后，再使加油螺塞转到最高位置，从加油螺塞孔加注规定牌号的新润滑油，油位应与油位螺塞下沿齐平
整机	1. 检查机身	铆、焊在机身上的所有部件必须牢固，不开焊、不脱铆、不变形，如有脱焊、脱铆应补焊、补铆，部件若有变形，应予以校正
	2. 检查紧固各部连接螺栓	对各部包括发动机、转向机构、制动及前轮等的连接螺栓进行检查紧固
	3. 润滑	按润滑表规定进行

2. 压路机综合故障诊断分析

1）行走与驱动故障诊断

（1）液压振动压路机行走失效故障诊断及排除流程如图6-6-22所示。

（2）振动压路机驱动力不足或单向行走失效故障诊断及排除流程如图6-6-23所示。

（3）驱动功率不足故障诊断及排除流程如图6-6-24所示。

（4）液压油过热（油温>80℃）故障诊断及排除流程如图6-6-25所示。

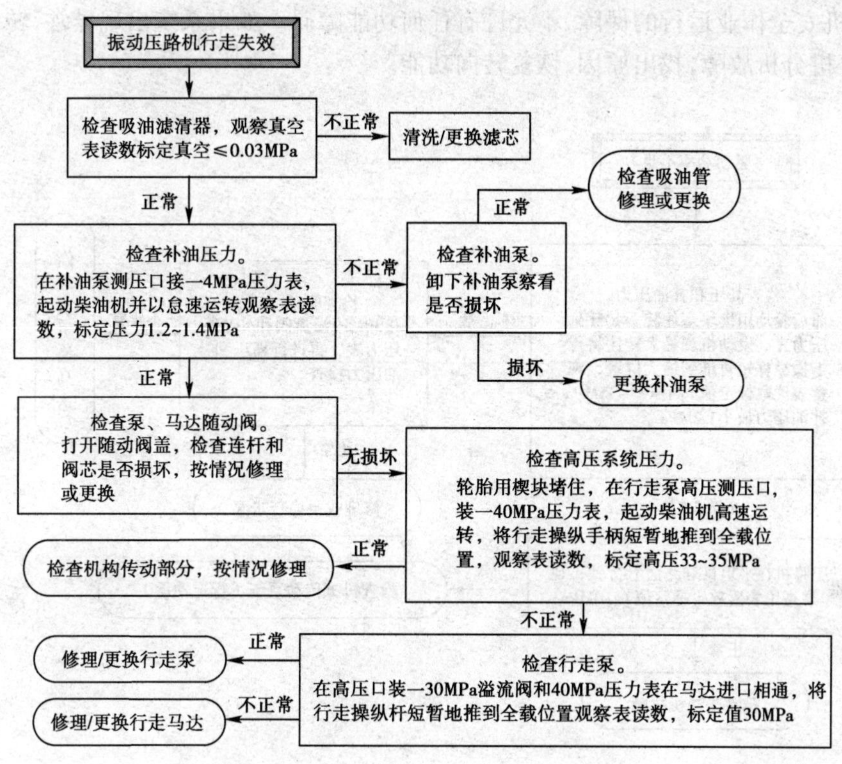

图6-6-22　液压振动压路机行走失效故障诊断及排除流程图

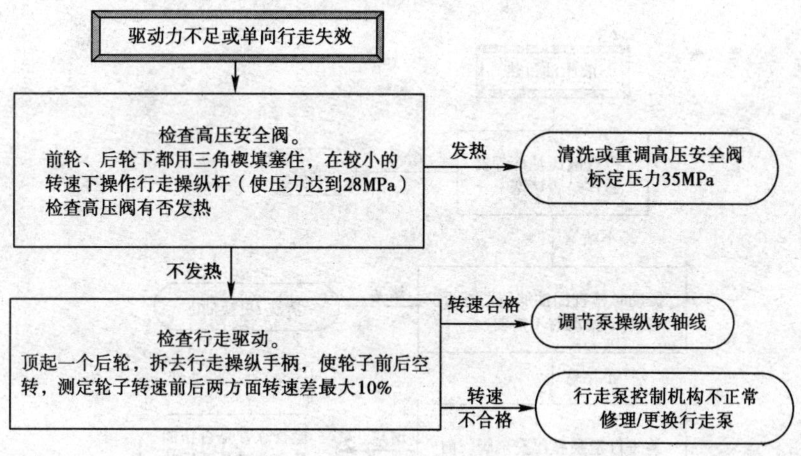

图6-6-23　液压振动压路机驱动力不足或单向行走失效故障诊断及排除流程图

2)激振器故障分析

激振器的常见故障有液压激振器工作失效或振动轴转速过低。

(1)接通电液起振开关,激振器不起振的故障诊断及排除流程如图6-6-26所示。

(2)振动轴转速偏低的故障诊断及排除流程如图6-6-27所示。

3)液压转向故障分析

现代振动压路机普遍采用全液压转向。全液压转向操纵轻便,转向灵活平稳。转向液压系统是压路机安全作业运行的保障，不允许有任何功能障碍。如果系统出现异常，转向功能下降，应立即停机分析故障，找出原因，恢复转向功能。

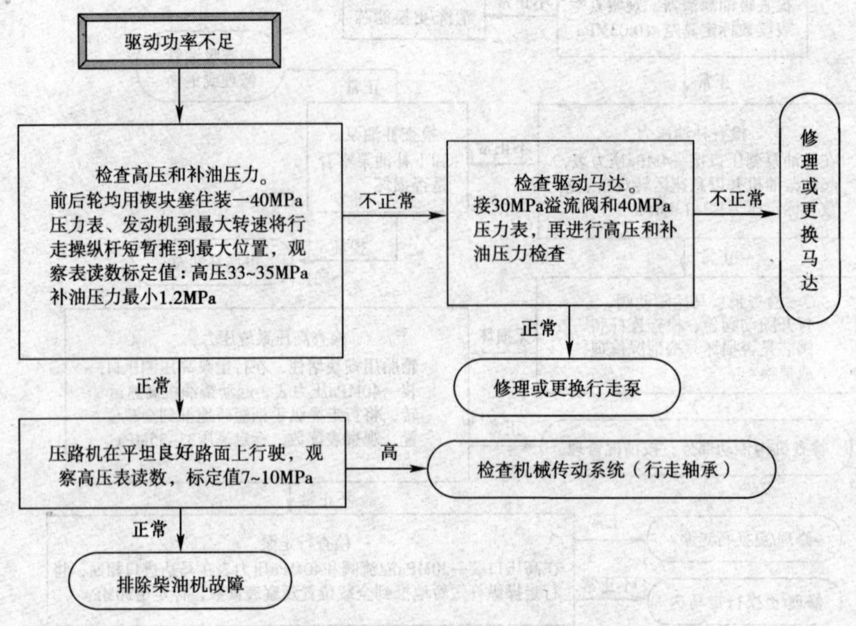

图 6-6-24　驱动功率不足故障诊断及排除流程图

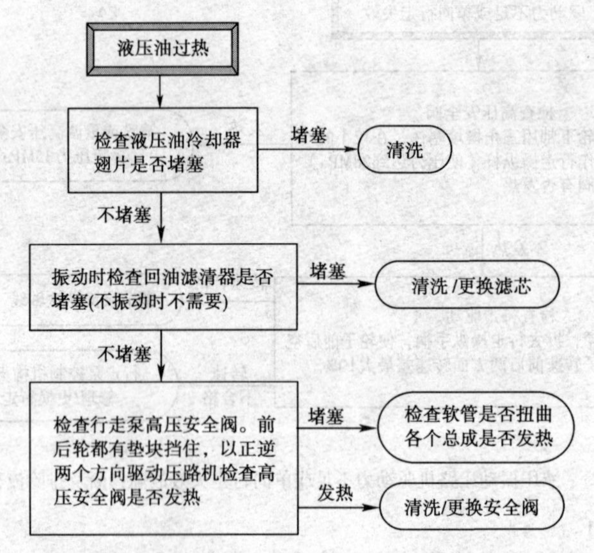

图 6-6-25　液压油过热(油温 >80℃)故障诊断及排除流程图

液压转向常见的故障有转向功能下降，转向系统转向不灵，转向油缸运动不平衡，转向系存在咬住现象，或铰接机架达不到规定的偏转角等。液压转向常见故障分析如图 6-6-28 所示。

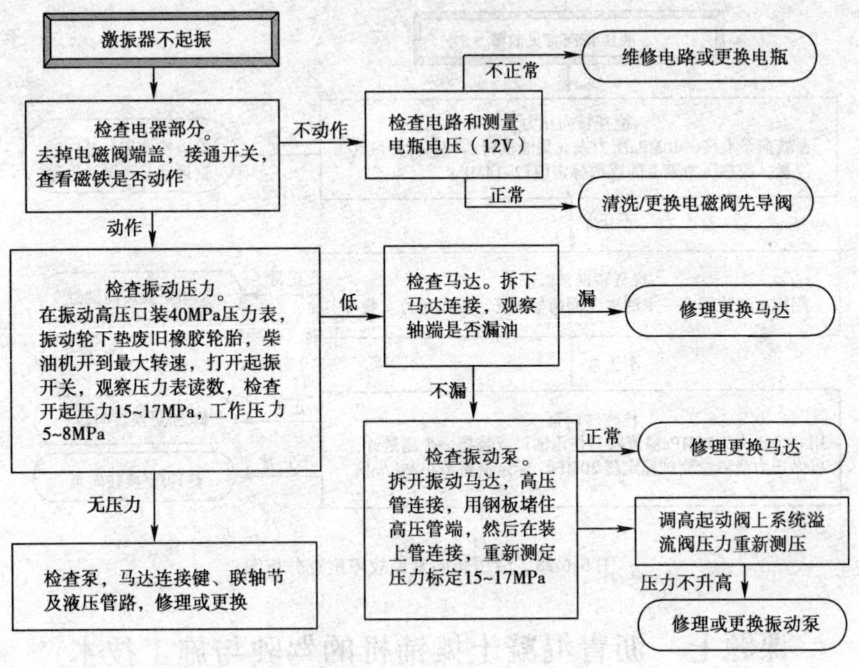

图 6-6-26　激振器不起振故障分析

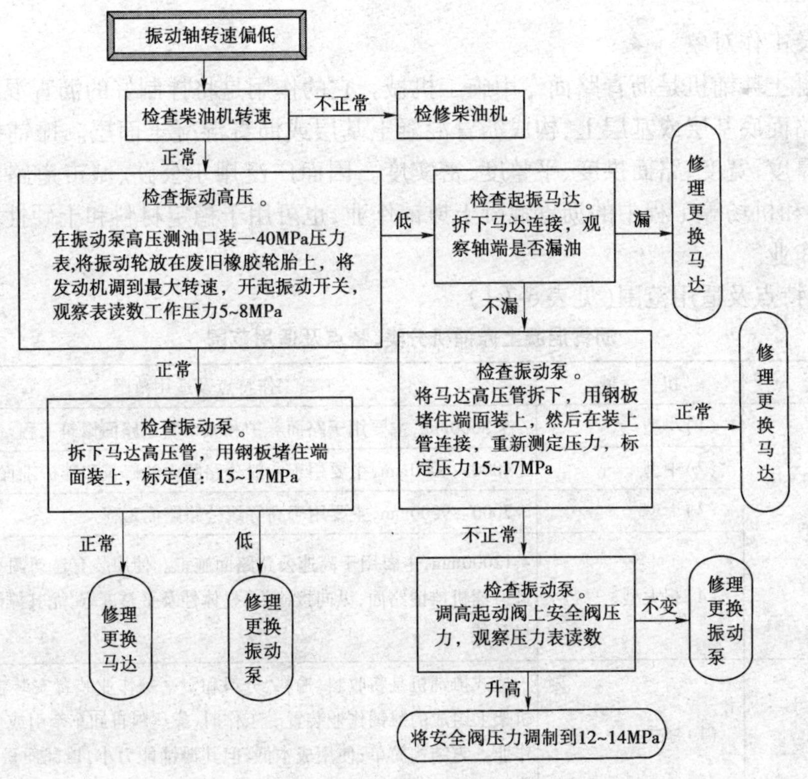

图 6-6-27　振动轴转速偏低的原因分析

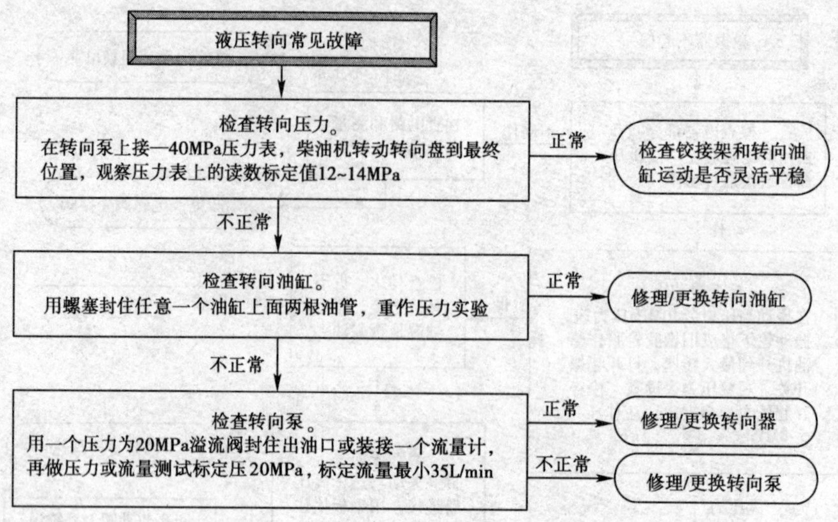

图 6-6-28　液压转向常见故障检查分析图

课题七　沥青混凝土摊铺机的驾驶与施工技术

一、概述

1. 用途及工作对象

沥青混凝土摊铺机是沥青路面专用施工机械。它的作用是将拌制好的沥青混凝土材料均匀地摊铺在路面底基层或基层上，构成沥青混凝土基层或沥青混凝土面层。摊铺机能够准确保证摊铺层厚度、宽度、路面拱度、平整度、密实度。因而广泛用于公路、城市道路、大型货场、停车场、码头和机场等工程中的沥青混凝土摊铺作业，也可用于稳定材料和干硬性水泥混凝土材料的摊铺作业。

2. 分类、特点及适用范围(见表 6-7-1)

沥青混凝土摊铺机分类、特点及适用范围　　表 6-7-1

分类形式	机　械	工作特点及适用范围
1. 按摊铺宽度	(1)小型	<3600mm，主要用于路面养护和城市巷道路面修筑工程
	(2)中型	4000 ~ 6000mm，主要用于一般公路路面的修筑和养护工程
	(3)大型	7000 ~ 9000mm，主要用于高等级公路路面工程
	(4)超大型	12000mm，主要用于高速公路路面施工。使用装有自动调平装置的超大型摊铺机摊铺路面，纵向接缝少，整体性及平整度好，尤其摊铺路面表层效果最佳
2. 按走行方式	(1)拖式	拖式摊铺机是将收料、输料、分料和熨平等作业装置安装在一个特制的机架上组成的摊铺作业装置。工作时，靠运料自卸车牵引或顶推进行摊铺作业。它结构简单，使用成本低，但其摊铺能力小，摊铺质量低，所以拖式摊铺机仅适用于三级以下公路路面的养护作业

续上表

分类形式	机　械	工作特点及适用范围
2. 按走行方式	(2)自行式	①履带式摊铺机(见图6-7-1)　一般为大型摊铺机,其优点是接地比压小、附着力大,摊铺作业时很少出现打滑现象,运行平稳。缺点是机动性差、对路基凸起物吸收能力差、弯道作业时铺层边缘圆滑程度较轮胎式摊铺机低,且结构复杂,制造成本较高。履带式摊铺机多为大型和超大型机,用于大型公路工程的施工
		②轮胎式摊铺机是靠轮胎支撑整机并提供附着力的,它的优点是转移运行速度快、机动性好、对路基凸起物吸收能力强,弯道作业易形成圆滑边缘。其缺点是附着力小,在摊铺路幅较宽、铺层较厚的路面时,容易产生打滑现象。另外,它对路基凹坑较敏感。轮胎式摊铺机主要用于道路修筑与养护作业
3. 按动力传动方式	(1)机械式	机械式摊铺机的行走驱动、输料传动、分料传动等主要传动机构都采用机械传动方式。这种摊铺机具有工作可靠、维修方便、传动效率高、制造成本低等优点,但其传动装置复杂,操作不方便,调速性和速度匹配性较差
	(2)液压式	液压式摊铺机的行走驱动、输料和分料传动、熨平板延伸、熨平板和振捣器的振动等主要传动采用液压传动方式,从而使摊铺机结构简化、重量减轻、传动冲击和振动减缓、工作速度等性能稳定,便于无级调速及采用电液全自动控制。随着液压传动技术可靠性的提高,在摊铺机上采用液压传动的比例迅速增加,并向全液压方向发展。全液压和以液压传动为主的摊铺机均设有电、液自动调平装置,它具有良好的使用性能和更高的摊铺质量,广泛应用于高等级公路路面施工
4. 按熨平板的延伸方式	(1)机械加长式	机械加长式熨平板,它是用螺栓把基本(最小摊铺宽度的)熨平板和若干加长熨平板组装成所需作业宽度的熨平板。其结构简单、整体刚度好、分料螺旋(亦采用机械加长)贯穿整个摊铺槽,使布料均匀。因而,大型和超大型摊铺机一般采用机械加长式熨平板,它的最大摊铺宽度可达8000～12500mm
	(2)液压伸缩式	液压伸缩式熨平板是靠液压缸伸缩无级调整其长度,使熨平板达到要求的摊铺宽度。这种熨平板调整方便、省力,在摊铺宽度变化的路段施工更显示出优越性,但与机械加长式熨平板对比,其整体刚性较差;在调整不当时,基本熨平板和可伸缩熨平板间易产生铺层高差,并因分料螺旋不能贯穿整个摊铺槽,可能造成混合料不均而影响摊铺质量。因而,采用液压伸缩式熨平板的摊铺机最大摊铺宽度不超过8000mm
5. 按熨平板的加热方式	(1)电加热	电加热是由摊铺机的发动机驱动的专用发电机产生的电能来加热,这种加热方式,加热均匀、使用方便、无污染,熨平板和振捣梁受热变形较小
	(2)液化石油气加热	液化石油气(主要用丙烷气)加热。这种加热方式结构简单,使用方便,但火焰加热欠均匀,污染环境,不安全,且燃气喷嘴需经常清洗
	(3)燃油加热	燃油(主要指轻柴油)加热。燃油加热装置主要由小型燃油泵、喷油嘴、自动点火控制器和小型鼓风机等组成,其优点是可以用于各种工况,操作较方便,燃料易解决,但和燃气加热一样具有污染性,且结构较复杂

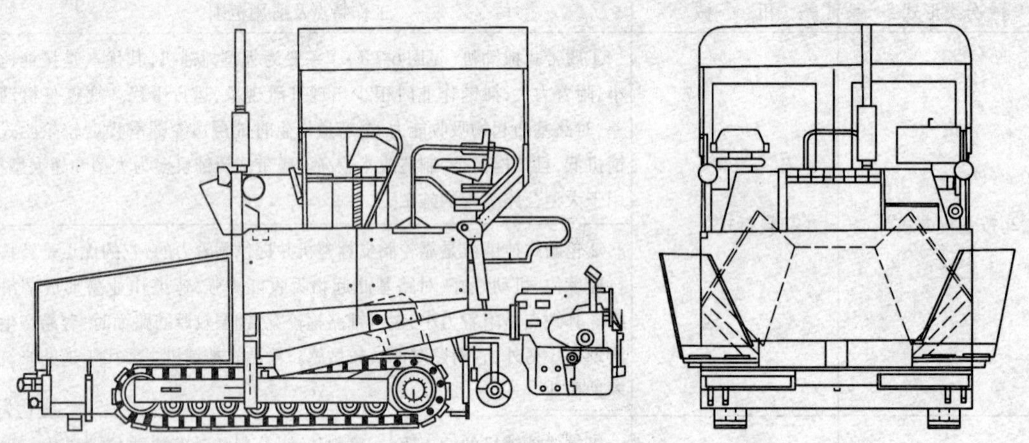

图 6-7-1 履带式沥青混凝土摊铺机外形

3. 摊铺机的发展趋势

随着机、电、液控制技术的不断发展，施工工艺的不断完善和市场用户要求的提高，摊铺机将向下列方向发展。

1) 机型多元化

国内外摊铺机的生产厂家追求产品的多样性，即产品在宽度系列开发有 4.5 ~ 12.5m 不同的宽度系列的产品，技术水平和价格分高、中、低等不同形式和档次，满足不同层次施工单位的施工要求。

2) 技术型和经济型分层发展

摊铺机最重要的指标为密实度和平整度，但操作的舒适性和维护的方便性、快捷性，要求摊铺机朝着技术型和经济型两个方面发展。技术型摊铺机采用全液压驱动，配置有液压伸缩熨平装置，具有中央通讯、恒速控制及故障诊断功能，以及数字式超声波找平仪，集中润滑等功能；经济性摊铺机追求可靠、实用、操作简单、价格低廉。

3) 多层摊铺及转运车联合作业

随着施工工艺的改变，将越来越多地采用多机摊铺工艺，但要防止边道及接缝离析及温度的变化使粒料离析，转运车会被越来越多地采用；另外一方面，转运摊铺施工工艺正是对我国现行的公路结构设计合理性、施工管理及监理制度规范化，以及机械化配套合理性的最好的验证。

二、摊铺机的驾驶与基本操作

1. 沥青摊铺机的仪表及操纵装置

沥青摊铺机的操作由行驶操作和工作操作（摊铺操作）组成。行驶操作主要包括发动机的起动、方向操纵、速度操纵、制动操纵等；工作操作（即摊铺操作）主要有工作参数的设定、工作装置的调整、工作装置的操纵等。本课题主要以 LTL4500 沥青摊铺机为主进行驾驶操作与工作操作的介绍。LTL4500 是由镇江路面机械制造总厂引进日本 NF 技术生产的，该机为履带式行走，机械链条传动，液压延伸工作装置，如图 6-7-2 所示。

LTL4500 沥青摊铺机的操纵装置共有操纵台、操纵杆、熨平板操作装置 3 部分组成。在驾驶台上设有一个可左右移动的操纵台，驾驶员根据操作要求左右移动操纵台，实现左右驾驶和操纵。图 6-7-3 为其操纵台示意图。其操纵装置的名称和功用如表 6-7-2 所示。驾驶台上还设有发动机节气门、离合器、变速器等手柄，其操纵装置的名称和功用如表 6-7-3 所示。在熨平板上还设有熨平板操纵台，其操纵装置的名称和功用如表 6-7-4 所示。

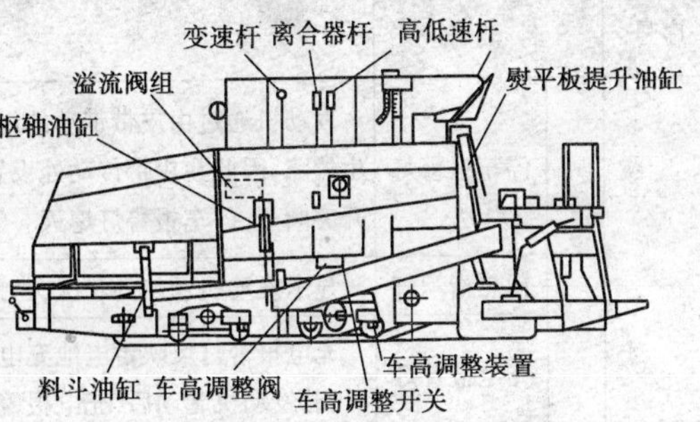

图 6-7-2　摊铺机外形图

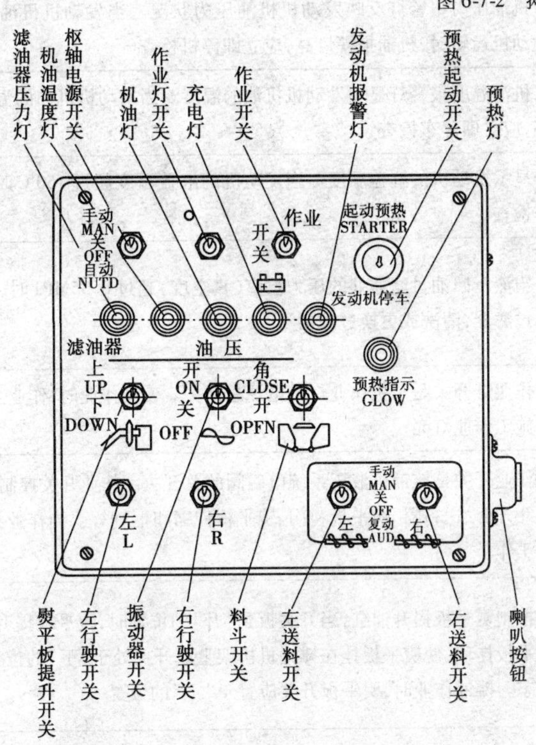

图 6-7-3　LTL4500 操作台

操纵台上各仪表及操纵装置的功用　　表 6-7-2

序号	名　称	功　　用
1	电源开关	是整机的电源总开关，有“通”和“断”两个位置。停车时，应扳到“断”的位置。机械运转中不允许断开电源
2	起动开关	是发动机和各种仪表用指示灯的总开关，如图 6-7-4 所示。由空档顺时针旋转，进入 1 档，发动机操作和各种指示灯电源接通，继续顺时针旋转进入 2 档，为发动机起动档，发动机一起动，应立即松开起动开关，钥匙自动回到 1 档位置，由空档位置逆时针方向旋转即为 3 档，3 档为发动机的预热档，在较冷天气起动时可先进行发动机的预热

续上表

序号	名称		功用
3	指示灯	停车报警灯	发动机通过由皮带带动的风扇进行冷却，皮带断裂时会因风扇停止转动而使发动机过热产生故障，因此在皮带传动处设置了检测开关，控制发动机停车报警灯。正常情况下，皮带检测开关断开，停车报警灯熄灭
		预热指示灯	显示发动机预热的状况，当预热指示灯亮时，发动机停止预热，进行起动
		充电报警灯	充电报警灯反映蓄电池充电状况，起动开关扳到1档时，此灯应亮，发动机起动后，此灯应灭，若发动机起动后，充电报警灯亮，应停车检查充电电路
		机油压力报警灯	机油压力报警灯反映发动机机油压力状况。当发动机机油压力 >0.4MPa，报警灯熄灭。发动机运转时，机油报警灯亮，应立即停机检查
		机油温度报警灯	机油温度报警灯显示发动机机油的温度。当发动机机油的温度超过120℃时，机油报警灯亮，应立即停车检查
		发动机报警灯	显示发动机的缸盖温度。当发动机的缸盖温度超过150℃时，指针进入红灯区，应立即停车检查
		液压回油过滤压力报警灯	当液压回油过滤器处的压力差值（真空度）超过0.35MPa时，报警灯亮，应立即停车检查回油过滤器，清洗或更换过滤器
4	作业灯开关		作业灯开关是全机作业灯的电源总开关。夜间作业时，作业灯开关扳到“开”的位置，前后的施工作业灯亮
5	作业开关		作业开关是摊铺机液压系统电磁阀的总开关。作业开关控制熨平板的升降和控制振动器、料斗开合、送料器、熨平板料门、熨平板伸缩和枢轴等。当作业开关接通后，其他作业开关才能工作
6	熨平板提升开关		控制熨平板提升油缸，当开关扳到“升”的位置时，熨平板提升油缸收缩，熨平板提起，操纵熨平板挂环，使熨平板挂在摊铺机机架上。开关处于“下”的位置时，熨平板下降并处于浮动状态。摊铺作业时，熨平板开关应置于“下”的位置
7	振动器开关		振动器是熨平板振动压实机构，在摊铺作业时，打开此开关，振动器即开始工作
8	料斗开关		料斗开关控制料斗的“开”与“闭”，摊铺作业中，通过它控制料斗的开合
9	枢轴开关		枢轴开关是控制找平大臂枢轴升降油缸的电源开关，同时也是摊铺作业的自动作业控制开关，手动控制枢轴时，开关置于“手动”位置，通过熨平板上的左右控制盒上的枢轴升降开关手动操纵枢轴的升降。开关置于“自动”位时，枢轴升降由自动找平系统控制
10	送料开关		左送料开关控制左侧板式送料器和左侧螺旋送料器的停转，右侧开关控制右侧板式送料器和右侧螺旋送料器的停转。当开关扳到“自动”位置时，由安装在熨平板两侧的自动控料装置进行送料控制。 特别注意：倒车时，必须将送料开关置于“关”的位置

操纵杆的名称及功用 表6-7-3

序号	名 称	功 用
1	发动机节气门的操纵杆	操作杆与发动机节气门相连,扳动操作杆调节节气门大小(见图6-7-5)
2	发动机熄火操作	将熄火拉线向外拉,直至发动机熄火。(见图6-7-5)
3	变速杆	变速杆控制摊铺机的行驶速度,LTL4500摊铺机主变速器有5个前进档,1个倒档。应按图6-7-6所示操作和控制速度
4	离合器操作手柄	扳动离合器手柄,发动机与主变速器之间的离合器分离。操纵“变速器变速杆”及“高低速杆”时必须首先操纵离合器操纵手柄,使离合器处于分离状态
5	高低速杆	高低速杆是副变速器的变速杆。低速档为摊铺作业档;高速档为行驶时使用;当高低速杆处于中位时为空档。摊铺前停机送料时,应将高低速杆置于空档位置,此时送料系统工作,机械处于停驶状态
6	行驶开关	LTL4500有“左”、“右”两只行驶开关,控制摊铺机的前进、转弯、停止,摊铺机前进时,将左右开关同时扳到起动位置,摊铺机前进。将两只开关都置于停止位置时,摊铺机停止前进。 摊铺机左转弯时,合上右侧开关,右侧履带运动,左侧履带不动,摊铺机向左转。 摊铺机向右转弯时,合上左侧开关,左侧履带运动,右侧履带不动,摊铺机向右转。

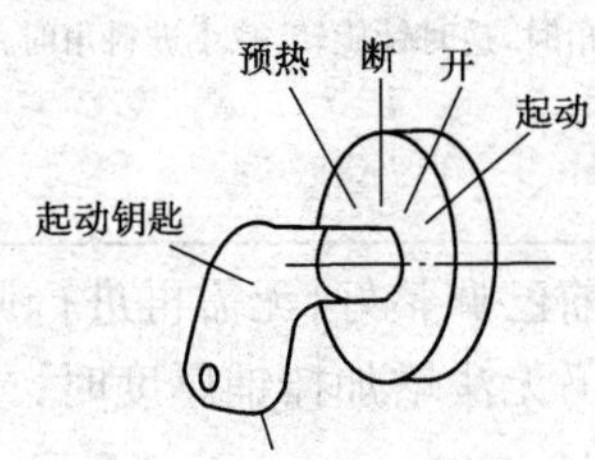

图6-7-4 起动开关示意图

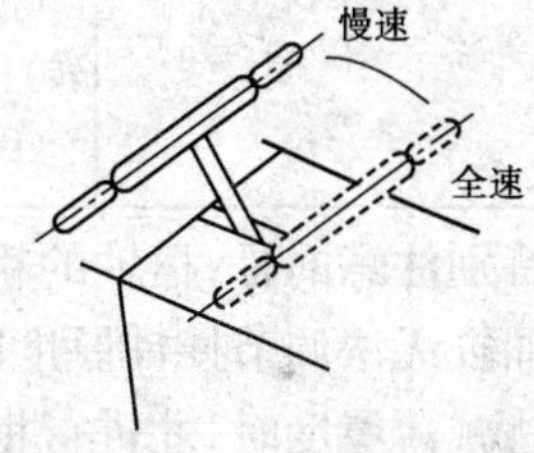

图6-7-5 节气门及熄火操纵杆

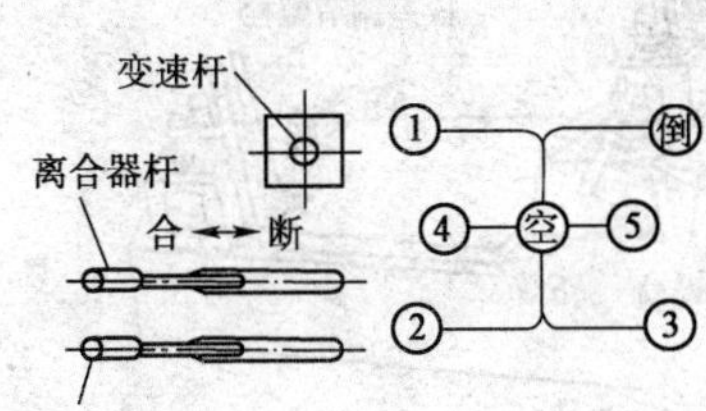

图6-7-6 速度变换示意图

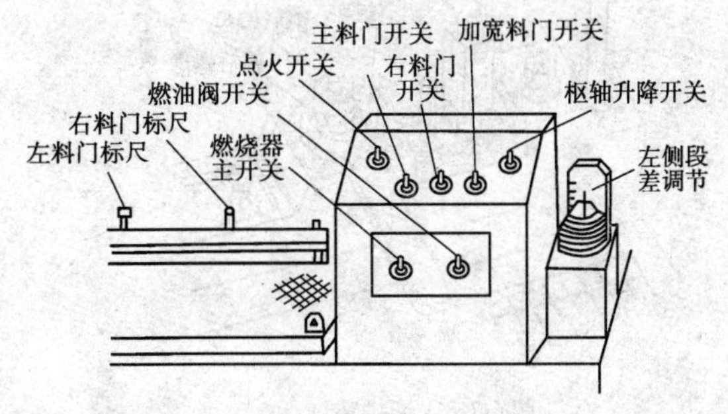

图6-7-7 熨平板操作台

熨平板操作装置的名称及功用(见图6-7-7) 表6-7-4

序号	名 称	功 用
1	熨平板料门开关	熨平板加宽时,需安装加宽料门,熨平板料门开关控制加宽料门的升降。
2	熨平板伸缩开关	控制熨平板的伸缩。当摊铺宽度超过2.5m时,需将熨平板伸出。
3	枢轴升降开关	手动控制枢轴升降的开关。需要手动时,应首先将驾驶操作台上的“枢轴开关”置于“手动”位置。

续上表

序号	名　称	功　用
4	点火开关	摊铺机摊铺前，必须首先将熨平板加热，尤其在寒冷天气及寒冷地区，熨平板加热一般需20min左右。熨平板加热操作请参见摊铺前操作。
5	拱度调节	摊铺机熨平板机架中间有一个调拱装置，如图6-7-8所示。手柄向左旋转，减少拱度；向右旋转时，增加拱度。方法为： ①旋松锁紧螺母； ②调节拱度调节螺母； ③紧固锁紧螺母。
6	段差控制操作	段差是液压延伸熨平板（即熨平板前后设置）所特有的。左右熨平板前后布置，产生高程差，因铺厚的不同，段差也不同，熨平板中部的调节手柄和右侧的段差调节螺栓进行调节段差，如图6-7-9所示。
7	熨平板进料角的调整（枢轴的粗调整。）	熨平板进料角除了在摊铺中通过枢轴油缸控制外，还预设了进料角，通过找平大臂与熨平板连接处来调整和预设，如图6-7-10所示。调整方法为： ①拧松螺母 D 和 A； ②拧松螺母 B； ③将螺母 C 旋转到需要量（增大进料角时，逆时针旋转，减小进料角时，顺时针旋转）； ④紧固所有松动螺母。

需要特别注意的是，枢轴的粗调整，一般摊铺机在出厂前已调整好，无需再进行调整。只有当枢轴油缸无法调节摊铺厚度时，如枢轴油缸全部伸出，仍无法增加摊铺厚度时，或者全部缩回仍无法减薄厚度时，才进行枢轴的粗调整。

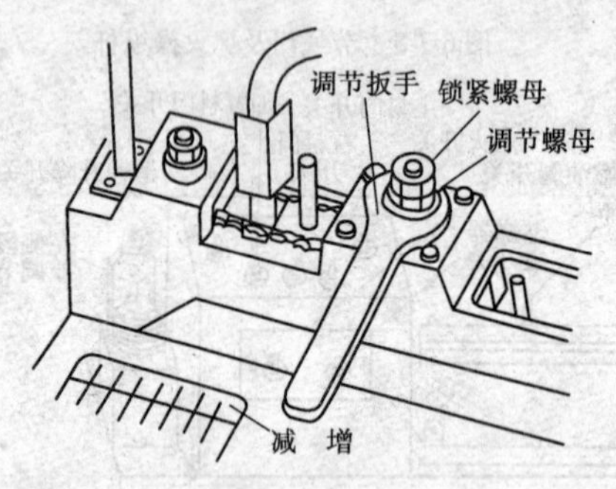

图6-7-8　调拱装置

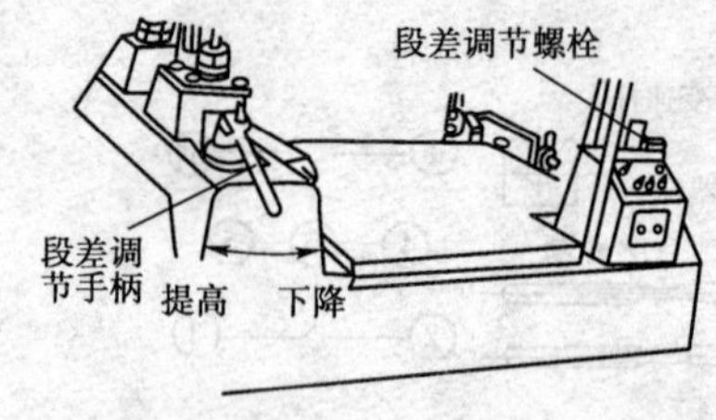

图6-7-9　段差调节装置

2. 摊铺机的驾驶与操作

1）摊铺机驾驶前的准备

（1）驾驶前应认真学习摊铺机安全操作规程；

（2）严格按安全操作规程对机械进行检查和准备。

2）摊铺机的行驶

（1）接料斗应处于合拢状态，并用挂钩固定；

（2）熨平板应处于提升位置，并用挂钩固定；

(3)作业开关处于“关”的位置;

(4)送料器和螺旋器开关放在“断”的位置;

(5)将高低速杆置于高速(行驶)档位;

(6)调整变速器的变速杆,选择合适档位;

(7)松开手制动;

(8)适当提高发动机的转速;

(9)将左右行驶开关扳到起动位置,摊铺机开始前进。

3)摊铺机的转向

轮式摊铺机转向通过操纵转向盘带动液压转向器,液压油缸使车轮发生偏转,实现转向。其原理和方法与其他轮式机械相同。履带式摊铺机,转向方式是差速转向,操纵方法见前所述。

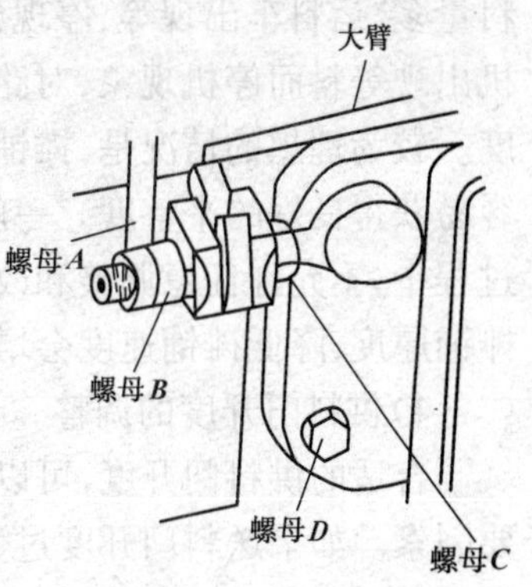

图 6-7-10　熨平板进料角的调整

4)摊铺机的熄火与驻车

左右行驶开关都置于“停止”位置时,摊铺机停驶,拉起手制动,将发动机熄火。熄火方法为:

(1)手熄火装置时,向外拉手熄火开关,直至发动机熄火(见前);

(2)电熄火装置时,将起动钥匙逆时针旋转到“0”档,发动机自动熄火。

摊铺机需长期停驶时,应将熨平板放下,并放置在垫板上。

三、摊铺机施工技术

1. 摊铺参数的设定

1)摊铺宽度的选择

应根据路面总宽度和摊铺机的可铺宽度,确定每幅的摊铺宽度。LTL4500 带有液压延伸熨平板,摊铺宽可在 2.5 ~ 4.5m 之间任意选择。当延伸熨平板时,应根据延伸情况选用不同长度的螺旋延伸器(参见表 6-7-5)。

螺旋延伸器的选用　　表 6-7-5

左延伸螺旋器	熨平板	右延伸螺旋器	左延伸螺旋器	熨平板	右延伸螺旋器
不延伸	2.5m	不延伸	换 0.5m	3.75m	不延伸
不延伸	2.75m	不延伸	同上	4m	加 0.5m
不延伸	3m	不延伸	再加 0.25m	4.25m	同上
加 0.25m	3.25m	不延伸	同上	4.5m	同上
同上	3.5m	不延伸			

对于机械拼装式熨平板摊铺宽度,能够在标准铺宽和最大铺宽之间选择。

2)摊铺厚度的确定

摊铺厚度一般应根据施工设计要求来确定。在机械性能允许的范围内可任意选择厚度,如 LTL4500 摊铺机铺厚可以在 10 ~ 250mm 中任选。

3)摊铺速度的确定

选用摊铺速度,应综合考虑各种因素,如沥青混合料的供给量等。如果摊铺速度过慢,供料量多，运料车出现等、停现象，会降低混合料的温度，降低作业效率；如果摊铺速度过快，摊铺机出现等料而停机现象，对路面摊铺平整度有不利影响，同时，过快的摊铺速度，还会影响密实度。较为理想的情况是，摊铺机不待料，这样减少了摊铺机暂停所产生的不平、路面断裂现象，容易获得良好的平整度。一般来说，摊铺速度不允许超过 10m/min。摊铺速度确定后，在摊铺过程中，不允许任意调整和改变摊铺速度，否则会引起摊铺厚度的变化。提高摊铺速度会减少摊铺厚度，降低摊铺速度会增加摊铺厚度。

4）供料门开度的调整

合适的供料门开度，可以使送料系统处于连续均匀的工作状态，是达到摊铺最佳效果的重要因素。如果送料门开度过大，板式送料器和螺旋送料器频繁处于转停状态，将影响机械运转的平衡性。因此，理想的状态是，送料系统工作处于 80% ~90% 运转状态，供料门开度应在摊铺实践中进行调整。

5）熨平板料门开度的调整

对于液压延伸熨平板，由于左右熨平板处于前后位置，为保持受力平衡，熨平板前装有料门。LTL4500 装有三个料门：左料门、右料门以及供熨平板延伸用的加宽料门。料门的操作通过熨平板操纵盒上的开关操纵油缸来实现。料门的开度是以右熨平板前混合料的多少来进行调整的。如图 6-7-11 所示，熨平板前的混合料滞留量处于适当位置，料门开度为正好。

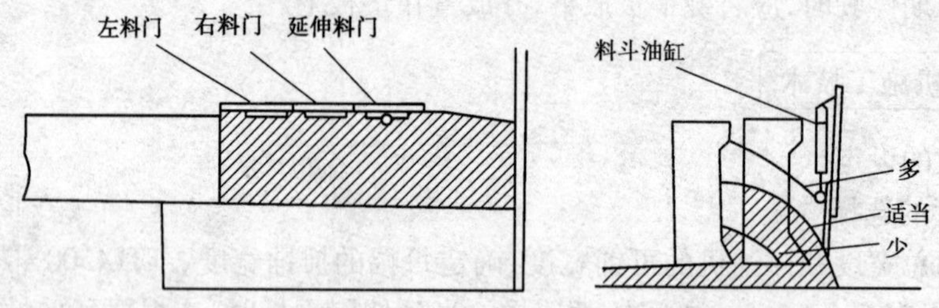

图 6-7-11　料门开度的调整

6）振动或振捣装置参数的选择

振动器参数的选择主要是指振动器频率和振幅的确定。频率和振幅关系到摊铺的密实度，严格地说应根据铺厚、铺速、混合料的状况来确定。振动器的振动频率一般在 2000 ~ 3000r/min 之间。当摊铺厚度薄、摊铺速度慢时，频率设定在 2000 ~ 2500r/min 之间；当摊铺层较厚、摊铺速较快时，频率设定在 2500 ~ 3000r/min 之间。

振动幅度的调节是通过调整偏心块（平衡块）来实现的，图 6-7-12 中的振动器振幅分“弱”、“中”、“强”3 种，调整的原则是：

当摊铺厚度较薄和摊铺表层时，选择“弱”或“中”；当摊铺基层以及摊铺速度较快时，选择“强”。

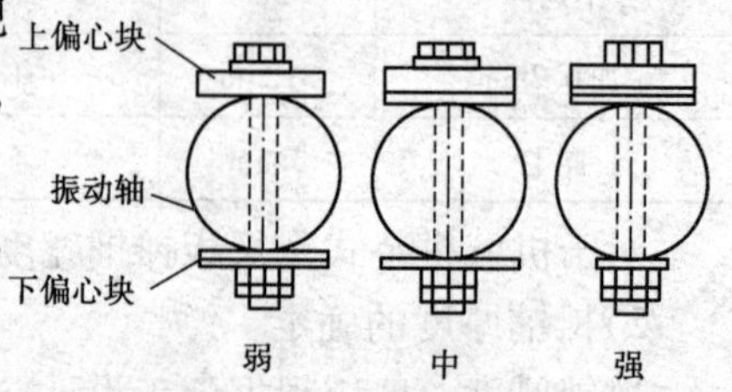

图 6-7-12　振动器振幅

2. 摊铺机的作业

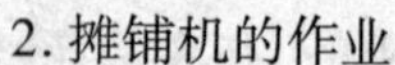

1）作业前的准备

（1）在料斗内侧、板式送料器、螺旋送料器、熨平板等部位喷洒柴油，以防沥青混合料粘结。方法为：

①打开喷油枪油阀；

②打开熨平板上燃烧器主开关，起动柴油泵；

③打开喷油枪开关，对以上各部位喷洒柴油；

④喷完后，关闭燃烧器主开关、喷油枪油阀、喷油枪开关。

(2)在摊铺起始点熨平板下垫上枕木，如图6-7-13所示，两枕木前端应对齐，并超过左熨平板前端，枕木的厚度为摊铺厚度加碾压量(或摊铺厚度的20%)。

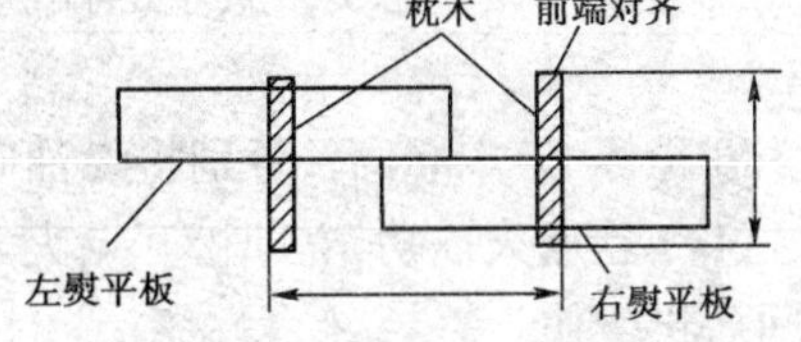

图6-7-13　摊铺厚度的设定

(3)根据摊铺宽度，操纵熨平板两端的伸缩开关，调整熨平板宽度(伸缩熨平板必须在熨平板悬挂状态下进行，左右熨平板的伸缩量尽可能相同)。

(4)将熨平板轻轻放在枕木上。

(5)当摊铺宽度在3.5m以上时，需装延伸螺旋器，要根据摊铺宽度选择合适的左右螺旋延伸器如表6-7-5所示。

(6)安装自动供料控制器。自动供料控制器可自动控制送料机构的停转，目前有两种控制形式，即接触式的自动控制系统，如国产LTL4500摊铺机；非接触式的自动控制系统，如美国BLAW-KNOX(布鲁诺克斯)、德国ABG生产的摊铺机。图6-7-14为LTL4500摊铺机自动控料系统：当叶片在下限位置时，控制器接通送料开关；当沥青料增多，将叶片推向上限位置时，控制器断开送料开关，送料机构停转。采用送料自动控制时，将操作台上左右送料开关置于"自动"位置。

非接触式的超声波自动控制系统如图6-7-15所示。超声波传感器被安装在左、右侧边板的导柱上，传感器位于材料料位标准高程的前面，指向靠近右角料堆的底部，如图6-7-15所示。距熨平板前面混合料出现最大、最多料高料堆的距离一般为38cm左右。

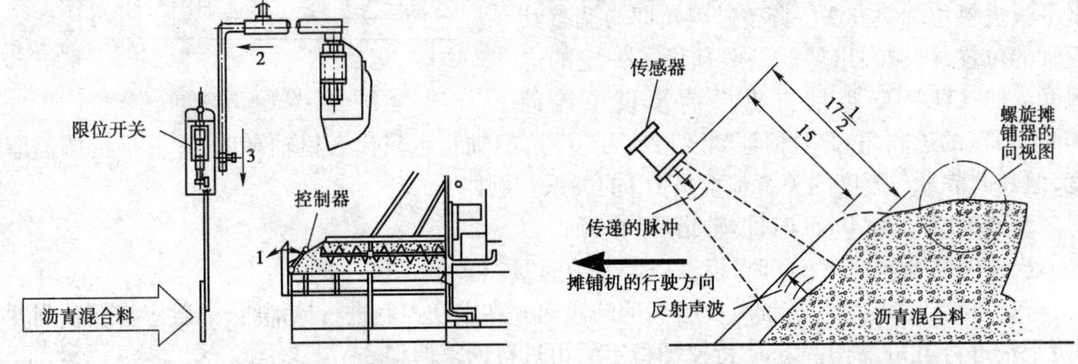

图6-7-14　自动供料控制器　　图6-7-15　超声波供料控制器

(7)安装端板。端板安装在熨平板两端的孔内，它限制沥青混合料的宽度，使铺层两侧平整。端板前端的高度通过调节链条的长度使端板达到适当的位置，旋转操纵杆可以进行端板高度的微调。

(8)调整供料门。供料门开度直接控制板式送料器的送料量，调节供料门开度，使送料器运转时间为摊铺时间的80%～90%为最佳。

(9)调整熨平板料门。熨平板料门控制熨平板前的沥青混合料的滞留量，见前有关摊铺机的操作说明和图 6-7-11。

(10)加宽料门的安装。摊铺宽度在 4m 以上时,要使用加宽料门。

(11)熨平板的加热。沥青混合料摊铺前,必须将熨平板加热,尤其在天气较冷的季节和地区。LTL4500 摊铺机采用柴油加热,其操作方法为:

①将操作台上的作业开关扳到“开”的位置;

②分别操纵左右熨平板上的操纵盒上的燃烧器主开关,使燃烧器上的燃油泵和鼓风机起动;

③稍等 1 ~2min 后,分别将燃油阀开关扳到“开”的位置,同时扳动电子点火开关;

④一旦点火成功,立即松开点火开关。若一次点火不成功,可先关掉燃油开关,稍等一段时间后再操作。

点火加热时,应注意调节鼓风机风口的大小。风口太小,难以充分燃烧;风口太大,难以点燃。风量的调节板大约调整到关闭进风口的 1/4 的位置。

熨平板加热一般要进行 30min 左右,使熨平板的温度达到 120℃左右。温度达到后,进行熄火操作,方法为:

①关掉燃油阀开关,严禁关掉主开关;

②让鼓风机继续工作 10min 左右,以防烧坏燃烧器;

③熄火后,待燃烧器冷却,再关掉燃烧器主开关。

(12)熨平板进料角的调整(枢轴位置调整)。摊铺作业前,必须根据摊铺厚度正确确定熨平板的进料角,以保证摊铺厚度和摊铺的均匀性。实际上,进料角的大小与混合料的配比、温度以及摊铺的速度等有关系,图 6-7-16 为 LTL4500 摊铺机熨平板进料角调整方法。调整进料角即为调整其枢轴的位置,机械在出厂前一般预设了一定的进料角(如 LTL4500 摊铺机出厂前预设了摊铺 50mm 厚度的进料角,此时枢轴刻度指示为“0”),枢轴指示只代表枢轴高度,并不是指摊铺厚度,但其调节量与厚度的关系基本是 1∶1的关系。例如:

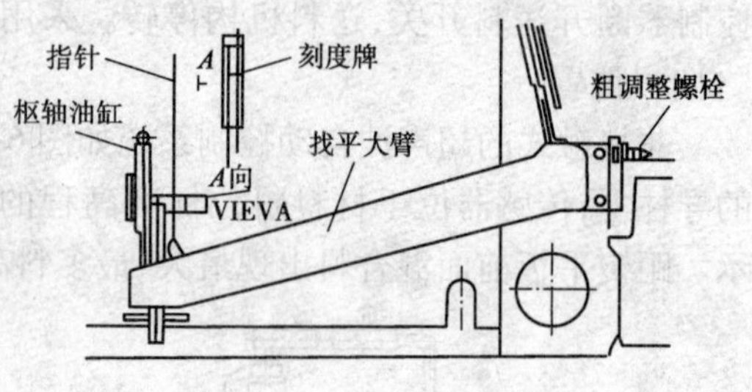

图 6-7-16　熨平板进料角的调整

当摊铺厚度为 50mm 时,枢轴指示约“0”;

当摊铺厚度增到 60mm 时,枢轴应调节约为“1”(刻度单位:cm)。

在实际摊铺开始时,摊铺厚度有变薄的倾向。在手动控制进行摊铺时,一般应将枢轴刻度(熨平板进料角)提高 1 ~2cm,待摊铺稳定后再进行恢复调整。

(13)自动找平装置的安装。自动找平装置控制厚度时,应首先安装该装置。自动找平装置的安装和调整见本课题后面的内容。

(14)拱度的调节。LTL4500 摊铺机拱度可在 0 ~4% 内进行调整。调整时,应特别注意:摊铺宽度在最大和最小时,要伸缩 20 ~30cm 以后,再操作拱度调节;熨平板回缩时,要先将拱度恢复为“0”后才可以收缩,以防熨平板与横梁相碰。

2)作业前的操作

(1)放下摊铺机料斗,自卸送料车缓缓倒车与摊铺机前推辊相碰;

(2)自卸车向料斗内缓缓卸料,卸料时应分次卸料,不能一次将所有料全部卸入料斗,以保证料斗内的负荷均匀;

(3)松开手制动;

(4)扳动离合器杆和变速器杆,使变速器挂上合适档位(1档或2档);

(5)扳动高低速杆,首先使其处于空档;

(6)将板式送料器开关扳到"开"位,送料离合器接合,摊铺机开始送料;

(7)使用送料自动控制时,将左右送料开关置于"自动"位;

(8)螺旋送料器前应具有合适的物料;

(9)扳动离合器杆和高低速杆,使高低速杆处于"低速"档位;

(10)将摊铺机左右行驶开关扳到"起动"位,摊铺机开始摊铺作业。

3)摊铺中的调整

(1)摊铺2~3m后,检查一下熨平前混合料的滞留量,并调整自动控料装置,使其处于合适的位置;

(2)作业过程中,调整送料门开度,以保证送料系统运转时间达到80%~90%;

(3)使用手动调节厚度时,应根据路面标高使用左右熨平板上的枢轴升降开关随时调整枢轴高度。调整时,先将操作台上的枢轴开关扳到"手动"位。每一次调整量不能过多,以免摊铺厚度产生波动;

(4)段差调节。当摊铺中出现段差时,通过段差调节手柄进行控制。一般段差会出现如图6-7-17所示的4种情况。对出现图6-7-17a)、图6-7-17b)形式的段差时,调节方法为顺时针旋转操作杆,段差指示刻度减小;出现图6-7-17c)、图6-7-17d)形式的段差时,调节方法为逆时针旋转操作杆,段差指示刻度增加。

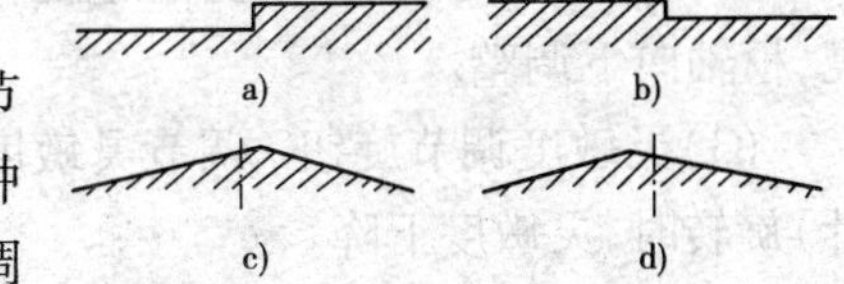

图6-7-17　摊铺段差示意图

a)右侧摊铺厚高于左侧时;b)右侧摊铺厚度低于左侧时;c)有拱度时,摊铺中心向右偏时;d)有拱度时,摊铺中心向左偏时

4)摊铺作业中的注意事项

(1)运料自卸车卸料时,应避免强烈碰撞,并缓缓卸料。

(2)摊铺开始后,应保持送料的均匀性和连续性。

(3)摊铺作业中,不允许变更摊铺速度,否则会影响摊铺的平整性和厚度的变化。

(4)混合料从料斗挡板溢流到履带前面时,应迅速清除。

(5)摊铺机初次施工时,需确认枢轴刻度与摊铺厚度的对应关系。首次摊铺时,摊铺厚度一般需10~15m以后才能逐渐稳定;操作时,应注意和检查摊铺厚度。

(6)摊铺在刚开始时,由于混合料和摊铺机的温度低,厚度有变薄的倾向,一般在开始时,将枢轴刻度提高1~2cm,直到厚度达到要求。

(7)摊铺中严禁急转弯。

(8)使用自动找平装置时,严禁手动调节枢轴刻度。

(9)摊铺纵向接缝时,一般应重叠30~50mm,但不能重叠过多。

3.自动找平装置的使用与调整

摊铺机的自动找平装置一般有纵向找平仪和横向找平仪,或两个纵向找平仪组成。如图6-7-18为LTL4500摊铺机自动找平仪的外观图。

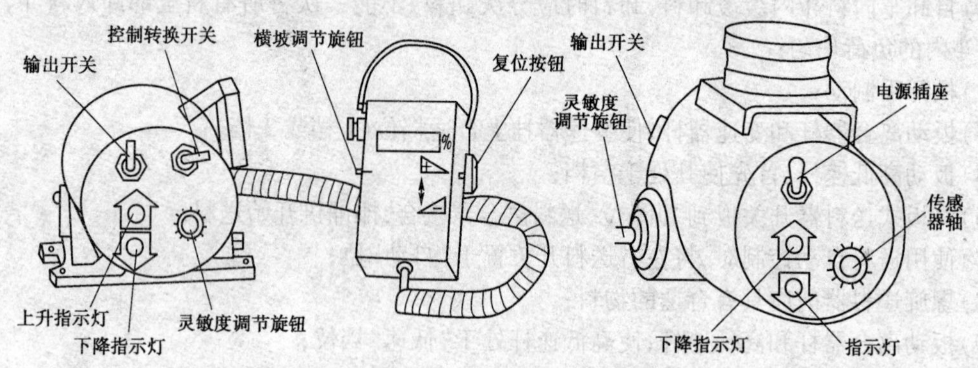

图 6-7-18　自动找平装置外观图

1)功能及用途

(1)输出开关。是找平装置控制的输出开关。开关在“接通”位置时,控制器输出接通,自动调节系统工作。如果开关在调整位置,控制器输出切断,可以进行仪器的调整和灵敏度的调节。

(2)指示灯。有上下两个指示灯。上面指示灯亮,表示应增加摊铺厚度;下面指示灯亮,表示应减少摊铺厚度;两个灯都不亮,表示摊铺厚度在灵敏度控制的范围内。

输出开关接通时,指示灯与电磁阀调节同步;上面指示灯亮,枢轴向上调整;下面指示灯亮,枢轴向下调整。

(3)灵敏度调节旋钮。调节灵敏度的大小,向右(顺时针)旋转时灵敏度提高,向左(逆时针)旋转时,灵敏度下降。

对于纵向找平仪,通常使两个灯不亮的距离为3mm;横向找平仪,通常两个灯不亮的间隔为0.06% ~0.08%。灵敏度太大时,摊铺厚度会出现波浪现象。

(4)控制转换开关。纵向找平装置可以装在摊铺机的任一侧。当纵向找平仪装在机械的左侧时(即控制左侧的枢轴油缸),横向找平仪控制右侧枢轴,控制转换开关拨到“右”的位置;反之,则拨到“左”的位置。

(5)坡度%显示窗。显示摊铺路面横向坡度的斜率。正值表示左高右低(图形为◺)的坡度,负值表示左低右高(图形为⊿)的坡度。

(6)坡度调节旋钮。改变和设定横向坡度。向右旋转时,正值的坡度百分比增加;向左旋转时,负值的坡度百分比增加。调节完灵敏度和校正熨平板的水平后,用此钮来设置横向找平仪的水平零值和设定坡度值。

(7)复位按钮。熨平板的横向坡度与坡度显示窗坡度值不一致时,通过复位钮来进行调节。首先设置熨平板的水平,然后旋转坡度调节旋钮,使上下指示灯都不亮,此时按住复位钮,再转动坡度调节钮,使显示窗数值为零。调节结束后,松开此按钮,这时显示窗的数值与熨平板水平同步。

2)找平仪及基准的安装与调整

(1)纵向找平仪的安装与调整。将纵向找平仪圆筒部位装入并固定在摊铺机的连杆臂上,连杆伸出熨平板200mm,接好电缆线,如图6-7-19 所示。根据使用基准的不同,决定使用滑管还是滑靴,传感器轴的切口部位要朝向开关和指示灯一方。调整平衡块,使传感臂与地面成60°角。

将输出开关置于调整位，调整灵敏度旋钮，一般为 4～6；调节手柄，使上下指示灯都熄灭。

（2）横向找平仪的安装与调整。将横向找平仪安装在熨平板横梁上，如图 6-7-20 所示。将输出开关拨到“调整”位，控制转换开关拨到控制的一侧，将灵敏度旋至 4～6 左右，调整坡度调节旋钮，使上下指示灯都熄灭。若熨平板水平已调整好，按住复位钮，调节坡度旋钮，使显示窗数值与熨平板相同，然后松开复位钮。

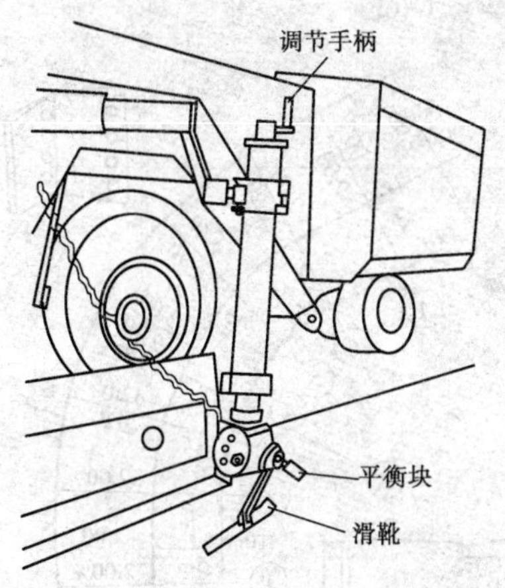

图 6-7-19　纵向找平装置的安装

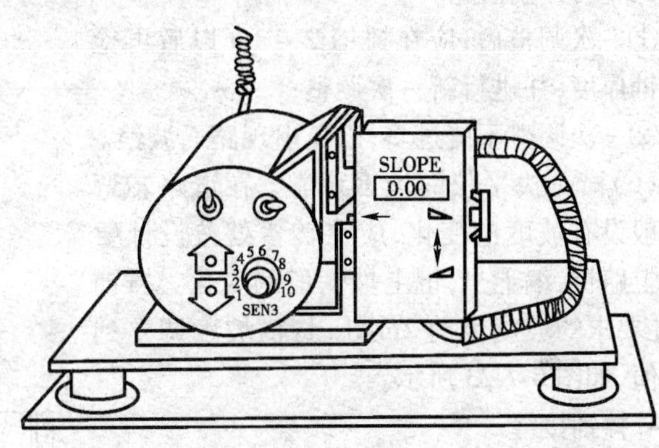

图 6-7-20　横向找平装置的安装

（3）基准的安装。基准一般有 3 种：路基或路面，钢丝绳、尼龙绳或滑靴。当路基或路面较为平整，铺筑基层时，可以作为基准。找平仪滑靴直接在路基或路面上滑动。当以钢丝绳或尼龙绳为基准时，如图 6-7-21 所示，基准设在摊铺路基的一侧。基准线距摊铺机熨平板端部 17～60mm，每隔 7.5～10m 打一支承桩，钢丝的直径一般为 2～2.5mm。尼龙绳由于受潮及露水的影响易伸长，但它柔软、方便，因此较多使用。基准线每根长度以 150～200m 为宜，张紧力，钢丝绳一般为 800～1000N，尼龙绳一般为 300～400N。

长滑靴由摊铺机牵引移动，用于已经初铺的基层上，如图 6-7-22 所示。长滑靴上的尼龙绳可以有效的防止地面不平引起的震动对找平仪的影响。

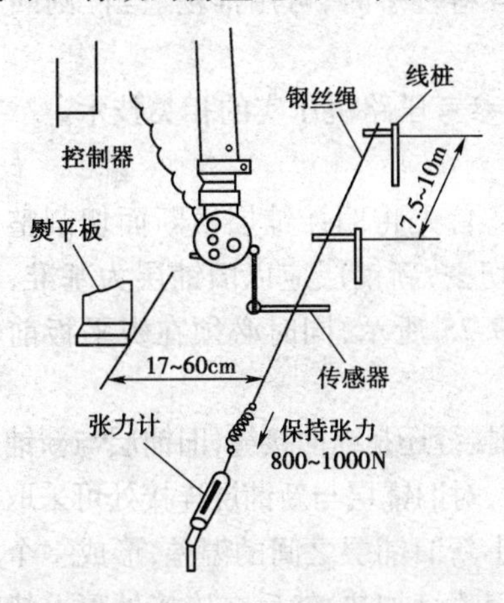

图 6-7-21　钢丝绳或尼龙绳基准

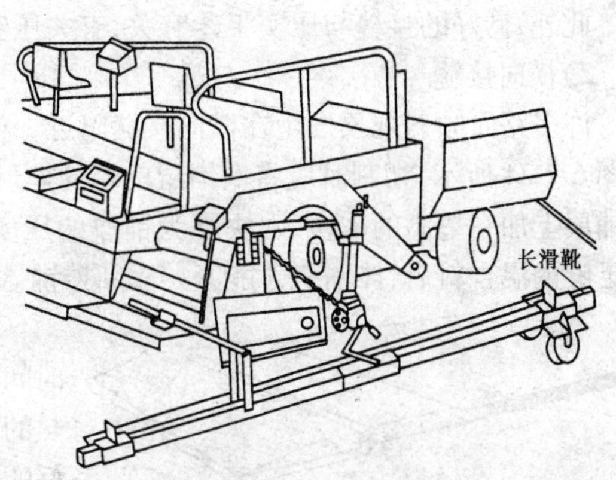

图 6-7-22　长滑靴基准

(4)自动找平装置的使用。在自动找平装置各部分安装及调整好后,将纵向找平仪和横向找平仪的输出开关拨到“ON”的位置,自动找平装置即开始使用。

使用自动找平装置进行摊铺,一般要等到熨平板摊铺高度稳定后才投入使用。即开始摊铺时,首先使用手动控制厚度,行驶大约 7 ~ 10m,摊铺厚度基本稳定后,使用自动找平装置。

(5)纵向找平仪厚度的调整。当摊铺厚度厚时,将手柄向“减”方向(逆时针)旋转 1/2 ~1 圈;当摊铺厚度薄时,将手柄向“增”方向(顺时针)旋转 1/2 ~1 圈。

调整时,应注意:

①一次调整后,应在摊铺 2 ~ 3m 以后再检查摊铺厚度,并进行新一次调整;

②一次调整不能过多,以免出现路面波浪。

(6)横向找平仪的坡度调整。在道路转弯处一般设有坡度的变化,应在转弯处按设计要求钉上路桩,编上号,记上坡度值的变化。摊铺时,在要求的坡度值前 2m 处,将横坡度调整到设计值,如图 6-7-23 所示。

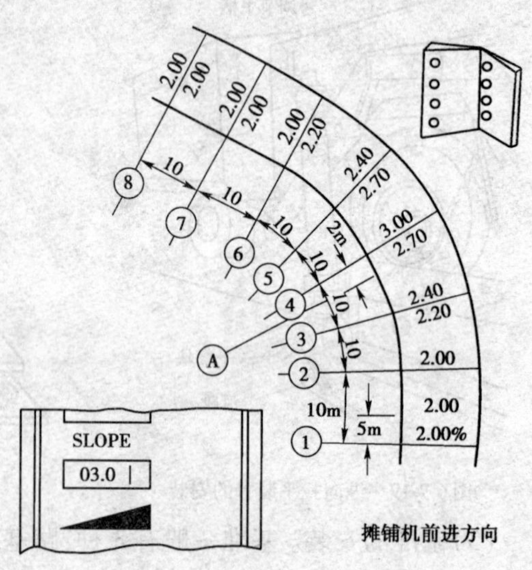

图 6-7-23　坡度的调整

4. 摊铺接缝

摊铺机在摊铺过程中,由于前后摊铺时间的不同,或者由于分次摊铺,新旧铺层间将形成纵向接缝和横向接缝。接缝处理不当,会形成不同的标高,或在接缝处造成沥青混合料的松散。正确的摊铺和处理好接缝是有效提高摊铺平整度和质量的重要方法。

1)纵向接缝

新摊铺面层与前摊铺面层之间的合理重叠是获得良好接缝的主要因素,一般为25 ~50mm 之间。重叠过多(超过 50mm),纵向接缝会隆起;重叠过少,纵向接缝会形成沟状。

在摊铺过程中,除了合理的重叠量外,还必须采用人工辅助方法来有效地提高接缝质量,可派 1 ~2 个有经验的工人用推耙或铁锹处理接缝。当混合料过多时,可用推耙适当“刮回”;当混合料过少时,可用铁锹适当“补充”。

此外,良好的接缝与压实工艺有关,有关压实的知识请参考压路机压实的相关技术。

2)横向接缝

许多路面倾斜现象发生在横向接缝附近。横向接缝时,首先将旧摊铺层横断面切割整齐如图 6-7-24 所示,切割时应将旧铺层前端的楔形铺层完全切去,新铺层应以旧铺层为基准,并在铺层上加一垫高的木块,木块厚为铺厚的压实量如图 6-7-25 所示,同时必须在熨平板前输送足够的混合料后,摊铺机才能开始重新摊铺。

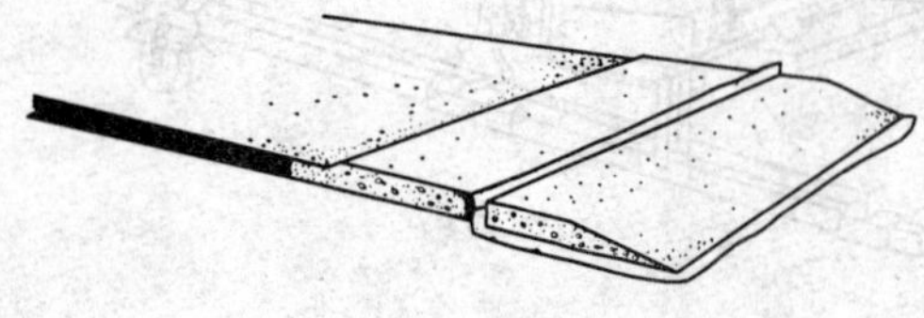
图 6-7-24　横断面的切割

无论是横向接缝还是纵向接缝,旧铺层与新铺层时间间隔较长时,对旧铺层与新铺层连接处可采取加热的方法,以缩小新旧铺层之间的温差,形成一个良好的热接缝,即用喷灯加热,然后在连接处喷上热沥青或乳化沥青,提高接缝的连接强度和连接质量。

5. 重铺路面

“重铺路面”是指在已损坏的路面上铺设新的铺层，如在砖石街道、混凝土公路及旧的沥青路面上。在摊铺前，应首先修补旧路面的坑、塘，如不首先进行修补，会出现摊铺缺陷。对较深的坑、塘，可首先用人工的方法进行分层填补，然后再用摊铺机进行摊铺压实，可以获得良好的摊铺质量，如图 6-7-26 所示。

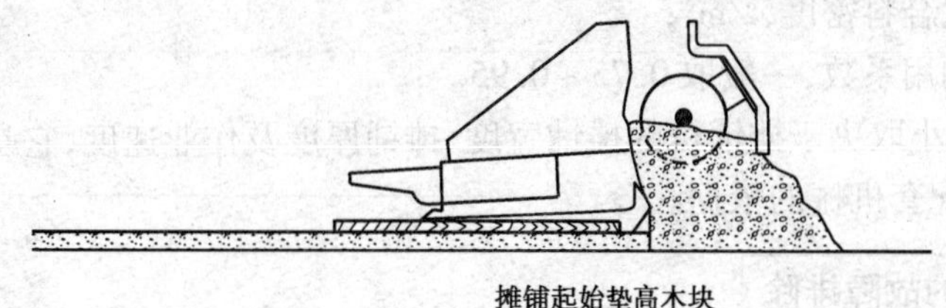

图 6-7-25　接缝的摊铺

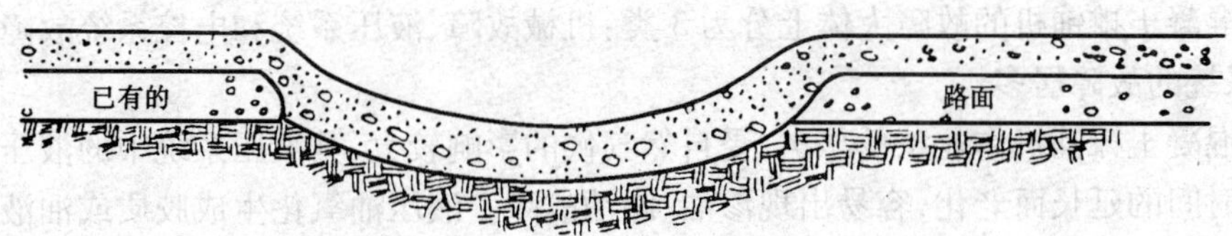

图 6-7-26　修补缺陷

当旧沥青路面有较大的拱度时，摊铺前可以采取两种方法来实现。一种是利用沥青铣刨机首先铣平过量的拱度；二是首先在两边羽翼上铺设一整平斜块（见图 6-7-27），然后再一次性重新摊铺。

在城市街道摊铺时，遇到阴井盖和排水栅格时，一般其周围要采取人工操作。当首次摊铺摊铺到阴井盖时，应提起熨平装置，越过障碍物后再降低熨平装置，用人工方法使用沥青混合料进行填料（见图 6-7-28）；当摊铺最后一层时，一般熨平装置可以越过阴井盖进行摊铺，只要在首铺阴井盖时做好记号，便于最后找到阴井盖就可。

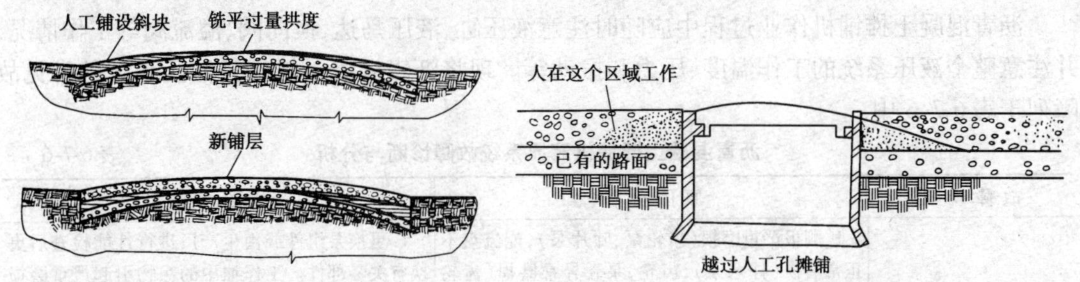

图 6-7-27　过量拱度摊铺示意图

图 6-7-28　人工混合料填料

当在有路沿石的路面进行摊铺时，最好在路沿石与熨平板之间留有足够的空间以便摊铺作业。可以用人工的方法用铁锹在熨平板边缘留下一部分混合料，然后进行人工摊铺压实。

四、摊铺机生产率的计算

沥青混凝土摊铺机的生产率（Q）是以每小时摊铺沥青混合料的吨数来计算：

$$Q = hbv\rho KB$$

式中：Q——沥青混凝土摊铺机的生产率，t/h；

h——铺层厚度，m；

b——铺层宽度，m；

v——作业速度，m/h；

ρ——沥青混合料密度，t/m^3；

KB——时间利用系数，一般取0.75~0.95。

该生产率的大小取决于摊铺机的摊铺宽度、摊铺厚度及作业速度，它是选择沥青混合料搅拌设备、自卸车等配套机械的依据。

五、摊铺机的故障排除

1. 沥青混合料摊铺机的故障排除

沥青混凝土摊铺机的故障大体上分为3类：机械故障、液压系统和电控系统故障。比较而言，液压系统的故障居多。

沥青混凝土摊铺机作业条件恶劣，受自然气候的影响较大，其液压系统中的液压密封元件随着使用时间的延长而老化，容易出现渗油、漏油故障。液压油氧化生成胶质或油液中混入杂质而堵塞滤网，致使各液压元件工作条件变差，磨损加剧，外泄漏增加，系统工作效率下降，如果再继续使用将会发生严重的事故。因此，必须对摊铺机进行定期维护、补充或更换液压油。这样才能保证摊铺机液压油的清洁度，延长液压元件的使用寿命，保证液压系统正常工作。

沥青混凝土摊铺机液压系统的某些重大故障，往往事前都会出现一些小的异常现象。必须通过仔细地日常维护和检查，及时发现和排除一切可能产生故障的因素。摊铺机发动机起动时，柱塞泵的斜盘处于中位，齿轮泵空转。经过一段时间后，操纵各执行元件，反复几次，再进入正常运转。

发动机起动过程中若发现异常，应当立即停止运转，检查原因，及时排除。与此同时，要注意液压泵的运转噪声，如果噪声过大，必须停机排除故障后方可进行正常工作。

沥青混凝土摊铺机作业过程中应随时注意液压缸、液压马达、换向阀、溢流阀等工作情况，并注意整个液压系统的工作温度、压力和振动等。现将沥青混凝土摊铺机液压系统的常见故障列于表6-7-6中。

沥青混凝土摊铺机液压系统故障诊断与分析 表6-7-6

故障现象	原因分析	排除方法
1. 定量泵油量不足、噪声大或漏油或出现金属粉末增多现象	1. 侧板严重磨损（齿轮泵、叶片泵），配流盘不正常磨损（柱塞泵），齿轮、泵壳异常磨损（齿轮泵），泵轴磨损（齿轮泵） 2. 气穴 3. 轴承破损，柱塞滑履破损 4. 密封不好 5. 侧板与齿轮。侧板与转子叶处，柱塞缸滑履斜盘的烧坏 6. 齿轮泵的铝制泵壳。使用初期出现铝粉不是故障。如连续出现大的铝片，为异常现象	1. 更换泵组件或由生产厂进行性能检查后更换有关零部件。工作油中的污物引起严重磨损的事例很多，要注意 2. 采取本表故障28中1，故障29中1、2，故障30、故障31中3的办法，适当降低泵的转速 3. 更换泵组件 4. 更换密封 5. 更换元件 6. 金属粉末增多，存在本表故障5中的现象应更换泵组件

续上表

故障现象	原因分析	排除方法
2. 变量泵泵油量不足、压力偏低	1. 柱塞滑履磨损,配流盘严重磨损或咬死 2. 伺服油缸不正常或供给泵流量不足 3. 负荷压力不够 4. 柱塞滑履破损,弹簧断损.联轴节破损 5. 密封不好 6. 配流盘烧坏,柱塞烧坏 7. 配流盘柱塞滑履异常磨损	更换泵零件,补偿装置,伺服油缸因污物卡住,引起事故很多,对污物多的工作油应予以更换。更换有关零件时,要进行清洗
3. 泵压力脉动大	1. 泵出口压力与溢流阀、配管等产生共振 2. 冲击压力高	1. 互换溢流阀及改变配管的通径及长度,消除共振因素 2. 换冲击中的溢流阀
4. 泵的供给压力不够	1. 泵高速运动时不能得到规定的流量,最高速度缓慢 2. 高速运转时泵噪声大 3. 闭合回路中液压马达噪声大	1. 增压泵供调压用的调压阀升高调节至规定的压力值 2. 增压泵的供调压用的调压阀升高调节至规定的压力值 3. 闭合回路低侧调压阀,压力上升到规定值
5. 油缸有毛病	1. 活塞密封,活塞杆密封不良 2. 活塞杆密封不良 3. 因异物损伤油缸内壁	1. 更换密封,调整 V 形密封的垫片 2. 更换密封 3. 更换油缸组件
6. 液压马达有毛病	1. 轴折断、花键轴磨损,侧板、齿轮、轴烧坏(常见于齿轮马达) 2. 柱塞烧坏,配流盘烧坏,滑靴破损(常见于斜盘式柱塞马达),轴承接头破裂(常见于斜轴式柱塞马达),滑履与曲轴塞坏(常见于径向柱塞马达) 3. 阀配流不好(常见于多作用马达) 4. 侧板、齿轮、主轴烧坏(常见于齿轮马达),柱塞滑履、曲轴烧坏(常见于径向柱塞马达),配流盘异常磨损滑动副烧坏、卡死,柱塞滑履破损,有爬行、抖动、振动现象(常见于齿轮马达)	1. 更换马达组件,按生产单位规定的规格,更换弹簧、轴等 2. 更换马达组件,仅仅轴承破损时,更换合适型号轴承 3. 更换马达组件或与阀同步调整 4. 更换马达组件
7. 系统压力低	先导溢流阀调节压力降低或溢流阀不良,控制用供给泵不良	调节控制压力,调节溢流阀。更换溢流阀或供给泵。升到规定压力
8. 溢流阀的压力调节不当	1. 调节压力过低 2. 调节压力过高 3. 泵一经起动便是负荷状态	1. 升至规定压力 2. 降至规定压力 3. 泵起动时卸荷,溢流阀调节到“0”压力
9. 背压增高	1. 遥控阀的回油管路阻塞,控制阀的回油管阻塞 2. 回油滤油器阻塞	1. 清除污物 2. 清洗回油滤油器

续上表

故障现象	原因分析	排除方法
10. 溢流阀过载，溢流阀有毛病	1. 主溢流阀、安全阀（过载溢流阀）被塞物卡住或弹簧折断 2. 过载溢流阀被污物卡住或弹簧折断 3. 溢流阀的调节压力下降或弹簧变形 4. 过载濫流阀弹簧变形 5. 安全濫流阀阀芯变形或阀座变形	1. 拆开清洗或更换弹簧 2. 拆开清洗或更换弹簧 3. 溢流阀不能复位或不能调压时，要分解检查，更换弹簧 4. 更换弹簧 5. 更换阀组件
11. 溢流阀过载、溢流阀有毛病	1. 主溢流阀或安全阀被污物卡住 2. 溢流阀调节压力过高，易引起阀卡死 3. 污物卡住或弹簧折断 4. 溢流流速声音的大小会因各溢流阀而有差异 5. 溢流阀、安全阀的调节压力低了，而作为保持一定压力的调节器使用时，此调节压力又高了 6. 压力调节器的调节压力高了	1. 拆开检查、清洗、换油 2. 检查溢流阀调节压力，达到规定值 3. 拆开清洗或更换弹簧 4. 更换溢流阀组件（工作油粘度也会使有的溢流阀发出噪声） 5. 调节溢流阀的调节压力至规定值
12. 手动式换向阀有毛病	1. 阀体与滑阀滑动副弄伤或磨损 2. 因阀的流体附着与液压卡紧，往往使微动控制变难，阀本身的微动控制也有所差异 3. 单向阀动作不正常 4. 阀安装螺钉压得过紧。工作油中污物卡住阀芯 5. 液压卡紧 6. 液压密封不良	1. 更换阀零件，更换阀芯 2. 如是污物卡死。要更换工作油，换阀 3. 多因污物卡住，清洗阀 4. 安装螺钉不应过紧。按规定夹紧力矩均匀拧紧螺钉. 更换工作油 5. 调节溢流阀的调节压力至规定值，换阀 6. 换密封
13. 电磁阀有毛病	1. 电磁阀烧坏，由于污物卡死阀芯不能运动而引起，或由于受潮，线圈绝缘不良以及换向阀频率过高时引起电磁铁线圈烧坏 2. 滑阀卡住或弹簧复位力不够回到中间位置 3. 滑阀的配合间隙大 4. 活塞（推杆）密封漏油，使电磁铁绝缘不良	1. 污物卡死阀芯的较多，在拆洗电磁阀的同时，要清洗滤油器并换油，查明烧坏的原因，并更换电磁铁 2. 拆洗电磁阀，清洗滤油器，换油 3. 要换阀的零件，使用间隙小的电磁阀时。要注意工作油中污物的影响 4. 更换密封
14. 背压阀、液控单向阀不良	1. 阀芯或控制活塞卡住或配合过紧 2. 弹簧折断或变形 3. 滑阀磨损（间隙大）——背压阀，推动锥阀或阀座不密合——液控单向阀 4. 液控单向阀的泄压缓冲机构有毛病 5. 背压阀工作不正常，滑阀卡住，缓冲过大等	1. 更换阀组件或阀芯。更换控制活塞 2. 更换弹簧 3. 更换 4. 更换阀组件或泄压缓冲机构 5. 更换阀组件

续上表

故障现象	原因分析	排除方法
15. 减压阀、流量控制阀、单向阀有毛病	1. 减压阀、流量控制阀(带压力补偿)的滑阀卡死或安装有毛病,安装过紧 2. 单向阀弹簧变形或阀芯与阀座之间有污物存在 3. 流量控制阀(压力补偿阀)动作不良,减压阀调节压力低 4. 单向阀(截止阀)工作不正常	1. 更换阀组件,按规定力矩拧紧安装螺钉 2. 拆洗,弹簧折断时更换之 3. 更换阀零件,调整调节压力 4. 拆开清洗
16. 配管管类夹板松动	1. 活塞密封破损。活塞式控制不正常或活塞破损 2. 由于泵的脉动压力往往引起管路的共鸣振动 3. 管道弯曲部分受压力作用产生力,招致法兰焊接部分的割裂和联管螺母的松动	1. 更换活塞密封,更换活塞杆或油缸组件 2. 拧紧管路夹板,当拧紧管路夹板还不行时,移动管夹的位置或增设管路夹板,如改变管路长度更好 3. 增加管路夹板压紧力;增设管道夹板
17. 接头金属管、软管等有毛病	1. 工作油箱内有配管的管子开裂以及阀配管内的密封不良而产生外漏,难以分清与判断不明而被忽略 2. 低压管(吸油管)软管夹板松动而进气,并产生噪声 3. 接头焊接断裂。管接头螺母松动,"O"形圈密封不好而泄漏	1. 管破裂时要换之,密封不良时,更换密封 2. 管夹板固紧;变形的软管夹板要更换 3. 更换不合格零件
18. 异物堵塞管路或吸油软管破损	1. 检修及清洗油箱时,往往会将棉纱遗忘在油箱内,造成吸油管路堵塞。吸油软管用旧后,油温时高时低,外界大气压将管子压坏,外界寒冷时也会产生类似现象 2. 拆开管子时,当用纱布堵住管口,纱布容易进入管路,将吸油滤器堵塞。管子再接通时,吸收性能变坏 3. 特别是低温起动时,吸油管容易弄破	1. 检查工作油箱、进油滤网;检查吸油泵 2. 检查回油滤油器 3. 加热工作油后才起动,要间接加热,避免直接加热,采用耐低温的工作油液
19. 油冷却器堵塞或漏油	1. 油冷却器穿孔漏油 2. 油冷却器堵塞	1. 更换油冷却器 2. 用压缩空气吹或用水洗空冷式冷却器
20. 冷却器风量或水量不足	空冷式因风扇皮带松动而使风扇转速降低	张紧风扇皮带

续上表

故障现象	原因分析	排除方法
21. 滤油器堵塞	1. 进油滤油器堵塞 2. 管路滤油器堵塞 3. 由于滤油器堵塞而使滤油器破损	1. 清洗油箱,清洗滤油器滤网,滤油器被油泥封住,说明工作油劣化,应更换 2. 对金属网多层板,烧结式滤油器铜丝网可进行清扫,对纸质滤油器可更换滤芯 3. 清洗或更换滤油器
22. 密封油箱压力升高	油缸的伸缩产生密封油箱油面的升降,或由于气温、油温变化引起油箱内压力变化,油箱压力升高会产生低密封件位置的漏油	油箱内油量应按规定加入。气温、油温升高时,打开加油口,减压
23. 加压油箱压力不当	采用柱塞泵时,泵吸油的吸入压力即充填压力为3~10 N。为此,工作油箱采用密封式油箱。如吸入压力低时,泵不能充分吸进油,而发生气穴,致使噪声增加	调节工作油箱的气动压力阀,使压力上升到规定的压力
24. 工作油量过多或过少	1. 上述吸入压力过高时,低压油路会产生漏油 2. 油量少,油压低,检测油杆及油窗污住。观察有误,是否在车辆水平放置时检查的 3. 封闭油箱内油量过多,使油箱内压力上升(油缸的伸缩而使油面升降,也使压力上升)。严重时油箱膨胀变形	1. 调整上述压力调节阀,降至规定的压力 2. 油泵在工作油不充足的条件下运转后,要检查泵是否产生不正常现象。如果必要更换泵组件。按制造厂要求补充油液至规定油面 3. 油量过多。则应使油箱工作油面降到规定的油面以下
25. 没有使用合适的工作油	1. 使用了粘度高的工作油,油面低时吸不上油。同时因粘性阻力增加。油温也会升高。另外,泵的噪声增大;使用消泡性差的油时。由于气泡的绝热压缩工作油变质使油温上升 2. 工作油粘度低时,由阀间隙产生的泄漏增加,产生液压元件滑动副的早期磨损。叶片泵、柱塞泵(马达)不可使用无添加剂的透平油	更换工作油
26. 工作油污染和变质	1. 在高温暴晒下,工作油劣化加剧,劣化后粘度增大,更换油温上升生成的碳分和油泥造成滤油器堵塞或破损 2. 劣化后的油无润滑能力,因而使液压元件滑动部分的磨损加剧	1. 更换工作油,清洗滤清器 2. 更换工作油,更换滤清器,进行清洗
27. 工作油混有污物水分等	1. 工作油中的污物带进阀的配合间隙内,使阀卡住不动,往往使溢流阀不能开启 2. 工作油中的水分易引起气穴,另外,使润滑性能降低 3. 工作油中的土沙、金属及水分加快液压元件滑动部分的磨损	1. 更换工作油。查明污物侵入途径(如密封不良处)。污物多时要进行清洗,阀动作不正常时应进行清洗 2. 更换工作油 3. 更换工作油。金属屑增多时,检查马达、油缸;细微污物多时. 应进行清洗

续上表

故障现象	原因分析	排除方法
28. 主回路管内排气不良	1. 主回路配管内积存有空气 2. 主回路内积存的空气过多时，会出现类似的现象，即使是小量空气，泵和马达的脉动压力也拉大，往往出现配管振动及产生泵和马达的噪声	1. 起动泵，回路内的油液全部循环。各执行元件运转5～10 min。容易积存空气的位置，稍稍松动一管接头，起动泵进行排气（空气常积在上部，上部工作油不能循环到的位置应特别注意） 2. 按上面进行
29. 泵执行元件排气不良	1. 在泵比油箱液面高时，泵容易吸进空气，更换泵组件时要注意，尤其是叶片泵不仅没有流量排出，而且成为烧损的原因 2. 正反转频繁的液压马达往往难以排气，制动时发出噪声。（更换组件后）当泵起动2～3 min后噪声还不能减小时，要考虑其他原因	1. 泵及配管内注油后再运转，对柱塞泵要在泵内注满油后再运转，干运转往往招致轴承破损等事故，必须特别注意，更换泵零件后，单作用油缸和垂直安装的油缸难以排掉空气。要另想办法（如灌油） 2. 液压马达朝一个方面空转2～3 min进行排气
30. 控制管路排气不良	遥控阀和平衡阀的控制配管内因无油循环，难以排气。要特别注意配管的拆卸和安装时从控制管路进油处侵入的空气	控制管路末端管接头稍稍松动，然后加上压力，让工作油和气体一起排出。漏油的一些地方，也是容易进气的地方，因此要拧紧接头，使其不漏油
31. 工作油中空气泡增多	1. 工作油中混入空气，停机时空气泡积存在配管，执行元件排气不良时，同样会出现更多的气泡 2. 工作油中含有气泡时噪声增加 3. 工作油中的小气泡妨碍热传导，另一方面，还会因绝热压缩发热，致使温度升高 4. 气温、油温过低 5. 气温、油温过高	1. 检查工作油量是否过小，尤其要注意工作油箱在倾斜厉害的状况下长时间使用时，油面应比油泵进油口高7 cm以上，要考虑使用条件 2. 检查泵密封好不好，吸油管管夹松动了没有，松了要压紧 3. 使用消泡性好的工作油 4. 暖机加温 5. 停机冷却至合适的油温

针对沥青混合料摊铺机液压系统的诸多故障，一方面可以利用简易诊断技术（看、听、摸、闻、问等）及时发现（为了使具体故障确诊），另一方面还必须借助精密仪器（传感器、监测仪、分析仪、计数器等）的测试。此外，在工程机械施工现场，为达到迅速、简便、准确的发现液压系统、液压元件的故障，使用合理的诊断程序、步骤是非常重要的。

2. 摊铺机的维护

为延长摊铺机的使用寿命，提高工作效率，必须对摊铺机实行强制性维护制度，并与冬闲时期进行整修相结合。只有执行了计划预防维护制度，才能保证摊铺机外观整洁、减少零件磨损，防止不应有的损坏，保证机械的正常运行状态。

摊铺机维护是合理使用摊铺机的主要环节。

1）例行维护

例行维护是各级维护的基础,属于预防性的日常维护作业,以清洁、检查为中心内容,确保四清、四不漏。

四清:机油、空气、燃油滤清、蓄电池的清洁。

四不漏:油、水、电、气不漏。

检查附件齐全、螺栓不松动、行走装置正常、制动可靠、转向灵活、润滑良好;喇叭、灯光、电器操纵系统正常,工作机构灵活可靠等。例行维护又分施工前、施工中和施工后3种情况。

(1)摊铺机施工前:

①清洁机身外表。

②检查手柄等附件是否齐全、操纵手柄位置是否适当。

③检查散热器水量、曲轴箱调速器的机油量,燃油箱油量,电瓶内电解液量是否合乎要求。

④检查喇叭、灯光和其他电器操纵是否齐全有效。

⑤检查转向机构等各连接部位是否牢固可靠。

⑥起动发动机有无异响以及各仪表工作是否正常。

⑦检查有无漏油、漏水、漏气、漏电现象。

⑧检查液压操纵和气压操纵系统及工作装置是否正常。

⑨检查随机部件是否齐全,机身清理装置是否正常,储气燃油罐的油量充足否,加热用喷油嘴是否通畅。

⑩润滑各个润滑点等。

(2)行驶或施工作业中(包括停驶检查):

①注意检查发动机、底盘和工作装置有无异响和异常气味。

②检查脚制动的工作情况,有无失效或拖滞现象。

③检查各仪表的工作情况。

④有无漏水、漏油、漏气,漏电现象。

⑤检查左右转向是否存在异常。

(3)施工后:

①利用清理装置清理贴附沥青的部位和零件表面;翻转料斗的中间斗板,清理刮板输送机的前部积料。

②清洁全机外表。

③检查有无漏油、漏水、漏气、漏电现象,并及时补充燃料、润滑油及水。冬季应打开发动机体、散热器、机油冷却器的放水开关,放去冷却水以免冻坏机件。

④检查各连接装置有无松动。

⑤检查轮胎并清理胎纹杂物。

⑥贮气筒的空气放净,并关好开关。

2)定期维护

一级维护　一级维护以坚固、润滑为主。

(1)清洗发动机机油、柴油、空气滤清器及转向系统精滤清器滤芯;清除滤清器、贮气筒内的沉积物。新柴油机应更换油底壳机油。

(2)检查并添加润滑油。润滑各润滑部位。

(3)检查并坚固发动机、传动装置、工作装置及机身外部的连接螺栓。

(4)检查蓄电池电解液液面高度。

(5)检查调整空气压缩机、发电机、转向泵、液压马达的三角皮带的松紧度。

二级维护　二级维护以检查调整为主。在执行一级维护的基础上增加下列项目。

(1)清洗机油、柴油滤清器,并更换机油、柴油滤清器的滤芯;清洗或更换液压转向系统精滤器的滤芯。

更换油底壳机油。清洗空滤器,清洗时应拆下柴油清洗,纸质滤芯只能漂洗不能用刷子刷。一般使用500h后进行更新。

清洗机油滤清器时,将整个精滤器转子拿出,拆下转子盖和喷油头,清洗转子盖及转子体内的污物,并在柴油中清洗后吹净。在装回转子盖和转子体时应严格注意箭头对准。在拧紧螺母时,用力必须缓慢、均匀、直至拧紧,拧紧后转子在轴上应运转自如、不得有卡轧现象,否则会降低转子工作速度,影响滤清效果。

(2)紧固气缸盖、进排气支管,消声器螺栓,并检查其衬垫是否完好。检查连杆螺钉锁紧情况。检查气门间隙。

(3)检查各传动箱体的紧固情况,换挡机构的工作情况,添加或更换润滑油,清洗通气塞。

(4)检查联轴器、振动偏心轴的连接情况。调整各传动链的张紧度和三角皮带的张紧度。

(5)检查机架、工作架的完好情况和连接安装情况。

(6)检查空气压缩机工作情况,并清除排气阀的积垢。

(7)检查并清洁电动机、起动机,并润滑其前后轴承。

(8)按规定进行各部件的润滑。

(9)检查液压操纵系统的工作压力并适当进行调整。

三级维护　三级维护以总成解体清洗、检查、调整为中心内容。拆检发动机、清除积尘、结胶及污垢,视需要对底盘工作装置各部件进行解体清洗、检查,消除隐患,对机架、车身检查并除锈、补漆以及电器设备的检查工作等。

三级维护的工作范围除进行全部二级维护的作业项目外,还需进行下列各项工作。

(1)测量气缸压力、调整气门间隙,并解体检查各机件、研磨气门,按需要更换活塞环,检查主轴承、连杆轴承间隙,清除燃烧室及消声器积炭,拆洗油底壳、油箱、油管、更换发动机润滑油及衬垫。

(2)清洗燃油箱及冷却器,并检查喷油器的喷油质量和喷油压力。

(3)检查水泵溢水孔的滴水情况。若漏水严重,应更换水封。

(4)拆开侧盖,从气缸下端检查气缸套橡胶封水圈有无漏水现象。必要时,更换新橡胶圈。

(5)清洗冷却系统。清洗溶液由每升水加150g苛性钠构成。清洗时,先将冷却系统中全部水放出再灌注清洗溶液,停留8~12h,再低速运转柴油机(此时用清洗液循环冷却),使水温达到工作温度后停车,停车后要立即放出清洗溶液,以免悬浮在溶液中的水垢沉淀,最后用净水清洗冷却系统。

(6)拆开发动机和起动机,洗掉各机件上旧的轴承油,同时检查起动机的齿轮传动装置。

(7)检查并调整传动系统各组成件,并更换润滑油。

(8)拆检转向系统并更换转向及液压操纵系统的液压油。

(9)拆检制动器的制动管路并拆检空气压缩机。

(10)检查机架、工作装置及其附件紧固情况,油漆情况,必要时应补漆。

(11)检修后应按新机试运转规范进行试车,合格后方可使用。

3)特殊情况下的维护

摊铺机在正常使用情况下,需按上述内容进行定期维护。但这些内容不是摊铺机维护的全部内容,还应包括下列特殊情况下的维护内容。

(1)走合维护。摊铺机使用初期的正常走合是保证摊铺机长期正常工作的先决条件,它关系到摊铺机的可靠性、耐久性和经济性。因此,新机和大修好的机械都必须按照有关走合期内的使用规定进行走合。

由于新加工的零件表面比较粗糙,在开始运转走合期内,其磨损速度较快,被磨落的金属屑也较多,此外各连接件虽然装配已按规定拧紧,但经使用后也容易松动,机械的技术状况变化也较大。因此,在走合期内应特别注意例行维护工作。经常检查、紧固各部位外露螺栓、螺母,注意各总成的工作状况;在运行中要听其声响,运行一定时间后,用手摸各总成的外壳检查温度变化,发现情况及时进行适当的调整或修理。

走合期满后,应做一次走合维护,对机械作一次较全面的清洁、调整、紧固工作。除按一级维护作业项目进行润滑和维护外,还需增加下列内容:

①清洗发动机的机油盘,检查连杆螺栓、主轴承螺栓的紧固情况。

②清洗机油滤清器,更换机油和机油滤清器滤芯。

③清洗传动系统、转向系统、液压操纵系统,更换润滑油及液压油。

④紧固转向机构和工作机构的螺母。

⑤紧固制动机构连接螺母、并检查制动装置的配合间隙。

(2)停驶,封存维护。摊铺机停驶封存前,除按相应的作业时间进行维护外,还应采取必要的防尘、防锈、防腐蚀措施。

①每周清除尘土一次。检查摊铺机外部,必要时进行除锈、防锈工作。

②将蓄电池充足电以后,每周检查蓄电池一次。电液不足时加蒸馏水,注意防冻,电瓶桩头与导线接头应分开,并应分别清洗干净,涂上凡士林;每月发动一次发动机、运转工作装置,检查发动机和各传动工作件是否正常。

③停驶 4 个月以上时,除工作装置及其他传动机构的主要零部件涂油防锈外,还应将发动机、蓄电池进行封存。柴油机进行油封贮存,蓄电瓶采用放电贮存。

(1)柴油机的油封贮存程序。放净冷却水和油底壳机油及燃油泵、调速器内的机油。清洗油底壳、曲轴箱、机油滤清器,用油枪从喷油器(喷油嘴)孔中加入 50 ~ 100g 加热至 50 ~ 60℃的机油,将 500g 加热至 50 ~ 60℃的机油用油枪喷入油泵调速器内。

油封时,从柴油机中流出的混合油经 100 孔/cm^2 滤网过滤后,仍可继续使用。

(2)解除油封贮存。将加热至 85℃左右的机油注入油底壳;转动曲轴使机油压力升高,检查内部油封是否解除,重复几次直到油封解除为止。放出油底壳机油。

注意:在柴油机第一次发动和加热后,运转不超过 1h,就要重新更换机油。

参考文献

[1] 何挺继,朱文天,邓世新.筑路机械手册.北京:人民交通出版社,1998
[2] 高为群.筑路机械驾驶与故障排除.北京:人民交通出版社,2001
[3] 何挺继,展朝勇.现代公路施工机械.北京:人民交通出版社,2001
[4] 郑训,等.路基与路面机械.北京:机械工业出版社,2001
[5] 周萼秋,易小刚,汤汉辉.现代压实机械.北京:人民交通出版社,2003
[6] 戴强民.公路施工机械.北京:人民交通出版社,2001
[7] 张铁.液压挖掘机结构原理及使用.山东:石油大学出版社,2002